Treasures for Scholars Worldwide

清代的「会」与乡村秩序

湖北省社会科学基金一般项目（后期资助项目）「清代的「会」与乡村秩序研究」（2019006）

国家社会科学基金一般项目「清至民国的「会」习惯及其转型研究」（21BFX167）

童旭 ◎ 著

广西师范大学出版社

· 桂林 ·

QINGDAI DE HUI YU XIANGCUN ZHIXU

项目统筹：鲁朝阳　　责任技编：王增元
责任编辑：肖承清　　书籍设计：徐俊霞
责任校对：刘　扬　　　　　　倖萍利 [广大迅风艺术]

图书在版编目（CIP）数据

清代的"会"与乡村秩序 / 童旭著. --桂林：广西师范大学出版社，2023.5
ISBN 978-7-5598-5636-4

Ⅰ．①清… Ⅱ．①童… Ⅲ．①农村－社会团体－研究－中国－清代 Ⅳ．①C232

中国版本图书馆 CIP 数据核字（2022）第 217429 号

广西师范大学出版社出版发行
（广西桂林市五里店路9号　邮政编码：541004）
　网址：http://www.bbtpress.com
出版人：黄轩庄
全国新华书店经销
广西广大印务有限责任公司印刷
（桂林市临桂区秧塘工业园西城大道北侧广西师范大学出版社集团有限公司创意产业园内　邮政编码：541199）
开本：720 mm × 1 020 mm　1/16
印张：29.25　　　字数：457 千
2023 年 5 月第 1 版　　2023 年 5 月第 1 次印刷
定价：88.00 元

如发现印装质量问题，影响阅读，请与出版社发行部门联系调换。

序 言

　　会是一种自发的民间组织。从今天残存的清末民事习惯调查报告，已经可以看到，包括安徽省在内的全国多地都有会的习惯。而民国初年北京政府的民事习惯调查报告完整地保存下来，显示用会来筹集资金的确是全国通行的习惯。本书中，童旭选取了五种会，分别是祀会、神会、路桥会、文会、钱会。他把这五种会串起来，得到了会的全貌。阅读这本书，我们可以从会的角度，切入到古风时代，获得新的启发。

　　比如，当我们发现民间祭祀的神祇如此众多，是否可以说，华人一直是多神信仰的民族？有人说，信仰也分高级和低级，一神就比多神要高级。我不懂宗教学，不知道是怎样证明的。但我知道古希腊罗马人曾经是多神信仰的，而他们创造了光辉灿烂的文明。看来，多神信仰的民族没什么好自卑的，至少比没有信仰好。

　　又比如，古人有"皇权不下乡"之说。皇权真没下乡吗？我觉得还需存疑。但如果说这话代表了美好的愿望，我是不反对的。无论如何，要皇权不下乡，就得有自治的秩序。会就代表一种民间自治秩序，它的历史，证明中国人有自治的智慧和能力。那么，是什么原因导致它消失呢？可能是财产制度，可能是贫困，也可能是人心，还可能是乡绅的灭亡。我不知道，但很想知道。

　　童旭利用了很多徽州文书，这保证了内容的丰满。但是，会显然不局限于徽州一地，只不过徽州的民间文书保留较完整，可以作为优异的标本。或者说，恰恰是徽州文书的"平常性"，才使它们具有利用价值。今后,若其他区域的文书也达到了徽州文书的平常性或整全性,自然不妨作为研究标本。鸟类科学家用一只正常的澳洲蜂鸟制作的标本,来展示澳洲蜂鸟的普遍性,没有人会说标本只能代表这只特定的澳洲蜂鸟。为什么在社会史研究中,有人会认为,以某种地域文书作为研究标本,就只能代表这个特定地域,而绝不能代表其他地域的相同事物呢?这是一种奇怪的论调。我认为,持这种论调的人,需要解释其中的逻辑,而不是反过来,要求制作标本的人去解释。

实际上,一种社会现象是正常还是异常,最笨拙的办法是在数量上进行比对。当然,除非涉及重大结论,没人会投入到无限的数量比对工作中,因为资源毕竟是有限的。何况,在历史研究中,再怎样努力地搜集资料,能获得的有效数据总是有限的。比如,我曾搜集到四百余件徽州会规,但谁知道何时会有人搜集了四千件呢?难道仅仅因为数量更多就有权否定前面的研究吗?如果是那样,也只能说明我的研究方法有问题,而不是搜集数量太少。或者说,如果社会科学或历史研究总是强调以数量取胜,那只能说明我们在拙劣地模仿自然科学。这种貌似科学的要求,恰恰是学术虚伪和内容空洞的另类表现。除了实证的、分析的方法外,社会科学应该有自己的方法论和评价标准,包括但不限于利用深藏于社会历史中的常识或共识。依据常识或共识,研究者足以做出合理判断。而当有人否定常识的时候,需要由否定者负担证明责任。同样,有人要推翻传统时,他也需要特别地证明。通常来说,在常识与传统面前,由反对方负担证明责任,因为摧毁传统与常识等于摧毁社会秩序,这是具有严重危害性的事。举个例子,有史以来,人类社会只承认两种性别,一种是男性,另一种是女性。这是常识,也是传统。但有人反对,提出还有第三性或第四性,那么,证明第三个以上性别的责任,应该在反对者。如果证明成功,我很愿意接受他的观点。但不能让遵守传统的人去证明第三性的存在。再举个例子,婚姻自古以来是男性和女性的结合。但有人认为,法律应当承认同性婚姻的正当性。没问题!但证明责任显然归否定现行婚姻制度的人。

话虽如此,还是不妨解释一下,为什么徽州一地的会,却足以作为华人文化的代表。毕竟很多读者并不了解会是什么。在《清代的合同》一书中,我利用清代民国的徽州会规,研究了摇会和轮会的会式。得出了一个结论,会式是固定的,会式的种类是有限的。全国的会式就那么几种,人们可以根据不同需要,在同一会式上进行调整,比如,筹集的总金额不同,那么,每个会友缴纳的会金肯定是不同的。又如,筹集的若是银子,货币单位用两和钱,若是铜钱则用千百。更复杂的调整涉及不同位次的会友赚多赚少,这太复杂,不再细述,原书中有例示表和说明,有兴趣的朋友可以按图索骥。最关键的来了,虽然就这么几种会式,彼此之间却形成竞争或排斥关系。为什么呢?现实生活中,一个地方如果采取摇会的 A 会式,就不能采用 B 会式。因为这个地方的人熟悉了一种会式,采取不熟的会式容易犯错,严重的甚至引发倒会。这是有实例可以证明的。那么,采取相同会式的地方大约有多大呢?据现在了解的情况,大约村与村之间就可能不同。当然,也可以附近几乡都采用相同会式,而旁边一两个村采用不同会式。在没有统观研究之前,人们误以为会式是无穷多的。现在知道不是这样,会式是有限的,只是因为不同地方采取的会式不同,才形成千差万别的现象。而且,随着时间的流逝,采用 A 会式的地方,一旦引进 B 会式,从此就流行新会式,而不再用旧会式。时间上的流行差异,也让会的面貌看上去多姿多彩。正因为我们掌握了会的流行特点,才有把握说,徽州一地的钱会,已足以代表全国的钱会。甚至可以说,要理解社会制度的普遍性和特殊性,就可以看看钱会。钱会是社会制度具有普遍适用性的典型例子,制度内在的逻辑性保证了,人们一旦选择某种制度,就只能采用与之相适应的行为方式。

即使如此,那时候我对神会、祀会、路桥会的研究还很有限,没有更多的想法。童旭的研究等于是告诉我们,中国人还把会与独特的信仰结合起来,比如,要保证在每年祖先的忌日聚齐族人祭拜,且在祭拜之后还让每家能分得一份丰厚的胙肉,可以用祀会把族人联合起来。又如,要保证每年定期举行娱神赛会的活动,而无临时乏钱的困扰,可以用观音会、关公会、盂兰盆会等,把相同信仰的人联合起来。中国人还把会与地方公益活动相结合,当地方上需要修桥铺路,可以用路会或桥会的形式,把同样想法的人组织起来。除此之外,读书人如果不满足自己一个人研究,希望有一些学术交流活动,也可用文会的办法定期聚会。这些独特的会,与国外的基金组织、俱乐部或沙龙等,有着异曲同工之妙。我们不禁可以说,会既是代表华人文化的,又是具有人类共通性的社会现象。

我和童旭兄相交多年,是缘分,也是因为喜欢同一个话题。这些年,他的勤勉与诚笃,给我留下深刻印象。现在他的大作付梓。真诚地为他高兴!斯为序。

俞 江
2022 年 5 月

目　录

第一章　导论 ……………………………………………… 1
　第一节　问题提出与研究概论 ………………………… 1
　　一、问题提出 ………………………………………… 1
　　二、研究概论 ………………………………………… 5
　第二节　前人关于"会"的认识 ………………………… 14
　　一、中国的"社"与"会" ……………………………… 14
　　二、本书所讨论"会"的类型 ………………………… 21
　第三节　研究背景：清代的乡村图景 ………………… 33
　　一、家与门户钱粮 …………………………………… 34
　　二、家之外：家族、社会与公共事务 ………………… 38
　第四节　本书的结构与体例 …………………………… 46

第二章　祀会 ……………………………………………… 51
　第一节　清以前的祭祖礼制演变 ……………………… 51
　　一、先秦及两汉：宗子祭祀权与庙制 ………………… 51

  二、魏晋至隋唐：官爵与祭祀权 ……………………………… 53
  三、宋代"庶人通祭三代"与朱熹《家礼》影响……………… 54
  四、邱濬《文公家礼仪节》与明代"大礼议"………………… 55
 第二节 清代的祭祖礼制与民间祭祖 ……………………………… 58
  一、祭祖礼制 ……………………………………………………… 58
  二、清代民间祭祖的实态 ………………………………………… 63
 第三节 清代徽州的祀会与祭祖 …………………………………… 73
  一、祀会的类型 …………………………………………………… 73
  二、祀会的成立 …………………………………………………… 75
  三、祀会的经营与日常管理 ……………………………………… 94
 第四节 清代徽州祀会祭祖与其他祭祖形式的关系 ………… 111
  一、其他形式的宗族祭祖 ……………………………………… 111
  二、祀会、祀产、祠产祭祖之间的区别与联系 ……………… 119
 小结：祀会与乡村祭祖秩序 ………………………………………… 131

第三章 神会 ……………………………………………………………… 133
 第一节 明清之前的"社祭" ……………………………………… 133
 第二节 明清的"里社"与迎神赛会 …………………………… 135
 第三节 神会的成立 ………………………………………………… 142
  一、神会合同及其作用 ………………………………………… 142
  二、神会的设立约定 …………………………………………… 144
 第四节 神会的经管 ………………………………………………… 146
  一、神会的经营 ………………………………………………… 147
  二、神会的日常管理 …………………………………………… 150
  三、营利与非营利：神会的组织结构转变 ………………… 156
 第五节 神会的会（社）际联动 ………………………………… 158
  一、轮流接应神明坐会 ………………………………………… 158

二、共同协调会际间公共事务 …………………………… 160
　　三、因会(社)际联动而产生地区公共事务应对 ………… 161
　第六节　神会与官方的态度 …………………………………… 163
　小结:神会与乡村神明祭祀秩序 ……………………………… 166

第四章　路桥会 …………………………………………………… 169
　第一节　明清时期修桥修路中的官方与私人 ………………… 169
　　一、官方关于桥道兴修的责任 ………………………………… 169
　　二、明清社会修桥修路的实态 ………………………………… 176
　　三、徽州地区的情形 …………………………………………… 192
　第二节　路桥会的成立 ………………………………………… 211
　　一、路桥会的成立方式 ………………………………………… 211
　　二、设立合同约定之内容 ……………………………………… 212
　第三节　路桥会的经管 ………………………………………… 214
　　一、路桥会的经营 ……………………………………………… 215
　　二、路桥会的管理 ……………………………………………… 218
　第四节　路桥会与桥道兴修 …………………………………… 222
　　一、清代各地区的路桥会 ……………………………………… 222
　　二、如何应对修桥修路 ………………………………………… 224
　第五节　路桥会财产的归属与流转 …………………………… 228
　　一、公有:捐资兴立的路桥会财产 …………………………… 228
　　二、按股共有:集资兴立的路桥会财产 ……………………… 230
　　三、会股流转的内容 …………………………………………… 232
　小结:路桥会与兴修公共工程秩序 …………………………… 233

第五章　文会 ……………………………………………………… 235
　第一节　明清的教育体系 ……………………………………… 236

一、明代的儒学与社学 ································ 236
　　二、清代的官学与义学、社学 ························ 239
　　三、明清的岁考与科考 ······························ 244
第二节　文会的兴起：书院讲会之影响 ··················· 246
　　一、书院讲会：以徽州紫阳书院为例 ················· 247
　　二、讲会与文会的联系 ······························ 248
第三节　文会的成立 ····································· 251
　　一、捐输设立文会 ·································· 251
　　二、族产输产设立文会 ······························ 252
　　三、集资设立文会 ·································· 254
第四节　文会的经管 ····································· 256
　　一、文会的经营 ···································· 256
　　二、文会的管理 ···································· 259
第五节　文会与教育体系的关系
　　——以徽州生员詹元相的乡村生活为例 ············· 267
　　一、第一次乡试：南京赶考犯病 ······················ 267
　　二、童试 ·· 268
　　三、正月里的家族会文 ······························ 270
　　四、岁考 ·· 271
　　五、科考：乡试前的资格试 ·························· 275
　　六、录遗：补考 ···································· 277
　　七、二次前往南京乡试 ······························ 278
第六节　文会与乡村纠纷调处 ···························· 280
　　一、接受投鸣的文会 ································ 281
　　二、调处纠纷的文会 ································ 282
　　三、与其他调处方式以及官方诉讼的联系 ············· 283

小结：文会与乡村教育秩序 ······························ 285

第六章　钱会 …… 287

第一节　清代乡村的家庭收支与借贷 …… 289
一、清代乡村的家庭收支 …… 289
二、借贷的类型 …… 291
三、乡村家庭的借贷概况 …… 295
四、借贷之问题 …… 305

第二节　钱会的运作规则 …… 311
一、钱会的类型 …… 311
二、轮会的运作规则 …… 315
三、摇会的运作规则 …… 324
四、标会的运作规则 …… 334

第三节　钱会的制度关系 …… 339
一、会首与会友 …… 340
二、与会人员的行为 …… 341
三、钱会法律关系的几种说法 …… 342
四、钱会的性质 …… 345

第四节　钱会的功能、特征及倒会 …… 347
一、钱会的立会人员、融资额度及用途 …… 348
二、钱会的显著特征：利率、分期、效率 …… 360
三、倒会 …… 362

小结：钱会与乡村金融秩序 …… 364

第七章　"会"习惯的机理——比较的视角 …… 367

第一节　各会之间的区别 …… 367
一、立会目的 …… 367
二、人员构成 …… 369

三、实体与虚体：财产的作用 …………………………… 370

　第二节　各会之间的联系 ……………………………………… 371
　　一、合同设立或合同管理 ………………………………… 371
　　二、会的经管方式 ………………………………………… 372
　　三、会的财产性质 ………………………………………… 373
　　四、会的内外部关系 ……………………………………… 388

　第三节　"会"与现代法律制度的关联 ………………………… 395
　　一、会与合伙 ……………………………………………… 396
　　二、会与法人 ……………………………………………… 404
　　三、两点思考 ……………………………………………… 412

　小结："会"的性质及可能的发展 ……………………………… 414

第八章　本书结论 …………………………………………………… 417
　一、自愿的结社立会有利于乡村秩序的生成 ………………… 424
　二、"会社自治"与"家族自治"有别 ………………………… 425
　三、"合同制"是清代乡村秩序建立的基础 …………………… 427
　四、家户联合是清代乡村社会的基本形态 …………………… 429

参考文献 ……………………………………………………………… 433
后　记 ………………………………………………………………… 451

续表

会名	举会目的	会次	会户数	举会时间	备注
正义会	祭关圣帝君	5	5	—	有关帝神像一轴,祭时张挂。
崇义会	祭关帝	6	6	—	每会1人。
叙义会	祭关帝	8	8	—	每会1人。
友善会	祭关帝	8	8	—	每会1人。
崇正会	为生日、生子、娶妻纳妾、进学所立	10	10	—	祭关帝,有神像一轴。
复关会	祭关帝	8	8	仲夏月朔越十三	每会一人。
新张王会	祭唐东平浪王、张王,祈福生人	11	—	七月二十四	一般每会2人,也有1人或3、4人者。
老张王会	祭东平浪王、张王	13	25	—	—
地藏会	祀地藏王、本命星君	6	23	七月十三	
乐圣会	点灯祭神	8	30	八月十五	—
桃灯会	祭神点灯	10	10	八月十六	
銮光会	祭程灵洗生辰	10	—	八月十八	每会1、2人不等。
佛士会	祭观音大士	3	6	四月初七	会有捐金置田,每年祭祀日送会友乌饭三斤。
凉伞会	为程灵洗送神而立	5	10	八月十九集会送神	会友构成凉伞数把,迎神送神助威。
重阳十庙会	同游十庙敬神,后祭显思文公坟	6	12	九月九日	祀后散胙。

续表

会名	举会目的	会次	会户数	举会时间	备注
预庆周王会	祭周宣灵威王	8	16	九月十一	—
十二周王会	祭周宣灵威王	8	16	九月十二	—
十三周王会	祭周宣灵威王	10	30	九月十三	—
报慈庵燃香盛会	—	—	—	十月初一	会期前三日,由该庵僧人办会招会友礼佛。
老经会	祭星马君	8	24	十月十五	由报慈庵僧人管办。
敬神会	—	6	12	腊月初八	管办腊八粥。

说明:资料原载《徽州会社综录》抄本,刘森《清代徽州的"会"与"会祭"——以祁门善和里程氏为中心》(《江淮论坛》1995年第4期)、王日根《明清基层社会管理组织系统论纲》(《清史研究》1997年第2期)等有研究或提及。笔者据胡永政撰写祁门六都村史(《六都——文武兼修,千年相承》,合肥:合肥工业大学出版社,2013年,第140-142页)为线索整理。

随后引起我所思考的是,古代人们结"会"为何要订立合同?不同的"会"各自的功能是什么?"会"在乡村中如何运行?"会"与"会"之间有什么样的区别和联系?

"会"是一种组织,有成员和财产。在古代中国,存在着各种合同式的团体。人们因共同利益、兴趣或身份,自愿加入某些团体,并约定共同遵守的条款,统称为"规"。会规较典型,其他还有族规、帮规、行规等。实际上,一旦迈出家庭,古代的民间团体或联合形式,概无例外是合同式的。各种财产性、身份性、公共利益性的地方自治团体,遍布城乡各领域。中国人善于在有相同意愿的不同利益群体中,利用合同确立规则,以完成具体目的,实现某种特定秩序。[①] 各种合同式团体的充分发展,发挥了联合不同利益群体维护基层社会秩序的功用。

---

① 俞江:《清代的合同》,桂林:广西师范大学出版社,2022年,第321页。

"会"整合、协调成员的多元利益,以综合的方式表达成员的利益,并且以自治性方式调整自身结构,以适应环境变化。在这一过程中,其遵循的内在规则日益理性化,社会成员之间变得有序与稳定。可以说,组织的自治性能够促使规则、制度的形成。

此外,会社并非孤立存在,在维护地区公共秩序的"禁约"中,我们看到多个会社的联合订约。这种交流一定意义上推动了"民间自治"。

理解民间社会,规则和人员组织是最重要的两个角度。民间自治反映在民户协商处理各种公共事务,以及自发地出钱出力治理各种地方事务上。虽然我们通过"会"习惯的研究,只是走进了民间自治的一部分,但这足以说明,民间社会具有自我组织和建设规则的强大能力。去发现和认识传统中国结社的习惯、规则,对于基层社会治理大有裨益。

会社文书是促使我思考的线索,它们数量多、类型丰富,可以作为研究的材料。借此,笔者试图在梳理各类"会"文书的基础上,将"会"的概念抽象化,考虑各种会社之间的交流,进而讨论"会"与整个乡村秩序的关系。这些研究,将有助于思考结社与公共秩序形成之间的关系问题。

二、研究概论

(一) 什么是"会"?

清人徐珂说:"集会为一时联合,欢迎欢送之类属之。结社有永久性质,办事讨论之类属之。"①他的意思是,"集会"与"结社"两者性质不同,"会"为临时联合,而"社"则有永久的性质。这种感悟不无道理。

"会",《说文》的释义是"合也",《广雅》的解释是"聚也"。《诗经·小雅·车攻》讲的是周宣王"会"诸侯田猎于东都之事,中有"驾彼四牡,四牡奕奕。赤芾金舄,会同有绎",即东方的诸侯,都乘着车子,穿着赤芾,履着金舄,不断地来朝见天子。此"会"即"朝会"之意。《周礼》"时见曰会",不定期地朝见天子称为"会"。

会合、聚会都是"会"的动词性用法。"会"的词性也可名词化,但表

---

① (清)徐珂编撰:《清稗类钞》(第5册),北京:中华书局,2003年,第2188页。

示在动词使用后的结果。段玉裁注释《说文》"会"字时,使用《礼经》"器之盖曰会,为其上下相合也",也就是用动词的"上下相合""会在一起"来解释器物的盖子。能够理解的是,在汉代,"会"字的词性已经由动词引伸到了名词,用以指代事物。

"会"作为组织的名称,是魏晋以后的事。这种演变也是"会"的动词性向名词性转变的结果。陈宝良先生对"社与会"的释义及源流有考证①,能够知晓的是,研究"会"的源流,离不开"社"。

"社"与"会"相比,其含义更为广泛。社作为一种社神崇拜与地域性的祭祀组织,自先秦就已出现。在分封制中,周王有裂土的仪式,是将王社中的"土"赐予诸侯立国建社。我们有许多对于社的认识,如"丛林崇拜说""土地神说""巫术仪式场所说""圣地之圣力象征说""生殖器崇拜说""中国古代民族社会的民族团结中心说""作为原始性社会集团集会场所之圣所说",以及"社既是原始聚落,同时又是聚落的标识"。② 不论何种解释,都可见人们与"社"的关系,"社"是有组织和祭祀仪式的。

而在汉代,从朝廷到郡国,再到县、乡、里,都有立社。这种设置与西周的分封立社有相同的意义。它代表一定地域范围内的土地神祇,既富有信仰崇拜的象征,也表达官方控制土地的权力。所以,乡以上的社由官方举行祭祀。

此外,里社则由居民自行组织祭祀。里社祭祀也非民间完全自主,领导社事的是里正、父老,他们的工作得到了国家的支持,人们不论贫富都得参与社的祭祀,费用由全里居民分摊。③ 看得出,祭社是国家赋予人们的一种义务。

基层社会中,并非只有"社"组织。在汉代,也有"僤"一类的组织,僤与单、弹等音义相通。这种组织有各种功能,有基于耕作之"街弹",基于商业之"中服共侍约",基于政治之"张俭之僤",基于地方行政之"父老僤",基于生产贩卖之"酒单",还有基于徭役之"正弹",等等。这类组织

---

① 陈宝良:《中国的社与会》,北京:中国人民大学出版社,2011年,第1—13页。
② [日]守屋美都雄:《中国古代的家族与国家》,钱杭、杨晓芬译,上海:上海古籍出版社,2010年,第191—226页。
③ 宁可:《汉代的社》,《文史》1980年第9期。

有领袖和规章,其与血缘、地缘组织不同,有基于职业、生活或政治的意念而结合的目的。① 我们也发现,这些组织有官方与非官方的属性,满足的是人们生活的需要。

佛教传入后,约在南北朝时期,出现了名为"邑""邑义""法义""邑会""义会""菩萨因缘"的佛教组织。这种组织一般由僧尼和在家的佛教信徒组成,有些只由信徒组成,从事的活动以造像为主。"邑"组织带有结义性质。"佛社"也在此时出现,结社规模大小不等,少则三四人,多则几百人,一般在十几人至百人间。其人员成分较为复杂,有僧尼、官僚、平民百姓,等等。主要进行造像、设斋、建塔、修建佛寺、造石室、念佛等活动。还有从事善事,如建义井、栽树等。② 与"邑"组织类似。

隋唐五代以至宋初,私社盛行。归结起来有三类:第一类主要从事佛教活动;第二类从事经济生活互助;第三类既从事佛教活动,也从事经济生活互助。民间广泛流行的从事经济和生活互助的私社,大多保持着春秋祭社遗风,也有聚会祭祀活动。③

唐后期,传统私社已有相当部分为寺庙所控制。私社在保持传统时,也进行佛教活动。如敦煌地区,大部分以生活互助活动为主的私社,活动多在寺庙举行。私社也帮助寺庙进行佛事、造像、建盂兰盆会、修建寺庙建筑等。④ 如此,私社实际上与佛社发生了关联。

在南北朝时,"社"与"邑"两者在含义上有明确的界限,佛社一般称邑、邑义、法义,不以"社"为名。"社"专指民间进行春、秋二社祭祀活动的组织。发展至隋唐及五代,邑、社合流的现象已经十分普遍。⑤ 可以说,唐代后期佛教对私社的改造促进了"社"与"邑"的融合。

入宋后,社与邑合流的趋势深入,"并社为会",有举行迎神赛会的现象。民间春、秋二社的社祭与佛道结社合一,并有许多志趣相投的结

---

① 参见俞伟超《中国古代公社组织的考察——论先秦两汉的单—僤—弹》,北京:文物出版社,1988年;宁可:《汉代的社》,《文史》1980年第9期。
② 郝春文:《东晋南北朝时期的佛教结社》,《历史研究》1992年第1期。
③ 陈宝良:《中国的社与会》,北京:中国人民大学出版社,2011年,第9页。
④ 郝春文:《隋唐五代宋初传统私社与寺院的关系》,《中国史研究》1991年第2期。
⑤ 陈宝良:《中国的社与会》,北京:中国人民大学出版社,2011年,第10页。

会。① 出现了太学生的"茶会"。奉佛之人,在上天竺寺有"光明会"。还有"茶汤会",每遇诸山寺院作斋会,以茶汤助缘,供应会中善人。

"茶会"等聚会活动,是以人员聚集参加活动为特点。其先,这类组织是以聚会为主旨,等到聚会成为经常性的活动时,则人员固定、组织固定、资金固定,逐渐形成长期而固定的组织。这样,"会"逐渐演变为名词,以表示经常性举行聚会活动的组织。又由于传统的社举行迎神赛会等祭祀活动,也就是有"社"即有"会",从而产生人员聚会活动。另外,宋代经济生活繁荣,其他各种结社活动也丰富起来,这些"社"的活动频繁,因"社"而"会"是常事。

即使如此,"社"对于人们而言,依旧被理解为一种组织。这种理解是具有官方定义的背景。加之"里社"之制延续至明清,里社祭祀又被明政府企图纳入官方宗教体系,在人们心里,"社"作为组织的意思较"会"强烈。

这样,"会"的民间组织性得到凸显。人们习惯用"会"来表示自由结合的团体或组织。如宋代的文会、书会、诗会等。元明以后,会继续发展,名目繁多的民间结会产生。在明代,秦淮河妓女们有"盒子会",即色艺俱优的女子,多以二三十姓结为"手帕姊妹",每逢元宵佳节,以春蘩、巧具、殽核相赛,"席间设灯张乐,各出其技能"。② "盒子会"仍旧有聚会举行活动之意。此时"社""会"已经并用,但"会"更强调一群人的聚会活动。

我们似乎可以理解徐珂的认识,即"社"是固定组织,"会"是临时联合。但现实中,为某一目的而形成的"聚会"也会转变成固定组织,它们的组织性增强,已不再是简单的临时联合。明清的社与会,一般是有"社"便有"会","会"又从简单、临时的组织转变为固定组织。"社会"日趋固定,没有太多的差异,合用起来表示人们的群体生活。

这是符合逻辑的,一群人要进行某项事业,必须有聚会才能表达自己的观点,形成集体的意识或合意。只是在概念上,有人用当时的"聚会"

---

① 陈宝良:《中国的社与会》,北京:中国人民大学出版社,2011年,第11页。
② 冯贤亮:《明清中国:青楼女子、两性交往及社会变迁》,《学术月刊》2006年第9期。

形式描述定义,称为"某某会";有人沿用旧有的"社"组织概念替代,称为"某某社"。

可以说,在明清时期"会"已经具有组织的概念形式,是一群人因为某种共同的事业而结合的团体。

(二)所选取的类型与地区

本书所使用的史料,主要来自清代的乡村文书,辅以地方志等。这里要对研究的内容及范围作限定性的说明。

1.以乡村五种常见的"会"为例

本书以乡村五种常见的"会"为例,主要是因为材料。笔者所见的徽州文书中,祀会、神会、路桥会、文会和钱会的相关文书较普遍,可做串联,展现它们在乡村社会活动中的场景,以资说明问题。

祀会是以祭祀共同祖先为目的;神会以祭祀公共神祇为目的;路桥会以应对修桥修路等公共工程为目的;文会以"以文会友"和科举考试为目的;钱会以筹措资金或资金融通为目的。它们正好对应着不同的秩序,涉及祖先崇拜、神明信仰、公共工程、教育、金融等方面,与人们生活息息相关。

其它的"会",一是为资料所限,难以完全展示其"全貌";二是本书以例证的形式表达观点,亦难全及所有乡村的"会",以免叠床架屋之感。

2.关注会社、自治与秩序的关系问题

会社是一种组织,以综合的方式表达成员的利益,自治性地调整自身结构,以适应环境变化。会社的内在规则日益理性化,会社成员之间达到有序与稳定。会社与外部环境进行交流和沟通,地区能够达成认同,产生秩序,萌生自治。

中国古代的"自治",更多是一种"自在自为"的生活方式。现代西方政治学意义上的自治,其一是 Autonomy,意思是"自我统治",亦指实行自我管理的国家,或国家内部享有很大程度的独立和主动性的机构。在政治思想领域,常常用于指个人自由的一方面。[①] 也就是强调机构自主管

---

① [英]戴维·米勒、韦农·波格丹诺:《布莱克维尔政治学百科全书》,邓正来中译主编,北京:中国政法大学出版社,1992年,第48页。

理,还有个人的自主行为。其二是 Self-government,指某个人或集体管理其自身事务,并且单独对其行为和命运负责的一种状态。这个扩展到政治层面,以自决权①为先决条件,在自决的基础上主张共同体由代表实行统治。

具体到政治实际,自治"即由共同体代表们来控制本共同体的经济、社会和政治事务;虽然这种自治不包括防务、法律和秩序以及外交事务,但是本土管辖使各种族成员能在很大程度上控制共同体的资源和社会政策"。② 该词所覆盖的理论,是基于区域或者共同体而发展的,上升到现代自治学说中,可以说,代表制、自决权、区域内重大事务管辖权等,是自治的内核。至少包含一定区域内的自主管辖权和内部政治自主两个层面。因此,我们注意到,现代性的自治,已经是在人们自主生活的基础上,经过理论化、体系化后有意识的政治概念。

本书的研究,恰好是要关注中国古代人们如何通过结社走向有意识的政治生活,或者说,人们在公共生活中如何形成规则、习惯以及制度。这种规则或者习惯,是源于自生自发的秩序(Spontaneous order)。③ 这种秩序,是自然进程和社会进程中某种程度的一致性、连续性和确定性。尽管不是严格意义上的法律,但在缺少成文法规定的领域,自生自发的秩序将发挥规范功能。要思考的是,这种基于中国传统社会的自生自发秩序与现代政治学上的自治还有一段距离。

3. 不涉及秘密会党

秘密会党,是存在于民间的各种秘密结社活动,也多以"社"或"会"相称。如熟知的"天地会""小刀会""哥老会""红羊会""五头社",等等。它们不同于一般的民间结社,是反抗官府的秘密组织,有隐蔽性、秘密性,

---

① 自决(Self-determination),作为一种伦理学说,与康德有关。当个人不受外部限制时,他或她才被认为是依照道德行事。从哲学上说,自决学说认为人类有能力完全自由地指导自己的生活。

② [英]戴维·米勒、韦农·波格丹诺:《布莱克维尔政治学百科全书》,邓正来中译主编,北京:中国政法大学出版社,1992 年,第 694 页。

③ 在秩序层面,自生自发的秩序更贴近社会规则,它源自个人的自由行为,与习惯、命令、法律都有关联。相关研究,可参看[英]弗里德利希·冯·哈耶克:《自由秩序原理》(第十章),邓正来译,北京:生活·读书·新知三联书店,1997 年,第 183—202 页。

还有一套流行于会内成员之间的暗号、隐语系统,并有自己的组织规范,非内部成员不得而知。到清末,由于革命党多利用秘密结社,所以官方文书常用"结会树党"概称。① 这些会党组织,带有黑幕性质,俗称"帮会""黑社会"。清代官方文书一概将秘密会党骂为"会匪",认为秘密会党与传统社会"盗贼"一类的人有某种关系,站在国家制度和社会秩序的对立面。

本书研究不涉及秘密会党。虽然秘密会党可能在组织结构、活动方式、互助等方面与本书研究的"会"有关联,但它们更多的时候是违反秩序的。换句话说,秘密结社的会、社、党在很大程度上带有政治色彩。团体政治性的要求,常常会影响团体内部自生自发秩序的平等性,这是区别于一般性结社的。如何解释,需另作讨论。

4. 以徽州地区的材料为中心

材料的使用上,以徽州地区为中心,兼及其他地区。"会"在清代全国普遍存在,这一点可从清末民国民事习惯调查报告②中看到。只是现在能看到的完整、全面的清代民间"会"文书主要出自徽州,才以徽州"会"文书作为核心材料来研究。《徽州千年契约文书》《徽州文书》的陆续出版,以及笔者所在课题组收集与整理的《徽州合同文书汇编》,都能给本书的研究提供支撑。

这些文书中,有许多涉及"会",类型包括契约、合同、账簿、税票等。若要分析"会"在民间生活领域的活动,合同反映了"会"的成立与管理,契约反映了"会"的交易,账簿反映了"会"的财产流动,税票则反映了"会"与官方发生的关系,可以说,民间文书是研究"会"最直接与最有效的线索。

当然,在徽州的资料不足以作为支撑时,也选取其他地区的资料,如与徽州毗邻的地区,或者文化更为相近的地区,诸如浙江、江苏、江西以及福建等。我们重点关注的是制度及其与社会之间的关系,考察的是民众的结社观念与团体、共同体、财产观念。所站立的视角与区域史的理论关

---

① 庄吉发:《清代秘密会党史研究》,台北:文史哲出版社,1994年,第2—5页。
② 俞江、尹华蓉整理:《安徽宪政调查局编呈民事习惯答案》,载《近代法研究》第一辑,北京:北京大学出版社,2007年;前南京国民政府司法行政部编,胡旭晟等点校:《民事习惯调查报告录》,北京:中国政法大学出版社,2005年。

注及研究范式有别。

回到本书的论题,笔者研究的是清代乡村的"会",以及"会"与乡村秩序的关系问题。这里面暗含有乡村"会"的自身规则,以及如何关联乡村"自治"。但是,在自治概念古今有别的情况下,书名中不宜直接使用"乡村自治",恐带来先入为主的看法。同时,"秩序"一词更能表达在无成文法规定的乡村社会,习惯规范如何控制和调适人们的行为,让人们有序地生活。

简言之,"会"的成立、运行、财产以及"会"的对内对外权利义务关系,本身覆盖着有序的规则,是秩序的一方面;不同的"会"对应不同的公共秩序,但各种"会"的交互,又进一步促进了乡村乃至地方秩序的生成。

(三)几个要解决的问题

1."会"的内部关系

"会"的内部关系包括两方面:

一是各种"会"的特性。"会"因不同的目的而结合,所对应的共同事业不同,在各自功能上具有特性。内部关系表现在成员身份、设立方式、股分占有、股分流转方式的差异等。若要厘清不同"会"的内部关系,势必要清楚"会"的目的、"会"的设立、会户与会产的关系(涉及会户如何创设会产、管理会产、处理会产等问题)等。

二是各种"会"的共性。祀会、神会、路桥会、文会、钱会等,都称为"会",此外还有其他名目的"会"广泛存在于清代乡村,它们都使用"会"的名称,其共性是显然的。"会"这一概念本是动词名词化的体现,系从外在描述反映事物特征。如果要提炼"会"的共性,必须于"会"团体之上,展现"会"的共性规则。

但是,在传统的理论里,若无概念可以用来界定,则还需关注"会"的外延,即借用其他概念同"会"的特征进行比较研究,进一步框定"会"的特质。这种做法,也是跨越历史认识社会现象的必要途径。

2."会"的外部关系

通常认为,在清代的乡村,家族组织无处不在,在家庭之外的各种公共事务方面发挥着作用,如同自治的组织体;"会"是家族内的一部分,或者与家族组织联系密切。这种认识,有商榷的余地。

逻辑上,对于杂姓聚居的自然村而言,家庭以及家庭内的个人如何应对公共秩序,是不可回避的问题。另一面,家族的结合与"会"的结合基础是否相同,需要再次讨论。

"会"作为家庭之外的共同体,在乡村发挥的功能作用是其外部关系的表现。人们利用会社发布具有管理地方秩序作用的"禁约""公约",或者多个"会""社"联合活动,这之中都能看到"会"的规则建设能力。此外,"会"作为团体,如同"主体"一般参与到经济生活领域,发生交易行为。这种团体样态呈现,简化了交易规则,对于保存和累积财产也有一定的作用。

3. 国家法律与社会秩序的关系

还有个问题不可遗漏,即国家法律与社会秩序的关系问题。"会"通常是人们自发运用合同创设的组织。从创设目的来看,"会"对应国家义务或者国家公用事业不能满足现实需要的情况。如神会对应明清以来的"里社制",路桥会对应公共交通事业的不足,文会对应科举应试,等等。

在古代国家,刑法是主要的国家法律制度,基本上可以调整国家与个人的所有关系,包括今天民法或者行政法调整的领域。如果翻阅古代的法典,会发现无论是婚姻、继承、买卖等细故纠纷,还是官吏的违规行为,都会处刑。言外之意,国家与个人之间并没有明显的界限,公权力的范围广泛。不像今天,所有权绝对、意思自治、契约自由,可以划分出民事行为的空间,法律保留又限制公权力的边界,罪刑法定则明确地将刑罚约束。个人与家国之间是有一定范围阻隔的。我们习惯用"社会"来界定这一范围。

那么,古代是否有社会领域,或者说社会秩序可否生长,耐人寻味。我们对于"习惯"的看法是,它自生自发的成分更多,因地而不同。若追根溯源,却能发现"习惯"的生成有很多国家制度的痕迹。也就是说,"习惯"可能最初是国家制度的规定,人们接受以后,在长期的生活中内化、改变,类似长期的"规则惯性"。

"会"同样存在这样的问题,神会有明清里社制影响,祀会有祖先祭祀礼制的影响,文会有科举制的影响,等等。但是,"会"作为自主的结合,又有很多"自治"的因素。我们在认识国家制度与社会秩序时,应注意国家制度与"会"的功能创设,注意它们之间的关系。

第二节 前人关于"会"的认识

以往的研究,可以帮我们更好地认识"会"。总体来看,大致归为两类:一是从整体着眼,以中国的"社"与"会"为对象进行考察;二是个别研究某种类型的"会"。

一、中国的"社"与"会"

(一)先秦:具有政权意义的"社"

早期的"社",有两种传统说法。一种,"社"是土地之神。农耕的人们春祈秋报,以"社"为中心。这种形式称为"社祭",是中国古代酬谢农神后土的传统祭祀活动。另一种,"社"是乡村的基层组织。如顾炎武说:"社之名起于古之国社、里社,故古人以乡为社。"①这两种说法内理相同,在农业文明起源时期,人们对于土地及其生养能力产生崇拜,"社"是这种崇拜的外显。当政权确立后,"社"的土地崇拜外显权力化,"社"成为地域权力的象征。西周分封制,周王裂土颁赐,诸侯授土建社立国,都是在表示土地控制权力的传递。

这层层的传递,在基层社会也有相应的体现。从出土的简牍看,南方楚地存在很多"里",里皆有社,围绕里社的巫术活动十分盛行。社主还有"地主""侯土"等异名。从战国至汉代,基本是里社合一,有里则有"社"。西汉晚期,民间百姓在官社之外另立私社,使得里、社分离的趋势开始显现。②

先秦的基层社会也有其他组织形态。俞伟超先生从殷墟卜辞和金文

---

① (清)顾炎武著,黄汝成集释:《日知录集释》卷22《社》,郑州:中州古籍出版社,1990年,第520页。
② 杨华:《战国秦汉时期的里社与私社》,《天津师范大学学报》2006年第1期。

徽号中发现了商代的"单",先秦两汉的单—俜—弹等组织具有延续性。①这给我们展现了与"社"性质类似的组织面貌,它们都带有行政的意味。

至于社祭活动,学界已有专门研究,从中能够了解社祭的起源、形态、仪式、社会功能等,看到先秦"社祭"的基本形态。② 当然,本书的研究意旨不在于观察这些仪式。

(二)秦汉:基层"社"性质改变与功能丰富

由于秦存在时间短的关系,出土文献反映的更多是汉代。居延汉简让我们观察到边郡部吏敛钱的"社会"。这种社与县社有别,可能是私人之间组织起来的,目的是进行生活互助。③ 汉以后私社逐渐增多,祭祀活动的费用由参与者分摊。也有人向"社"捐献。并出现不同形式的"社",活动自愿化。④

"里"与"社"的分离在汉代。汉代的乡村,官方仍强调以里置社,但"社"已逐渐与官方体系的"里"发生了分离,成为民间组织,并有自己的社宰、社祝、社祭等。与之相应,春、秋两社形成了社祭与娱乐庆典的统一,成为民间盛大的公众性节日。祭社的活动经费,由集资完成。⑤ 居延汉简和敦煌汉简提及社祭费用的筹集,常由参与者分担。⑥

类似"社"的"俜"组织发挥着主体的功能。二十五人的"父老俜"购置八十二亩土地,土地属于"俜"所有,可租借于"俜"中成员使用。⑦ 对"父老俜",也有不同看法。八十二亩"容田"的购置,并非为了增加俜中成员的共同收入,而是酬谢担任里父老的职役义务。"容田"的收获不在俜中成员间分配,土地的经营权和收益权都属于担任里父老职役的人。只能说,"俜"是一种为特定目的而结合的互助团体。⑧ 这种互助,体现在

---

① 俞伟超:《中国古代公社组织的考察——论先秦两汉的单—俜—弹》,北京:文物出版社,1988年。
② 魏建震:《先秦社祀研究》,北京:人民出版社,2008年;史志龙:《先秦社祭研究》,武汉大学博士学位论文,2010年。
③ 宁可:《汉代的社》,《文史》(第9辑),北京:中华书局,1980年。
④ 宁可:《述"社邑"》,《北京师院学报(社会科学版)》1985年第1期。
⑤ 马新:《论两汉乡村社会中的里社》,《文史哲》1998年第5期。
⑥ 汪桂海:《汉简所见社与社祭》,《中国历史文物》2005年第2期。
⑦ 宁可:《关于〈汉侍廷里父老俜买田约束石券〉》,《文物》1982年第12期。
⑧ 林甘泉:《"侍廷里父老俜"与古代公社组织残余问题》,《文物》1991年第7期。

"街弹""田社""正卫弹""中服共侍约"等组织,它们分别为农业生产互助、徭役平均、商业合作等目标发挥着作用。①

(三)两晋南北朝:"里""社"分离与"邑""会"兴起

两晋及南北朝,传统的"社"与"社祭"并未断绝。"晋当利里社碑"拓片,让我们看到西晋里社的组织、成员和活动情况。入社人员身份多样,人数与里的人数不同。此时期,里、社已经分离,人们因一定目的而自愿结社。②

佛教这时已经传入,信众也采取结社的方式礼佛。佛教结社,称作"邑""邑义""法义"等。名称上也叫"邑会""义会""会""菩萨因缘"等。从"造像记"等史料可以发现佛社是自愿结社。多数佛社是由某一自然村、某一坊巷的人组成。有些社的人员还会突破村庄限制。这些社的结合目的常是为"造像",当然也有社、会在"造像"以后集体供奉神像。佛社与社祭发生关联,对传统的社祭则有改造和融合,这种趋势一直延续。③

北周时期,"造像"之风仍盛。这种合邑造像的组织,自魏晋以来经历了一个兴起和发展的过程。北周武帝灭佛(574年)前的几年,是合邑造像的鼎盛阶段,合邑造像的数量超过了个人造像数量。其中,造像已经商业化,人们为造像付出大量的资金。④

(四)唐宋:私社活动的普遍

唐代私社活动已相当普遍。敦煌文书反映了私社的"义聚"。"义聚"是私社的公共积累,贮备的资产都来自社人,资产聚集方式有四:一是社人入社时的缴纳;二是社人举办活动时的缴纳;三是社人违反社条,"受罚"时所交的物品;四是社邑把"义聚"的物品出贷给社人而收取的利息。⑤

还有一些社,是由官府组织服劳役,但运行中产生其他的功能。比如

---

① 林兴龙:《论汉代的民间互助组织》,《历史教学问题》2009年第1期。
② 宁可:《记〈晋当利里社碑〉》,《文物》1979年第12期。
③ 郝春文:《东晋南北朝时期的佛教结社》,《历史研究》1992年第1期。
④ 崔峰:《论北周时期的民间佛教组织及其造像》,《世界宗教研究》2011年第2期。
⑤ 郝春文:《敦煌私社的"义聚"》,《中国社会经济史研究》1989年第4期。

渠社,这种社是由官方组织,结社后,渠社也帮助社员解决丧葬困难。此外,渠社还进行"春秋座局席",也就是欢聚宴饮。①

敦煌社邑的丧葬互助很普遍。社邑营葬互助活动的内容有三:一是纳食物,供丧家及吊者饮食、作吊祭死者的祭盘、出殡酹酒之用。二是出织物,其中白色织物大约用作丧服、装殓、盖棺、挽棺之用,彩色织物可能用于装殓、祭帐、旌幡等。布、绢等有时称借,用后还需归还。三是赠纳物品之外还送葬。此外,有的社邑所置"义聚"除用于丧葬外,其他"急难"也可以使用。②

敦煌的社,需要定出立社目的、内容,选出"三官",规定活动时间及有关规章条文。各个社的活动方式大致相同,社条规定活动时间、地点、内容、纳赠名目,还有惩罚条例等,每年按时依例活动。

活动皆以转帖相告。传递转帖的人则为"月直",社人轮流担任"月直",这是社人的义务。退社、入社都需要申请。社的活动很多,主要有三类:一是经济活动。常说的赈济互助,即社员有"急难",大家凑份子,但基本上以实物为主。二是宗教与礼教活动。宗教活动即兴佛、造像、画壁、写经等,礼教活动即兄弟、亲族之间婚丧赈济。三是传统风俗活动,也就是祭社。社日,社内人每年轮流设席。当然,全体社人应将助纳麦粟等送到设席之家,届时先祭神,读社文,再饮宴。此时期的社已非官方化,经济结社是主要形式。③ 在结社缘由上,相互间的经济互助是主要原因。此外官方赈济缺乏也是原因之一。隋代设置义仓,至唐机制破败,私社则兴起。④

孟宪实先生对于敦煌的社有总结研究。我们能看到敦煌民间结社的多种类型,有官人结社、妇女社、渠人社、亲情社与兄弟社等。它们的组织结构,有社人大会、社条,并有社务公开。民间结社的功能,除一般功能外,还有互助、抗灾。政府有民间结社政策,承认私社的合法化,并有一些

---

① 郝春文:《敦煌的渠人与渠社》,《北京师范学院学报(社会科学版)》1990年第1期。
② 宁可、郝春文:《敦煌社邑的丧葬互助》,《首都师范大学学报(社会科学版)》1995年第6期。
③ 郭锋:《敦煌的"社"及其活动》,《敦煌学辑刊》1983年。
④ 傅晓静:《论唐代乡村的民间结社》,《山东师范大学学报(人文社会科学版)》2003年第6期;《唐代民间私社的组织形式与活动方式》,《理论学刊》2003年第4期;《唐代民间私社的基本功能》,《齐鲁学刊》2003年第5期。

官私合作的社。另外，具有组织规范的社条，其内容详实，有制定，也有修订，并且还有社条文样。社发展至高级状态，出现投社状、社内集体声明、日常事务处理的文件。参加社的活动也比较正式，使用转帖，并有相关规则、传递顺序。当然，社的财产与账务也很关键，有账历进行规范。①

至宋代，会社已经成为基层的重要组织，各色各样。有秘密性的，如"业觜社""没命社""霸王社"等；有宗教性的，如"社邑""香社""香会""斋会"等；有军事性的，如"义社""巡社"等；有经济性的，如"黑金社""万桂社""过省会"等；有文化娱乐性的，如"团鱼会""荔枝会""茶社"等。宋代是中国会社史上承前启后的时期，对前有发展，也开启了元、明、清会社的基本格局。② 值得一提的是，后世的"合会"在宋代已经开始萌生。③

宋代士绅结社也很普遍。有经济合作会社、民间救助组织、军事会社、文艺会社、耆老会等。士绅阶层以民间身份发挥社会影响，在社仓、书院、乡约的成立上发挥着共同作用。一般以为，宗族纽带、乡里交往、职业接触是古代社会的三大关系，也就是常说的血缘、地缘、业缘。结社形成的"社缘"同样具有重要性，不可忽视。社缘具有后天性、主动性、自律性等特点。④

（五）明清：具有公共事务功能的"社会"

顾颉刚先生研究了妙峰山的香会，说与古"社会"有联系。因佛教的流入和道教的兴起，"社会"祭祀的形态开始泛化，渐渐融入传统的迎神赛会、香会之中。香会的进行，由背后的各种组织支持。明代北京的碧霞元君香会，场景宏大，持续时间长，祭祀多种神明。从碑碣和会启来看，到清代存有19个老会。这些老会在祭祀中发挥多种职责和功能。各会分担公共事务，分为修路、路灯、茶棚、缝绽、补铜锡器、呈献神用物品及供具、施献茶盐膏药、技术等，而这些事务基本上涵盖整个进香过程。⑤ 从

---

① 孟宪实：《敦煌民间结社研究》，北京：北京大学出版社，2009年。
② 史江：《宋代会社研究》，成都：四川大学博士学位论文，2002年。
③ 史江：《宋代经济互助会社研究》，《中国社会经济史研究》2003年第2期。
④ 周扬波：《宋代士绅结社研究》，北京：中华书局，2008年。
⑤ 顾颉刚编著：《妙峰山》，上海：上海文艺出版社，1988年，第11—119页。

另一面看,这种自发的组织,已经在自发地履行着公共事务,便利着活动的开展。其实,各地庙会形式众多,多由"会"组织负责。

明清以来庙会与民间社会生活息息相关。这一类的游神祭祀活动,不仅构成民众日常生活的一部分,也集中体现了特定时节、特定场合的全民狂欢,一静一动,一平常一非常,正是人们生活的节奏。庙会的狂欢精神,表达了中西文化在信仰上的差异。江南与华北地区的庙会有两大差异:华北庙会偏经济功能,江南庙会强化娱神娱人的大众消闲;江南地区的宗族、社区势力与庙会娱神活动有着密切关系,北方庙会的这种关系则相对较弱。从黑山会、京师的"顶"与东岳庙、鲁班会可见妇女宗教活动特点,以及神明塑造与流传。[1]

陈宝良先生试图对传统的社会团体做鸟瞰式的观察研究。资料方面大量引用明清的文集、地方志、商会档案等。厘清了"会""社"等专业词,将民间结社划分为政治、经济、军事、文化生活四个基本类型。[2]

明清时期,会社是一种基层自设组织,有自愿性与强制性的双重特点。资产上,依靠入会会友的捐助、祭奉,以及会社本身的运作增值来维持其经济基础,又借助节日聚会、赈助、维持治安等方式来实现一定的自治。比如节日会、英烈会、赈济会、宗教等,会组织的产业来源自主、多样。在家族之外,会社是传统社会秩序长久维持的重要因素。这种会社经济,是对宋元以来家族经济式微的一种适应。[3]

梁治平先生从法学的角度讨论了传统"会"习惯。"会"是民间一种主要与金钱融通有关的临时性互助组织。"会"的名称繁多,形态各异。有为应付家庭丧葬乏费而设之会、为预筹子女婚嫁费用而设之会、为酬香与过年等而设之会、为修房设立之会、专为储蓄设立之会、稍具慈善性质之会,等等。[4] 不同类型的会,设立的规则不同,运行规则也有差异。

---

[1] 赵世瑜:《狂欢与日常——明清以来的庙会与民间社会》,北京:生活·读书·新知三联书店,2002年。
[2] 陈宝良:《中国的社与会》,北京:中国人民大学出版社,2011年。
[3] 王日根:《明清徽州会社经济举隅》,《中国经济史研究》1995年第2期。
[4] 梁治平:《清代习惯法:社会与国家》,北京:中国政法大学出版社,1996年,第110—113页。

明清的"会",多与经济事务有联系,也与宗族关系密切。江西的流坑,有属于整个宗族或房支的会社。会产完全是属于整个房、族的公共财产,会的宗旨则为谋求满足整个房、族的福利和各种需求。会的发起者或会产捐资者的范围可能比成员范围小。成员一般包括本房、族的所有人或所有家庭。此外,还有由少数人发起的"会"。它们成员资格明确,且与房、族组织相合,会产产权及收益属于该会成员,会员关心和从事的活动一般限特定事务,这些"会"是一种有别于族会的会社组织。还有一些公益性的"义会",会员集资建会的目的主要是公益性的,不是为了谋取个人直接的物质报偿和经济利益。为了经济利益的"利会",是按股集资、到时受益的会社。股分是通过产权收取股息的体现。①

明清的徽州,会社类型众多。有娱乐功能、祭祀功能、经济功能、教化和裁判功能等。特点上,有显著的宗族性质,祭祀性特征突出,管理严密,且一人参加多会。② 它们是政府与宗族在某些领域失灵的表现。③ 家族内,有文会、祀会、钱会种种,与家族有互补和合作关系,会产在特殊情况下可以转化为祠产,而完成任务后,部分祠产又转化为会产。④

徽州会社的兴盛,是明清社会变迁下各种共同因素作用的结果。(1)宗族祭祀需要新的组织。(2)经济活动需要新的机制,宗族内部救济面狭窄、族内经济基础单薄。(3)徽商是"助推剂"。(4)科举制度发展。(5)政府管理弱化。以上这些都给会社兴起提供了土壤。⑤

广东也有会、社,类型上与其他地区并无多大区别。广东客家的"会",有宗教型的,如观音会、天后圣母会等;有军事型的,如集贤会;有经济互助型的,如钱会、谷会等。还有农事类、社会公益类、文化教育类、婚丧生活类等。这些会在客家地区起到一些社会保障作用。⑥

---

① 邵鸿:《明清江西农村社区中的会——以乐安县流坑村为例》,《中国社会经济史研究》1997年第1期。
② 卞利:《明清时期徽州的会社初探》,《安徽大学学报》2001年第6期。
③ 丁华东:《会社在徽州区域社会研究中的意义——以明清之际的徽州民间会为分析中心》,《探索与争鸣》2004年第12期。
④ 胡中生:《徽州的族会与宗族建设》,《徽学》(第5卷),2008年。
⑤ 史五一:《试析明清徽州会社的兴盛及其原因》,《中国地方志》2008年第12期。
⑥ 宋德剑:《试论客家民间社会保障:以众会为例》,《西南民族大学学报(人文社会科学版)》2004年第3期。

我们其实也关心这些自治的"会"与中国传统村落的关系若何,是否有政治功能。麻国庆先生考察了民俗政治型的"会",认为它是与官方政治组织对应的民间社会政体,自发与自我完善的俗民政治组织方式,常规的形式是"村公会"。他考察的是河北顺义的沙井村。相比之下,传统乡村经济型的会、宗教型的会更普遍。①

二、本书所讨论"会"的类型

(一) 祀会

祀会,以祭祀共同祖先为目的。很多研究将祀会与神会混淆,统一置于祭祀性会社之下。在形成目的、形式、成员、产权性质等方面,二者有区别。

章有义先生在研究地租问题时,提到两个"会"的案例。一是"歙县汪光裕会",系汪姓的一个小公堂;一是"休宁汪公会"。两个"会"的会产都很丰厚,佃人众多,存在的时间也较长。"会"规上,有管会人职责和待遇;账匣方式经管账目;有定时作定租谷折价;有收租"归齐"期限;有对账款不实的经手人的惩罚,等等。两"会"置田产方式同其他业主并无二致,不外"买"和"当"。此外,"会"还放债生息,与当时市场利息相当,这种借贷不属于农村高利贷的范畴。② 现在来看,章先生研究的前一个"会"是祀会,后一个"会"是神会。

赵华富先生在研究徽州宗族时,关注到祀会祭祖。这些"会"有的是春祭组织,有的是冬祭组织,有的是祠祭组织,有的是墓祭组织。有的既有春祭、冬祭,又包括祠祭、墓祭。宗族支丁们捐款置田,收取租股,以"祀之久远"。③ 可见,祀会是一种组织,不单是聚会祭祀。

周晓光先生从分家文书入手,谈到众存祀产与众存祀会间的联系。形成众存祀会,实为特定家庭或房派因祀祖实现利益关系重组并组织化的基本途径。究其原因,一是众存祀产的法权不明晰,虽是共有,但各房

---

① 麻国庆:《"会"与中国传统村落社会》,《民俗研究》1998 年第 2 期。
② 章有义:《近代徽州租佃关系案例研究》,北京:中国社会科学出版社,1988 年。
③ 赵华富:《关于徽州宗族制度的三个问题》,《安徽史学》2003 年第 2 期。

份又具有份额;二是众存祀产由家庭范围服制内血亲维系,宗族制度对其限制较小;三是众存祀产管理松散,组织化弱。然而,众存祀会系设置众存产业用以祀祖的组织,具有自发性、平等性和灵活性,属于宗族之下血缘性的结合,并主要依靠契约关系予以维系,是宗族组织内部祀祖的基本形式之一。

众存祀会的经营方式有:租佃会产、会产设匦生息、会银放贷。会产的来源:购置地产、批产入会、捐输、婚嫁礼银、罚银等。会产可以依据股分继承份额,但这种份额的存在是以众存公有为前提的,不是真正意义上的"已业"。因此,享有份额的主体之间相互牵制,各份额财产原则上不能独立处置,只是在不得已情况下,方可依据亲邻权凑卖与族人。①

祀会的家族性,随着岁月的变迁,可能发生房支之间的变化。歙县吴氏的"四枝会",各支派在运作中,由于经济活动的压力、分支之间关系的变化,产生整合。但是,新的分支加入,又引起了新的矛盾。这个过程中,祀会在不断调整。②

清代很多地方都有祀会,人们常说的"清明会"便是一种祀会,与"冬至会"一样,是应对岁时节气祭祀祖先的组织。贵州清水江地区,清明会一般以血缘为纽带,以房族为单位。较大规模的会,由成员交纳一定数额的股金,共同购买山林田地,为本房族公共的会田、会山。这些产业出租给会内或者会外的家庭耕种,所得收入就成为会之公产,用于清明时节祭祖活动。较小规模的会,组织形式相对简单,一般是每逢挂清时节,同房族的小家庭临时出钱、出米,挂清回来后成员们聚集会餐。每年重复如此。③ 四川省南部县的清明会,有自己的土地和基金,有经营收益,除了祭祖,还办义学、赈灾、修造堡寨等。④ 山西平定董氏在建祠堂前,实行墓

---

① 周晓光:《明清徽州民间的众存祀会》,《安徽师范大学学报》2010年第2期。
② 何巧云:《清代徽州祭祖祀会整合之研究:以歙县吴氏"四枝会"为中心》,《徽学》(第6卷),2010年。
③ 朱晴晴:《清代清水江下游的"会"与地方社会结构》,《开放时代》2011年第7期。
④ 代容:《〈南部档案〉所见清代地方社会的清明会》,《四川档案》2014年第4期;《清代清明会活动考察——以〈南部档案〉为中心》,《长江师范学院学报》2015年第6期。

祭,便设有清明会组织,定有条例,八人轮流经管公款,有族长、会头。①河北栾城县的清明会,也叫"父子会""寒食会""坟会""吃会"等,或直接冠以姓氏称"某家会",在清明节举办墓祭、聚餐等宗族活动。②

(二) 神会

关于神会,以前的研究多集中在迎神赛会形式与民间信仰两方面,关注神会组织的较少。③

歙南的孝女会,有祠也有社。静态地看,祠只表示一族的成立,社表示一族在一地的存在。诸姓合处的村子更重视社。社屋结构,以祠、社、寺、庙四种建筑为基础。寺庙为诸族共有,社会地位高于社屋,庙神的等级也自然高于社神。一般是一庙诸社,立体地呈现出"众社拱庙"的样式。迎神赛会使得地方神确立,渐渐一体化。社屋遍及徽州的每一世姓村落,汪公大帝又几乎遍及每一社屋,依托有形的"众社拱庙"结构,所维系的每一村族社区共同体不再是各自孤立的单元。社屋作为地方神的文化载体存在于世俗生活中。④

徽州祁门的善和里程氏,有33个会组织,名称各异,功能不同。大致可分为祭祀祖先类、民间信仰类、公益类、祭拜佛道与族人互助类等。从名称上看,神明祭祀类会较多。⑤有同姓结会与异姓结会,存在"族会"和

---

① 王霞蔚:《金元以降山西中东部地区的宗族与地方社会》,南开大学博士学位论文,2010年,第73页。

② 韩朝建:《清明会与宗族结构——以民国河北栾城县寺北柴村为例》,《民俗研究》2015年第5期。

③ 参见张崇旺:《谈谈徽州商人的宗教信仰》,《安徽史学》1992年第3期;王振忠:《晚清徽州民众生活及社会变迁——〈陶甓公牍〉之民俗文化解读》,《徽学》2000年卷;唐力行、王健:《多元与差异:苏州与徽州民间信仰比较》,《社会科学》2005年第3期;陶明选:《明清以来徽州民间信仰研究》,上海:复旦大学博士学位论文,2007年;陶明选:《明清以来徽州的演戏娱神与信仰活动》,《安徽史学》2009年第6期;丁希勤:《齐云山道教的玄武信仰》,《安徽师范大学学报(人文社会科学版)》2010年第2期;王昌宜:《明清徽州的汪氏宗族与汪王信仰》,《宗教学研究》2012年第2期。

④ 郑力民:《徽州社屋的诸侧面——以歙南孝女会田野个案为例》,《江淮论坛》1995年第4期;《徽州社屋的诸侧面——以歙南孝女会田野个案为例》(续),《江淮论坛》1995年第5期。

⑤ 刘淼:《清代徽州的"会"与"会祭"——以祁门善和里程氏为中心》,《江淮论坛》1995年第4期。

"非族会"。"替会"是受会人取得会人资格的方式。① 用"族会"的概念来统摄神会和祀会,甚至族内因为其他事务而形成的"会",有些笼统。

南京大学藏有《祝圣会会簿》,是"祝圣会"活动的记录,内有"祝圣会"部分年份的活动情况,会资的收入,会产的运作与管理等。会首的职责重要,要管理"祝圣会"的资产,主持祭祀活动,主办宴会,还要交纳与祝圣会有关的赋役钱粮。会首之间,实行集体商议制度,并制定会规,用来规范会首的行为。在遇到重大事情时,由上届会首联合下届会首共同处理。② "会"祭祀的神祇多样,迎神赛会的内容丰富,有迎接神像、游行、演戏,之后有宴会。③

浙南的"定光会",也实行会首制度,负责"会"的经济活动,协调会众的利益。借贷是"定光会"的主要经营方式。从利率的角度看,"定光会"对于会内人与会外人有区别。④ "神会"在长期的运行中,资产积累丰厚,人们对"会"的财产把握与其他产业类似。⑤ 我们看到的分单或阄书,经常将"会股"作为家庭财产的类型。所以,对于会产的管理,"会首"至关重要。

西南的贵州也有神会。清水江地区有"财神会","挂清"和"祭菩萨"是财神会的两项主要活动,参与人员有地缘之乡民,姻缘之亲戚,还有自愿入股的其他人。财神会是一种拟制的、扩大化的情感联系组织。财神会人员的范围比血缘祭祀组织人员宽泛。在清末民国时期,财神会对于小江周边的湖南籍移民有重要作用,无论在是商业活动,还是在社会生活的参与中,都发挥着影响。⑥

---

① 刘淼:《中国传统社会的资产运作形态——关于徽州宗族"族会"的会产处置》,《中国社会经济史研究》2002 年第 2 期。
② 夏爱军、许彩丽:《明清时期徽州地区迎神赛会组织的组织结构及其资产运作分析——以休宁祝圣会及〈祝圣会会簿〉为中心》,《黄山学院学报》2008 年第 6 期。
③ 夏爱军:《明清时期民间迎神赛会个案研究——〈祝圣会会簿〉及其反映的祝圣会》,《安徽史学》2004 年第 6 期。
④ 章毅:《祀神与借贷:清代浙南定光会研究——以石仓〈定光古佛寿诞会簿〉为中心》,《史林》2011 年第 6 期。
⑤ 黄志繁:《"会"与近代小农资产运作——以徽州文书为中心》,《江西社会科学》2013 年第 5 期。
⑥ 朱晴晴:《清代清水江下游的"会"与地方社会结构》,《开放时代》2011 年第 7 期。

"神会",经常被混淆为祭祀性的祀会,或者被限制在宗族范围内。实际上,清代徽州乡村存在的"社会",它们的祭祀对象常是"汪公"等地方神。它也是"神会"的一种,不过是神明信仰泛化与明清"里社制"遗留的结合。明清的"里社制",对于乡村社会影响深远,全国范围内存在这样的组织并不例外。

(三) 路会与桥会

路会、桥会,它们的目的及组织方式基本相同,为行文便利,简称"路桥会"。

据学者调查,徽州古桥普遍拥有桥会组织。① 修路造桥历来是徽商的义举。② 祁门善和里的"纪事会",会簿《纪事会册》记载了"桥会"与"和溪桥"的关系。内容包含会规,涉及会费以及如何生息,还有借款情况和收支情况。其后,对和溪桥的修建与"纪事会"的创立作了梳理。"纪事会"的会首初有六人,后减为五人,实行值年轮管制,主要是负责会产营运生息与收租,并出面组织和管理修桥事务。"纪事会"的会产主要是现金和田产,利息和田租是其主要收入。会产一般使用在会酌、维修桥梁、交纳田赋等方面。③ 通过"纪事会"桥会个案,我们大致可以类推桥会的模式和功能。

徽杭古道上,曾经活跃着三个路会。一是祝三路会,属于祝三村(以前称"竹山"或者"祝川"),成立于民国七年(1918)。每年的下元节,先进行"放蒙山"的祭祀活动,活动后,召集路会成员上山修整古道,主要是砍草、凿石、搬运、修砌。修路结束的当晚,"放蒙山"户宴请修路人员。宴后,召开会议,选择下首户。他们负责岩口亭—施茶亭路段。二是黄茅培路会,成立于民国十七年(1928)。每年中元节修路,实行会首制,修路前无祭祀活动。负责施茶亭—黄茅培—马头岭路段。三是绿景路会,成立于民国时期。负责马头岭—下雪堂—上雪堂—蓝天凹路和上雪堂—绿景路段。④ 中华人民共和国成立后,这三个路会都有停顿,后又因交通需

---

① 卞利:《通向世界的路:徽州古桥》,沈阳:辽宁人民出版社,2002年版,第63页。
② 卞利:《徽商与明清时期的社会公益事业》,《中州学刊》2004年第4期。
③ 史五一:《徽州桥会个案研究——以〈纪事会册〉为中心》,《徽学》2010年第6卷。
④ 马寅集、张孝进、樊嘉禄:《徽杭古道路会研究》,《黄山学院学报》2012年第4期。

要,兴起过一段时间。

湖南平江县西江洞村也有路会。路会最初成立是在清朝乾隆年间,实行的是集资设立,并用会首负责制。修路者的合作行为,对于公共利益的需求有益,合作可以改善农民的支付水平,达到效用最大化。① 在国家力量不及之处,私人形成组织应对公共交通的需要,这种合作行动具有相当的意义。

(四)文会

唐宋时期,文会便已流行,但多是为丰富文人的业余生活所设。②

元泰定年间,歙县沙溪儒士凌庆四在村南的八亩丘创办北园文会,与槐塘唐仲实、双桥郑玉两位先生时相往还,讲论程朱之学。此是徽州记录最早的文会。徽州文会的创立者主要是文人、官僚士大夫、家族。文会有资金来源与管理,具有教育等多种功能。③

文会、书屋都与教育有关系。书屋,一是私人藏书读书之所;二是聘有专职教师、具有教学功能的私塾或义学;三是宗族、乡里文人会文之所。文会拥有固定的场所,有会例、会规、规条,目的是应对科举考试。它们都具有乡村教化的功能,与官学、社学、义学相辅相成。④ 文会的起源,与"王学"的会讲制度有关。"王学"式微后,这种文会活动被保留并推广开来。⑤

明清徽州的文会,按所涉范围划分为以下三种:一是家族型文会,多以聚居村族的房派为基础而设立,属于文会的最基本形态。歙县橙阳村江氏,有聚星文会;呈坎村罗氏,有潀川文会;婺源县萧江氏,有抢元文会;黟县宏村汪氏,有雷冈文会,等等。或一族之内特定的房派,亦有专门设立的文会组织,如清代乾隆年间祁门县三四都凌氏各房所设的文会等。二是村际文会,由特定区域村落联合设立的社区型文会。如清代婺源县

---

① 李武、胡振鹏:《农民合作的一个博弈分析框架——西江洞村传统路会的个案分析》,《求索》2009 年第 1 期。
② 李修松:《唐宋时期的文人会社》,《中国史研究》1995 年第 3 期。
③ 葛庆华:《徽州文会初探》,《江淮论坛》1997 年第 4 期。
④ 施兴和、李琳琦:《明清徽州的书屋、文会及其教育功能》,《华东师范大学学报(教育科学版)》2000 年第 4 期。
⑤ 陈联:《徽州文会与徽州社会》,《文史知识》2001 年第 11 期。

庠生程万里"集邻村捐赀建文社",黟县庠生李元榜经理"十二村公立文会"。三是通"都"文会。"都"是县域之下涵盖一定数量自然村落的土地区划设置。在明清时期的徽州,以都为范围而成立的文会并非少见。如鼎元文会,捐产参会人户所涉村落凡13个,举凡乐输入会者,签订捐产入会的输田契,载入《鼎元文会同志录》,所捐产业均为鼎元文会田产。①

歙县呈坎的溪川文会,延续至民国,留有名录簿、会规。②文会入会有一定的资格要求;日常管理方面,采取轮班制,并实行公匦管理制度;会产来源,主要依靠取得功名后的回报;会产的使用,主要是奖励科举成绩优异者,为在会父母年60岁以上者祝寿,资助会员家庭的丧礼,周济贫困会员,置酒众叙。③

文会是一种自发性与自愿性相结合的民间组织,有身份性文会和功能性文会两类,具有社会保障、社会教化、社会秩序的功能。组织与管理方面,由自己制定规约,采取轮年值首制,并经营会产。徽州的文会,在力图维持宗族内部秩序的同时,也参与乡村秩序的建构和整合。④

(五) 钱会

相比而言,钱会被关注较多。研究视角各有侧重,涉及经济学、法学、社会史、社会学与人类学等领域。

1. 经济学的角度

关注重点在金融借贷、融资、利率、成本、收益等方面,以效率和利益为思考维度。

王宗培的《中国之合会》,是其在国立中央大学的毕业论文。也被池田翻译并在日本出版。"合会"的意义在于,"缓急相济,有无相通,有往必来,有施必报"。这几句总结,道出了合会以"互助"为目的,并非为"营利"。这类互助并非中国独有。庞公创始、竹林七贤遗传、印度传来、宋代

---

① 刘道胜:《明清徽州乡村文会与地方社会——以〈鼎元文会同志录〉为中心》,《中国史研究》2017年第4期。
② 罗来平:《解读〈溪川文会〉》,《合肥学院学报(社会科学版)》2005年第3期。
③ 史五一、杜敏:《徽州文会个案研究——以民国〈呈坎溪川文会簿〉为中心》,《安徽师范大学学报(人文社会科学版)》2007年第6期。
④ 杨礼玉:《明清时期徽州文会研究》,安徽师范大学硕士学位论文,2011年。

青苗法变种等起因说,经常被学界引用。合会形式,按照收会方法可分为轮会、摇会、标会、形式混合的杂类,摇会还有堆积会、缩金会的亚型;按照用途可分为储蓄类、保险类、防卫类及其他。收会方式也有多种,有坐次轮收、拈阄摇彩、抽签、摊还、议定、骰子比赛等,一般订立会规书约定,包括会规书例、会收票、知会书、会末凭字。① 该著是系统研究"钱会"的第一部著作,理论意义显著。

后来的杨西孟,意将钱会改造。他利用数学知识和计算工具,将钱会的运作方式加以公式化,找出不同类型钱会的优缺点,以及各会次之间的收益与损失差异。并列举了多种"会金表",希望解决会金的分配不公之弊。② 他的研究很有意义,特别是关于损益的计算,对于我们认识钱会的利率有帮助。

民国时期涉及金融的论著,基本都谈到钱会。③ 与农村传统借贷组织的典当、钱庄和私人借贷比较,基层民众"合会"的组成目的是"消费",并非"生产"。④ 通过"合会"信贷用途统计,入会的目的首先在于还债和结婚等急用,其次是购买田、牛等生产资料。⑤ 合会是典型的团体格局社群,意义在于会内成员平等。合会作为一种社会群体,具有初步的个人主义和契约观念,会首与会脚之间不单是债权人与债务人的关系,二者关系总是处在相对变化之中。⑥

关于近代借贷的研究,基本也涉及"钱会"。在江南、闽西等地,借贷性质的金融活动,都有"钱会"的身影。李金铮认为,可将借贷一类的"会"统称"钱会"。它们都参与了资金融通。比较钱会的种类、数量与分布、基本构成、运作方式、社会功能,以及部分流弊,确实可以看到诸多同

---

① 王宗培:《中国之合会》,南京:中国合作学社印行,1931年。
② 杨西孟:《中国合会之研究》,上海:商务印书馆,1935年。
③ 韩德章:《浙西农村之借贷制度》,《社会科学杂志》1932年第2期。乐永庆:《拔会——一种盛行冀南的旧式信用合作制度》,《大公报》1933年8月9日。吴承禧:《中国的银行》,上海:商务印书馆,1935年。吴敬敷、徐渊若:《农业金融制度论》,上海:商务印书馆,1935年。知非:《如皋的摇会》,《农行月刊》1937年第1期。朱剑农:《农村经济》,上海:中华书局,1948年。朱斯煌主编:《民国经济史》,上海:银行学会,1948年。
④ 徐畅:《"合会"述论》,《近代史研究》1998年第2期。
⑤ 单强:《民国时期江南农村信贷市场之特征》,《中国经济史研究》1995年第2期。
⑥ 单强、昝金生:《论近代江南农村的"合会"》,《中国经济史研究》2002年第4期。

质性。①

随着文书资料的公布,钱会的概貌细致地进入人们的视野。宾长初先生以《徽州文书》第二辑收录的会书为基础,根据支付会金和收取会款的方式,将钱会分为五种:第一种,会脚每位各出相同数额的会金,一次性付给会首收领,会首每期将一定数量的会款付给一位会脚。第二种,根据前伸后缩原则支付会金,收会在前的所付会金较多,收会在后的所付会金较少。收会的会款则是前少后多。第三种,除成会时每位会脚各出相同数额的会金一次性付给会首收领外,每会届期从会首到各会脚都按比例填付会金,由摇得者收领,数额与会首收领的相同。第四种,从会首到各会脚按前伸后缩原则,得会早者多交,得会晚者少交,但每一个会员每期所交数额相同,只是得会者当期不需交会金。第五种,会金、会款的收付原则与第四种情况相同,不同的是,存在总会与分会首的问题,各会所付会金不仅有已得、未得之分,且未得者支付的会金也不相同。到一定期以后,余利不由会脚均分,而是按不同标准补给相应的会脚。② 这种分类,与轮会、摇会的总类型不违背,只是属于它们的子型或亚型。

有学者以收会模式对钱会分类,分成轮流收会型、间隔收会型和单独收会型三种,它们在运作与管理上有一些共同的特点。③ 这种分类,未考虑钱会的得会次序问题,并未突破轮会、摇会、标会的传统类型。

清至民国的婺源钱会,组织性质及规制发生了重要变化。晚清钱会基本是小农经济互助组织,进入民国,钱会小农经济的互助组织色彩渐淡,而民间融资功能渐强。与晚清相比,民国时期的婺源钱会数量增加,规模日渐扩大,钱会规制也日臻成熟和规范。民间已经形成了相对一致的利息标准,又有相对灵活的变通机制。也有了防止倒会的措施,钱会参与者往往以一定数量的田地财产抵押于整个钱会,保障整个钱会的正常

---

① 李金铮:《民国乡村借贷关系研究——以长江中下游地区为中心》,北京:人民出版社,2003年。俞如先:《清至民国闽西乡村民间借贷研究》,厦门:厦门大学博士学位论文,2009年。昝金生:《民国时期江南农村金融研究》,苏州:苏州大学博士学位论文,2011年。

② 宾长初:《清代徽州钱会的计量分析——基于〈徽州文书〉第二辑所收会书的考察》,《中国社会经济史研究》2011年第4期。

③ 胡中生:《近代徽州钱会的类型与特点》,《徽学》第4卷,2006年。

运行。①

从经济学的角度看,"会"是一种信用关系,会脚之间有权力对资金用途进行评议。会的风险一般低于常规两人之间的借贷。对于会而言,单笔借贷规模不会很大,每个会中经济实力最小的人构成"会"规模的制约边界。同时,会的分散方式规避了放贷风险。② 钱会的高级阶段是标会,若将标会与高利贷比较,标会还债的压力小于高利贷,标会利率依次递减,也有波动。③

正规金融失灵,为非正规金融的产生和发展提供了制度基础。传统的农村金融体制,是两者并存的二元化结构。由于农户收入的不确定性和流动性约束等因素,南方农村广泛存在钱会。这类民间合作金融组织,可以减少农户得到耐用消费品的等待时间,扩大了当期消费,缓解流动性约束,并且提高效用水平。④

2. 法学的角度

从法学角度研究的是钱会的规则体系,以及与规则相关之会的内部与外部关系、会首与会员的权利与义务关系。我国台湾学者曹竞辉,较早从法学角度研究合会。他对台湾地区"倒会"、会首挪用会款、合会储蓄公司等现象有探讨,并梳理以往判例要旨,将合会法律关系分为两大类:一是单线关系,含有消费借贷说、消费借贷与保证之混合说、类似分期付价买卖之有偿契约说、无名契约说。在会首的权利与责任上,仅会首与会员间发生关系,会首为实质权利人,而非会员委任之管理人,亦非基于信托关系而执行合会业务。二是类似合伙之合会,此种合会,应准用民法上关于合伙之规定,但在合会仅有会员间内部关系,无所谓对外之业务执行,而其内部关系仅限于会金之授受。损失由会员分担。⑤

---

① 黄志繁:《清至民国徽州钱会性质及规制之演化——基于婺源县钱会文书的分析》,《中国农史》2013年第2期。
② 夏小军:《温州民间"会"的功过》,《经济消息报》2002年5月31日。
③ 郑振龙、林海:《民间金融的利率期限结构和风险分析:来自标会的检验》,《金融研究》2005年第4期。
④ 朱信凯、刘刚:《二元金融体制与农户消费信贷选择——对合会的解释与分析》,《经济研究》2009年第2期。
⑤ 曹竞辉:《合会制度之研究》,台北:台湾联经出版事业公司,1980年。

梁治平先生在研究清代习惯法时,也关注到钱会。虽说钱会的形式多样,但也有很多共同特征:首先,钱会总是由一特定筹款人发动,该人确定了会的规模,自身地位与众不同;其次,请会是为了获得急需的款项,因此从会首的角度看,请会乃是获得贷款的另一种手段。当然,钱会的功能主要是互助,与普通的借贷关系有一定差别。会首与会友的权利义务是:第一,作为发起人,会首不但负有"组织"之责,还有管理的作用;第二,从整体看,会首与诸会友之间并非简单的债权债务关系。在得会的过程中,债权债务关系不断变动。他赞同当会友"逃会"时,会首负有赔偿责任。会的形成,是由于大家信任会首,会首又在第一时间取得利益,基于人情利益与实际利益,会首负有更大的责任。①

钱会合同,民间常称"会书",主要记载钱会成立、会额、会利率、会金收付办法等。广义的会书还包括会账,会账记载钱会的首会收支、转会收付、借贷收支等内容。在法律关系上,钱会是民间借贷合同。钱会的种类虽繁多,大致有轮会、摇会和标会,以及由此三种会式发展出的子类型、亚型,会式之间的逻辑关系较严整。钱会是合同关系,钱会合同不是储蓄合同、博彩合同、合伙合同,是复式的民间借贷合同。②

会首的法律地位,首先表现为一份合同或一组相关联的合同的当事人。其次,会首也承担合法发起合会,接受合会合同行政管理,执行合会事务,收取、保管、交付会款,代垫会款等义务,并对倒会负直接责任或连带清偿责任,以及因不履行其特定义务而承担相应的民事、行政和刑事责任。从防范合会风险的角度看,倒会的主要原因有:运行背离了合作互助的宗旨、抛弃了真正意义上的固有运作方式、会首与会员的恶意倒会、合会风险控制机制不力等。这些都可以通过设计合理的合会法律制度来防控。③

---

① 梁治平:《清代习惯法:社会与国家》,北京:中国政法大学出版社,1996年。
② 俞江:《清中期至民国的徽州钱会》,《安徽大学学报(哲学社会科学版)》2017年第3期。
③ 陈荣文:《合会运行机理及当事人权利义务配置研究》,《亚太经济》2005年第4期。陈荣文:《论"合会"会首的法律地位及其义务设计》,《福建公安高等专科学校学报》2005年第4期。陈荣文:《合会风险的法律控制——以比较法为视角》,《中国人民公安大学学报(社会科学版)》2005年第4期。

钱会本身并无独立或相对独立的名称、财产、意志、行为,不是法律上的主体,其基本属性是合同关系。参会者限于有限的会友,具有特定性。可将其类型化,进而法典化,使钱会关系有法可依,并通过法律规制消解其隐藏的风险。

郑启福认为钱会的会首、得会人与未得会人之间具有相互连带的法律关系。① 其后的专著着眼于现代中国合会的立法规制。合会是现在经济市场中不可缺少的一部分,在今天金融政策不断放松、逐步开放的情况下,应参考其他国家与地区的立法将合会纳入法律规制,立法应该从合会的设立、当事人的权利与义务、风险防控方面入手,必要时可以包括合会公司的设立。②

3. 社会史与社会学、人类学的角度

这个角度研究钱会,关注的是钱会与社会之间的关系,以及人们在这个过程中有着何种表现。

《江村经济》中关于互助会的研究常被引用,费孝通先生描述的互助会实际上是"钱会"。"互助会是集体储蓄和借贷的机构,由若干会员组成,为时若干年。会员每年相聚数次。每次聚会时存一份款。各会员存的总数,由一个会员收集借用。每一个会员轮流收集使用存款"。这种互助会,经常是由某人需要经济援助而发起,目的是办婚丧等事。若是为了购地、买牛从事生产,则不是借钱的理由。③ 从这里可以看到,费先生认为"钱会"本质上是互助,应对消费需要,而不是为了生产融资。

钱会也扎根于徽州社会,是人们经济生活中的一部分,它广泛存在,发挥着融资与救助的双重功能。其参会人数在十人左右,组织与个人都有参与,范围超出辈分、姓氏和性别的限制,一人参加多会的情况很普遍。人们通过钱会来调剂生活所需,也可以缓解商业融资压力。会股作为一种产业,有相当的灵活性。④

---

① 郑启福:《民国时期钱会习惯法研究》,《西南大学学报(社会科学版)》2013年第2期。
② 郑启福:《民间合会的法律规制研究》,北京:法律出版社,2013年。
③ 费孝通:《江村经济》,上海:上海人民出版社,2007年,第201—206页。
④ 胡中生:《钱会与近代徽州社会》,《史学月刊》2006年第9期。胡中生:《融资与互助:民间钱会功能研究——以徽州为中心》,《中国社会经济史研究》2011年第1期。

对于钱会而言，利率和风险是交易成本解释模型中主要的变项，信任则是中介变量。在现阶段的研究策略里，只能把信任当作隐藏性变项，人际关系自然是关系金融中最需要探讨的。① 这种解释模型，给社会学学者研究合会提供了理论策略。从北京的温州流动人口资金市场，温州村庄和江苏省崇川镇的合会案例，都可以看见"信任"的重要性。②

从合会的信息汇聚机制看，人们通过合会合约采取"一对多"的方式，一次向多人借一笔钱，而不是通过多个"一对一"的个人间直接借贷。合会的信息汇聚机制，能够降低交易成本，帮助资金需求者从信息匮乏者处借到资金。合会的参与者，多是经济水平中等的人或者家庭，过于贫穷或者富裕之人基本上不参与合会。他们会选择其他的金融机制融资。③

社会学或者人类学的研究，是基于钱会会员之间人际、会与社会环境的考量，这一角度对于理解钱会的社会性有所裨益。

此外，日韩学者对中国古代的"会"也有所认识④，欧美学者主要研究现代的"钱会"。

第三节　研究背景：清代的乡村图景

要讨论清代的"会"与乡村秩序的关系，需对整个清代乡村图景有所

---

① 罗家德：《人际关系连带、信任与关系金融：以嵌入性观点研究台湾民间借贷》，《清华社会学评论》1999 年第 2 期。
② 王晓毅：《农村工业化过程中的农村民间金融——温州市苍南县钱库镇调查》，《中国农村观察》1999 年第 1 期。项飚：《跨越边界的社区：北京"浙江村"的生活史》，北京：三联书店，2000 年。胡必亮：《村庄信任与标会》，《经济研究》2004 年第 10 期。邱建新：《信任文化的断裂：对崇川镇民间"标会"的研究》，北京：社科文献出版社，2005 年。
③ 张翔：《合会的信息汇聚机制：来自温州和台州等地区的初步证据》，《社会学研究》2006 年第 4 期。
④ ［日］涩谷裕子：《明清徽州农村的"会"组织》，《国际徽学学术讨论会论文集》，合肥：安徽大学出版社，1997 年。［韩］权仁溶：《清初徽州一个生员的乡村生活——以詹元相的〈畏斋日记〉为中心》，《徽学》第 2 卷。

概览。我们也要考量"官治"力量的下达,以及与"官治"相对的"家族自治"①。此外,在秩序之中作为主体的家庭是何种情况,国家如何与家庭联系,皆需说明。

一、家与门户钱粮

(一)家

"家",于个人而言,无论古今中外,都有归属的意义。若要给它一个概念,实有困难。承载人员、财产和空间的"家",边界的区分与界定是个问题。

常有的印象里,古代中国人的"家",聚"族"而居,家、族联系紧密。久之,渐渐产生家庭完全笼罩在家族之下,没有丝毫独立性或对抗性的情况。近代以来的中外学界,愿意将这种社会称为"家族社会",并吸引了不少学者在古代家族的特点方面用力研究。

分家是中国小家庭诞生的方式。战国时秦国颁布"分异令",家庭从宗族中获得解脱和独立成为趋势。分家制的核心价值,是要让小家庭,尤其是非长房的小家庭,在社会中获得门户独立和财产独立。明代以来,庶民的诸子小家庭,地位进一步巩固。诸子在分家中享有与长子相同的份额。② 由于赋役制度的影响,长房承接门户,其他则成为户丁户,长房对其他房分仍有一定的牵制。清代力役折银的改革,各小家庭只需按本房的田产缴纳税粮,直接与国家打交道,不受长房控制,独立性进一步提升。

国家法律在分家上也一直让步。在唐律中:"诸祖父母、父母在,而子孙别籍、异财者,徒三年。"这是严格禁止祖父母、父母在时,子孙自立门户、分家析产,违者可处徒刑三年。但为了适应小家庭独立的需求,唐律留了一个缺口:"若祖父母、父母令别籍,及以子孙妄继人后者,徒二年;子孙不坐。"《唐律疏议·户婚》补充道:"但云'别籍',不云'令其异财',明

---

① 家族自治,是人们对清代乡村社会的基本看法。尽管这种"自治"不同于现代意义上的自治,但为了行文便利,以及理解清代民众的乡村生活,仍旧沿袭使用。结论部分,笔者再将中国古代的"自治"与现代政治学意义上的自治进行申论,并回应研究的主题。

② 《大明令·户令》规定:"凡嫡庶子男,除有官荫袭先尽嫡长子孙,其分析家财田产,不问妻、妾、婢生,止依子数均分。"

其无罪。"意思是,子孙虽不能另立户籍,但祖父母、父母可以令其分析财产。

之后的各朝法律,在"子孙别籍异财"上继续放宽,到清律规定:"凡祖父母、父母在,子孙别立户籍、分异财产者,杖一百。"唐律是满徒,清律是满杖,刑罚上降了三等。清律小注进一步解释:"须祖父母、父母亲告,乃坐。"明确此罪为亲告罪,对于违法分家的情况不会主动追究。律下的条例又规定:"祖父母、父母在者,子孙不许分财异居。其父母许、令分析者,听。"①子孙要求分家,得到长辈允许就可以。

比较而言,唐律规定只有父母命令才可分家,清律却承认子孙可以请求分家,仅需父母允许。一定程度上,子孙"闹分家"是可以的。如此,小家庭的独立,在历史时光里如树分枝、河分流,千姿百态。

中国人的"家",同居共财。在空间上,居住在一起;在财产上,共业不分。至于人员多少,并没有关系。社会学上讲的核心家庭、主干家庭和直系家庭等概念体系,注重代际,难以直接套用于中国社会。新的小家庭产生,只有分家这一条规则。由于房屋的价值大,不是所有小家庭都可以担负。在空间上,同居的状态依然存在,只是"生活单元"改变。两兄弟可能住在同一屋檐下,但房间、生活设施等都有所区分。特别是"灶",小家庭会分开做饭,也就是"分爨"。分家,实际落实到"析产"上,所有"家产"(包括房屋)在诸子之间进行分配。房屋按使用份额,进行"生活单元"的区分。

(二)门户钱粮

分家文书里,常见分配"门户钱粮"。"门户"是从外观上认识家庭,以"门"的空间来分别"户"的差异。在社会生活中,转变为指代独立的小家庭。"钱粮",是赋税之代称,无论是纳"粮"还是交"钱",都是小家庭向国家承担义务。单独缴纳钱粮,也是小家庭得到社会承认的方式。准确地说,是国家在法律上确认小家庭的地位。

清代的"钱粮",是以"官方簿册"+"契据"的管业凭证体系呈现的。官府簿册主要是黄册、赋役册、鱼鳞册。黄册是以户系田产和赋役,又称

---

① 《大清律例》,田涛、郑秦点校,法律出版社,1998年,第186—187页。

"纬册",主要登记丁口增减以及户内田地的归属、过割。黄册制度在明中期已废弛,此后的登记多不实。清初短暂施行,后又废止。摊丁入亩后,大趋势是以田定税。

鱼鳞册又称"经册"。初建时,仅限于两浙、南直隶等属下府州县。目的是遏制田产诡寄之风。册式是以田系税,画有田形,并对田段独立编号,在田形下写田主之名,以及田地丈尺、四至等细则,最后类编为册。鱼鳞册是官府核查田亩虚实的依据,只要业户手中的契据载有鱼鳞字号,官府可按号调取鱼鳞册,以查证田亩四至、丈尺和税额等是否真实。①

实征册,记录赋税实征额及税赋变化。实征册简便易行,成为州县和里长催征的主要簿册。清代州县实征册大多只记录税额和人户名,即使记录田产,也极简略。里长为本里民户编制的业户实征册,也称"户管",多保存在门户文书中,格式以四柱式为主,详载本户名下田产、税额、新收、割除、实在等项,内有完整的都图甲户名、鱼鳞字号、亩步丈尺、税则、税额和过割信息等。因此,里长手中掌握的实征册底册完整程度在州县实征正册之上,既是州县实征册的汇编依据,又是证明业户田土管业现状的重要簿册。

民人持有的田土管业凭据分为两种:一是"据",主要是官方或准官方制颁的凭据,包括各种"照""票""单"等。二是各种"契",也即各种契约关系的纸质载体,如卖契、佃契、合同等。它们统称"契据"。

照,主要是"执照""印照"。清代,发给民人的管业权证和纳税凭证多称执照,管业权证又特称印照。在证明管业资格方面,印照也有缺陷。主要表现在,它只在清前期清丈土地时普遍颁发。以后,只有民人申请才颁发。清代有两个颁发印照的高峰期:一是清前期(下限在雍正年间),在全国范围内发放印照,以确认前朝管业和新垦荒地的管业资格;二是清晚期(主要是太平天国运动之后),民户因兵燹而丧失田土契据,江苏、浙江等省陆续成立善后局补发印照。

票之一是"佥业票",又称归户票,是以鱼鳞册为底本颁发的票据。鱼鳞册为经册,黄册为纬册。佥业票是丈量田土后,由图正率图役签发,

---

① 赵冈:《简论鱼鳞图册》,《中国农史》2001年第1期。

付册里攒造黄册所用，又称佥业纬税票，或简称"纬税票"，或称"佥业纬票"等。但是，"佥业票"以鱼鳞册号为首，记录田亩积步和税额，票文声明由图役照丈量结果或鱼鳞册记载而颁发，供业户亲供纳粮，并付册里攒造黄册的票据。

图役把清丈结果从鱼鳞底册中誊抄于佥业票内，交付业户和本管里长，或由业户转交本管里长，作为本管里长攒造黄册的凭据。在黄册停造之前，佥业票是连接鱼鳞册和黄册的中枢，也是官府查验田土管业的重要线索。凭票内所载都图甲户名调取黄册，即可核对业户名下是否仍有该号田亩。凭所载字号调取鱼鳞册，则可查核该田产的田形、坐落、土名、四至、亩步、税则、税额等。①

票之二是"推收税票"，即是田土立契交易后，买卖双方办理田亩过割手续，由州县或本管册里出具的推割和收入业税的凭据。卖方推出业税的称为推税票，买方收入业税的称为收税票，统称推收税票。一般是，买卖双方共赴卖主的本管里长处领取推税票，完成推出手续。卖主收执一件税票作为推除凭证，其余手续与他无关。买主执另一件推税票赴县印契和税契，县衙在实征册中添注过割记录，实征册的过割记录和契尾存根，是由帖的填发依据。买主再持印契、推税票等回到本里，由本管里长在里甲实征册上办理收入手续。推税票一式两联，买卖双方各执一联。收税票一式两联，册里保存一联，买主收执一联。

明清两代的缴税凭证，载正税、漕粮、营兵米等科则税额，也称钱粮执照，俗称"串票"，清代又称"忙票"。清代纳税凭证的形制共分三期：第一期，顺治十年（1653）至雍正八年（1730），推行两联截票，一联付业户，一联存根留库。第二期，雍正八年推行三联版串，两联为州县存根。第三期，乾隆五十五年（1790）后，江南推行忙票，忙票至少四联，多至五联以上。业户收执联都统称为纳税执照，也即完纳当年税粮的凭证。纳税执照是与官府保存的赋税实征册、流水循环簿、串票存根等簿册相互印证的，具有极高的证据力。②

---

① 俞江：《清代的合同》，桂林：广西师范大学出版社，2022年，第334—342页。
② 俞江：《清代的合同》，桂林：广西师范大学出版社，2022年，第347—362页。

除这些"照""票"之外,民间也有"契"作为补充,如卖契、佃契、合同等。要确认某项田土的管业人,无论在官府审理还是民间调解中,依赖的主要是契据。争议田土界址的案件,原被告不出示契据,官府就无法查对以前清丈得到的丈尺,也就无法勘验界线。实际上,田房管业争讼而原被告无契据,官府根本不会受理。

总之,一个家庭要独立于世,需有人和财的保障,还要有国家承认的合法性。赋税体系中的簿册、印照、契据,共同构成家庭在国家的合法性。这些官方或半官方的文书,可以证明户之地位、丁口身份、管业凭证等,主要内容是记载户之所在、户内人口和户内产业,确认户内财产的来源、变更、转让、消灭等信息。按时缴纳官府的"钱粮",是门户具有合法性的主要依据,也是门户独立性的标志。有独立钱粮,且按时缴纳,门户的合法财产及其处分行为便受到官府保护,其他家庭不得干涉。

二、家之外：家族、社会与公共事务

明清时期的"家族",是以小家庭为基础的利益联合体。家族有房、族、派等多个层次,以祠堂、祭祀、修谱等活动而形成网状联系。家族中的"公私"关系,既有家庭的独立性,又有家庭与家庭的联合关系。从分家析产现象可知,家庭是"公私"关系的坚实底层,家族则是家庭之上的联合体。

(一) 家族

郑振满以家族的演变趋势为线索,把明清家族分为三个类型:

一是继承式家族。原家庭通过分家析产,裂变为多个继承原家庭祭祀、财产的小家庭,共同构成继承式家族。继承式家族采取各房共管族产的模式。

二是依附式家族。族内各家庭出现贫富分化,共管模式难以维持,出现按房分拆族产及有关事务,继承式家族分解。然后,出现祠堂(家族的最高权力机构),族内家庭依附于祠堂,继承式宗族转为依附式宗族。[①]

---

① 郑振满:《明清福建家族组织与社会变迁》,中国人民大学出版社,2009年,第63页。

三是合同式家族。主要是指以联宗、通谱、合祭等形式聚合起来的家族,他们以互利为目的,以合同的方式组成家族联合体。"明清时期福建各地的散居宗族,一般都是合同式宗族。"① 这是因为,散居各地的族人,不存在共同的地缘关系和可靠的继嗣关系,因而利益关系也就成为联结族人的唯一纽带。

从这三种划分,可以看到家族的发展形态,也能把握家庭与家族的关系。但是,要从现实中去把握家庭与家族的关系,还需理解家族在族权、族产与公共事务中的作用。

1. 族权

族权,是一种根据家族目的影响族人行为的能力。反映在社会实际中,有以下方面:

一是族长的选任与权力。清代的族长一般由遴选产生,权力有限,受族人会议的制约。其行事以族规、祖训为准则。② 徽州的族长,常是宗族内部的领导者,在祭祀、族内事务主持与监督、纠纷调处与裁判、族产经管、对族人的处罚惩治以及对外交涉等方面发挥着积极作用。③ 族长民选、代表族人处理家族事务,能展现民主的管理原则。

二是族谱与族规。族谱本是记载家族历史的载体,但在长期的发展中,形成了带有"谱法劝惩"的控制功能,即对于违背宗族伦理和危害宗族秩序的行为,采取除名或者不书的方式予以惩戒;对于忠孝节义和有益宗族的族人,予以立传或者记录褒扬。④ 族规,是族人合意形成的自我约束规范,通常是族谱的一部分。族规是国家法的延伸和补充。族规与家法一般不违反国家法的立法本意。⑤ 有效的族规、家法能够很好地规范族内事务,化解矛盾纠纷,稳定生活秩序。

三是祭祀。祭祀常是以祖坟和祠堂为中心。祖坟保存先人体魄,祠

---

① 郑振满:《明清福建家族组织与社会变迁》,中国人民大学出版社,2009年,第84页。
② 冯尔康:《清代宗族族长述论》,《江海学刊》2008年第5期。
③ 陈瑞:《清代徽州族长的权力简论》,《安徽史学》2008年第4期。
④ 陈瑞:《明清时期徽州族谱的控制功能》,《安徽大学学报(哲学社会科学版)》2007年第1期。
⑤ 冯尔康:《国法、家法、教化——以清朝为例》,《南京大学法律评论》2006年秋季号。

堂安放存载先人灵魂的木主。祖坟、祠堂是家族象征之所在。祖坟墓穴布局的昭穆制、房支墓制、族人的安葬规则,都体现着宗法礼制。宗族也对族人是否可以进入祖坟或者如何祭祀都有相应的规定。① 祠堂的祖先木主亦是昭穆有序,祭祀礼制尊卑有等,族人死后木主入祠也有规制。此外,祠堂成为族人合族议事联系之所,是重大事务的决定之地。② 祖坟、祠堂是族人祭祀权利的外在化,族权依靠宗法礼制将这些权利予以规范。

四是与官方的联系。"送官究治"是家法族规中的常见内容。一般的族内纠纷,细故之类,"族长""房长""族绅"和"伯叔兄长"可以调处。严重的案件如涉及刑事,则送官究治。③ 官府也常将一些案件批于族内调处,或者依靠宗族调查,等等。这即是政府让宗族拥有司法上的送审权、审判过程的参与权,以及执行过程的协助权。政府法规,允许父祖、宗族将严重违反伦常的族人扭送官厅。判案之中,确认两造服制关系需要宗族提供证明,族长常携族谱作证,以便官方验证。一些细故纠纷,如立嗣、承继类案件,往往责令宗族处理或者协助。④

以上四方面,乃族权的外在形式,族人的生活与家族的关系在这些方面相连相依。

2. 族产

族产,是家族的物质基础。类型多样,一般表现为田产,有族田、祭田、学田等。

家族常常通过出租田地获取收益,收益用途则不一,总的说来是"光前裕后"。"光前"所言,是慎终追远,对祖宗的祭祀活动有经济上的保证;"裕后"所言,是使祖宗余荫佑庇后世子孙,无论是在生计还是学业上。⑤ 由于族产的共有性质,族人经常使用族产完成个人家庭不能完成

---

① 冯尔康:《清代宗族祖坟述略》,《安徽史学》2009 年第 1 期。
② 陈瑞:《明清时期徽州宗族祠堂的控制功能》,《中国社会经济史研究》2007 年第 1 期。
③ 郑振满:《清代闽西客家的乡族自治传统——〈培田吴氏族谱〉研究》,《学术月刊》2012 年第 4 期。
④ 冯尔康:《清代宗族的社会属性——反思 20 世纪的宗族批判论》,《安徽史学》2012 年第 2 期。
⑤ 金敏:《明天是"好否"还是"有无"?——香港高等法院"邓光裕堂案"述评》,《中外法学》2013 年第 3 期。

的事务,如办学、养老、救助、兴修路桥、资金融通,等等。这种物质基础对于族权是一种支撑。

3.公共事务

乡族人等一般认为,家是"私",家外则是"公"。独立家庭难以维持之事务,便是公共事务。有族产的家族,利用族产完成各项公益活动。族内的婚丧嫁娶、读书科考、治安协防、赋役、筑路修桥、兴修水利乃至生产,都可能需要族人和家族的互助。概言之,家族自治是血缘团体依据宗法礼制形成的自我管理模式。这种管理模式,通过外在的事务诸如祠堂、祖坟、族谱、族规、族产形成一种权力,影响着族人的行为,协调着公共事务,形成一种秩序。

学者们常将家族参与公务事务称为"乡族自治",即指在国家法律和官府授权之下,对乡族事务实行自我管理,这种自我管理是一种家族自治,并与晚清地方自治有一定的渊源。① 笔者认可这种大体上的认识,但觉得应将此认识再进行细化。具体而言,可从家族、会社组织(合同团体)两个方面看待。家族,是血缘与地缘结合的产物,以血缘为核心。会社组织或者合同团体,可以突破血缘纽带,更多是以地缘和自由合意为核心。清代的乡族,往往是家族与会社组织并存,有的家族内部就有很多会社,当然,也有很多会社突破了家族限制。以这种有所区别的眼光来看待乡族自治,对于我们深入了解清代乡村社会秩序有所裨益。

(二)乡村公共事务

此外,也要看到,由于家族的不同形态,并非所有家族都能够如同一体地管理。还有,有些杂姓村落,没有大的家族,只是因为地缘关系聚落而居。它们同样面临公共事务。合同协作,是乡村公共事务处理的常有形态。

1.应对纳粮当差:生图合同

随着社会变迁,以人户登记为中心的里甲制,转变为以田地赋税为编制原则的图甲制。清政府试图通过图甲调整做到户籍、地籍和赋税的统

---

① 郑振满:《清代闽西客家的乡族自治传统——〈培田吴氏族谱〉研究》,《学术月刊》2012年第4期。

一。图以甲和户为基点,成为基层社会收纳赋税的单位,也是户籍管理的基本单位。生图即增加基层组织"图"的数量。清初,尤其是康熙年间,徽州各县开始重新编制图甲,生图合同得到广泛适用,并形成了固定内容和格式。

> 立生图合墨人汪佑、汪茂德、汪芳、余庆、汪囗、叶元忠、胡勋、叶当、程崇、詹程同等,今奉部文,准令各甲生图。身等遵邀本都八户,同十都二户,共成十甲,赴县具呈,报生四图,造册勒石。所有公费,照甲敷出,不得占悋怀私。日后各甲自行投柜完纳,不得拖欠,贻累别户。如有拗调不遵者,指名呈究。倘有上司飞差等项,十甲照粮丁敷派。倘后每年要一人催纳,言定照依甲数承值。二项毋得推诿,仍凭合墨为照。自今立墨之后,子孙永守成规。今欲有凭,共立一样合墨十张,各执一张存照。
>
> 康熙二十九年八月念七日立生图十甲合墨人　一甲汪佑(花押)①
> (后略)

这份生图合同反映的是十个纳税户,通过合同的形式形成一甲,构成图甲制度的一个应税单位。纳税的过程中,"所有公费,照甲敷出",日后,各甲自行投柜完纳,不得拖欠贻累别户。另外,如果有差役,十甲照粮丁敷派。可见,生图合同是人们应对赋税公共事务的一种方式。

2.应对公共安全:禁约

乡村公共安全也很重要。禁约是清代乡村为保护风水、山林资源、生态环境和公益设施而公同议定的带有强制性规范内容的民间规约。在乡村公共安全上发挥着作用。

普通的禁约以合同文书为载体,又称禁约合同。也有慎重一些的,则呈告官府,经官府批准,可以将禁约内容发布告示;也可由民间组织经费,将禁约内容刻石立碑。徽州禁约合同大体上可分为来龙、水口、坟茔、荫木等风水信仰类禁约,保护山场、田园、五禾等财产类禁约,生态环境、路

---

① 《清康熙二十九年八月汪佑等生图合同》,俞江主编:《徽州合同文书汇编(点校本)》,桂林:广西师范大学出版社,2020年,第1197页。

桥维护等公共事务类禁约三种基本类型。①来看光绪二十八年(1902)的一份禁约:

> 立禁约人程华浩、江森茂、路华桂、吕冬海、汪炳旺、程顺德等,尝闻朝廷有法律,乡党有禁条。法律有颁行天下,禁条严肃一方。原吾本处土名东坑所有松杉、杂木、竹笋、柴薪、茶叶、五禾,自古兴养,上输国课,下赖其生,各管各业。今人不古,各割薪而盗松杉,以挖松而害竹笋。至此,山场几同不毛,后来类乎石地,是以切齿怀恨。各姓而不忍坐视,因此公议,居土者咸兴拂育之恩,窃害者亦当株守之戒。禁条自议之后,禁外倘恃势不法之徒,魆地偷害,无论挖柚邻拂,同惩治之不恕。即取枝拾叶,亦当重罚罔饶。不论亲疏,夺获刀斧,知风未报指名者,照规重罚。如有自强不遵,受罚违议者,各姓齐出人等,呈官究治。倘有官前使费,各姓科众均出,毋得推挨。如有贪财卖放者,一体同罚,断不徇情。今恐无凭,立此合同禁约一样五纸,各执一约为据。
>
> 再批,所禁四至,上至程石地界,下至江、汪地界打稻坝界,前至余路地界,后至程姓地界。
>
> 爰立禁规,开陈放左。凡我同盟,共相晓谕:
> 一,违禁盗砍树木者,每根干罚钱壹仟文正。
> 一,违禁盗害竹笋者,每根干罚钱伍佰文正。
> 一,违禁盗害茶叶者,每斤干罚钱伍佰文。
> 一,违禁偷盗五禾者,每斗干罚钱壹仟。
> 光绪念八年二月日立禁约合同人　程华浩(花押)②(后略)

这份禁约,主要是保障村庄里"松杉、杂木、竹笋、柴薪、茶叶、五禾"不被盗砍盗挖,要求大家遵守,并制订了处罚规则。禁约的规范效力,有时超出参与议定合同者的范围,对整个村落拥有拘束力。其目的在于最

---

① 童旭、丁亚兰:《论清代徽州禁约合同——兼议与禁约告示、禁约碑之区别》,《西南政法大学学报》2013 年第 5 期。

② 《清光绪二十八年二月程华浩等禁约》,俞江主编:《徽州合同文书汇编(点校本)》,桂林:广西师范大学出版社,2020 年,第 1527 页。

大范围地约束族众或村民的行为,是乡村公共秩序的具体反映。

3. 应对公共交通:立会合同

在官方财政不及,人们又需要公共交通时,只能自己想办法解决。一般是众人出资,用合同的形式约定成立"会"组织,应对修桥修路。比如,康熙年间,程锦芳等人因为出行需要,立了一份设立桥会的合同。① 该合同有残缺,存留部分的录文见本书第四章《路桥会》(第212页)。其大致内容是,程姓族人的家乡境内,桥梁毁损,出行不便,于是程锦芳邀集了二十名首人,出资成立桥会组织。并且约定了会资经管规则,以及搭桥修路的时间、经首人等。合同共有二十份,每位首人一份。"首人"只是各房支的代表,背后有首人所代表的支族人等。

这份桥会合同,提及了桥会组织可以修桥和修路,而这种立会应对公共交通的行为,是乡族人等处理公共事务的常见方式。在后面的章节,我们可以看到浙江丽水县的"义振桥"桥会,安徽太平县的"棠梨岭路会",还有湖南平江县西江洞村的路会,它们都是采取这种形式来应对公共交通的需要。

4. 应对农田水利:水碓合同

农田水利对于农业社会的重要性显而易见,但是这种工程并非个人能够完成。徽州地区,山多地少,为了便利灌溉,建造坝堨、水碓是常有之事。这种水利灌溉系统亦需要精心维护。来看一份光绪十五年(1889)徽州西川与勾岭两处维护水碓的合同:

> 立合议墨据人西川、勾岭,今因所谓水碓之事,先人现有墨据,无得违拗便(变)卖与外人。如有便(变)卖外人,将分发(法)没众。至今岁,唐里汪日昌水碓之分发(法)。自光绪六年以来,做碓屋,穿车换轴,拼榨换铁屌、磨心、粗工、饭工、银钱一应等项,自曾至今,未有所出。但今岁私卖与碓外,碓众漠漠(默默)无闻,于有递年,碓众未出经管。诸要同心竭力,事福俱享,事祸俱当,事侮俱功,无得反悔。倘有碓内人等,如

---

① 《清康熙年间程锦芳等立合文约》,刘伯山主编:《徽州文书》第1辑第6册,桂林:广西师范大学出版社,2004年,第505页。

有反悔者,将分发(法)没众公管。两下自愿,自始至终。今欲有凭,立此合墨据一样二纸,各执一纸,永远存照。①

合同里面,讲到水碓合股的众人有将水碓股分卖与外人。水碓在兴修之时,立约人都出了资,按股经管,享有水碓的权利,也承担水碓的维修义务,如"做碓屋,穿车换轴,拼榨换铁屑、磨心"。如果将水碓的股分卖于外人,势必水碓的经管人员将发生变化,这对于之前共同合意是一种改变,其他原有股分享有人是否同意很重要。

不管如何,我们可以看到,在个人不能承担的农田水利方面,合同同样发挥着凝聚意志和财产的功能。

5. 应对细事纠纷:调处合同

纠纷其实也是公共事务,处理不好,会影响村庄甚至地区的秩序稳定。"细故"指不涉犯罪的纠纷,含轻微刑案和户婚田土钱债纠纷,涉案行为包括非罪、介于罪与非罪之间、轻微罪等。

细故是良民间的利益之争,双方或一方当事人可能有过错,如果诉讼至州县,州县官往往申斥、教育即可,最多施以笞杖,以示惩儆,之后当事人又会回到原有社会中。甚至有些纠纷,乡里调解就可以解决。当然,要使纠纷能够平息,有的也需要落实到纸面。比如,一份嘉庆年间的纠纷调处合同,可以反映:

> 立墨据人吴长正、松年等,今因土名旱滩争地界,凭族中出为劝处,眼同订界为凭管业。又将理埵头庆寿干屋基,租壹斗二升正,让与长正收,无异。以前祖业分过,照分单阄书各管各业。日后要分你我,不得以强欺弱,以大压小,二各心平,不因坐视争讼,日后不得反悔。如有反悔者,干罚白银拾两,听凭经公理论,凭族中理处。此系两相情愿,今口无凭,立此合墨,一样二纸,各执一纸为据,永远存照。②

---

① 《清光绪十五年九月西川、勾岭等水碓共业合同》,俞江主编:《徽州合同文书汇编(点校本)》,桂林:广西师范大学出版社,2020年,第1490页。

② 《清嘉庆十六年七月吴长正、吴松年等纠纷调处合同》,俞江主编:《徽州合同文书汇编(点校本)》,桂林:广西师范大学出版社,2020年,第1305页。

这份合同记录的是,因为地界发生了纠纷,族人出来调解,按照之前分家所定,各管各业。订立合同,是防止以后再因此事发生纠纷。

我们可以看到,清代的乡村,家庭是基本的生活单位,承载着人口与财产,国家与家庭关系最密切的是赋役钱粮。这之下,家族通过族产、祭祖、族谱以及公共事务维系着家庭。但是,并非家族可以解决一切公共事务,人们也通过合同的方式,灵活地应对想要完成的公共事务。

第四节 本书的结构与体例

拙著是在博士论文的基础上删改而成,本想将研究时期拓展至民国,观察"会"习惯的近代转型,但这一工程不亚于再写一本论著,所以保持了原有的结构与体例,转型的研究另书再论。

全书有八章,主要以"会"的类型化为思考进路,抓住五种乡村常见"会"的自身特点,进行分析。再综合各种"会",提炼"会"的共同点,并区分不同。最后,结论部分讨论"会"与乡村秩序的关系。具体章节顺序如下:

第一章是导论。清代乡村有许多会社组织存在,常称为"会",有些也称"社"。这种"会"组织通常是个体家庭的联合,成立与经管的基础是"合同"。"会"组织依靠集体的合意,实现着"自治",去应对乡村社会不同的公共秩序。家庭之外的公务事务,常有的认识是家族起到补充和应对的作用。但是,家族并非能够应对所有事务,还有,在无有大家族的村庄,公共事务多数由合同订立的合意组织来实现。"会"是人们进行结社应对秩序的一种方式。

第二章是祀会。祖先祭祀,是古代社会家庭的一项权利,也是一项义务。由于共同祖先的基础,家庭与家族在祭祖上发生联系。但在祭祖礼制的要求下,对于祭产不足的家族而言,祭祖更像是一种义务。小家庭为了应对这项义务,便成立祀会组织。可以说,祀会是同一家族子孙为祭祀共同祖先而成立的会。子孙们为了不使祖先冻馁,结会致祭,安抚祖先的灵魂,让后人们发富发贵,子孙绵长。

第三章是神会。民间信仰客观地存在于社会。尽管道教、佛教等也在社会中存在,但是它们的经义和组织化,未能普遍覆盖社会。当然,其中也有政权需要和儒家文化的原因。反倒是,民间信仰的普遍,经久不息,即使政府想改造,也难以成功。明代政府开始想通过里社制,将社祭的活动安置在里的基础上,但是,由于"里"制的崩解,以及民间信仰的泛化,里社制在明中后期融入民间信仰之中。我们可以看到,神会是人们以公共神祇为祭祀对象成立的会。它是人们参与迎神赛会背后的组织,人们可以通过神会实现共同的神明祭祀,从中体验和分享共同的信仰,强化内在的认同。

第四章是路桥会。路桥会是人们为了公共交通需要而成立的会。桥道津梁本是公共工程,乃政府之责,但在政府职能所不能及之时,人们只能自我为之。路桥会是一种自生自发组织,采用"会"的组织形式,将桥道的修缮纳入一种机制之中。考察路会、桥会的设立,能够理解人们如何形成组织对应桥道兴修等公共事业。

第五章是文会。文会是人们因文兴教和应对科举考试而成立的会。教民化民是政府所倡,科举取士是为朝廷服务,文教本应该由政府兴办,但在官方教育缺乏的乡村,文会起到了弥补作用。文会可大可小,在于组织者的发挥和应用。读书人是乡间的精英,共同聚会、讲学,有自我认同的作用。并且,文会的讲会,能够互相砥砺,沟通信息,引导风气。作为一种组织,文会又通过纠纷调处介入乡里秩序,在乡村秩序的生成或调适中发挥着不可忽视的作用。

第六章是钱会。钱会是人们为资金融通而成立的会。它的经济目的最为强烈,立会之人是为筹措资金或者累积利息,直接受益的是钱会的会首与会友,不涉及会外之人。钱会是一种合意的融资方式,会书是会首与会友之间的合同。这种"合同"很难等同今天的规范合同,难以说是单向、双向的关系。会首和会友或者会友之间的关系扭结,不便分清方向,这也就导致他们之间的债权债务关系变动不居。对于清代乡民而言,这不是问题,如果存在会继续不下去的情况,钱从哪里来,就回到哪里去,大家不会存在混乱。

五种会的立会目的不一,正是人们面对不同公共秩序的写照。它们由于各自的目的不同而有"成员"或"组织形态"上的差别:祀会有明显的身份限制,会户应该是同一家族内的子孙;钱会的会产瞬间转移,它本身无财产,因而表现出的"虚体性"。当然,各会之间有更多的共同性。"会"一般是通过合同的方式成立,即使是分家设立或者批产,抑或捐资设立的"会",也是凭借合同经管。内部关系上,会户按股出资,共同合意,按股享受权利和分担管理之责。外部关系上,相对方视"会"为一个交易主体,可以进行放贷、买卖、典当、租佃等经营。钱会尽管有些特别,没有稳定的会产,没有外部关系,但依旧是"会",与其他"会"最大的共同点就是合同关系。

第二至六章是平行结构,每章重在对一种形式的"会"的成立与经管进行论证。过程中,不仅讨论该"会"本身,也将这种类型的"会"置于国家与社会的视野下,如此,可以更为全面的理解"会"在社会秩序中的功能。

第七章是在前几章的基础上,论述"会"的性质问题,涉及各会之间的联系与区别,找出各"会"的特性,还有"会"的共性。我们看到,"会"待产业积累到一定程度后,关系渐渐稳定,表现出团体的样态。这种团体可以认作是"合伙",但不是现代意义上的合伙,因为它不存在连带责任关系。进一步,由于会户的增加,会产的丰厚,会户共同管理"会"组织已经难以实现,专职管理人员就出现,会的财产所有人与经管人发生分离,"会"则具有"法人"的特征,但它也不是真正意义上的法人,因为没有经过法律技术的确认和改造。

第八章是结论部分,我试图再将"会"置于整个乡村秩序之下,联系已有的官治与家族自治,去认识人们自愿结合形成的"会社自治",以及会社如何与乡村秩序发生关系。"会"在清代乡村社会广泛存在,它是家庭个体走向集体的方式,可以在家族之内,也可跨越家族和地域,是国家制度下自生自发的秩序生成。清代的基层社会,国家通过乡约、保甲,已经将官治的力量下达,但这种官治强调更多的是"教化—赋役—治安",

普遍的公共领域和公共事务交给了民间，这才有了小家庭为应对公共事务而自由地结"会"，成立组织。然而，这种结会形成的组织"自治"，只是一种"自教养"下的自在自为，它们可以展现出组织的各种形态，但稳定性仍旧停留在合同阶段。可以说，约束力是脆弱的，成员增多或者意见难以统一时，就较容易走向分散。

在缺乏行政与民事法律规范的清代乡村社会，所有的秩序都建立在合同制之上，"会"也不例外。这种制度的优势是，人们可以灵活地根据自己的需要，协调自我之外的"公"事务。其不足也在于合同制的松散，由于人数或者地域突破一定限度，人们难以高效达成一致意见。

可总结的是，清代的乡村社会，家庭是最主要的民事主体，它们因为公共事务的需要，能够结合成不同的组织，表现出家户联合的形态。但在缺少法律确认或者改造的环境里，这种联合是幼稚和不稳固的，也很难发展壮大，还可能存在种种弊端。最终，也就不能完全地通过组织自治从而实现社会自治，或者更高层次的地方自治。

第二章　祀会

祀会，是祭祀祖先的"会"组织。祭祖是一种传统习俗，也是一种社会制度。要认识清代的祀会，需了解古代中国祭祖相关的概念和制度，其中包括：与祭祖礼制有关的庙制、宗子祭祀权；与祭祖地点和形式有关的祠祭、家祭、墓祭；与祭祖时间有关的四时祭、冬至祭、清明祭。

这些概念与制度，是理解祭祀作为小家庭之外公共事务的背景。

第一节　清以前的祭祖礼制演变

祖先崇拜，存在于古代世界的多数民族，外在表现形式是祭祖仪式。中国古代，在规范行为的礼制中，祭祖礼属于"吉礼"，是最重要的礼仪。

一、先秦及两汉：宗子祭祀权与庙制

商后期，祭祖仪式已存在有具体目的与无具体目的之分。通过甲骨卜辞研究，发现商代的祭祖多出于禳祓、祈请的目的。仪式内容以燎牲、沉牲、宜牲等项为主。① 西周时，祭祀已有制度化的特征，礼书以及《诗

---

① 刘源：《商代后期祭祖仪式类型》，《历史研究》2002 年第 6 期。

经》《春秋》《国语》等先秦文献多有记载和描述。这种制度使人的情感秩序化,向他者展现一种可视的行为方式。

尊崇西周文化的儒家,约从春秋后期将这种文化加以整理,使其成为经典,沉淀为一种制度。经过不断的修改完善,形成"三礼"文献:以下级贵族身份为中心的《仪礼》手册,关于各种仪礼问题的笔记《礼记》,以及作为理想政典的《周礼》。

宗法制是西周的国家体制。其中,嫡长子继承制明确了宗子,分封制则勾连了宗子与别子的关系。在祭祀权上,采取的是宗子主祭的大宗祭祀制度,祭祖权归宗子享有。在祭祀上,大宗对小宗有一定的支配权,大宗祭祖,小宗夫妇要斋戒助祭。大宗祭毕后,小宗才能祭其支祖。

庙制上,实行等级区别,《礼记·王制》曰:

> 天子七庙,三昭三穆,与太祖之庙而七。诸侯五庙,二昭二穆,与太祖之庙而五。大夫三庙,一昭一穆,与太祖之庙而三。士一庙。庶人祭于寝。

如此设计,是响应"亲亲故尊祖,尊祖故敬宗,敬宗故收族"。嫡传的大宗是始祖的正体,出于尊祖才敬大宗。后世的二程有更形象的描述:"立宗子法,亦是天理。譬如木,必从根直上一干,亦必有旁枝。又如水,虽远,必有正源,亦必有分派处,自然之势也。"① 宗子像树的主干,别子则是旁支。祭祖出发点是尊祖,大宗小宗在祖先这里汇聚。嫡子主持祭祀,表明其在祭祀上的权力,庶子只能附祭。

秦及汉初,对儒家的宗庙礼仪制度并不看重。汉武帝后,儒家思想才成为正统。西汉元帝永光年间,依据儒家礼经对宗庙制度进行了改革,即按照世数的递进,依次迁毁宗庙中逾越一定血缘世系的祖先神主。② 到东汉,光武帝沿袭西汉后期确立的"一祖二宗四亲"七庙制度,改革西汉

---

① (宋)程颢、程颐:《二程集》,北京:中华书局,1981年,第242页。
② 郭善兵:《西汉元帝永光年间皇帝宗庙礼制改革考论》,《烟台师范学院学报(哲学社会科学版)》2004年第4期。

时每位皇帝各立一庙的传统,转变为一庙汇合所有祖先神主,集中祭祀。①

在确立了儒家礼法制度后,宗子主祭与天子七庙制的核心是祭祀对象以及对象的范围,即什么是"正本"和"祭及几世"的问题。

二、魏晋至隋唐:官爵与祭祀权

魏晋南北朝,庙制发生了改变。北齐采用魏晋法制并形成法令,关于庙制,有如下记载:

> 王及五等开国,执事官、散官从三品已上,皆祀五世。五等散品及执事官、散官正三品已下从五品已上,祭三世……正八品已下,达于庶人,祭于寝,牲用特肫,或亦祭祖祢。诸庙悉依其宅堂之制,其间数各依庙多少为限。②

这是根据官品对祖先祭祀的范围、庙制以及祭仪所作的规定。一品二品,祭五世;三品至五品,祭三世;六品七品,祭二世。另外,八品以下至庶人,可祭祖父和父二世,不设庙,祭于寝,即居宅正面的一室。这种规定,是将《礼记》的规定根据需要加以变通的结果,即在一个庙内分隔数个庙室,将祖先合并祭祀。

隋在北周的基础上稍有改变,将家庙的设立定在五品为限,五品以下不得立庙。唐代,开元二十年(732)的礼制又规定:

> 凡文武官二品以上,祠四庙。三品以上须兼爵,四庙外有始封祖,通祠五庙。五品以上,祠三庙。牲皆用少牢。六品以下,达于庶人,祭祖祢于正寝。纵祖、父官有高下,皆用子孙之牲,用少牢。③

---

① 郭善兵:《东汉皇帝宗庙礼制考论》,《华东师范大学学报(哲学社会科学版)》2004年第3期。
② 《隋书》卷七《礼仪二》,北京:中华书局,1973年,第135页。
③ 王文锦等点校:《通典》卷四八《礼八·沿革八》,北京:中华书局,1988年,第1344页。

这里，五品以上的文武官员可以立家庙，官品与其相对应家庙的数量、规模有别①；六品以下以及庶民不得立庙，祭祖只能在家中寝堂进行。唐天宝十年（751）正月又颁文再次细化，将四、五品官的家庙与三品以上官员的家庙区别，他们需要有"清望"，才"许立私庙"，②表示特别优待。

魏晋至隋唐的"因官爵立庙"制度，对宗子祭祀权有一定的影响。如果支子入官，宗子无官，这时"庶子官尊而立庙，其主祭则以支庶封官依大宗主祭，兄陪于位。以庙由弟立，已不得延神也"。也就是说，弟尊兄卑，兄需要到弟所立的庙中祭祀。当然，如果兄弟都有官身，"则各祭考妣于正寝"。③

这种"因官爵立庙"的制度，可能发生嫡子与别子立庙的冲突，突破了宗法制中嫡子立庙的规定。

三、宋代"庶人通祭三代"与朱熹《家礼》影响

宋代，是儒家礼仪开始民间化的时代。司马光继承并综合了隋唐以来的礼仪，利用日常生活中的规则及各种礼仪实用书，撰写了《书仪》。《书仪》实际是《仪礼》通俗形式的延续，后来《书仪》逐渐成为居家日用的百科全书。④ 这种日用书对于民间祭祖有指导作用。

国家法令也对民间祭祖的限制逐渐放松，庶人可以奉祀三代以上的祖先。宋徽宗大观三年（1109）诏曰：

> 古无祭四世者，又侍从官以至士庶，通祭三世，无等差多寡之别，岂礼意乎？古者天子七世，今太庙已增为九室，则执政视古诸侯，以事五世，不为过矣。先王制礼，以齐有万不同之情，贱者不得僭，贵者不得逾。故事二世者，虽有孝思追远之心，无得而越，事五世者，亦当跋以及焉。

---

① 关于家庙规模，《新唐书·礼乐志三》有载："庙之制，三品以上九架，厦两旁。三庙者五间，中为三室，左右厦一间，前后虚之，无重栱、藻井。室皆为石室一，于西墉三之一近南，距地四尺，容二主。庙垣周之，为南门、东门，门屋三室，而上间以庙，增建神厨于庙东之少南，斋院于东门之外少北，制勿逾于庙。"北京：中华书局，1975年，第346页。

② 王文锦等点校：《通典》卷四八《礼八·沿革八》，北京：中华书局，1988年，第1344页。

③ 《新唐书》卷十三《礼乐志三》，北京：中华书局，1975年，第347页。

④ 赵和平：《敦煌写本书仪研究》之周一良序，台北：新文丰出版公司，1994年。

今恐夺人之恩,而使通祭三世,徇流俗之情,非先王制礼等差之义。①

前代庶人都只是祭祀祖、祢二代,宋徽宗放宽至曾、祖、祢三代,并说明是"徇流俗之情",即是适应民间的需要。

南宋,朱熹进一步将礼仪民间化,他的《家礼》是一部有关宗族冠婚丧祭仪礼的实用书。不同于以前,《家礼》的适用对象并非王侯贵族,而是以士庶人等为主。此之前,礼是为王侯将相贵族所作,不适用于普通百姓。即使在发生变化的唐代,对于祖先祭祀的家庙和神主,都有依据官品而设,庶民被置于不平等的地位。朱熹以士庶为对象的《家礼》具有划时代的意义。这与《家礼》的立意有关,核心是"士庶通用",朱熹认为"圣人可学而至",并将儒家的圣人思想具体化了。杨志刚先生说:"经过唐末五代的大动荡,到宋代,士族和庶族间的界限在现实和人们的观念中都基本消失",可以看到的是,"首先出现了司马光的《书仪》,而后诞生了朱熹的《家礼》……《家礼》以《书仪》为基础,才将士庶通礼在形式和内容两方面臻于至善"②。除《家礼》外,朱熹网罗收集"三礼"相关文献,并撰《仪礼经传通解》。

宋代放松民间祭祖的代数限制,将礼仪式推广到民间,让士庶的礼制差别逐渐缩小。这种改变,反映到祭祖上,意味着民间祭祖的合法性提高,制度化更明显。《家礼》后来也被收入日用类书,收入《事林广记》,元代又收入《居家必用事类全集》,明代收入《万书渊海》等。③ 这些都可说明,《家礼》在民间愈来愈有影响。

四、邱濬《文公家礼仪节》与明代"大礼议"

元代虽短暂,对于朱子理学亦有发展。黄瑞节编《朱子成书》收录了宋代理学家的 10 种著作,加有注解,《家礼》是第七种。黄氏给《家礼》汇

---

① 《宋史》卷一〇九《礼志十二》,北京:中华书局,1977 年,第 2632—2633 页。
② 杨志刚:《中国礼仪制度研究》,上海:华东师范大学出版社,2001 年,第 206 页。
③ [日]吾妻重二:《朱熹〈家礼〉实证研究》,上海:华东师范大学出版社,2012 年版,第 16 页。

集了 28 幅图,增加了人们对于家礼仪式的直观性认识,这让庶人更清晰《家礼》的实用,理解其意义。

明朝建立后,遵循前朝的经验,在制礼作乐上下功夫。洪武二年(1369),朱元璋鉴于国家礼制未备,传令全国各地举荐博通古今的儒士进京编修礼书。徐一夔等人受聘,于洪武三年(1370)修成礼书《大明集礼》。《大明集礼》在内容上沿袭朱熹之《家礼》,祭祖礼制上自不例外。

> 国朝品官庙制未定,于是权仿朱子祠堂之制,奉高曾祖祢四世之主,亦以四仲之月祭之,又加腊日忌日之祭,与夫岁时俗节之荐享。至若庶人得奉其祖父母、父母之祀,已有著令,而其时享于寝之礼,大概略同于品官焉。①

明初士大夫普遍接受了朱子家礼,在家庙制度上仿《家礼》之制,品官祭高、曾、祖、祢四代,庶人祭祖父母、父母两代。但是,只有品官才有权立庙,庶人祭于寝。这种规定,对于前代已是突破,朱元璋以国家典制将品官祭祀代数提高到四代,并允许庶人在家中用同样礼制祭祀两代祖先,这是祭祖身份限制的放宽。

永乐十三年(1415)的《性理大全》,直接以《朱子成书》为蓝本,加有更详尽的注释,并原封不动地转载《朱子成书》的家礼图。毋庸置疑,《性理大全》与国家礼制《大明集礼》同样具有绝对权威。《家礼》以国家威信为背景在各个阶层得到广泛传播。②

为了更好地理解《家礼》,明代士人开始进行解读与注释,对仪文作疏解,使之明白晓畅。他们注释的宗旨,在于改变《家礼》本身存在的问题,让《家礼》更加"庶民化",易于推广。这些注释本中,丘濬《文公家礼仪节》流传最广,影响最大。

《文公家礼仪节》,成书于成化十年(1474)。其书序言说:

---

① (明)徐一夔等:《大明集礼》卷六《吉礼六·宗庙》,嘉靖九年(1530)内府刻本。
② [日]吾妻重二:《朱熹〈家礼〉实证研究》,上海:华东师范大学出版社,2012年,第17页。

> 异端所以能肆行者,以儒者失礼之柄也……询其所以不行之故,咸曰礼文深奥,而其事未易以行也……窃取文公《家礼》本注约为《仪节》,而易以浅近之言,使人易晓而可行。①

这部书是针对《朱子家礼》的注释性著作,用通俗的语言表述了《朱子家礼》有关如何行礼的内容,对不适宜的内容进行了变通。丘濬理念清晰,在乎礼之用。他强调,后世礼学要推广还需引导,即要设立礼生、相礼、引导等。② 如此,该书是一部实用性很强的礼仪手册,在明代流传广泛。

到了嘉靖朝,发生了"大礼议"事件。此次事件带来皇室宗庙制度的改革,一并放宽了官民祭祖的规定。事情的起因是,正德皇帝无嗣,继位的嘉靖皇帝是他的堂弟。嘉靖帝以小宗入继大统,时刻感到皇权受到威胁。为了改变这种境况,巩固帝位,在对父母封号追尊的基础上,对祀典进行了更定。③ 如此,推动了礼制的改革。

嘉靖十五年(1536)先是"更世庙为献皇帝庙",再是"增饰太庙,营建太宗庙,昭穆群庙,献皇帝庙成"。在庙成之后,夏言上疏《请定功臣配享及令臣民得祭始祖立家庙疏》,建议皇帝在官民祭祖方面加以"推恩"。夏言之意,是在皇室"九庙告成"的形势下,为了使宗庙祭祖礼制成为一致规范,希望补上仁宗以下没有功臣配享的缺典。这一来,如果允许臣民都祭其始祖、先祖,那么自上而下作为庙制的礼制就成为定则。随后,夏言又上疏《乞诏天下臣民冬至日得祭始祖》《乞诏天下臣工建立家庙》。其间,他考察了历代礼制问题,并将程颐和朱熹的观点比对,赞同程颐。这样既推了恩,也不僭越礼制。④ 实际上,这是夏言通过对朱子理学的诠释为礼制增加理论依据。

---

① (明)丘濬:《家礼仪节》,《四库全书存目丛书》经部。
② 赵克生:《修书、刻图与观礼——明代地方社会的家礼传播》,《中国史研究》2010年第1期。
③ 张显清:《明嘉靖"大礼议"的起因、性质和后果》,《史学集刊》1988年第4期。
④ 常建华:《明代宗族祠庙祭祖礼制及其演变》,《南开学报》2001年第3期。

嘉靖帝接受了夏言的建议,诏令天下臣民可以祭祀始祖。这在社会上引起很大的反响。歙县人汪道昆的论述,可以反映徽州的情况:

> 文公之制家礼也,位不必同而庙同。我世祖因之,合九为一,无虑诸侯王大夫士,庙一而已。吾郡故刑礼俗遵世祖而法文公,凡诸贵族世家,一祠足矣,礼有经而等者是也。既祠而庙,君子何谓已渎乎？宗则有祠,祠继别而为大宗也。家则有庙,庙继祢而为小宗也。①

这段话重点要表达的是,在祭始祖的宗祠外,小宗还可以建家庙祭祀高曾祖考四世祖,这是合乎世宗后的国家礼制的。但在始祖的问题上,民间更是进一步演绎,要么各支联宗建祠祀始祖,要么以始迁祖为始祖,纷纷建立祠堂,予以祭祀。

明代,士人依靠注释《家礼》而将"礼"规则的运用推广至民间,使人们在祭祀上更加制度化、规范化。嘉靖朝的"大礼议",突破了大宗小宗在祭祖上的限制,祭及始祖则助长了民间修祠祭祖。宗子祭祀权与庙制,是限制祭祖行为普遍化的规定,它在明代的变革,推动了广泛宗族的形成,影响了后来的民间祭祖。

第二节　清代的祭祖礼制与民间祭祖

清朝入主中原后,仍以礼法为尚,在祭祖礼制上基本沿袭明制,试图更加明晰身份等级祭祀礼制,在祭祖礼制上亦然如此。

一、祭祖礼制

《清会典》是清廷行政法律规范的集合,于康熙、雍正、乾隆、嘉庆、光

---

① （明）汪道昆:《太函集》(第二册),合肥:黄山书社,2004年,第1308页。

绪五朝进行编纂,且不断修正和发展。对于祭祖礼制,乾隆朝《钦定大清会典》规定了王公及庶士的家祭礼制,其分为四:凡王公家祭之礼;凡品官家祭之礼;凡庶士家祭之礼;凡庶人家祭之礼。① 光绪朝的编修,将此再细化,有亲王世子郡王家祭、贝勒贝子宗室公家祭、品官家祭、庶士家祭、庶人家祭五类。② 为了叙述需要,我们主要看庶士、庶人家祭的情况。

(一) 庶士家祭

庶士指的是贡生、监生等有顶戴功名者,他们虽没有官职,但区别于普通的农民,属于"士"。

1.无"庙"有"室"与祭四世

按礼制。庶士祭祖的地方无"庙"有"室",规定如下:

> 凡庶士家祭之礼,于寝堂之北为龛,以版别为四室,奉高曾祖祢,皆以妣配,位如前品官仪,南向,前设香案总一。服亲男女成人无后者,按辈行书纸位,祔食。男东女西相向。事至则陈,已事焚之,不立版。③

王侯品官与庶士的祭祀在庙制规格、间数、庑、台阶、门等方面有区别。庶士祭祖之地,不称作庙,在寝堂北,可以单独设"室"。一定程度上,这是无庙的变通。虽不可建庙,但仍有摆放神主之处——类似庙的"堂"。庶士祭祀,在代数上祭"高曾祖祢"四世,还可以配祭"妣"(女性祖先)。对于神主牌位,服亲男女成人而无后者,只能用纸位,并且祭祀后焚烧掉。

2.祭祀时间与仪式

祭祀时间上,将四时祭与时节祭祀合并,四时祭可以选择春夏秋冬的节日祭祀。四时祭源自周礼,按照不同祖先祭祀,最显亲亲、尊尊的宗法,至为重要。时节致荐,是祖宗尝新。

---

① 《大清五朝会典》(第十册),北京:线装书局,2006年,第422—428页。
② 光绪《清会典》,北京:中华书局,1991年,第319—326页。
③ 《大清会典事例》卷四五五,光绪石印本。

> 岁以春夏秋冬节日,出主而荐。
> 粢盛二盘,肉食果蔬之属四器,羹二,饭二。
> 前期,主人及与祭者咸致斋。荐之前夕,主妇盛服治馔于房中。
> 厥明夙兴,主人吉服,率子弟设香案于南。然(燃)烛,置祭文。堂北设供案二,昭东穆西,均以妣配,位均南向,设祔案于两序下,各一,男东女西东西向。主人以下盥,奉木主设于案,设祔位于两序案讫。①

祭仪与程序上,相对品官简陋许多,但基本按礼而行。先是准备工作,主人、祭者、主妇都要参加。正式祭祀时,也是主人率子弟迎神主,按序放置神主。

祭祀过程则以"三献礼"为中心:

> 主人东阶下立,众各依行辈东西序立。主人诣香案前上香毕,率在位者,一跪三叩兴。主妇率诸妇出房中,荐匕箸醯酱,跪叩如仪,退。子弟奉壶,主人诣神案以次斟酒,荐熟,讫,皆就案南跪,叩兴,子弟荐祔位毕,主人跪,在位者皆跪。祝进至香案之右,读祭文(辞见品官祭礼,减"洁牲"二字,余同)讫,兴,退,主人以下叩兴。再献,主妇荐饭羹。三献,主妇荐饵饼时蔬,主人斟酒跪叩,均如初仪,毕,主人率族姓一跪三叩兴。祝取祭文及祔食纸位焚于庭,众出,主人纳木主,彻(撤),退。②

献祭仪式中,最重三献礼。读祭文,以及每一献都有进退、呈、叩兴,似祖宗与子孙的交流,子孙期望祖先能够庇佑自己。由于祭仪(指祭祀中的祭品)中没有用到牺牲,所以在祭文中将"洁牲"去掉。如此,三献礼后也无有"进胙"与"受胙"仪式。

3.聚餐:"馂"

"馂",意思是吃剩下的食物。在祭祀中表示用聚餐的方式分享祖先享祀后的食物。

---

① 《大清会典事例》卷四五五,光绪石印本。
② 《大清会典事例》卷四五五,光绪石印本。

  日中而馂,舂一举,布席于堂东西,北上,陈椅棂匙箸。如其人数,传祭食于燕器,热酒馔。族姓至,主人肃入序位,以行辈年齿为等。旅揖,即席。进酒馔,酬酢如礼。汤饭毕,长者离席,告退,主人送于门外。诸子弟皆随以出,徹(撤),仆人馂余食皆尽。①

  庶士祭祀聚餐较品官祭祀在食物上有减少,但基本尊卑有别。入席时,主人先要带尊者入席,然后按照尊卑顺序,位卑者向尊者行礼作揖,然后就坐。敬酒时,先是主人向尊者敬酒,然后子弟向主人敬酒,再是主人命子弟给尊长敬酒。如此敬酒三巡。待长者离席,众人方可离席。这种聚餐仪式,也是将尊卑原则予以贯穿,让子孙体会到尊尊亲亲的行动意义。

4.朔望与致告

  因事致告与朔望,是平日子孙同祖宗的不间断的交流,不可缺少。朔望祭是每月有规律祭祀,致告祭是临时因事而起。

  月朔望日,主人及家众夙兴,盥洗。启寝室然(燃)烛,诣香案前,依行辈序立,主人上香讫。子弟奉茶,主人献茶,复位,率众一跪三叩兴。徹(撤)茶,阖室,众退。
  若家有吉事,主人盥洗,启室,然(燃)烛焚香,以其事告,行礼如朔望仪。②

  朔望祭,主人及全家早起,洗漱。然后开启祖先寝室,点燃蜡烛,按照辈分站立,主人上香。其后,子弟奉茶,主人献茶,复位,带领大家一跪三叩首。撤茶,关上寝室,退去。
  致告,是家里有吉祥喜事向祖先敬告,一般由主人完成,行礼程序与朔望祭同。

---

① 《大清会典事例》卷四五五,光绪石印本。
② 《大清会典事例》卷四五五,光绪石印本。

(二) 庶人家祭

1. 庶人无"庙"与"室"、祭四世

> 凡庶人家祭之礼,于正寝之北为龛,奉高曾祖祢神位。①

庶人无庙,也无专室放置祖先神主,只是在正家寝之北设龛奉祖先神主。在祭祀代数上,也是祭祀"高曾祖祢"四世。

2. 祭祀时间与仪式

庶人的祭祀时间无有特别规定,仪式稍简单。

> 岁逢节序,荐果蔬新物。
> 每案不过四器,羹饭具。其日夙兴,主妇治馔,主人率子弟设案,然(燃)镫,启室,奉神主于案上,以昭穆序。
> 主人立于香案前,家众序立于主人下,以行辈为先后。主人上香,一跪三叩兴。主妇陈匕箸醯酱,荐羹饭果羞,跪叩如仪。主人酌酒进于各位前,凡三次,皆跪,一叩兴,毕,主人率众一跪三叩兴,纳主于室。彻(撤),退。②

常祭的四时祭无有规定,只是规定节序荐新物,这也表明一年中祭祀次数有一定的灵活性。祭仪简单,不过四器,但其他准备工作不可少。祭祀程序上,是依照三献礼来完成。

3. 聚餐:"馂"

祭祀完毕后,也有聚餐,但一年只举行一次,礼节上仍是尊卑有别。

> 日中,众馂神食,岁一举。论行辈先后,同行序齿列坐,酒行饭已,肃揖以退。③

---

① 《大清会典事例》卷四五五,光绪石印本。
② 《大清会典事例》卷四五五,光绪石印本。
③ 《大清会典事例》卷四五五,光绪石印本。

用食物与祖先取得联系,分享祖先的福胙,是与祖先沟通连接的方式。

4.朔望与致告

朔望的按时祭祀,与致告的临时祭祀,庶人也有。

> 月朔望日,供茶,然(燃)香镫,行礼。告事亦如之,均与庶士仪同。①

总之,庶民阶层与王公品官尽管在庙制、祭及几世、祭仪上有区别,然而贯穿于整个祭祖的"礼"或者说"礼"的原则是一致的。在祭祀时间上,有常祭的"四时祭",平时祭祀的"朔望",以及临时因事而祭的"致告"。

可见,时常与祖先沟通,或者有事让祖先知晓,是古人的生活方式,也是一种义务。祭祀仪式上,都有准备、迎神、三献礼、送神等。过程中,跪叩有序,体现礼的一致性。祭祀后又有聚餐,聚餐时的座次,以及卑向尊行礼、敬酒,正好将敬祖尊长的伦理精神转移到现实之中。

我们看到,祭祖是主人尊长向祖先致敬,其后的聚餐是子弟向尊长致敬,这些活动,让祖先、尊长、子弟处在一个时空连接体系里。在农业社会,用祭祀的方式将生活的希望寄托于信仰,也用聚餐、分享食物的方式将祖先与自我进行联系,这些再秩序化,构成上下的伦理秩序,用仪式传递出来。

二、清代民间祭祖的实态

《清会典》中有亲王品官庙祭,庶士庶人无庙在"家"祭祀的规定,没有看到墓祭。了解清代基层社会祭祖便知,祠祭、家祭、墓祭三种形式都存在。此外,无资格立庙的庶士庶人,也通过变通的方式建祠祭祖。为了详细说明,以茗洲吴氏个案为中心,并结合其他徽州宗族,予以归纳。

(一)茗洲吴氏及《茗洲吴氏家典》

茗洲,在休宁县城西南面百里的虞内乡趋化里。吴氏为休宁的大族,约在宋末元初,十九世孙荣七迁茗洲。茗洲吴氏自元明至清中叶,出类拔

---

① 《大清会典事例》卷四五五,光绪石印本。

萃的人物不多。若按照功名算,吴氏在清代顶多是庶士,不可立庙,但他们在清代仍建有祠堂。这种建宗祠,是与国家礼制不合的。然而,私修宗祠或者变换名义建宗祠的现象在清代民间社会普遍存在。

吴翟《家典》在康雍年间多次刊印,影响广泛。雍正时,新安郡守窦容恂在序中夸赞:"吴氏一家之言,实通都之木铎也。"①《家典》共有八卷:第一卷"家规八十条";第二卷"通礼";第三卷"冠礼";第四卷"昏礼";第五卷"丧礼";第六卷是"祭礼",第七卷为"外神祀",第八卷为"释菜"礼。三、四、五卷都有详细仪节和图式说明,且第五卷丧礼对于丧服制有详细描述。从第二到第八卷,每卷都有"议",即以立论的方式阐释实施礼制的意义,并对当时违背礼制的做法有批驳。

《家典》多处援引儒家经典,用"三礼"文献和朱熹的论述证实其说。如点校者刘梦芙先生所说:"全书遵照三《礼》和朱熹《家礼》的义理、制度,结合本地的'时俗'予以斟酌损益,既发挥儒家'礼意',又确立一系列具体操作的程序,以便施行,是一部融理论于实践的礼书。"②

本章重点关注民间祭礼与祭祖形式,为此,将茗洲吴氏祭祖的相关形态予以陈述。

(二)祭及几世:奉祀始祖与高曾祖考

《家典》在"祧议""藏议"中说明了茗洲吴氏祭及几世的问题。③ "祧议"首先批评了当时宗法不讲、祧法不行、祔主日增的现象,并引用施诚斋的话:"今之祠堂,神主不祧,自始祖以至祖祢,常有数百神主。此天子诸侯所不能行者,而士庶僭越之,礼坏极矣。"④ 吴翟主张:"始祖暨功德闻望隆重之祖,永垂不祧,其余各以其支属推而上之。至于高祖存主祔庙,俾得岁时致享,其亲尽者,则依礼奉主埋之墓侧。此为天理人情之至,勿谓吾宗莫之行难于更始也。"⑤ 意思是,始祖和功德之祖,永世不祧。祔祭高

---

① (清)吴翟辑撰,刘梦芙点校:《茗洲吴氏家典》,合肥:黄山书社,2006年,第2页。
② 刘梦芙:《茗洲吴氏家典》之《点校前言》,合肥:黄山书社,2006年,第12页。
③ 祧,本义是祀远祖、始祖之庙。作为动词后,表示帝王将世数远隔之祖(即超越世系之祖)的宗庙迭毁,将其神主迁入远祖之庙。所以,迁神主称为祧。后来改为一庙多室制度后,"亲尽则祧",意思是超出亲缘关系的祖先,把神主从正殿中迁出,放到太庙后面的偏殿供奉。
④ (清)吴翟辑撰,刘梦芙点校:《茗洲吴氏家典》,合肥:黄山书社,2006年,第29页。
⑤ (清)吴翟辑撰,刘梦芙点校:《茗洲吴氏家典》,合肥:黄山书社,2006年,第29页。

祖,亲尽则祧。又在"藏议"中说到:"立庙以奉高曾祖考,先贤制礼,于今为烈。顾其所以奉高曾祖考者,必其子孙亲致诚敬,然后可以交于神明。"①在祭始祖的同时,祔祭高曾祖考四世。

可以说,茗洲吴氏在祭及几世的问题上,是奉始祖与高曾祖考四世,在高祖问题上,是亲尽则祧。这种现象在徽州较为普遍,如黟县五都月塘莫氏《宗谱》所说:

> 夫人虽禀天地之气,而生必赖祖父抚育以成,是祖父之恩,同乎天地之大矣,推而上之高曾以至始祖,慎终追远,春秋省墓,岁时享庙,敬谨虔恭肃诚礼祀,俨然如在,悠然若存,长保宗祧,永志弗谖。虽经百世不失,纵历远年不忘,斯为子孙知本思源,联疏远睦宗族也。②

莫氏也是奉祀始祖与高曾祖父四世。在其修宗谱的第二册"祭礼考证"部分,有提及始祖祭祀问题:

> 问:始祖之祭,朱子曰古无,此伊川先生以义起,某当初也祭,后来觉得似僭,今不敢祭。
> 问:而今士庶亦有始基之祖,莫亦只祭得四代,以上则不可祭否?
> 曰:若是始基之祖,想亦只存得墓祭,无明文虽亲近而祭,恐亦无害。
> 始祖之祭似禘,先祖之祭似祫,今皆不敢祭,若干宗祠总祭,想亦无害,盖自始至末,原亦无碍,若专祭则似于僭。③

莫春晖的这段文字,部分源自《朱子语类》,其想借用朱子言论论证祭始祖合礼制。对于祭始祖问题,朱熹的表达是,诸侯祭始封之祖,大夫有功可请祭一次高祖,"如今祭四代已为僭。古者官师亦只得祭二代,若

---

① (清)吴翟辑撰,刘梦芙点校:《茗洲吴氏家典》,合肥:黄山书社,2006年,第29—30页。
② 《清嘉庆十四年莫春晖修〈宗谱〉手抄本卷一之一》,刘伯山主编:《徽州文书》第2辑第5册,桂林:广西师范大学出版社,2006年,第130页。
③ 《清嘉庆十四年莫春晖修〈宗谱〉第二册之二十八》,刘伯山主编:《徽州文书》第2辑第5册,桂林:广西师范大学出版社,2006年,第61页。

是始基之祖,莫亦只存得墓祭"。① 所以士庶祭始迁祖,顶多只能墓祭。莫氏引用之后,稍作变通,最后都是用"亦无害"来说明不违反礼制。并说,只要不是专祭始祖,宗祠总祭也是"无碍"的。类似月塘莫氏、茗洲吴氏这样奉始迁祖与高曾祖考四世的宗族很多,不再列举。

按国家礼制,品官及以下士庶只能奉祀高曾祖考四世,不能祭始祖。但在民间,多数姓氏攀龙附凤,族谱无一例外称自己是皇族或皇亲国戚、有功名之后。另外,《家礼》有墓祭始祖之说,加上明代夏言的臣民祭始祖建议,使得民间祭祀始祖泛化。

吴翟就此也有论证,先引丘濬语"始祖者,始迁之祖,及初有封爵者",并解释道:"盖准古别子之法,明示士庶,以始祖之的也。"然后,再将朱熹之僭越论进行修正:"朱子曰:'始祖之祭似禘,某不敢僭。'其时无祀始祖之令,故云。"指出朱熹当时这么说是因为没有士庶祀始祖的法令。接着,将明嘉靖年间夏言据程颐《义疏》"请至今天下臣民,皆得追奉始祖"搬出。② 论证士庶祭始祖是法令允许了的。

要说明的是,国家祭祖礼制是一个制度层面,在这个制度层面之下,还有一个祭祖"习惯",它们的来源与国家礼制本是一源,都是儒家的义理。但是,由于儒家思想在历史演变中,存在着演绎和论解,"礼"进行了民间化的推演,许多王公之礼节已经庶民化了。

(三)祭礼与仪式

茗洲吴氏的"祭礼"依托《家礼》,但具体规定又据茗洲吴氏实际进行修变。详情如下:

1.祭祀时间与所祭祖先匹配

> 冬至祭始祖,立春祭先祖,所以尊高祖以上者,于义为协。高祖而下,时祭不讲,则亲亲之道不明,仁人孝子,于心独无歉乎?且夫隆一本之谊者,必由近以及远,自下而推上,为其恩有所自起,情有所自伸也。苟高曾祖考,四时漠然,岂所谓尊尊亲亲之道哉!顾时祭之义在,孙子各

---

① 《朱子语类》卷九十《礼七》。
② (清)吴翟辑撰,刘梦芙点校:《茗洲吴氏家典》,合肥:黄山书社,2006年,第240页。

致其诚敬,非本祠所得统而行之者也。今议时祭,听各支举行,本祠不另立祭典。①

冬至祭始祖,奉迁祖为始祖。茗洲吴氏将迁茗洲荣七公奉为始祖。冬至是一阳之始,所谓"厥初生民"。在祀会中,我们也经常看到将"冬至会"称作"一阳会"。

立春祀先祖。古无此礼,起于程子。吴翟解释说之前茗洲吴氏在立春日自荣七公而下,合同各支各派已祧之主,祭于始祖之庙不妥,此乃大祫。先祖之祭,应该祭祀宗族中有功于族之祖先,所以选择曾在明代时任句容县令的第四世祖为正享,"以仕进、隐逸、理学配先祖,以贞烈苦节配夫人,臭味相投,意气感通,上可以报功,下足以垂训,所谓以义起而实不悖于义者也"。② 也就是说,先祖祭祀专有所指,应是那些有功于宗族的祖先。

四时祭,祭高、曾、祖、考。始祖和先祖对于本人而言,是"协义",高祖而下则是"亲近"。"协义"与"亲近"背后的理是"血缘关系"反映的代际远近。四时祭是祭高曾祖考,体现尊尊、亲亲之道,子孙各支应各自致其诚敬,祠堂不统一而行。

季秋祭祢。源自程子,以义起,朱子将此沿袭。吴翟又加以发挥,说自己常就伊川先生之言反复思之,认为时祭最重要,继而以冬至、立春、季秋、忌日对举。这是"溯其远者,又隆于近也",③在时祭之外,有始祖先祖祭祀,而对于考妣若不特享,是不能体现仁人孝子之心的!随后援引周礼"先王作乐崇德,殷荐之上帝,以配祖考"(《易》),来说明季秋祭祢意诚深远。

忌日祭。吴翟通过祭礼考证以及洪武三十一年(1398)庶人放开祭祀高曾祖,最后认为忌日祭"宜专祀考妣,不当漫及高曾"。④ 也就是,忌日祭祀是作为父母的专门祭祀,不应该向之前的祖先追溯。

---

① (清)吴翟辑撰,刘梦芙点校:《茗洲吴氏家典》,合肥:黄山书社,2006年,第239页。
② (清)吴翟辑撰,刘梦芙点校:《茗洲吴氏家典》,合肥:黄山书社,2006年,第249页。
③ (清)吴翟辑撰,刘梦芙点校:《茗洲吴氏家典》,合肥:黄山书社,2006年,第250页。
④ (清)吴翟辑撰,刘梦芙点校:《茗洲吴氏家典》,合肥:黄山书社,2006年,第252页。

可以说，茗洲吴氏的祭祀时间与祭祀祖先是相配合的,这种划分与宗法上的亲亲尊尊相匹配。

2.具体祭祀仪式

祭祀仪式上,茗洲吴氏按照之前所分的四时祭、初祖（始祖）、先祖、祢祭、忌日祭来划分。

四时祭。在祭祀当月的上旬卜日,挑选日子准备祭祀。第一步,准备工作。主要是斋戒,设高曾祖考妣位。再是陈器,接着是具馔。天亮盛服,入祠堂,奉主就位。第二步,参神、降神、进馔。第三步,三献礼。初献礼,主要是按程序依次诣曾祖考妣神位、祖考妣神位,奠酒,完毕后,读祝文;亚献礼,在奉馔时,一人奉鸡,一人奉面食;终献礼,在奉馔时一人奉鱼。陪祭在终献礼毕后,行三献礼。第四步,侑食。执事者斟酒,插匙箸。饮福,受胙。致嘏辞,祝授主人酒,授主人胙,主人受饭尝之。第五步,辞神,送神。焚祝文,司帛者奉帛,司祝者奉祝出大门外,焚毕,送神,撤馔。第六步,撤馂。

初祖祭。程序与时祭相当,只是在具体的细节上不同。准备工作方面,前三日,有司歌者集歌童习歌。陈器时桌子数量与方位有别。具馔更加丰盛,对牺牲也有讲究。仪节方面,参神、迎神,有击鼓、唱等乐。三献礼中献的"馔"有差别,每一次献礼后有歌颂《茗山之阳》,之后侑食、辞神、送神、撤馂与时祭相当。

先祖祭。准备工作与冬至祭相当,具馔上略不同。降神,参神,进馔如冬至祭仪。三献礼,歌颂《条风应候》三章。侑食时歌颂《条风应候》末章。其他如冬至仪。

祢祭与忌日祭。程序大致是:参神,降神,三献礼,侑食,阖门,启门,辞神,送神,撤馂。不同的是,祢祭具馔如时祭之仪的二分,忌日祭如祢祭之一分。忌日祭则不受胙。

总体来说,各种不同祭祀,对应的祖先不同,在仪式上会存在差别,这些差别具体体现在馔、乐、胙、告文、祝辞等方面。但相同的是:准备工作（斋戒、陈器）,参神,降神,三献礼,侑食,辞神,送神,馂食等。这些礼节与朱子《家礼》中很多规定相符,但是与清会典中的规定不相符,最起码级别不符合,茗洲吴氏用的仪式与王公差不多。

(四)祠祭、墓祭与家祭

祭祀地点一般有三:祠堂、墓地、家内。这也决定了三种祭祀形式,祠祭、墓祭与家祭。

1.祠祭

前已说明,茗洲吴氏应不可立庙祭祖。但《家典》第一卷"家规八十条"第一条便是:"立祠堂一所,以奉先世神主。"①这一变通并非吴翟主张,他参阅了《家礼》。朱熹《家礼》之《通礼·祠堂》云:"然古之庙制不见于经,且今士庶人之贱,亦有所不得为者,故特以祠堂名之,而其制度亦多用俗礼。"②朱熹说,士庶人本不可立庙,但是很多人采用俗礼仿制,所以命名为祠堂。朱熹的意思是立祠堂是俗礼,说白一点,是用"祠堂"名称替换"庙"的名称。吴翟在《家典》中提到:"今之祠堂,即古之祖庙也。"③说明吴氏将祠堂认作是家庙。

前文的四时祭、初祖祭、先祖祭、祢祭、忌日祭都是在祠堂举行,可以说是祠祭。祠祭的前提是要有祠堂,但并不是所有的宗族都有祠堂,没有祠堂的宗族也会采取墓祭或者家祭的方式祭祖。在祀会成立合同中,常看到"清明标挂"字样,此即墓祭的形式。

2.墓祭

墓祭形式在民间出现比祠祭早。《孟子·离娄》中有一则寓言,说是齐国有一个男子每天早起出门,酒足饭饱后回家。妻子觉得奇怪,便跟踪他,至城东坟地,发现他像乞丐一样,向上坟祭祀之人乞讨祭毕的酒食。而且一处不够,又去别处。这是战国时的故事,说明战国时期墓祭已经流行。但是周代礼制没有墓祭。《后汉书·祭祀志》说:

> 古不墓祭,汉诸陵皆有园寝,承秦所为也……秦始出寝,起于墓侧,汉因而弗改,故陵上称寝殿,起居衣服象生人之具,古寝之意也。④

---

① (清)吴翟辑撰,刘梦芙点校:《茗洲吴氏家典》,合肥:黄山书社,2006年,第17页。
② [南宋]朱熹:《家礼》,转引自[日]吾妻重二:《朱熹〈家礼〉实证研究》,上海:华东师范大学出版社,2012年,第256页。
③ (清)吴翟辑撰,刘梦芙点校:《茗洲吴氏家典》,合肥:黄山书社,2006年,第37页。
④ 《后汉书》志第九《祭祀下》,北京:中华书局,1965年,第3199—3200页。

秦始皇将陵寝建造在墓室之侧,汉代也因袭不改。西汉,从高祖至宣帝,"各自居陵旁立庙","又园中各有寝、便殿。日祭于寝,月祭于庙,时祭于便殿"。① 据研究,汉代在宗庙与陵寝之间有一条"衣冠所出游道",常将死者衣冠月游一次。② 宗庙、寝、便殿等建筑是为死者准备的。至东汉,"上陵礼"有明确墓祭的表达。《后汉书·礼仪上》:"东都之仪,百官、四姓亲家妇女、公主、诸王大夫、外国朝者侍子、郡国计吏会陵。"③这里描述的是上陵祭祀的场面。上陵礼,是将原在朝廷与宗庙中举行之郡国"上计"礼、诸侯王的"酎祭"礼,移至陵寝中进行,后渐形成之上陵礼。④ 光武帝先将祭祀典礼从陵庙移至陵园,后汉明帝将"元会仪"搬至原陵,亲自率百官上陵祭祀。如此,上陵之礼渐兴。

然而,墓祭真正的礼制化,源自朱熹《家礼》。朱熹《家礼》将墓祭置于"祭礼"中,这对于宗族是有影响的。如歙县岩寺百忍程氏说:"墓祭,古礼也,观孟子墦间之祭可见矣。本族每届清明,合族老少悉诣朱吴村始祖茔前拜扫,依《文公家礼》举祭,协诸礼而协矣。"⑤关于墓祭的形式,还是以茗洲吴氏为例:

第一步,准备工作,很简单,前期具馔,种类如同家祭。届期,到墓所洒扫,陈馔于墓前。

第二步,序立,三拜兴,平身。然后诣坟墓前,跪,上香,三献酒。主人以下皆跪。接着是读祝,读毕,一拜兴,平身。复位。鞠躬,三拜兴,平身。焚祝文。

第三步,扫墓祀后土。就位,鞠躬,两拜兴,平身。盥洗,诣香案前跪,上香。三献酒。读祝文,读毕,一拜兴,平身。复位。鞠躬,二拜兴,焚祝文。礼毕。

与祠祭相比,墓祭仪节甚是简单,但我们在祀会的成立合同,以及其

---

① 《汉书》卷七三《韦贤传附子玄成传》,北京:中华书局,1962年,第3115-3116页。
② 焦南峰:《宗庙道、游道、衣冠道——西汉帝陵道路再探》,《文物》2010年第1期。
③ 《后汉书》志第四《礼仪上》,北京:中华书局,1965年,第3103页。
④ 李欣:《东汉"上陵之礼"考述》,《咸阳师范学院学报》2012年第5期。
⑤ 《明万历歙县岩寺百忍程氏宗族族约》,转引自卞利编著《明清徽州族规家法选编》,合肥:黄山书社,2014年,第433页。

他清明簿中能够看到标挂、烧金银包等项。这些是民间在祭祀的过程中将其世俗化的做法。

3. 家祭

家祭,即家庭内的祭祀,是小家庭单独为之的祭祀形式。《礼记·王制》曰:"庶人祭于寝。"庶人没有庙,祖宗神位皆设在宗子起居之处,祭祀祖先合并在宗子之家举行。这种祭祀仍然是集体祭祀,即庶子一起前往宗子之家祭祀,与小家庭祭祀有区别。

明清徽州,家祭是祠祭以外,各家各户的祭祀。许骥利用《歙北富溪汪氏族谱》《新安歙北许氏东支世谱》《古歙城东许氏世谱》中相关记载和口碑资料对徽州祭祀习俗有研究。① 归纳如下:

其一,除夕谢天地。先是族人在祠中守岁,举行谢天地仪式。完毕后,各家户回家举行谢天地仪式。堂上挂祖容,抬开八仙桌,桌上方摆上两把交椅,桌前面铺上红桌帷。桌帷上摆上炉、瓶、烛台等五十件,瓶中同样插着柏枝、天竺叶、天竺籽。之后,摆上托盘,盘中的祭仪是猪头或猪肉,鲤鱼一条,面寿桃四个,豆腐角四只,天地饭一甑。灶爷前同样摆上祭仪。一切就绪,除夕吉时一到,家中长辈就到大门外,朝皇历所定的新年吉向焚香祭拜。然后,恭敬地将天地引入家中,并在供桌前再次跪拜。家长引入天地后,家中子弟按辈分依次燃香谢天地,后焚烧金银。谢完天地,谢灶爷。拜毕,众人到门口燃放爆竹,撒利市纸。最后,放一串爆竹,烧纸马一匹。此时,女眷出房,家人互道恭喜。

其二,新年祭祖。在祠堂祭祀完毕后,分胙回家。各户家中祭祀本户的五代家祖,分家立户的要回到老屋,在堂前或挂上祖容,或安放祖宗神主牌位,并摆上祭仪,众子孙一同焚香纸祭拜。

正月初一的接天地和祭祖两者交织进行,只是侧重不同,所以,接天地与祭祖常附带进行。接天地在先,用香火将天地从门外引进家中进行祭祀,附带祭祖先;祭祖在后,在祭祖时,将供桌摆放在神龛前,但在祭祖前要附带祭天地,之后是祭祖。

其三,中元祭祖。中元祭祖也有祠祭与家祭两种。歙北富溪汪氏的

---

① 许骥:《徽州传统村落社会——许村》,上海:复旦大学出版社,2013年,第340—357页。

祠祭仪式与新年相同。在祠祭之后,也是家祭。七月十五一早参加完宗族的祭祀活动后,回家即在堂前摆放供桌,献上供品。上香叩首,焚纸箔后,洒酒于桌前。家祭的供品有茶徽、煎面、油糍、豆腐干或水果及酒一壶。

这些家庭祭祀,看起来有诸多不符合祭礼之处,但由于祠堂祭祀不能满足每家每户对于自己亲近祖先祭祀的需求,所以家庭内的祭祀是最传统、最容易传递的习俗。

(五)承担祭祖的组织

祠祭、墓祭、家祭的差异在于祭祀地点,由于礼制规定和祭资限制,不同时代它们的发展不一。相比祠祭,家祭、墓祭一直存在于民间,祠祭则随着祭祖礼制的发展逐渐民间化。但是,这些祭祀都需要一定的资产支持才能完成。通过对民间祭祖文书的整理发现,有三种组织承担着祭祖活动。

一是祀会祭祖组织,即族人合意成立以祭祀共同祖先为目的的组织。常见的祀会名称有:(1)以岁时节气祭祖为会名,如冬至会、清明会、中元会等;(2)以所祭先祖的谱名或祀号为会名,如明公会、有荣会、灿公会、方旭公会、茂土公会等;(3)以所祭祖先与祭祀时节合称命名的,如成栋公清明、兴宝公元宵会、里仁公冬至等;(4)为了追远祭祖,以雅名或直接以祭祀为名的,如追远会、思源会、祭会、祀会等;(5)以祭祖活动中所需祭仪为会名,如灯会、猪羊会等。①

二是祀产祭祖组织,即以共有存留财产作为祭资,共同运营,共同承担义务并享有权利的祭祀组织。其在运营方式上与祀会相似。常见的名称是以某公命名,如德公祀、性清公祀等。

三是祠产祭祖组织。这种祭祖形式,要以有祠堂为前提条件。成熟的祠产组织可能立有"祠户"。所以,并不是所有宗族可以进行。又由于祠堂祭祖本身是以各支房对于始祖、先祖等祭祀为前提设立,所以祠堂祭祖相比祀会、祀产祭祖而言更加松散。祠产祭祖与祀会、祀产祭祖有发展联系,祠产祭祖一般祭资比较丰厚,存有祭田等产业。

---

① 参见俞江主编《徽州合同文书汇编(点校本)》,桂林:广西师范大学出版社,2020年。

本章重点考察祀会祭祖,兼议及祀产、祠产祭祖,通过比较,去发现三者之间的联系与区别。

第三节 清代徽州的祀会与祭祖

"盖闻人之有祖,祖必有祀,祀必有会。"①祀会是族人以祭祀共同祖先为目的而成立的组织。这种组织常是某一祖先之下的族人,为承担岁时节气与忌日祭祀祖先的事业,共同集资运营,并享受组织权利和承担组织义务的共同体。

一、祀会的类型

尽管祀会的名称多样,归纳起来,大致有三:

(一)合祭祖先之祀会

合祭之祀会,一般以岁时节气命名或者直接以祀会名命,合祭某族多个祖先的祭祀会。如乾隆四十八年(1783)玄干公支孙万有等兴立祀会:"缘本家年头、祠会,两项俱无费用,每岁阄费甚属艰难。今众议将众山税业入会,会内纳粮。所有美女窝尿坟山荫木,日后出拼银两,俱要入会,不得私拼肥囊。今支丁喜助入银,并照丁入银敷费,合立年头会。……内拨银壹两,另立清明祠会,另立会簿生殖。仍银,立为年头会。议定照家头平领,每年二分行息。……自今立会之后,祖宗祭扫,从此而兴。"②玄干公支孙本有年头会、祠会祭祖,但由于经营不善,以致荒废,要重新出资,并且约定在这个会内另抽资本,再立清明会。这样实际就保证了玄干公支孙年头与清明时节都有祭资祭祀祖先。

---

① 《清咸丰三年十月凌观龙公支下人等祀会合同》,俞江主编:《徽州合同文书汇编(点校本)》,桂林:广西师范大学出版社,2020年,第1409页。
② 《清乾隆四十八年一月玄干公支孙万有等兴立祠会合墨》,俞江主编:《徽州合同文书汇编(点校本)》,桂林:广西师范大学出版社,2020年,第1264页。

又如，下文引用之《清康熙四十年二月胡尚清等立议清明合同》云："立议清明合同人胡尚清、敷，侄必大、富佑、通旺等……计豆租拾斤入会。又议老幼不论，各出银壹钱，日后得子者，各出银伍分，将来生放置业，永远清明标挂众祖。"据这份清明会合同，由于各位祖先坟墓遥远，子孙可能心不齐，不能祭祀有制，造成祖坟被侵犯，因此希望子孙立约立会，永远清明一同祭祀众祖。

这些合同，或只说成立祀会，或说为标挂众祖而立祀会，即可推知它们没有特定祭祀对象，应是合祭多个祖先之会。

（二）特祭祖先之祀会

特祭之会，一般以某公为祭祀对象兴立祀会，予以祭祀，名称常为"某公会"。有时还会加上特定时节，即某公清明会、某公冬至会。这说明该会是为某公清明祭祀或者冬至祭祀所立。例如同治十二年（1873）的一份祀会合同所说："立议合同人如渭公支下嗣孙首事华生、华铎等，兹因祖徙小洲源湾角坞，创成产业，泽及子孙，迄今五代。独有如渭公，血食未立，报本未申。吾恐年深月久，后裔忘记其公，湮没其祀。于是身等商议，酌定立血食兴祀会。"①由于如渭公五代未立祀，族下子孙担心后裔湮灭其祀，于是商定出资成立如渭公会。该会是为特祭如渭公所立。

要说明的是，特祭之会有时也会祔祭多个祖先。如黟县五都月塘莫氏，存在长房支祖九世祖有法公会、十世祖应禄公会、十二世祖廷珠公会以及曾祖文征公会，而从祭祀焚化之"包"（标挂银包）供奉对象与数量看，这些某公之会，实际负担多个祖先的祭资。如廷珠公会，负担十二世廷珠公、十三世锡祚公、十二世从伯祖廷贵公、十三世从伯祖锡爵公以及他们的孺人，廷贵公孺人之墓所遗失而无"包"，"共七个包"。② 另外，各公祀会内的所祭人员还可以调整，如十世祖应禄公会内，将所祭十二世从祖廷琪公及孺人金氏、十三世祖锡章公及孺人吴氏、锡元公等五人，"人有

---

① 《清同治十二年二月如渭公支下嗣孙首事人华生、华铎等经管祀会合同》，俞江主编：《徽州合同文书汇编（点校本）》，桂林：广西师范大学出版社，2020年，第1445页。
② 《清同治七年戊辰仲春莫传洙抄〈祖宗谱〉之三十》，刘伯山主编：《徽州文书》第2辑第5册，桂林：广西师范大学出版社，2006年，第324页。

法公会请"。① 可知,祀会在成立时,本来是族人为特定祖先祭祀或者特定祖先在特定时间祭祀所立,发展到一定程度,特别是祭产丰富后,会资可以用于多位祖先祭祀或者不特定时间的祭祖活动中。

(三)因祭祖活动中所需祭仪而立之祀会

在祭祖活动中,为了某一项支出也可能立会。如婺源双杉王氏《猪羊会记》云:"八月二十四日,始祖标挂、理祠、办墓祭,其猪羊另有会户供办,共租一百七十五秤,乃康熙壬戌岁述宏、庆礼、庆隆、尚泰、国士、国模、承克七人始创也。"②特立"猪羊会",以满足祭祖活动所需之猪、羊等牺牲,也为分胙做好了准备。

二、祀会的成立

(一)祀会的成立方式

1.合同设立

通过合同成立祀会,是常见的方式。一般是共有祖先的子孙,或是一个家族的不同房支,为了祭祀祖先,保本保源,而成立祀会,一体祭祀。如《清康熙四十年二月胡尚清等立议清明合同》:

> 立议清明合同人胡尚清、敷、侄必大、富佑、通旺等,今因众祖路途远涉,倘有子孙人心不齐,恐人侵欺坟茔。恐怕先□□□□□明会,日后子孙标挂众祖,要齐仪,今□□□□□计豆租拾斤入会。又议老幼不论,各出银壹钱,日后得子者,各出银伍分,将来生放置业,永远清明标挂众祖。议定为首者三人管一年,领去本银生放,递年清明前五日本利交清下首,将来买备祭仪,不得欠少。如有欠少,为首赔出。立议之后得子者,出银五分,七岁领分。再下三都三望坑并家边各处众祖,俱要照丁齐到,如有一丁不到者,罚银五分入会。再者,散胙饮酒无许撒泼,不得倚

---

① 《清同治七年戊辰仲春莫传洙抄〈祖宗谱〉之二十九》,刘伯山主编:《徽州文书》第2辑第5册,桂林:广西师范大学出版社,2006年,第323页。
② 《双杉王氏支谱》卷之十八《猪羊会记》,载《中华族谱集成·王氏族谱》(第十八册),成都:巴蜀书社,1995年,第885页。

强欺弱。如有不遵,甘罚银一钱公用。三家头首,眼同买备,不得肥私利己,如有此情,查出见一罚十。倘有不才子孙拆会者,送官不孝罪而论。今恐无凭,立此合同一样三张,永远存照。

康熙四十年贰月日立议合同人胡尚清(花押)(后略)①

这份清明祀会合同出自黟县二都四图胡丕振户,胡尚清、胡尚敷与侄必大、富佑、通旺等属于不同的房支,目前他们共有三都三望坑的祖坟地。合同约定:

其一,目的。合同开头便说明立约的目的,是为"标挂众祖",以免外人侵欺坟茔。坟墓祭祀不仅是为了祖先烟祀不灭,同时采用"标挂"的形式可以向外人宣示坟产权利的占有状态。除祭祀目的外,有的祀会在成立时还提及其他的目的,后文详述。

其二,资金来源。祭祖活动需要资金支持,约定祀会的资金来源,至为重要。该合同约定了三种形式的会资:(1)豆租拾斤入会。由于前面字迹缺损,猜测此豆租可能是田地租产。(2)丁钱。老幼不论,各出壹钱。(3)诞男钱。日后出生男性子孙,出资银五分。此项是有"回报"的,七岁后可以领胙。集资兴会与田产山场入会是祀会资金来源的普遍形式。

其三,经管方式。祀会有了产业后,需要经营管理才不至于废坠。该清明会的管理方式采用"首人轮值"经管:(1)首人三人管一年,公事三人眼同。(2)每年清明前五人,上首交下首,本利交清。经营方式只是简单的说到"生放置业",也就是通过会资的放贷累积,再进行购置田地等产业。有的祀会在成立时也约定各房轮流经管。如光绪二十四年(1898)吴元玉公支下人等立祀会曰:"知则新于元昆公会,照依人丁,轮流挨转。"②这种形式,实际是照顾各房在祀会中的参与。

祀会设立合同的经管方式只是初步约定,待祀会运行后,还会具体增

---

① 《清康熙四十年二月胡尚清等立议清明合同》,刘伯山主编:《徽州文书》第2辑第4册,桂林:广西师范大学出版社,2006年,第414页。

② 《清光绪二十四年三月吴元玉公支下任事人永聪等祀会合同》,俞江主编:《徽州合同文书汇编(点校本)》,桂林:广西师范大学出版社,2020年,第1511页。

加详细规定或调整经管方式,又可能单独订立合同或者规条。如道光三年(1823)世锲、永汝等立祀会合议就在再批中说明:"其清明规条另议,开载清明簿。"①

其四,会规与罚则。祀会对于家庭而言,是相对的"公",为防止谋"私"而败坏祀会,祀会成立时常约定规条甚至罚则。该合同约定:(1)祭祖照丁齐到;(2)散胙不许扰乱;(3)不许拆会。这些约定后面还写有相应的罚则。立祀会合同中约定罚则是常有之事,如道光十二年(1832)汪应龙支下人等祀会合同约定:"倘有吞租执拗不遵者,甘罪钱三千五伯文,以众公用,决不食言。"②

2.分家设立

分家文书中,经常见到一些家产"众存"留作祭祖所用,这些留作祭产的存众产业有两种处理方式:

一种是直接设立祀会。如《清道光二十年三月汪应三阄书》载:"父母所寄序大买豆租九斗三升,父收一石用。父母百年之日,时租兴立清明祭会,永远绵长。"③汪应三分家之时,除将田地、山场、屋宇等家产分给长子时顺、次子时茂外,留存大买豆租九斗三升,由父收,算作养老田。此田并非父母去世后再分析,而是直接转立清明祭会。

另一种是作为祀产。如《清嘉庆二十二年十月吴氏阄书》所说,吴氏之夫淋公,单身独传,家徒壁立,祖业飘零,后到扬州做木材生意,家境有些起色。继吴氏过门后,再历经数年,生意顺遂,开始置田产,造新屋。并育有三子,均已教读婚娶。后丈夫身故,长男掌权生意,待至于今。现在三子均已成人,自己年老,媳心不一。于是,"命男邀同族眷,将所置田租、田皮,共计伍百四拾柒秤拾捌斤,内存租并田皮共计五拾陆秤拾斤立钦公清明"。自己留田皮租玖拾陆秤养老,百年之后三子均分。并安排贴补长

---

① 《清道光三年一月世锲、永汝等立清明会合议》,俞江主编:《徽州合同文书汇编(点校本)》,桂林:广西师范大学出版社,2020年,第1336页。
② 《清道光十二年三月汪应龙支下人等经理祀会合同》,俞江主编:《徽州合同文书汇编(点校本)》,桂林:广西师范大学出版社,2020年,第1359页。
③ 《清道光二十年三月汪应三阄书》,俞江主编:《徽州合同文书汇编(点校本)》,桂林:广西师范大学出版社,2020年,第286页。

孙产。其余田地、山场、屋宇、债务等产业三阄均分。①

可以看到，吴氏留有产业立钦公清明，以作清明祭祀之用，但没有说明此产是否会转变为祀会。而据周晓光先生研究，由于祀产的轮收轮管颇为松散，难以维持长效运作，一般情况下，在"众存祀产的基础上，围绕特定祀产的增置、经营和祭祀事务管理而组织化的众存祀会应运而生"。②

3.批产设立

当祖先祀典未立，或者某人乏嗣而有无人祭祀之虞，人们可能"捐出"产业设立祀会。如《清道光十二年二月程兆成立批田皮契》所说：

> 立批契人程兆成，今将三四都盈字四保土名江坑学堂弯和尚坛，计田壹坛，计田皮柒分，原于先年立契当与身名下，计价银捌两，又当与黄向晨兄名下，计价银五两，是身一并取回，迄今姐丈俱以亡故，念亲之情，将此号田皮立契批与黄有智、兆喜、兆德名下立清明一会，节到人齐，备办祭仪，毋得拆散等情，亦不得变卖，以为渊源之计，毋忘失祭之愆，今欲有凭，立此批契存照。③（后略）

批田皮人程兆成担心姐、丈亡故后无人祭祀，于是将产业批于姐夫的亲属方，期望他们能够成立清明会，备办祭仪。与批契同时所立的一份合同："立议同心合墨文约人黄有智同侄兆喜、兆德，今将承蒙程兆成亲之情，取回三四都……是以叔侄商议，将此号田皮立黄有登与上祖清明一回，递年轮流耕种，备办祭仪……倘有余积，置产立业必要同心协力，各存公道……"④后面还有"祭仪列后"，说明祭品种类。

---

① 《清嘉庆二十二年十月吴氏阄书》，俞江主编：《徽州合同文书汇编（点校本）》，桂林：广西师范大学出版社，2020年，第225页。

② 周晓光：《明清徽州民间的众存祀会》，《安徽师范大学学报（人文社会科学版）》2010年第2期。

③ 《清道光十二年二月程兆成立批田皮契》，刘伯山主编：《徽州文书》第2辑第1册，桂林：广西师范大学出版社，2006年，第127页。

④ 《清道光十二年二月黄有智同侄兆喜、兆德立议同心合墨文约》，刘伯山主编：《徽州文书》第2辑第1册，桂林：广西师范大学出版社，2006年，第128页。

这个批产设立的清明会,是祭祀黄有登以及他的祖先的,经管这个祀会的是黄有登的亲房黄有智及侄辈。

(二) 祀会成立原因与功能

三种设立方式中,合同设立是最常见的方式,分家留存设立、批产设立都较少见。但是,在成立祀会时,除祭祀外,每一祀会也会有自己单独的缘由,或者暂称作祀会的附加功能。

笔者将收集到的有关设立祀会的文书加以整理(参见表2.1),可以大致归纳几种成立祀会的原因:

表 2.1：祀会设立归纳表

序号	文书名	立会人	立会原因	会名	会资来源与会户义务	会户权利	文献来源
1	清乾隆五十七年十一月济阳江族庞村派、里田裔江上峰福等立合墨（黟县十二都江氏）	庞村派、里田派。	两派与乾隆三十七年合立冬至会追祀草公，五十五年分会灭祀，由于人心涣散，如今不忍分离，重兴立会。	冬至会	两派各输银三百五十两。	—	《徽州文书》第 1 辑第 5 册，第 101 页。
2	清乾隆三十七年正月金元拱等立合同会书（祁门二十二都金氏）	金元拱等 24 人。	祖迁祁以来，谱三世未修，祠百年未整。	乐义会	各出本银壹两。	—	《徽州文书》第 1 辑第 10 册，第 454 页。
3	清嘉庆九年二月大进户经首人惟友等立合同文约抄白（祁门二十二都金氏）	大进户经首人惟友、应恭、应怅、二桃。	崇立祀会，以备祭扫甲户坟茔，并解纳甲户钱粮之需。	—	1.将乾隆三十六年四股标分甲下户汪士宗产业退出归众；2.各号山场、田地、山塘出拼，户众收管；3.银钱公人公出。	解纳钱粮，不虞之用。	《徽州文书》第 1 辑第 10 册，第 466 页。
4	清道光十二年二月程兆成立批田皮契（祁门三四都一甲王氏）	程兆成	今姐丈俱以任故，念亲之情，立会备办祭仪。	清明会	节到人齐，毋得拆散，卖，毋忘失祭。	—	《徽州文书》第 2 辑第 1 册，第 127 页。

续表

序号	文书名	立会人	立会原因	会名	会资来源与会户义务	会户权利	文献来源
5	清康熙四十年二月胡尚清等立议清明合同（黟县二都四图胡氏）	胡尚清、尚敷同侄必大、富佑、通旺等共45人。	永远清明标挂众祖。	一	1.豆租拾斤入会；2.老幼不论，各出银壹钱；3.日后得子者，各出银五分。	1.按丁颁胙；2.得子出银者，七岁开始颁分。	《徽州文书》第2辑第4册，第414页。
6	清乾隆五十七年十二月程元露等立合议墓（黟县北乡程氏）	四股支丁程元露等8人。	1.祖瑗寿公迁黟北数百年，原立有祀会，挂祭扫，始创募标，集资。但因不合，休废。2.今儿孙当思木水源，复立会。	一	1.嗣下长幼支丁各派丁银。2.现未入会者，以后入会，除本银外，加二两。3.添丁，壹钱。4.嫁女用大轿者，壹两六钱，小轿捌钱。	1.各股支丁至坟祭扫，给饼一双。2.称者，照签给饼一双。3.礼生等物，均系四股散。	《徽州文书》第2辑第10册，第323页。
7	清光绪三十年九月立婺源李氏《清明簿》（婺源李氏）	起芝公下承铎、承荣等8人。	始迁祖起芝公未立清明，下无栖身之所。	思本会	1.子孙承铎助出英洋八元，细元兄退佃佃租屋，改为向"会"租屋，交租五百文并管祭祀时的一宿三餐；2.承铎再助英洋十二元，作六股；汝高弟助出英洋四元，作两股。	1.递年清明节后五日，每公位下轮一人至李坑，给路费。2.清明酒，每股一人至李席。	《徽州文书》第3辑第9册，第294页。

续表

序号	文书名	立会人	立会原因	会名	会资来源与会户义务	会户权利	文献来源
8	民国二十三年九月吴天顺公支下吴鸿贵,吴广泰人等立祀会据(歙县三十一都一图吴氏)	吴鸿贵,吴广泰及亲族共5人。	1.惟我祖千秋祀会从此日始立基础;2.每值清明节,登坟扫墓,标挂,以尽孝思。	一	祖遗产业两处归会。	昨开开五股,议以支丁开派,登坟者倍之。	《徽州文书》第4辑第8册,第76页。
9	清乾隆五十五年三月祁西陈谨公秩下人等立存白办祭文约抄白(门二十一都陈氏)	陈谨公秩下:细十二公秩下五公人、七公人、八公人、九公人,细公秩下10人、五公8人、六公6人、二公2人。	1.原有祀会,后因秩下所领银钱不清,以致祀银所存无几;2.从前各多银少一概不计,以今当年首事七公秩下为始,定新规。	一	1.所有祀内新老田租,无论丰歉,来年会期,实付银壹拾两正,交众封号下无忧;2.会期查验一次,积致四年支给祀租;3.从前米扒之税,遇年本务要分扒清楚。	只许知事各人付会用中饭,一席,每席无肾二席,熟亥壹斤半,遇廿两秤付来所用。	《徽州文书》第5辑第2册,第183页。
10	清光绪甲辰年仲春月吴明佐公支下人等立议合墨据(歙县三十五都一图潘氏)	吴明佐公支下任事人吴春正元,吴再兴妹等。	1.向序立有祀会,子孙登坟,血食尚馂,红羊乱尽失,祖茔颓败;2.修整坟茔,逐年祭扫先祖。	一	1.捡出遗失产业;2.会股各出钱七百文正。	一	《徽州文书》第5辑第6册,第228页。

续表

序号	文书名	立会人	立会原因	会名	会资来源与会户义务	会户权利	文献来源
11	乾隆十九年三月柯士宏等祀产合同	柯士宏等16人。	1.今因本家世祖,历世久远,人心不一,丘土凋残;2.绝祀者,无人标挂。	清明头太祖理公会	1.良珍公、良环公无后,产业公存不分;2.派下子孙生子,纹银三分入会;3.清明前三日,上墓祭扫。	人席散胙。	俞江藏。
12	乾隆四十八年一月玄子公支孙万有等兴立祠会合墨	玄子公支孙万有等7人。	1.缘本家年头、祠会,两项具无费用,每岁斗费艰难;2.立会后,祖宗祭扫,年头户户有赖。	年头祠会	照丁人银敷费。	—	俞江藏。
13	道光三年一月世鄱永汝等立清明会合议。	添隆公房、添赐公房、兴隆公房、兴胜公房。	桂岩始迁祖文旦公祀典未立。	文旦公清明	1.男丁各敛出钱三十文;2.四公产业归支丁佃种者,花利十分纳一分入会。	—	俞江藏。
14	咸丰元年一月郑惇叙堂等立兴年会合同	郑惇叙堂宗公支下人等35人。	吾祖迁居以来,幸护孙枝繁衍,当思报本之诚,须重追远之礼。	兴年会	1.每年腊月念五祭祀蒸尝;2.叁拾股有余,科备三期,每股均出	祭首挨班做转,以后会胙照股均分。	俞江藏。

续表

序号	文书名	立会人	立会原因	会名	会资来源与会户义务	会户权利	文献来源
15	咸丰二年二月王宏顺等祀产合同	王宏顺仝侄心宝、寿宝。	1.堂弟宏顺不幸业在人亡。况年久岁长，恐有失悞。2.将前所置之业，立为祭祀，任凭心宝兄弟名下收租做会。	—	每年十二月初十日会期。	—	俞江藏。
16	同治十一年二月孙如渭公支下嗣首事人华生、华铎等经管祀产合同	如渭公支下嗣孙四房人等。	1.祖徙小洲源湾角坞，迄今五代。2.独有如渭公，血食未立。吾虑年深月久，后裔忘记其公，遂没其祀。	—	1.各出丁钱，照丁科齐。2.每岁清明标挂。3.每年加丁至周月之期出钱二百文，每丁出钱二百文。	会内兴隆，再行颁胙。	俞江藏。
17	光绪二年三月江班谖公祀会经管祀嗣合同	江班谖公支下长、三、四、五房人等。	二房学东公乏嗣，遂祀无依，不忍死魄漂流。	—	二房所有产业归江班谖公祀会经管。	—	俞江藏。
18	光绪三年二月尚王公支孙观姝等设立祀会合同	尚王公支孙等8人。	吾祖迁居此地，迄今久矣，未立清明祀会。	—	各均派出钱，合买二业。	—	俞江藏。

续表

序号	文书名	立会人	立会原因	会名	会资来源与会户义务	会户权利	文献来源
19	光绪五年一月吴国珍公支下人等经理祀会合同	国珍公支下人等。	1.先有文年会，余利甚丰，再立清明祀会。2.承先人之志，庶几清远慎终，若渊源不竭。	清明祀会	1.支年会余利。2.嗣后添丁，每上丁钱捌拾四文。	照丁颁胙散胙。	俞江藏。
20	光绪十二年十二月王有金等立清明会合同	王有金兄弟三人。	人原赖乎祖，清当展孝之思。扫墓标茔，慎宗追远，民德厚矣宜也。	磨莹清明会	分家存留之产，母经营生息，存公做清明会资。	胙分后裔。	俞江藏。
21	光绪二十三年二月观遂公支下人等兴立祀会合墨	观遂公支下四房人等。	1.吾祖观遂公，前辈挨房标挂，岁岁上坟；2.洪杨乱后，风俗渐破；3.恐祖墓失所。	—	照丁科备，清明祭挂。	—	俞江藏。
22	光绪二十四年三月吴元王公支下任事人永立祀会合同	吴元王公支下任事人。	1.元昆公支下永录公祠，室自愿改嫁，春秋祭祀香烟曾理值；2.元王公支下人等并无承继之桃。	元昆公会	1.元昆公所有产业。2.春秋祭祀，标挂银包二十个。	—	俞江藏。

续表

序号	文书名	立会人	立会原因	会名	会资来源与会户义务	会户权利	文献来源
23	光绪二十七年一月吴国宸公支下任事孙等祀会合同	吴国宸公支下任事人。	1.租立为祀会,经理逐年租花,输纳国课,备办祭仪,春祭秋尝之礼,洪杨乱后,少有余存。2.将长房倍公遗存产业复兴清明人丁祀会。	清明人丁祀会	生者男丁上坟挂标死者。	—	俞江藏。

1. 祭祀始祖

"冬至祭始祖",源自程颐,朱熹将其引入《家礼》,这一祭祖思想对明清有重要影响。前已提到"茗洲吴氏"与"月塘莫氏",他们都将"始祖祭"认定为"始迁祖祭",合族祭祀始迁祖是合情合理的。乾隆五十七年(1792)济阳江族庞村派与里田派便重兴冬至会,追祀始迁祖"卓公":

> 乾隆三十七年阖族合立冬至祀会,追祀卓公,奈族大难联,人情多涣,纷纷不一,其志遂有,妄生觊觎,希图瓜分者,乾隆五十五年冬,因将各族所输银两兼权子母,共计若干数,原璧而归之,从此分离乖隔,祀典几为之中废。独是兴会立祀,孝子慈孙所乐为也,分会灭祀,孝子慈孙弗忍闻也。忘祖者,固不能禁,其聚而弗散尊祖者何难,于既散而思聚,爰集同志,两族合议,输资生息,匪云收族,聊以敬宗,不敢替也。(后略)①

济阳江姓本有卓公冬祀会,但由于枝大叶繁,人心不齐,在成立冬至会经营近二十年后便分析,然而子孙中有两派不忍灭祀,又重兴冬至会。这种始祖祭祀,能够集合迁居地松散的族人,对于收族敬宗有一定的意义。

2. 保存香烟

立祀对于后人而言是一种责任,特别是为与自己亲近的高曾祖考四代先人立祀。我们在分家文书中常看到留有产业,为某祖先"立祀"的字眼。如道光二十九年(1849)婺源庆源的詹母汪氏分家时,对于未立祀的先祖是有安排的。詹母汪氏先述家庭情况:"自氏翁增坤公生伯父钟岷公,未婚早卒,氏夫钟桂公伶仃薄弱,九岁丧兄,十七岁丧父,二十三岁丧母。上蒙祖泽,兢业自持,娶氏,幸生四子,教育备至,承先启后。"再述家庭如何置家产,夫丧,自己带子继续打拼,维系家业:"今日翁姑氏夫俱已殡葬,幼子长孙亦各婚教成立。"家庭的"任务"算是完成,自己却已是年迈,不能再掌家业,于是约定分家。在分家产时,首先就是立祀,"遵遗训,将本地租扒叁拾捌秤零捌斤并各会次,存增坤公立祀;又扒租二拾秤,存

---

① 《清乾隆五十七年十一月济阳江族庞村派福寿公支裔江上峰等立合墨》,刘伯山主编:《徽州文书》第1辑第5册,桂林:广西师范大学出版社,2005年,第101页。

钟岷公立祀;又扒租肆拾秤,存钟桂公立祀"。①

这里能看到,分家时除将家产在四子之间分析外,还提留部分产业,用来为祖父、伯父以及儿子的父亲立祀。有的分家文书直接言明为父母百年立祀会,如道光八年(1828)方时田阄书:"以上各处大小买租,注尔兄弟二人收来,不得分用,须要合借去而生息,待我二人日后百年,以新兴祀会而已。"②可见,立祀是后人的责任,是用专产给予先人祭祀。

如果没有设立专产祭祀,子孙平时还可以凑费出资予以祭祀,如此,也可以达到祭祀的目的。但是对于绝嗣之人,专产祭祀可能更为重要。绝嗣也就意味着可能绝祀,"绝祀者,无人标挂,目击斯情,深为浩叹",③绝祀即血食莫保,成为冻馁之鬼,甚为可怜。因此,为保香烟,为绝嗣之人设立专产祭祀确有必要。来看咸丰四年(1854)姜公沂兄弟侄等祀产合同所说:

> 兄弟侄等商议,因叔有元无后,公沂承继未娶,将前居住老屋拍见分范,听凭出便,以为娶室之资,承继香烟。奈所娶之妇,未曾半载,不守妇道,难以久留,只得出嫁与别姓。但有元无后,香烟莫保。兄弟侄等因托中面议,将公沂出嫁所得之财礼内,抽出钱伍千文钱与兄弟侄等存众,共为生放。日后或续置产业,以为有元永远清明标挂祭扫之资。兄弟侄等,务须同心生放,不得怀私利己,以废香烟之事。④

姜有元无后,承继的侄子娶妇又出,这样有元可能面临无后乏嗣的危险,于是兄弟侄等商议,备置产业"以为有元永远清明标挂祭扫之资",这样香烟也就永保了。这里虽然没有说是直接成立祀会,但它与立祀会的

---

① 《清道光二十九年三月詹母汪氏立〈智房阄书〉之三》,刘伯山主编:《徽州文书》第2辑第4册,桂林:广西师范大学出版社,2006年,第20页。
② 《清道光八年三月方时田阄书》,俞江主编:《徽州合同文书汇编(点校本)》,桂林:广西师范大学出版社,2020年,第257页。
③ 《清乾隆十九年三月柯士宏等经管祀产合同》,俞江主编:《徽州合同文书汇编(点校本)》,桂林:广西师范大学出版社,2020年,第1234页。
④ 《清咸丰四年十一月姜公沂兄弟侄等祀产合同》,俞江主编:《徽州合同文书汇编(点校本)》,桂林:广西师范大学出版社,2020年,第1410页。

作用是一致的,我们可从光绪二十四年(1898)三月吴元玉公支下人等立元昆公祀会合同中了解到:

> 立议墨约人吴元玉公支下任事人永聪、政、钿,和睦之言,一同之气,商议元昆公支下永录公乏嗣,室自愿改嫁。春秋两季祭祀香烟,未曾理值,以至未有倡首之人。至今元玉公支下永聪、政、钿三家,一户之亲,并无承继之祧。知则新于元昆公会,照依人丁,轮流挨转。春季祭祀,标挂银包二十个。秋季同春季一样,以全其美。其房屋不时照管修理,其山场地坦,一并尽行归依会内经管收租,其租收来巢借生息。①

元昆公支下的永录公乏嗣,以致影响到元昆公支族的春秋祭祀香烟,于是元玉公支下念在一家之亲的份上,不忍绝祀,兴立元昆公会,使得元昆公支族祭祀有依,香烟延续。

看得出,无论是后人为祖辈立祀,还是为绝嗣房支立祀,都是为了保障祭祀的时候有专有的财产,最后通过这些产业达到香烟永保的状态。

3.保存门户与应对钱粮

门户是在国家和社会制度中,以亲属成员和财产构成的单位。它一般表现为纳税主体。钱粮,即业税和杂税的统称,又称皇粮国税。门户和钱粮是相互关联的,有门户才有钱粮的"出口"。小家庭虽然从原有家庭中分立,但只是一个独立的经济个体,不一定可以作为主体与国家打交道,它需要到政府"立户"才可以获得门户的资格。具体而言,门户的意义是在明清赋役制度中体现的。

图甲制是明清两朝基本的赋役制度,对地方社会产生了重要影响。清代,图甲制下纳税程序与明代里甲制不同,图甲制中的"总户—子户"关系,也与明代"里长—甲首"的关系完全不同。收税时,一是官府设立收粮处直接向土地所有者征收;二是纳税人是自行赴收粮处交纳,无须经由图甲系统逐级汇总上纳。各花户自行上纳时,里排的职责是协助粮差

---

① 《清光绪二十四年三月吴元玉公支下任事人永聪等祀会合同》,俞江主编:《徽州合同文书汇编(点校本)》,桂林:广西师范大学出版社,2020年,第1511页。

稽查各户内的真实纳税人,并催促其按时完纳。在图甲制下,作为下乡征收税粮的粮差,直接向花户甚至户下的具体纳税人征收。可以说,直接向官府承担纳税责任的子户、总户都有。①

据俞江先生研究,分家处理门户钱粮的方式有四种:第一种,钱粮随田产过割,各房各自缴纳,即将"钱粮使用"与各项产业一并分割,是极为彻底的分家。第二种,分家时,钱粮并未起割,每年钱粮由各房均摊。第三种,是钱粮由各房轮流管理,每年由一房分别向各房收齐应摊数额,再由其代表原家庭门户,统一缴纳,只是由每家每年轮流管理钱粮事宜。第四种,约定一项存众产业的收入,专门应付钱粮,即将祖遗收租的产业用于"膳茔钱粮"。② 这里的膳茔也就包含祭祀费用。

从分家与门户钱粮的处理来看,将钱粮保存在原有户中是常有之事,即使不保存在老户中,也会依托老户作为应赋役或者交易时产业税归属的"户头"。这里还要注意的是,这些老户是相对分家新设立的家庭而言,其与"总户—户丁"的概念体系不同,"总户—户丁"是里甲、图甲制度下的概念,在户丁之下仍可以细分。

清代的钱粮可以总户归总完纳,也可以子户自行完纳,这可在业税凭证(易知由单、税票、执照或忙票)、门户文书(门牌、保甲烟户册、图甲丁口册、归户册或实征册、过户单、官颁契尾)以及交易文书的推单中看到,门户钱粮一般表示为"户下的户丁""户下的名""户下的位"的形式。它们实际是总户的下一级单位。然而,这些户丁有时不仅包含一个小家庭,如果门户钱粮在分家时没有分扒出去,那么该户丁仍可能是一个共用的赋役"户头"。它还是承接税赋与交税的对象。

钱粮是业税、杂税及差役的总称。业税指的是产业税,只要是升科之产,都要求缴纳皇粮国税。杂税,主要是州县行政中产生的一些摊派,比如串票钱等。差役主要是门户应对"勾摄公事"的支出,比如接应里甲保甲事务、册里登记等产生的费用。如歙县三十三都吴氏由于册里之职需要轮值,合同附属条款约定:"本甲户内上税,每号收税礼钱八十四文。"

---

① 刘志伟:《清代广东地区图甲制中的"总户"与"子户"》,《中国社会经济史研究》1991年第2期。

② 俞江:《清代的合同》,桂林:广西师范大学出版社,2022年,第48页。

之后还约定了产业税推出甲内、甲外的礼钱差别。① 这些业税、杂税以及差役都是钱粮支出,最后也会归在门户之中,是门户的负担。

可以说,门户的作用是双向的,它使得家庭在国家体制下获得合法地位,同时又因此负担着一定的义务。那么,对于小家庭而言,没有门户,或者门户的钱粮过重,都是一种困难,所以保存门户,既可以让钱粮有出处,又可以存放产业经营生利,一举两得。来看几个例子:

祁门二十二都红紫金氏,嘉庆七年(1802)立合同曰:

> 立合同文约人祥公秩下以趯、以彪等,缘祥公祀无存门户,费用无出。今眼同商议俸公出银二两,又出钱二仟;靖公出银二两,又出钱二仟文。二共钱四仟文,二共银肆两整。日后议作门户之费,永远生放,毋得言分。如有悖墨等情,准不孝论。今欲有凭,立契二纸,各收一纸,永远存照。
>
> (半书)合同
>
> 嘉庆七年三月初十日立合同文约人祥公秩下　　以趯(花押)
> 　　　　　　　　　　　　　　　　　　　　　　以彪(花押)
> 　　　　　　　　　　　　　　　　　　　　　　以仓(花押)
> 　　　　　　　　　　　　　　　　　　　　　　以圫(花押)
> 　　　　　　　　　　　　　　　　　　　　　　应旭(花押)
> 　　　　　　　　　　　　　　　　　　　　　　以虎(花押)
> 　　　　　　　　　　　　　　　　　　　　　　应祺(花押)
> 　　　　　　　　　　　　　　　　　　　　　　应禅(花押)
>
> 再将条规列后:
> 一,迭年生放的,于正月初十,眼同清算。
> 一,经手之人毋得徇私利己,神明暗察。②

---

① 《清光绪十六年四月任事人吴广馀、吴正银、吴明沧等立议合墨》,刘伯山主编:《徽州文书》第 4 辑第 10 册,桂林:广西师范大学出版社,2011 年,第 31 页。

② 《清嘉庆七年三月祥公秩下以趯等立合同文约》,刘伯山主编:《徽州文书》第 1 辑第 10 册,桂林:广西师范大学出版社,2005 年,第 180 页。

合同中提到靖公,结合其他文书,"窃思先人兴立靖祀,亦保累逃亡绝户虚粮之意",①可知,靖祀是一个祀产组织,应对绝户虚粮之用。靖公有出银钱,说明其是祥公的晚辈子孙。这里祥公门户无存,当是分家析产时彻底地析分了。目前可能祥公秩下子孙门户钱粮过重,需要应对,所以才立合同重新集资,用来生放经营,应对钱粮支出。

道光年间,金氏以和一大支乏嗣,留有产业,存有钱粮,于是又议合同:

> 立合同文约人金以虎、以圵、以财、应祝等,缘因莫为于今粮祀难保,莫虑于后世远难久。今有户内以和一大支,不幸乏嗣,所存产业有几。尚有时仙、时守、惟福三人钱粮门户差役无处出备,兼之各处坟山又无亲人祭扫,其亲房以财年老,难以支持。以源生理外出,虽能管理,其意谓独力支持,总莫如众志成城之美。昨故同户内商议,将以和位下新存广造住基、住屋,并遗安堂后重之房,尽皆卖讫,卖得价钱四十五千文,内取钱二拾五千文整,抵还以和在日典屋当地契价。仍钱二拾千文,是以通户商议,尽其亲亲大义,将所存之钱,并弯山下坟山林木候至交冬分该以和位股分拼卖,归立性清公祀,子孙永远生放置业,以为迭年完粮祭扫之资。在以和一支,虽系乏嗣,亦如有嗣,以为永垂不朽之计量,亦含笑于黄泉矣。其以和位下所有琵琶形等处坟山、荣锦住处空地,并各保山场,不毛田地,悉归祀内管理,户丁不得偷卖执拗,如有此情,执约与官,以吞粮灭祀理论。其经手生放之人,银钱出入,迭年务要公支公算,不得存私肥己。如有查出此情,亦以欺祖啃祀论。自今以后,支支户户悉依此文为定,如有悖墨啃众,亦以不孝惩治,仍依此文为准,今欲有凭,立此合同文约四纸,各收一纸,永远为照。
>
> 道光四年新正拾六日立合同文约人汝高公秩下经首人　以财(花押)
> 　　　　　　　　　　　　　　　　　　　　　　　　　以源(花押)
> 　　　　　　　　　　　　　　　俸公秩下经首人　以虎叔侄(花押)
> 　　　　　　　　　　　　　　　靖公秩下经首人　以圵弟侄(花押)

---

① 《清道光七年七月金本清公秩下人等立合同文约》,刘伯山主编:《徽州文书》第1辑第10册,桂林:广西师范大学出版社,2005年,第241页。

应祝弟侄(花押)
应荣弟侄(花押)玉发押
彦茂兄弟侄(花押)
彦琫(花押)
班蛊笔①

该文书归户是祁门二十二都二图六甲金德辉户。"以和"是金德辉总户下的子户,这一子户承担着金德辉总户一定的钱粮。然而,该子户"以和"一大支绝户,留有产业,它的门户钱粮会转嫁到其他子户,正好族中"时仙、时守、惟福三人钱粮门户差役无处出备",也就是这三家本来是寄税于其他子户,现在有机会承管并承接以和户的产业,负担该户以及自己的赋役。但是,为了保障宗族其他祖先的祭祀,性清公秩下的汝高公房、俸公房、靖公房集议新立性清公祀。将以和产业向上归总,如此,性清公祀的财产不仅应对了以和乏嗣的门户钱粮差役,还让时仙等三家钱粮有出处,还进一步使宗族香烟有保。关于新立的性清户丁,我们可以在《清道光十二年金德辉户性清等收田入册清单》②中看到它的活动。

这种将绝户房产业用来支持门户钱粮与祭祖的方式很常见。再如,歙县虎坝山济阳江氏承护公生有四房,长房支孙文财取妻范氏,生有一子社闪,不幸病故,以致乏嗣。于是其他房将其产业一部分分扒,其余的"众议公租,二三两房收租生息承值,以作支持钱粮排年门户,亦标祀之需"。③ 长房本来就有承应门户之责,但不幸的是乏嗣,因此让该房产业生息,既继续支持钱粮排年门户,同时还可以作为祭资,以祭祀祖先。

上例都是说明兴祀。也有直接立祀会的。如同都的金大进户,先年

---

① 《清道光四年正月金以虎等立合同文约》,刘伯山主编:《徽州文书》第1辑第10册,桂林:广西师范大学出版社,2005年,第234页。
② 《清道光十二年金德辉户性清等收田入册清单》,刘伯山主编:《徽州文书》第1辑第10册,桂林:广西师范大学出版社,2005年,第254页。
③ 《清道光七年又三月江有叟、江文聚、江文昭等立合墨》,刘伯山编著:《徽州文书》第5辑第5册,桂林:广西师范大学出版社,2015年,第29页。

承顶了甲户汪士宗户,①一并接收了田租地坦山塘等,又在乾隆二十六年(1761)立文四股标分管业,解纳钱粮。然而嘉庆九年(1804)又立合同,"今合户眼同公议,复将甲户各项产业退出归众,崇立祀会,以备祭扫甲户坟茔并解纳甲户钱粮之需"。② 为了应对钱粮,将之前已分产业重新退出归众,立祀会,负担甲户钱粮,还用于祭扫甲户坟茔。

总体来说,祭祀礼俗与门户钱粮影响着祀会的成立。一方面,家礼对于始祖与先祖祭祀的要求,随着时代的需要,渐渐内化到民众的心中,祭祖已经成为一种义务。此外,清明墓祭流行,通过标挂的形式保护祖墓得到推广,这一活动往往突破祭祀代数的限制。另一方面,赋役制度让图甲制下的总户、子户成为一个共同体,他们需要共同应对赋税与差役,一旦户中的结构发生变化,特别是发生绝户的情况,势必会导致赋役加重。这样一来,通过立祀或者成立"会"组织,不仅可以保留门户,应对钱粮,还有资金对祖先进行祭祀,可谓两得之举。

三、祀会的经营与日常管理

要了解祀会组织的功能与作用,须进一步厘清祀会的运行情况。同其他会组织一样,祀会有经营积累资本的一面,也有日常管理应付公务与祭祀的一面。

(一)祀会的经营

1.贷借

贷借会款是祀会常见的经营方式。祀会如同一个"银行",在人们需要资金的时候,将会产贷借给需款之人。祀会则通过收取利息的形式赚取收益。如康熙年间,祁门三四都一图小洲王氏成立有祭祀清明会,族人王正裕向会内借钱:

---

① 关于出替、承顶甲户,可参看黄忠鑫《明清徽州图甲绝户承继与宗族发展——以祁门瀛洲黄氏为中心的考察》,《安徽史学》2014年第6期。据黄忠鑫的研究,明清徽州对于图甲绝户的承继,有两类:一是宗族内部的承继,称"出替",是宗族内部对于图甲赋役制度的调适;二是异姓承顶,称"承顶",有时发展为总户户名变更。绝户的有效承继,能维持图甲体制的完整和运行。

② 《清嘉庆九年二月大进户经首人惟友等立合同文约抄白》,刘伯山主编:《徽州文书》第1辑第10册,桂林:广西师范大学出版社,2005年,第466页。

今借到祭祀清明会内本纹银贰两贰钱玖分整,其银照依乡例会内行息的约,来年将本利一并付还,立此借约存照。(后略)①

这份借约中提到照依"乡例"行息,说明向"会"借钱与其他主体借钱并无二致,是一种普遍的形式,利息也在长期的借贷中,逐渐趋于定额。利息有货币利息与实物利息之分。有的"会"也可以收实物利息,如黟县八都四图金氏有金长千公会,光绪二年(1876)四月金文春向该祀会借钱:"今借到长千公会名下钱拾二仟文正,三面言定,照上例,递年硬交谷六砠正。恐口无凭,立此借字存据。"②这里没有说明还款时间,应是长期借贷,但每年交利息"谷六砠"。

借会款有时需要抵押。光绪三十四年(1908)三月金寿庆借金长千公会钱,便书立有押房约:

立押约人金寿庆,所领之洋无措归还,自愿西边正房壹广亲自出押与长千公会名下,三面言定,英洋叁元,其洋当日亲手收足,其利言定周年交厘钱二百文,清明交清,如有短少,照字管业。③(后略)

其借英洋叁元,每年清明做会之前交利息二百文。为了防止"无措归还",将房一广抵押给长千公会名下,如果出现本利短少的情况,长千公会可以执行抵押,管业该房。

祀会也出借会款给族外之人,如黟县十一都卢村卢氏之宗明公会,就将钱借给管四钤:"立借字人管四钤,今借到明公会名下本洋四元正,其洋

---

① 《清康熙四十四年十二月王正裕立借约》,刘伯山主编:《徽州文书》第2辑第1册,桂林:广西师范大学出版社,2006年,第25页。
② 《清光绪二年四月金文春等立借字》,刘伯山主编:《徽州文书》第1辑第4册,桂林:广西师范大学出版社,2005年,第120页。
③ 《清光绪三十四年三月金寿庆立押房约》,刘伯山主编:《徽州文书》第1辑第4册,桂林:广西师范大学出版社,2005年,第292页。

当日收足,其息照月二分,三面言明,至期交纳,不能过期。"①可以说,祀会在经营方面注重的是收益,并没有交易对象的限制。

2.租佃

从祀会的成立方式可知,有些会在成立时便有田地山场等产业,有些会则是积累资本之后,购置产业。这些拥有"固定资产"的会,通过出佃田地山场房屋等产业来获得"租"。

祁门八都邱氏有邱新法祀会,嘉庆十四年(1809)二月岩起房秩下发业、发村、发仙三人承佃会内田耕种:

> 立承约人岩起房秩下发业,今承到新法祀名下田壹号,坐落三保,土名洪家坞,俗名竹坞,计田伍坵,计原租捌秤正,并皮在内,是身承去耕种,递年秋收之日,硬交租谷捌秤正,并皮谷在内,送至会内首人交称,不得少欠,如有短少,听会内人另召耕种,身无得异说。今恐无凭,立此承约存照。(后略)②

发业等三人承租到了新法会全业田,约定每年按时交租,并且提到祀会首人收租。还有承租山业的,"立承字人李有富,今承到卢宗明公祀会名下……山业一处……去蓄养柴薪……每年硬交九九大钱二伯文,其钱递年清明前三日送门交纳"。③ 这是祀会将山业出租,承租人蓄养柴薪,由于柴薪成长需要周期,所以每年交纳"货币租"。也有出拼山业的,即将山业出拼给承种人,待树木长成后,山主和承种人分成。

祀会的租佃多少,取决于祀会的产业多少与类型。有的祀会"租"颇丰,如歙县三十四都三图七甲胡应招公会,光绪二十五年(1899)租簿记载田产八处,佃户八户:"胡金本,土名灰堂前,大买田租四秤;胡春旺,土名灰灶头,大买水田二秤十三斤;胡义煋,土名平盘,大买租三秤〇五斤;

---

① 《清光绪十八年十月管四钤立借字》,刘伯山主编:《徽州文书》第2辑第9册,桂林:广西师范大学出版社,2006年,第255页。
② 《清嘉庆十四年二月岩起房秩下发业立承田约》,刘伯山主编:《徽州文书》第1辑第6册,桂林:广西师范大学出版社,2005年,第86页。
③ 《清道光二十八年三月李有富立承山字》,刘伯山主编:《徽州文书》第2辑第9册,桂林:广西师范大学出版社,2006年,第198页。

章六三,土名社鸣口王坑上,大买租四秤半;胡永年,土名大干碣,大买田三秤,又土名落碛大小买田一秤;土名胡观寿,土名王坑上,每年包租麦一斗、豆一斗、粟谷一斗五升;胡善彬,土名湾里,每年包谷一担四斗六升;永义,丁香坞口包硬租三斗。"①

祀会的田地山场房屋等产业都可以出租,如民国元年(1912)钱姓"今租到应招、有臣二公会地址一块,土名伏岭脚黄茅亭骑路左右竖立茅屋,并现成路亭一座,系伏溪人修造,今一并租到取用开设饭铺,寄寓客商。三面凭中言定,每年行租钱壹仟一百文正"。② 这里就是将祀会的路亭并旁边地出租。还有租牛栏基地,"今因自身情愿,租到……三人名下土名大门口庭顺公会内牛栏基一个"。③

3.买卖

祀会买卖会产是双向的,有买和卖,既有祀会买产业,也有祀会卖产业。这些交易,与民间平等主体间的买卖并无差异,有田皮、田骨、全业等形式的买卖。在乾隆元年(1736)二月,祁门八都的邱永宁,因无钱支用,将田皮立契出卖与邱新法公会:

> 立卖契人邱永宁,今因无银支用,自情愿托中将承父阄分坐落三保土名石磐丁尔湾,计字号 ,计步 ,计税 ,一共租叁秤正,内取租壹秤出卖与新法公会内名下前去收租管业。三面议定,时值价纹银壹两整,其价并契当日两明。其田未卖之先,即无重复交易。来历不明卖人承当,不干买人之事。字承之后,二各无悔,二者甘罚白银伍分公用。今恐无凭,立此卖契存照。④

如此,邱新法会得到该田三分之一的租。也有卖田骨的,如光绪二十五年(1899),黟县八都的金保淦,"今因病事急用,愿将祖业田壹处,土名

---

① 《清光绪二十五年招公会租谱》,俞江藏。
② 《民国元年钱金关租应招、有臣二公会屋亭租批》,俞江藏。
③ 《民国二十三年正月方正峰立租牛栏基批》,刘伯山主编:《徽州文书》第3辑第4册,桂林:广西师范大学出版社,2009年,第22页。
④ 《清乾隆元年二月邱永宁立卖田契》,刘伯山主编:《徽州文书》第1辑第6册,桂林:广西师范大学出版社,2005年,第20页。

东边溪田壹丘,计田租柒砠正,系经理平字不等号,其田新立四至,东至,西至,南至,北至,今将前项四至之内,尽行立契并典首在内出卖与冬至会名下为业。三面言定,价英洋拾元正,其洋当日亲手收足。其田听从受买人管业耕种,收割过户输纳边粮无阻"。① 还有出卖全业的,如同治二年(1863)黟县十一都的卢昌云,"今因度支弥急,自愿将祖遗田壹丘碨矿坑,计租佃三砠正……凭中立契尽行出卖与本族宗明公祀会名下为业……其钱当日收足,其田即听管业耕种收租,其税即听收割过户输纳边粮"。② 由于是全业,宗明公会有"管业耕种收租"的权利。

祀会由于办会、修坟等祭祀事务,可能出现入不敷出或者急用无资的情况,如此祀会便可能出卖会产。如咸丰十年(1860),黟县五都四图的胡大纶公会,因公事需要,会众一起协商将会置业的坦一处出卖,"立杜断卖契人胡大纶公会众等,今因不便,自情愿将续置坦一处,土名茅山系经理露字号,计豆租壹砠,并典首在内,计山税四分正。其坦东至,西至,南至,北至,新立四至内,凭中立契尽行出卖与程灶加名下为业,三面言定,时值价银二两五钱正。其银当日收足,其坦听从买人耕种管业无阻,其税另立推单听从收割过户输纳边粮,未卖之先,并无重复交易"。③ 又如,同治十二年(1873),祁门八都邱氏冬至会的经手人光镰、宗有、宗镛等,因修坟需要资金,"秩丁商议,自愿将民水田壹号,坐落八都三保,土名丁见湾,计田大小五丘,计原皮租捌秤正……会内将租皮尽数立契毫无存留出卖与新法祀名下前去入田耕种收租管业……所有税粮,在本户户丁的名,冬至会名下收割供纳毋词,再不另立推单。"④ 这里还可以看到,冬至会是总户的户丁,即总户下的子户,其与一般的子户在交易中享有平等的地位。

---

① 《清光绪二十五年冬月金保淦立杜断卖田契》,刘伯山主编:《徽州文书》第1辑第4册,桂林:广西师范大学出版社,2005年,第283页。
② 《清同治二年十月卢昌云立杜断卖田契》,刘伯山主编:《徽州文书》第2辑第9册,桂林:广西师范大学出版社,2006年,第225页。
③ 《清咸丰十年十月胡大纶公会众等立杜断卖坦契》,刘伯山主编:《徽州文书》第1辑第3册,桂林:广西师范大学出版社,2005年,第101页。
④ 《清同治十二年十一月邱冬至会经手光镰等立杜卖田租皮契》,刘伯山主编:《徽州文书》第1辑第6册,桂林:广西师范大学出版社,2005年,第162页。

4.典当

为了保留产业的回赎权利,同时获得产业时间性的收益,交易人常以典、当的形式交易产业,祀会也不例外。还是以祁门八都邱新法会受典为例。道光八年(1828)程松炎因无银正用,书立出典约如下:

> 立出典约人程松炎,今因无银正用,自情愿托中将承父兄弟阄分民水田皮壹号,坐落八都三保,土名磐里,俗名漆树押下,计田壹丘,计客租柒秤正,又壹号土名白沙湾,计田壹丘,计客租四秤正,以上共田贰号,计田皮拾壹秤正,共计客租拾壹秤正。今将田皮粪草,凭中尽数出典与邱新发祀会内人名下前去入田耕种交租管业,三面言定,时值纹银拾两正,其价并约,当日两楚。其田皮未典之先,并无重复交(易),来历不明,尽是出典人承当,不干典受人之事。自成之后,各无悔异。今欲有凭,立此出典约存照。①

又光绪三年(1877),歙县三十一都一图里河坑吴氏文书有:"立当契人吴八有,今因正用,自身情愿,将承祖分受到土名光坑坞头现成大小买水田一丘……今身凭中,立契一并尽行出当与严公会名下为业,三面言定,得受时值当价洋伍元正。其洋比即收足,其利每长年二分起息,不致欠少,如有欠少,听凭管业耕种,另租他人,无得阻执异言。"②

这里还要注意的是,典与当有区别。"典"的运作方式是,典买人支付典价,在约定期限内,对出典人的土地进行使用、收益,其经营土地的合法性一直保持到田主退还先前所付全部典价为止。"当"的运作方式是,出当人将产业抵押给受当人,出当人仍然耕种,只是向受当人支付年利,在一定期限内,出当人若不支付利钱或回赎,受当人可以取得土地的所有权。

祀会因为急用需要资金时,同样出当或出典产业,如道光二十八年(1848),黟县十一都卢灶荣,"立典契支丁灶荣,今因正用无措,自情愿将

---

① 《清道光八年十一月程松炎立出典田约》,刘伯山主编:《徽州文书》第1辑第6册,桂林:广西师范大学出版社,2005年,第124页。
② 《清光绪三年八月吴八有立当田契》,刘伯山编著:《徽州文书》第4辑第8册,桂林:广西师范大学出版社,2011年,第41页。

祖遗土名黄墩社田壹丘,计租叁砠零拾斤,并佃在内,凭中立契出典与宗明祀会名下为业"。① 再如,道光二十五年,歙县三十四都三图七甲胡文瑞公会,"立当契人胡文瑞公会任事人家森、邦启等,今因正用,自情愿将庆字号,计山税六厘正,土名老竹坞大买净豆租三十,四至之内,照依原形,尽行立契,出当与胡九股会名下"。②

可以看出,相对方视祀会为一个交易主体,在交易方式上与其他家户类交易主体相同。当然,祀会毕竟是集资运营应对公共事务的组织,所以在经营的过程中,消耗会产的交易方式比增加会产的方式少。

（二）祀会的日常管理

成立祀会的目的是祭祖,随着祀会的成长,祀会组织内的族人也会有其他公务需要支应,与祀会的对外经营相对,将这些祀会事务统一归纳为祀会的日常管理事项,具体如下:

1.祭祖

清代祀会祭祖与宗族祭祖的形式差别不大,只是由于祀会成立的目的、祭祀对象、祭祀时间的不同而有所不同,但总体上与宗族祭祖相联系。这里以祀会账簿、祭祀文书所载的信息为主要资料,并结合族谱的记载,对祀会祭祖予以说明。

（1）祭祀时间

祀会在一年中何时举行祭祀因"会"而异,没有定例。我们经常看到祀会的名称是清明会、中元会、冬至会,这些可以反映祭祀时间。这些以祭祀时间命名的祀会一般在该时间举行祭祀。还有一些以某公命名的祀会,它们主要是在一年中需要祭祀祖先的时间负责祭祀。

无论是以时间命名的祀会,还是以某公命名的祀会,它们都是依照家礼的规定进行春冬二祭,春祭选在春分或者清明左右,冬祭在冬至。如光绪年间绩溪城西周氏宗族,在族谱中便定有《春冬祭礼》③。当然,有一些

---

① 《清道光二十八年正月支丁灶荣立典田契》,刘伯山主编:《徽州文书》第2辑第9册,桂林:广西师范大学出版社,2006年,第197页。
② 《清道光二十五年十二月胡文瑞公会任事人等当大买豆租契》,俞江藏。
③ 《清光绪绩溪城西周氏宗族春冬祭礼》,转引自卞利编著《明清徽州族规家法选编》,合肥:黄山书社,2014年,第498—500页。

较大的宗族,祭资充足,他们祭祀的时间会有不同,歙县金山宋氏"每年春、秋、冬祭,以春、秋分、冬至日为期"。①绩溪仁里程氏,祭祀时间有新正元旦、新正十三、春分、九月十五、冬至等,其中还规定了"春分祠祭毕,即往吴家坑墓祭",冬至并往吴家坑、道院二处墓祭。②

有的宗族因祖先不同,祭祀时间会有差异。歙北富溪汪良桢的祖母程氏在家道中落时助家中兴,有功于族,于是一年举行七次祭祀:"腊月廿四,由首家挂遗容于家中正堂供奉……正月初一,或初二、三,备腊三牲,众子孙到祠堂祭拜;清明节前后五天,众子孙上墓祭扫;七月十五中元节,备祭品,众子孙家中供奉;春秋二社,备祭品,众子孙到祠堂祭拜;祖母忌日,仅由首家备礼于家中祭拜。"③祁门窦山公也有类似规定:"其祀事岁凡六举:正旦、生忌二辰、清明、中元、冬至。惟中元、冬至,管理者动支众物备设,其三举则各房轮备。"④这里还提到了祭资的支出,中元、冬至全族祀产支出,其余的由轮值各房支出。此外,要注意的是,墓祭不独在清明实行。如歙县,"四乡墓祭习俗略有不同,一年大致有三次,一是清明,一是冬至,一是年节"。⑤当然,在徽州地区,清明扫墓最为普遍。

概言之,祭祀时间上的差异因宗族和地区而不同,但总体而言,春祭(春分、清明)、中元、冬至、年祭(元旦、元宵)四次较为普遍,其中又以春秋二祭为主,而秋祭多安排在冬至,所以有宗族称春冬二祭。祀会在祭祀时间上也因会而异,即使称作清明会,也可能在祭资充足的情况下,在其他需要祭祖的时间举行祭祀。

(2)祭祀类型

祀会的祭祀类型有墓祭和祠祭。家祭是个体家庭所为,非为共同祭祀祖先而设,故不论。当然,由于建立祠堂有身份和财力限制,所以并不是每个宗族都有祠堂。只是部分宗族采取保留众屋或者在墓地建墓祠的

---

① 《清康熙歙县金山宋村宋氏宗祠颁胙散胙规则》,转引自卞利编著《明清徽州族规家法选编》,合肥:黄山书社,2014年,第456—457页。
② 《清道光绩溪县仁里程氏宗族祭祀条例》,参见卞利编著《明清徽州族规家法选编》,合肥:黄山书社,2014年,第480—485页。
③ 许骥:《徽州传统村落社会——许村》,上海:复旦大学出版社,2013年,第357页。
④ 周绍泉、赵亚光:《窦山公家议校注》,合肥:黄山书社,1993年,第20页。
⑤ 许骥:《徽州传统村落社会——许村》,上海:复旦大学出版社,2013年,第358页。

方式予以变通。相比祠祭需要"硬性条件"而言,墓祭更普及和易于施行。歙县桂溪项氏的始祖会(冬至会)说明了从家祭到会祭,再到建祠祭祀的过程:

> 始祖会,此冬至祭始祖之会也。清泰而后,世衍族盛,人咸具报本返始之忱。然祠宇未立,遇岁时,家各荐于其寝。明万历乙未,始聚族之人,萃金为会,以谋合祭之礼,人各一钱,费轻而易集,限输五载,积累而加多。由是,祀事昭明而议建祠、议祀田相继兴举,皆此始祖会鼓舞倡导之也。①

最初桂溪项氏都在家里祭祀,后来聚集族人,共同出资立祀会合祭,这时还没有祠堂,应该是实行墓祭等形式的祭祖。共同出资五年后,积累逐渐增多,于是开始建立祠堂,并置祀田。从桂溪项氏宗族的祭祖模式转变,应该可以看到多数宗族祭祖的发展过程。徽州文书中有很多建祠屋、设祀产的合同,如《清乾隆五十九年十月太益公派下二房、三房丁冯日洎、日滋等立议墨据》,里面详细记载有建家庙、输产业等内容,并附有规条。②

可以说,祀会成立的目的在于祭祀共同祖先,由于墓祭更易于施行,所以祀会成立之初,祭祀类型常常为墓祭标挂等。而待祀会发展到一定阶段,祭资充足,它则可以负责各种形式和时间的祭祀活动。

(3) 祭仪

祭仪指的是祭祖时所用的祭品。大的宗族,族产丰厚,在族规中对于祭仪的规定会因祭祀时间、形式、祖先而有差异。具体差异在贡品的数量、内容上。如绩溪鱼川耿氏宗族在"办祭规则"中写到:"春分、冬至二次举行祭礼,应备祭馔,必丰必洁,银千四把,正古二十刀,鞭炮、香烛齐全。"而对于其他祭祀,则简略要求,由司年完成,"伏、腊二祭,均由补充

---

① 《清嘉庆歙县桂溪项氏宗族始祖会会规》,转引自卞利编著《明清徽州族规家法选编》,合肥:黄山书社,2014年,第529页。
② 《清乾隆五十九年十月太益公派下二房、三房丁冯日洎、日滋等立议墨据》,刘伯山主编:《徽州文书》第3辑第2册,桂林:广西师范大学出版社,2009年,第197页。

第一年司事主管"。当然,清明祭祀较为重要,"清明祭扫,另立清明,流传已久,应共遵守"。①

歙县富溪汪氏则更为讲究,其祭祀时间大致有春节祭祖、中元祭祖、春秋祭祖、清明墓祭等。春节祭祀除腊月廿四祭有功之"大母"、新年祭祖外,还有"谢天地""接天地""元宵献神""十九礼佛"等神明祭祀。其中新年祭祖的祭仪是:"左右分设桌席,煎白腐十二盆,粉皮菜各十二盆,枣栗各十二盆。寿桃纹银一两,照时价算,派众。赞礼不另与之。蒸饭二大甑,菜汤二大桶,红烛十对,好酒六坛,锡箔纸照大年式。"

中元祭祖,仪式上还是与新年同。祭品则是"红烛十二对,鲜果可代枣栗,内茶徽二盘,寿桃一两派众"。清明墓祭,主要是挂钱,也有祭品三牲一副,猪一口,羊一双,还有水纸、金银、红烛、棒香、白面饼、熟肉、米、酒八样。②

概言之,大宗族的祭祀祭仪有三:一是燃祭祭仪,有香、蜡、鞭炮、纸钱类等;二是果、馈祭仪,主要是菜品、水果、酒之类;三是牺牲,有中牢、少牢之类,常用的是猪、羊二牲。

相比大宗族祭资丰厚的祭祀,祀会祭仪一般较简单,来看同样是歙县的大龙湾吴氏启发公会《支用谱》的记载:

光绪五年三月十四日清明标挂:支出钱三十六文,巨尖一甲;支出钱二十五文,锡箔一百张;支钱七文,香一把;支钱十四文,红烛;支钱三十文,火炮;支钱三文,上料;支钱二百七十二文,豆油二斤;支钱一百九十二文,亥半斤;支钱十文,盐;支钱三百文,白米一斗,做粿十五斤;支钱一百文,酒;众豆一斗,煎腐十三斤。共支用钱九百八十九文。首事人承坤、承恰、承楷、承裕。③

---

① 《民国初年绩溪县鱼川耿氏宗族祠规》,转引自卞利编著《明清徽州族规家法选编》,合肥:黄山书社,2014年,第347页。
② 参见许骥《徽州传统社会村落——许村》,上海:复旦大学出版社,2013年,第346—360页。
③ 《清光绪三年二月启发公会〈支用谱〉》,刘伯山主编:《徽州文书》第4辑第7册,桂林:广西师范大学出版社,2011年,第356—357页。

吴启发公会会资还不丰厚,在清明标挂时,还需要众人出"豆一斗"用来做煎豆腐。但从祭仪的基本配置看,燃祭祭品、果馔祭品、肉都是有的,形式上满足祭祀要求。

(4)祭祀程序

祭祀程序上,祠祭与墓祭不同。比较成熟的宗族,祠祭相当繁琐,但基本上按照家礼的范式运作。前有以茗洲吴氏为例说明,兹不赘述。这种祭祖程序看起来比较复杂,但是贯穿里面的是三献及侑食之礼,初献帛,亚献酒食,终献酒食。过程中子孙与祖先交流,也就是读祝文,并且侑食。最后送神之时,采取燎祭与瘗毛血,像是祖先接受了子孙的供品,并保证子孙血脉永久。有些宗族由于财力、人员等限制,并不能如此完善地祭祀祖先,相应简化一些程序,但基本上有请神、三献礼、侑食、送神四个环节。

墓祭由于地点在野外,程序稍简,各地各族程序可能不一,但基本有扫墓、陈馔、三献礼、读祝、祭后土等仪式。当然,有些墓祭在祭品上有标挂和烧金银包。

祀会祭祖的形式、程序与其他祭祖类型并无太大区别,只是因为祀会的财力有限,可能在祭仪数量上有不同,但祭祖的仪节不会差太多。

2.会餐与分胙

祭祖之后,一般有会餐与分胙,祀会祭祖也进行。许多祀会在成立合同中写明聚餐或者分胙。如"清明前三日,衣冠整齐,上祖墓标挂祭拜,入席散胙"①。

这种会餐与散胙,有两种形式,一种按股算,"递年清明标祀,以作十四股半散胙",②再如,"其标挂之日,所办祭仪,原分拾二股饮胙,聘公支下六股,轩公支下四股,辂公支下两股,不得争论"。③ 一种按丁算,"一切

---

① 《清乾隆十九年三月柯士宏等经管祀产合同》,俞江主编:《徽州合同文书汇编(点校本)》,桂林:广西师范大学出版社,2020年,第1234页。

② 《清乾隆二十六年二月胡天寿公裔孙人等经管祀产合墨》,俞江主编:《徽州合同文书汇编(点校本)》,桂林:广西师范大学出版社,2020年,第1245页。

③ 《清道光十五年三月姚宗聘、宗轩、宗辂公支下人等经管祀会合同》,俞江主编:《徽州合同文书汇编(点校本)》,桂林:广西师范大学出版社,2020年,第1366页。

支应□□,亦是公派,嗣后添丁,每上丁钱捌拾肆文,亦照丁颁胙给散"。① 这种按丁算的形式则要求祭祖时众丁齐到,"照丁齐到,如有一丁不到者,罚银伍分入会,再者散胙饮酒无许撒拨"。② 会餐与分胙都是享受祭祀权利,如若有份之人不到,可能产生利益纠纷。

当然,有的祀会成立之时,祭资有限,只能勉强祭祖,还有待日后生息,使祀会壮大,如此祀会约定:"告成祀会,以为每岁清明标挂之需。日后会内兴隆,再行颁胙。"③

会餐与发胙所分用的食物,多数是祭祀时使用的祭仪,这也是祖先赐福于子孙的表现。

3. 应付钱粮

前文提到,祀会的功能之一是保存门户应对钱粮。在会的账簿中,常见写有应付"户头"的字样。如歙县三十四都三图七甲胡氏《清光绪十一年胡新灯会草底》④记载,以光绪十八年(1892)的账目为例:

十八年:

收谷一担五斗,折钱一千五百;亥二斤四两,计钱三百十二;火六中,计钱七十二;灰面二斤,计钱八十;柴火钱十二,红烛一支钱十。付完补钱并票二百九十二;付户头礼钱廿一,柱头礼钱廿六;付完补酒钱廿。收元定利钱二百,收重广利钱二百,收富广利钱二百。

该账目从光绪十一年(1885)起,至光绪二十八年(1902)止,是胡新灯会的收支账。其中,收入上,有田租收益,如收谷;有出借会资的利息收益,如收利钱。支出上,有做会的各项支出。此外,还有门户的钱粮及差役钱。"付完补钱并票二百九十二",这是门户的钱粮,光绪二十四年(1898)的账目记载更明确:"完粮钱二百九十四。"而"付户头礼钱廿一,

---

① 《清光绪五年一月吴国珍公支下人等经理祀会合同》,俞江主编:《徽州合同文书汇编(点校本)》,桂林:广西师范大学出版社,2020年,第1458页。
② 《清康熙四十年二月胡尚清等立议清明合同》,刘伯山主编:《徽州文书》第2辑第9册,桂林:广西师范大学出版社,2006年,第414页。
③ 《清同治十二年二月如渭公支下嗣孙首事人华生、华铎等经管祀会合同》,俞江主编:《徽州合同文书汇编(点校本)》,桂林:广西师范大学出版社,2020年,第1445页。
④ 《清光绪十一年胡新灯会草底》,俞江藏。

柱头礼钱廿六"则是门户的差役钱,"户头礼钱"指的是胡新灯会所承应户的差役钱,而"柱头礼钱"则是排年差役钱。

此外,在《光绪三十二年胡义灿草账簿》①中,能够看到招公会一年的收支情况。该账簿从三月初一开始记录,清明标挂,义富烧金银包,义松收来猪肉以备标挂之用。三月十六标挂,有纸、巨尖、锡箔、香、单炮、火等支出。之后的四、六、七、八月都是收租,并有零星支出。十一月中钱粮支出开始出现,初五,"招公会,付纳钱粮一仟一百十六文,付补洋水钱一百〇四文"。二十四,冬至祭祀以外,还有"付宣芝户头礼钱廿一文,付应招户头礼钱卅五,付惟春户头礼钱廿一"。这里,招公会除了缴纳了自己的钱粮外,还帮助支付了宣芝、惟春等户的户头礼钱。

4. 支持族内事务

祀会随着组织财产的积累,其功能增强,可以支持族内事务。如康熙十九年(1680)时,祁门小洲王氏王大用户要去承充上役,应卯催办钱粮。但是因费用浩繁,不能照前例出丁银。于是除在每个户丁下出丁口银外,"将众会粮贴开后,祭祀清明,田叁亩,每亩贴银壹钱壹分;三房清明,田叁亩捌分;芳公会,田叁亩;社会,田贰亩。"②这说明,祀会在宗族公务需要帮助时,可以帮助承应。

此外,祀会也参与族内事务的决定。来看一份宗族处分族产的"执照字":

> 立执照字人方名世堂族长暨各房门长及族会、管祠人等,兹因天尊阁近年已有斜倒之势,视难在延。虽有斜倒情形,苦与金钱,无着修理,如在支丁名下所抽,值逢岁荒,各样昂贵,民生困难不堪,只得族长与支丁等会议,将祠内赖字号内林后山上败风水壹穴出便璘分支丁成就名下安葬母壹棺,其指定葬地不准放大范围,今之败穴凭族长等三方议定计国币壹伯肆拾元,该币比即交族长管祠人等收清,惟安葬渠母壹穴,今以立执照为据。

---

① 《清光绪三十二年胡义灿草账簿》,俞江藏。
② 《清康熙十九年八月王大用户户丁王兴化等立议合同文约》,刘伯山主编:《徽州文书》第2辑第1册,桂林:广西师范大学出版社,2006年,第20页。

民国二十九年夏历十二月日立执照字人　方名世堂（花押）

　　　　　　　　　　　族长　方正铨（花押）

　　　　　　　　　　　宏分　方金全（押）

　　　　　　　　　　　永分　方德汉（押）

　　　　　　　　　　　本分　方正傲（押）

　　　　　　　　　　　琪分　方瑞琪（花押）

　　　　　　　　　　　璘分　方德宝

　　　　　　　　　　　环分　方秉铭

　　　　　　　　　　　达分　方孔昭（花押）

　　　　　　　　　　　金分　方德尧（花押）

　　　　　　　　　　　直分　方有财（押）

　　　　　　　　　　　常分　方财吉（花押）

　　　　　　　　　　　政分　方成鹍（印章）

　　　　　　　　　　　季分　方增望（花押）

　　　　　　　　　　　族会　方灏甫（花押）

　　　　　　　　　　　　　　方子均（印章）

　　　　　　　　　　　　　　方厚卿（印章）

　　　　　　　　　　　　　　方质夫（花押）

　　　　　　　　　　　　　　方恩普

　　　　　　　　　　　　　　方韵笙（印章）

　　　　　　　　　　　　　　方社竹（印章）

　　　　　　　　　　管祠人　方成鹍（花押）

　　　　　　　　　　　　　　方德泉（印章）

　　　　　　　　　　　　　　方永生（印章）

　　　　　　　　　　　　　　方步青（花押）

　　　　　　　　　　　　　　方振声（印章）

　　　　　　　　　　　代笔　方成鹏（印章）①

---

① 《民国二十九年夏历十二月方名世堂族长暨各房门长及族会管祠人等立执照》，刘伯山主编：《徽州文书》第3辑第3册，桂林：广西师范大学出版社，2009年，第177页。

方氏宗族祠堂维修需要资金,于是将坟产一处卖给族下支丁葬母。为了契约的合法性,族长邀集十二个有"分"额的房支议定字据。这里,我们能够看到族产与有份人之间的关系。但若仔细品读,里面还提到两类人,一是族会,一是管祠人。管祠人好理解,即祠产的管理人,他们类似经手人(经首人)。族会,具体指哪种形式的会,不明确,但是从签名可以看到,基本上是方氏族人的"会"组织,而又与祠堂、坟产等发生联系,可以推断是祭祀祖先的祀会组织。如此可见,"会"组织由于自身的财力,在宗族事务上能够发挥作用。

5. 接受捐献输产

祀会也接受捐献。捐献有两种形式,一种捐献类似"托产",即将绝嗣家庭的产业捐献给祀会,以便于该家庭祭祀有依。来看江西浮梁兴福都一图一甲(港西)叶氏文书中的一份"甘愿字":

> 立甘愿字谢宋氏,今因清明祭祀,惟我祖有碧公支下人丁不旺,今我支下不料嗣绝,并无裔。我祖祭祀无望,奈何奈何?今氏看此冷落光景,于无奈只得苦求本房另立高言竖会,清明日做会祭祀,念其一脉之下,氏自愿将承祖产业、屋宇、田坦尽行批与天赐公股下支丁等会内,以作标挂祭祀之需,其产业氏亡后,一并尽行管业,无得异说。倘有不孝支丁恃强横行争论,听从本房逐革,恐口无凭,立此甘愿字存据。
>
> 再批,屋宇全堂坐东朝西;蔴榨坞田一处,计租十五砠;过五坑坦七级。
>
> 光绪叁拾三年冬月日立甘愿字　谢宋氏(押)(后略)①

谢氏的有碧公支下人丁不旺,绝嗣无裔。谢宋氏担心以后祖先祭祀无望,于是将产业批与一脉的天赐公股下祀会内,以作祭祀之需。这种形式比较常见,再如祁门八都邱氏,"立批契人邱王氏……不料氏苦命蹇,生子有三,子媳俱亡。夫又早故,苦节守志,因贫无人承继……虑殁后裴费

---

① 《清光绪三十三年冬月谢宋氏立甘愿字》,刘伯山编著:《徽州文书》第4辑第5册,桂林:广西师范大学出版社,2011年,第185页。

无措,以及各祖茔标扫、钱粮门户一切尽托族亲立契逐开于后,尽行批与里门敏效祀清明会内人名下执管,以作永远标祀钱粮门户"。这种因为绝嗣捐产于祀会同批产设立祀会有一定的关联,只不过此种形式不用另兴立祀会,而是将产业捐献给该族已有的祀会,功能上同样起到祭祀甚至应对门户钱粮的作用。

还有一种捐献,可能是希望以后得到祀会的庇护,如歙县十一都卢氏:

> 立输字支丁定福,今将祖遗山业壹处,土名阔水坪又名大小片,其山六股之一,身得壹股,今输与宗明公祀会名下为业,自输之后,听凭公众蓄养出拼,永无悔异。恐口无凭,立此输字存照。
> 再批,此山若有粮税亦归公兑。
>
> 　　　　　　　　光绪三十年正月日立输字　定福(花押)
> 　　　　　　　　依口代笔支丁　善吉(花押)①

这里支丁定福将祖遗山业六股之一,捐输给了卢宗明公祀会名下管业。我们虽不能看到输产人的意图,但从该归户文书中得知,该祀会在道光年间便有经营活动,②其间出现多次,一直持续到光绪三十年(1904),在宗族中可能发挥着一定的作用。族人将产业捐给祀会,是想祀会能够帮助到自己。

6.调整管理

祀会除成立时订立合同外,在经营的过程中时常因为管理而再次立约。这是由祀会依靠合同约束会户的性质决定的。合同是合意的体现,但是这种合意并不牢靠。

如《清嘉庆十年三月鲍子义公支下裔孙人等经管祀会合同》所说,因为祀会人心不一,于是订立合同:

---

① 《清光绪三十年正月支丁定福立输山字》,刘伯山主编:《徽州文书》第2辑第9册,桂林:广西师范大学出版社,2006年,第464页。
② 《清道光三年十月支丁立中立当山契》,刘伯山主编:《徽州文书》第2辑第9册,桂林:广西师范大学出版社,2006年,第181页。

立议合同鲍子义公支下裔孙人等,今因祀会,将来人心不益(一),以致邀集派下子孙商议复兴,理习规矩。且租花、银钱、账目,时出交还会内,不得短少。若有短少为拗者,祖前重责。不得以强欺弱,以势压人。又将杂项等情,无得諔骗,私当偷卖。倘有私当偷卖者,以不孝之罪。以后查出者,即时原物取回归会外,干罚钱加倍。若有不遵为拗者,革出不得入会,听凭会内经公理论。再者,每年春秋二季,照丁齐到拜祖。倘然不到者,勉助不得争论。若有争论者,干罚纸箔。各宜自重,兴隆祖先,人杰地灵,后人之盛,瓜瓞绵绵。恐其后来人心不古,故立合同,永远大发存照。(后略)①

这份合同要表达的意思是,祀会是公业,租花、银钱、账目要明晰,并且按时交接。对于徇私之人,革出不得入会,会内还要公论处理。实际上是再次重申会规,用来约束会户之人。

这种在经管的过程中因为约束不力而重新订立合同的情况很是常见,黟县胡氏亨公会亦是,由于"变乱会资,分散无存",康熙十二年(1673)裔孙不得不重新兴立祀会,约定"每年议派头首八人,认领簿约,查账取息,备办祭仪,轮流更换,周而复始"。②

总之,祀会的经营与其他的会并无多大差异,在处理日常事务方面有其自身的特征,也就是它具有祭祀的功能。又因为家庭分析,将其门户的功能附在了祭祀的基础上,所以祀会既承担了共同的祭祀,也应对着共同的钱粮。而随着祀会财力的上升,其组织性显现,在家族的事务中地位逐渐提高,能够参与族内的公共事务等。但是,这些都没有改变祀会的合意组织性,因而,在长期的运行中,祀会仍然会背离宗旨,从而衰败或者分崩离析,这也就注定了它会不断地调整或者订立新约。

---

① 《清嘉庆十年三月鲍子义公支下裔孙人等经管祀会合同》,俞江主编:《徽州合同文书汇编(点校本)》,桂林:广西师范大学出版社,2020年,第1292页。
② 《清康熙十二年正月亨公会裔孙有寿等立合同抄白》,刘伯山主编:《徽州文书》第2辑第6册,桂林:广西师范大学出版社,2006年,第3页。

第四节　清代徽州祀会祭祖与其他祭祖形式的关系

清代的乡村祭祖中,除了祀会祭祖,还有祀产组织、祠产组织祭祖,它们与祀会祭祖的关系若何,也需要梳理。

一、其他形式的宗族祭祖

笔者将徽州文书、族谱等文献中祀会祭祖之外的宗族祭祖形式予以归纳,概述如下,以作比较。

(一)祠产祭祖

1.祠堂的兴建与祠产

祠堂本是族人共同安放祖先神主、祭祀祖先之地,但兴建一个祠堂需要耗费大量的人力与财力,需要全族人齐心合力。如雍正三年(1725)十二月方汪公派下子孙等共建宗祠合同所说:

> 立议合同人方汪公派下子孙等,原居下磻,至岩祐公,迁居西川。幸今派下子孙繁衍,当思木本水源。设建宗祠,一以安先灵,一以垂后世。廷谟等会众商议,将宗武户内习字号地基,又塝上同庆生户内地税,其有茂锜,并无基税,自愿贴出价银二两正,入众买树。其有地内坟茔、屋宇,各自搬入,合造厅屋,以安先灵香火。其有出银匠饭使用,男妇均出粗工,竭力而行,无得懒惰推挨。科抖三熟钱谷,无得违拗。众议六人为首,无得入私肥己。各家出财等事,以强诈赖,不伏经手者,不俱产业、物件,鸣众自拿公用。恐口无凭,合同为用。(后略)①

---

① 《清雍正三年十二月方汪公派下子孙等共建宗祠合同》,俞江主编:《徽州合同文书汇编(点校本)》,桂林:广西师范大学出版社,2020年,第1213页。

方氏岩祐公迁居西川,是该地方姓始迁祖,方汪公派下子孙欲修建祠堂,思木本水源,安放祖先神主。但这不是易事,不仅要有财之人捐地捐钱,还要男妇均出粗工,各家集资。可不知何等原因,至雍正十一年(1733)祠堂仍旧未成,又议兴建宗祠:

> 立议合同始祖方汪公派下子孙等,原居下磅溪,至明朝末分析。幸生岩祐公,转移西川,历今已久。昔人丁且寡,未建宗祠。幸今子孙繁衍,当思木本水源,须重慎终追远。思祖敬宗者,诚为克肖之子孙也。迨今裔孙男廷祯、廷进、廷谟、茂奇等,是以邀集众议,建造宗祠。其基地税亩,原系宗武公派下子孙助出。又塝上同良禧公基地,一并捐助。又宗武公阄墩木料助出,其有烧窑供饭、五色匠公,并所拼木料,一应每每照丁均出,无得推挨。如有反悔不遵者,甘罚白银伍两,入众公用。恐口无凭,立此合同一样　纸,各执存照。(后略)①

这份合同与雍正三年的约定差别不大,只是多捐了良禧公基地与木料,而这两项是建祠必不可少的物资。同样还是约定齐心、饭、工、拼木料等照丁均出。这才建成。然而祠堂是公业,需要资金维系修缮,并且要管理有规,不然会破败。近七十年后,方汪公支下任事人于嘉庆四年(1799)再议合同:

> 立议合同人方汪公支下任事人惠淑、珍、泰等,今因祠宇门楼墙壁倒坏不堪,邀集众议出帖,各头首科抖三熟。准定第二日归于祠内,一日收讫修整。今有朝山荫木,败坏不堪,复行严禁。日后倘有祠内人等,魆地上山盗砍,甘罚银叁钱。若有外人强砍,照壮丁登山夺刀斧。(后略)②

---

① 《清雍正十一年二月方汪公派下子孙等兴建宗祠合同》,俞江主编:《徽州合同文书汇编(点校本)》,桂林:广西师范大学出版社,2020年,第1217页。
② 《清嘉庆四年三月方汪公支下任事人等禁约合同》,俞江主编:《徽州合同文书汇编(点校本)》,桂林:广西师范大学出版社,2020年,第1283页。

由于管理不善,祠宇门楼、墙壁倒坏,又祠产荫木存在盗砍、盗伐的现象,于是族人立合同,要求各头首出资,修缮祠堂,并且一致严禁盗砍,违者处罚。

从方氏建祠到修祠的经过可知,祠堂祭祖虽是清人宗族合族祭祖的外在形式,但能够建筑和修缮祠堂却需要有效的管理机制和充足的祠产。大多数宗族几经反复才可以成祠。

又如休宁首村派在康熙三十五年(1696)的一份祠堂经管合同所说:"吾族创立宗祠,始于明季崇祯二年,阖族批丁各出乐输,共建祠宇,以尽人子报本之忱,构工将半,缘与邻村评讼,以此未得告成,至于顺治十五年阖族批丁乐输,约计百有余金,以为递年修葺祠屋,并纳钱粮。其银虽有批领,不能生息,于事无济。至康熙四年支丁赍自客外归来,见祠宇损漏,邀同志倡议,阖族公举,凡支下嫁女公堂、诞男长口,取齐二项公贮入匣系之,兴朝纲管理。递年于长至日果酒敬祖毕,公同族众清算注簿,向无议。至康熙十六年,复举元凯、自盛、希茂、希珪管理无异。岂于康熙三十三年有田来当祠银,祠内不从,因此评讼。是以任康、可松不愿管理,今奉县主金批,议立管祠。今阖族公议共举朝益、邦遴、邦积、国英等,蒙批在簿,准任管理,但执事者务要洁己奉公,廉贞自守,既无瑕疵,族众自无议。"首村派朱氏从明末崇祯二年(1629)开始集资建祠,中间也有波折,至顺治十五年(1658)再集资,康熙四年(1665)又收嫁女和诞男钱,祠堂才运作正常,前后历经几十年。即使如此,由于人员众多,管理人意见不一,不得不再次定约,调整管理条规。

此外,祠堂建立后,维护与管理并非易事。有些宗族虽建祠,但疏于维护,不得不拆迁再建,如道光八年(1828)二月良理公派下人等修祠合议:"原于乾隆肆拾柒年,因造致和厅事,偶遇外侮,瞬目寻基。踊跃同心,竭力而竖,装修以成。经今多载,渐年发蚁损伤,将以倾颓,坐难袖手。若不议相择基,迁移建造,恐坠先人之意也。为此合集公议,将原厅拆移改造,以安先人之美意,且妥先灵之木主。今因佳公支下明良、明章,乏嗣无传,将屋业同地税内合众,皆举此业基址可能建造。欲将屋料变易,以作匠工之费,照壮做工,照妇供饭。嗣议之后,各宜努力,始终如一,无得懈息。倘得落成,择吉进主。凡属支丁,定要将丁工饭,不得缺少。"①

这些都表明,建祠经费与祠堂维护是制约祠堂祭祖的两个重要方面。在建祠经费上,一般是富裕族人乐输,或者照丁科派,并且全族人要齐心出工、出饭,才能让祠堂建成。建成之后的祠堂,只是一个放置祖先牌位的"房子",如果没有良好的运作机制、管理机构,仍会导致祠堂破败,达不到祭祀祖先和团结族人的目的。于是祠堂的任事人等,也会竭力想法,添置祭资,经营运作,到达一定程度后,祠堂开始置产买业,形成拥有财产的实体。如歙县二十一都五图冯氏,乾隆五十八年(1793)开始鸠工兴建祠堂,太益公派下二房、三房人等于次年向祠堂输产:"二房元镠公支下输方字贰千零二拾贰号田,税叁分捌厘,土名井大坞,以作本金起造地基,并出元银壹百九拾陆两五钱零肆厘;三房元钦公支下输元银壹百九拾陆两五钱零肆厘,并输方字壹千柒百叁拾二号田,成地税一亩壹分五厘,土名蒹塘坞,以备每年春秋祭祀之需,仍有长、四两房未曾输助,嗣后增输听其量力。"②

如此,祠堂不再是一个简单的外在实物,而是有财产的实体。这个财产实体也类似一个组织,会参与日常的乡村生活秩序,在这个过程中,不断地调整自己的经管方式,逐渐形成大的宗族组织。

2.祠堂运作与祭祖

尽管祠堂的兴建有一定的难度,但多数族谱中记载着祠堂运作与祭祖的形式,祠堂立有宗祠祭祀规条。除前文提到的茗洲吴氏祠祭的仪节以外,再将几部族谱所载宗祠祭祀规条进行总结③,概述如下:

其一,管理人事宜。宗祠的管理人名称不一,有祠首、任事人、司年、祀首、管年、执事等。祭祀条规中对管理人一般约定轮值顺序、轮值交接

---

① 《清道光八年二月良理公派下人等修祠合议》,俞江主编:《徽州合同文书汇编(点校本)》,桂林:广西师范大学出版社,2020年,第1349—1350页。
② 《清乾隆五十九年十月太益公派下二房、三房丁冯日洄、日滋等立议墨据》,刘伯山主编:《徽州文书》第3辑第2册,桂林:广西师范大学出版社,2009年,第127页。
③ (康熙)《潜川汪氏惇本祠溯源家谱》卷六《享祀纪》;(康熙)《歙西金山宋村宋氏族谱》卷末《附纪·祭产》;(乾隆)《重修古歙东门许氏宗谱》卷八《规约》;(乾隆)《重编棠樾鲍氏三族宗谱》卷一百八十三《祠祭仪礼》;(嘉庆)《棠樾鲍氏宣忠堂支谱》卷十七《祀事》;(道光)《新安汪氏宗祠通谱》卷四《祭祀规条》;(道光)《程敬爱堂世系谱》卷三《祭例》等。

事项、管理人分工(如钱、账分开)、管理人职责(如放贷收租、祭祀事项)等。

其二,祭祀事宜,涉及祭祀时间、地点、祭仪、祭祀程序与仪式等项。祭祀事宜一般是祠堂祭祖规条的主要部分。在祭祀时间上,有些宗祠对一年中的祭祀时间分别予以规定,如歙县棠樾鲍氏宣忠堂,规定了除夕、元旦、新年三朝、初二日、立春、初九、元宵、十八日、二十日、二月二日、春社、中元、秋社、烧年等时节的祭祀。祭祀地点上,有些宗祠不仅规定了祠堂标祀,还规定了墓祭的标挂祀典,如歙县潜川汪氏。祭仪上,绩溪仁里程氏规定了祠祭祭品品目与数量、供品品目与数量、酒使用等,同样详细列明墓祭使用的祭品与数量。祭祀程序与仪式方面,棠樾鲍氏三族对祭礼仪节有详细描述,细致到了献礼的每一个动作。

其三,散胙。宗祠祭祀规条中基本都会规定散胙或颁胙,但每一个宗族,可能受制于财力,各有不同。如绩溪仁里程氏,按照身份给胙,分为礼生胙、老人胙、能干胙等,并且具体到每类胙肉重量;歙县鲍氏三族也规定,凡执事、礼生、助祭人等,领一小票,按票给胙。这些宗族颁胙的意义实际是奖励有功或者出力于祭祀祖先的。有些宗族的胙是祭祀时的祭仪,如歙县金山宋氏规定:"每年春祭颁胙,生猪肉二斤、生羊肉二斤;散胙,熟猪肉一斤、熟羊肉一斤、熟鱼一斤、熟鲜鸡一斤、枣半斤、栗半斤、菜半盘,双酒,羹饭听用。"并约定秋、冬季颁胙照春祭例。文后签名处有各执据族长、宗祠执事所占份额。财力充足的宗族也会给与祭者都颁胙,如棠樾鲍氏宣忠堂,祖先祭日,与祭者给饼两双。春秋两社,中元、烧年,凡祭毕,次日将祭品照胙筹分颁给与祭支丁,外各给酒钱六文,司祠、管年加倍给之。

3.祠户

这里还要提及祠户,此是与其他祭祖组织根本不同之处。刘淼先生在研究歙县棠樾鲍氏的祠产土地关系时有论述。祠户在徽州设立的较早的实例是在明代隆庆年间,主要是朱熹后人呈请所立的祠户。立户目的是"众置祭田,以备春秋祭祀"。当时的歙县知县姚侯批文,"户因祠立,税以户收","准立文公儒籍收税"。官府批准的祠户,有祠产文书:(1)归户册;(2)赤契与税票;(3)收置地亩底册;(4)立案田地字号;(5)立碑禁示;(6)立案禀租县示;(7)宗族保祖合同。祠户的管理上,则有专门的司年、总理。棠樾鲍氏立有多个祠户,如鲍志道所立宣忠户,鲍启运所立体源户、敦本户。它们的名下都占有田、地、塘等产业。①

祠户实际是官方认定的一个组织,如果用现代法学的眼光看,貌似"法人"或"法人团体"。它的意义在于官方的承认和确定。这也就保证了祠产稳固,不容易被侵犯或者分析。当然,我们要注意的是,并非有祠堂就一定有祠户,祠户需要宗族到官方去申请、认定。

总的来说,形成祠堂祭祖并非简单之事,需要宗族长期的经营和不断的合意协调。虽然我们今天看到很多族谱记载着祠堂祭祖,有完整的祭祀程序、祭礼以及祠堂运作等,但从祠堂的建立来看,不是清代所有的宗族都可以兴建祠堂和兴起祠堂祭祖。因此,祠堂修建的困难也就决定了祠堂祭祖的限制性。

(二) 祀产祭祖

祀产祭祖与祀会祭祖在很多方面颇为相似,只是名称上未冠有"会"的名称。为了清晰说明祀产祭祖,以下从祀产形成、组织形式、经营管理、财产归属四方面进行解释:

1.祀产形成

祀产祭祖的形成与祀会祭祖基本相同,有三种形式:一是分家时留存;二是集资设立;三是捐产设立。但"分家时留存"是形成祀产祭祖的主要形式。

其一,分家时留存,即分家时提留共同祭祖产业。如道光二十一年(1841)一月罗永良阄书,序言讲述家庭史以后,析分产业部分开篇便是:

> 今将坐取膳营、祀产列后:
> 一则,姚家坞脚园地一片,并后三人合买胡灶来女婿之业在内,每年租息,吾自收用。百年后,嘱长男收三股之二,三媳程氏收三股之一。男与媳百年,兄弟三人立为祀产。再批,此一则吾百年后即立祀产,男与媳不得分收。

---

① 刘淼:《清代徽州歙县棠樾鲍氏祠产土地关系》,《学术界》1989年第3期。

一则,坐凳丁家之业,每年租息,吾自收用。吾之衣衾、棺椁,俱已预备,但上人未归,三尺坐做斋醮,并葬上人之费。吾百年后,照上则姚家坞分收,后亦立为祀产。①

罗永良在分家时,首先提留自己的养老产业,并约定自己去世后这些产业的归属,以及子孙享有的份额,并嘱托何时立为祀产,以便用于丧葬和祭祀。这种做法在分家时普遍存在,之前设立祀会里也有提到。分家时的未分产业,留在原有门户中,被当做祭祀之产,还可应对门户钱粮。如乾隆四十三年(1778)祁门十七都环砂程氏立合同说:"原承祖存业未分,各项田地于廿七年、卅九年二次合墨,递年查收入祀,眼同生贩,续置各保田租共计壹百五十有余秤。"环砂程氏将未分之产入衡公祀,并有经营,续置产业。虽然在这次立合同的目的是分产,但仍然"众存完衡公祀钱粮租数",并安排首人经管收租。②

其二,集资设立。集资设立祀产,多是分家时家产析分殆尽,未留存共有祭祀产业或者门户钱粮之用。为共同应对祭祖和门户费用,子孙共同出资,设立祀产。如祁门十四都五保大坑坞倪氏立合同云:

立齐心兴起倪思明公祀秩下经手人昭铭同侄前通等,情因本公秩下门户事大,费用不敷,是以合族公同商议,各家助祀钱文并谷,证定迭年春秋两届助出其钱的,在春茶庄上照卖货价钱,每伯助出钱文肆于祀内,其谷约于秋收每亩助谷二斤,又归于祀内公同兴贩,不得托欠隐匿。如违,查出照前例加倍行罚,毋得异言。经手者亦不得徇私肥己,务宜尽心竭力,敬宗荣祖,功成后代,祖祀千秋。所有收支账目亦必注明。自齐心兴起之后,各无反悔,恐口无凭,立此文约,永远存照。

再批,助出之资,概行归于前通掌管生贩,其账目又归于昭镜经理,并照。

---

① 《清道光二十一年一月罗永良阄书》,俞江主编:《徽州合同文书汇编(点校本)》,桂林:广西师范大学出版社,2020年,第288页。
② 《清乾隆四十三年十二月程元点等立议分合同约》,刘伯山主编:《徽州文书》第1辑第7册,桂林:广西师范大学出版社,2005年,第300、301页。

大清同治肆年叁月廿四日立齐心兴起思明公祀人秩下

经手　昭铭（花押）

前通（花押）

昭秀（花押）

昭镜（花押）

昭铜（押）

昭顺（花押）

前达（花押）

前可（押）

代笔中见人　李炳章（花押）①

合同中首先提到思明公秩下门户事大，费用不敷，为了解决问题，众人议定兴起倪思明公祀，各家助祀钱文并谷，归于祀内，用于生贩经营。当然祭祀的义务也没有忘，敬宗荣祖，并在祀产壮大后"祖祀千秋"。要注意的是，这一立祀产祭祖合同与立祀会祭祖合同基本相同。无论是融资方式还是目的，都无有差别。

其三，捐产设立，即直接将某项产业捐出，设为祀产，以为祭祀所用。如祁门二十一都二图磻溪陈氏所立合同：

> 立合同文约人陈国产等，为兴祀典，以光祖考事，今因旧岁安葬锡三公夫妇、锡十公夫妇、锡十六公夫妇在于浮梁，土名程家住后潘家坞，六棺同穴，理应合祀，齐至祭扫，是以叔侄商议，各将七保里村朱家丘共晚田一号，计租三十六秤，以为三公祀产，迭年醮谢之资。自立文约之后，各宜遵守，毋得借端废祀，如有等情，准不孝论。恐后无凭，立此合同文约三纸，各收一纸，永远存照。（后略）

合同中，叔侄等商议将一处田产，计租三十六秤设为三公祀产，以为祭祀三公之用。这种设立祀产的形式，多重在祭祀，让祖先不至于失祭。

---

① 《清同治四年三月倪思明公祀秩下经手人昭铭同侄前通等立齐心兴起文约》，刘伯山编著：《徽州文书》第4辑第5册，桂林：广西师范大学出版社，2011年，第343页。

2. 组织形式

祀产的组织形式也是采取经首人轮值。如祁门十二都二图汪立仁立阄书设立祀产祭祖时所说:"众存屋宇、田地、山场,生为口食,殁立头首,以为祭祀之产,逐一开列如后。"① 这里汪氏分家时留存众产业养老,并约定其去世后"立头首"轮流经管祭祀。

为了防止轮值中的徇私,有的还规定经首人分工,如上文祁门倪氏合同中的"前通掌管生贩,其账目又归于昭镜经理"。这样账目和经营分开,互相监督,可以避免做假账谋私。

3. 经营管理

经营管理方面,祀产祭祖与祀会祭祖基本相同。经营上,能够放贷生息,出租房屋、田地、山塘等产业,收取租息。也能续置产业,或者在经营不周的情况下出卖产业。管理上,有做会、接受捐产输产、调整经营等。

4. 财产归属与流转

祀产祭祖是按照股分承担义务享受权利。如乾隆三十四年(1769)程世杰立卖胙契曰:"今因钱粮无措,自情愿将承祖杰公祀胙壹主凭中立契出卖与程加灿名下为业……再批,其胙来年听自买人收谷、做头,又照。"② 这里"胙壹主"也就是一股,里面包含的身份权利和财产权利,买人可以届时轮值经首,收谷,做会。当祀产经营不下去,要分析时,其可以得到应有的一股祀产份额。与祀会祭祖相同的是,如果是集资设立的祀产,出资人按出资享有份额。如果是分家留存产业,基本上按照房支、家庭享有份额。

二、祀会、祀产、祠产祭祖之间的区别与联系

通过爬梳文书、族谱,能够了解清代徽州宗族在祭祖过程中存在祀会祭祖、祀产祭祖、祠产祭祖等形式。这些形式都是为了祭祀祖先,让祖先

---

① 《清嘉庆二十四年十月盟主父汪立仁立阄书之十二》,刘伯山编著:《徽州文书》第4辑第4册,桂林:广西师范大学出版社,2011年,第390页。
② 《清乾隆三十四年三月程世杰立卖胙契》,刘伯山主编:《徽州文书》第1辑第7册,桂林:广西师范大学出版社,2005年,第145页。

能够享受后人的香烟供奉,而不至于冻馁。当然,在祀会成立和设立祀产的文书中,也有保存门户应对钱粮的直接表达。为了更清晰地认识清代乡民应对祭祖的不同方式,还需比较三者之间的区别与联系。

(一)相似:祀会祭祖与祀产祭祖

上文已经就二者相同之处予以叙述。要指出的是,祀会祭祖与祀产祭祖都是乡民还未形成大宗族或者说还未积累到"巨额"族产时的宗族祭祀组织方式。比如说,三个儿子为父亲设立祀产,用于父亲的祭祀。三子出资不多,但仍然坚持"清明标扫,大小颁胙"。① 尽管祭资有限,但能够达到立祀祭祀的目的。所以说,祀会祭祖与祀产祭祖是乡民应对祭祀义务最灵活、最简便的形式。

另一面,由于赋役体系的促使,对于家庭保存门户应对钱粮而言,祭祀也非常必要。于是,在考虑应对祭祀义务的同时,也考虑门户钱粮的赋役义务,宗族下的小家庭或者房支可以一同应对,减轻赋役压力。如果宗族不将祭祀与门户钱粮结合应对,也会集议成立"虚粮会"②、"粮局"③等组织来应付。这些举动,都在说明祀会祭祖与祀产祭祖是乡民在国家法律与乡村习惯之下形成的一种秩序。

虽然祀会祭祖与祀产祭祖基本相似,但一些细微的差别也应提及。对于查找到的祀会与祀产成立的合同中留存的祭祀产业组织形式(祀会/祀产),笔者予以统计、说明(参见表2.2)。

---

① 《清道光八年六月正约公祀下升旭等立合议兴祀文约一》,刘伯山主编:《徽州文书》第1辑第9册,桂林:广西师范大学出版社,2005年,第424页。
② 可参见《徽州文书》第1辑第8、9册,内有祁门十七都环砂程氏虚粮会活动相关文书。如《清道光二十三年正月程祖荣公秩下经手人加称等立议合文约》提到:"缘因虚粮重大,曾立虚粮会永远应供。"参见刘伯山主编《徽州文书》第1辑第8册,桂林:广西师范大学出版社,2005年,第423页。
③ 如《清道光十九年二月登瀛三大房黄良煜、正基等立议伦公祀粮局文约合同》所说:"立议伦公祀粮局文约合同人登瀛堂三大房……今因完粮前后不一,是身合祀商议将身各的名钱粮议立粮局,每粮壹钱,公议输实租壹秤为则,轮流经管合户钱粮。"参见刘伯山主编《徽州文书》第4辑第2册,桂林:广西师范大学出版社,2011年,第389页。

表 2.2：祀会祭祖与祀产祭祖对照表

序号	文书名称与来源	祀会/祀产	财产类型	经管方式
1	明末清初程爵孙秩下誉等立合文约（《徽州文书》1辑6册，P319）	祀产	为安葬祖先，留存祀租；嫁女，纹银五钱入祀。	众收，照旧轮流生贩。
2	清康熙十二年正月亨公会商有寿等立合同抄白（《徽州文书》2辑6册，P3）	祀会（调整经营）	原立亨公会，各出分资经营。现有百金。	每年议派头首人人，认领簿约，查账取息，轮流更换。
3	清康熙三十九年十二月金士儒叔侄等立合同文约（《徽州文书》1辑10册，P436）	祀产	将之前祀租三股均分，仍余零星荒熟之租贰拾秤有零，以为先人祭祀之需。	众存生放。
4	清雍正三年二月金时有等立合同文约（《徽州文书》1辑10册，P100）	祀会	每丁各出合贰秤；添丁出银贰秤。	编派首人，营利祭扫。
5	清乾隆十六年八月做公值下朴景缙、景隽、景钦、景进、维进兴祭约（《徽州文书》5辑2册，P474）	不明	照丁出银五分。	余合生放；日后积有盈余，置买天祀田。
6	乾隆十九年三月柯土宏等祀合合同（俞江藏）	祀会	数金租，生子，纹银三分。	公举总首九人，总理租谷，银钱生息。
7	清乾隆三十二年六月陈国产同侄超班等立合同文约（《徽州文书》5辑2册，P147）	祀产	合葬三公夫妇，并置祀产。晚田一号，计租三十六秤。	—

续表

序号	文书名称与来源	祀会/祀产	财产类型	经管方式
8	清乾隆三十六年十月程元苗等立合同文约（《徽州文书》1辑7册，P168）	祀产	各输租五十秤,以为葬费,亦以为祀产。	—
9	清乾隆三十七年正月金元拱等立合同会书（《徽州文书》1辑10册，P454）	祀会	众业山树枝桠取卖百两；自愿各出本银壹两。	众同生放。
10	清乾隆五十七年二月程元露等立合议墨（《徽州文书》2辑10册，P323）	祀会（复兴祀会）	长幼支丁各派丁银；添丁壹钱,嫁女用大轩壹两六钱,小轩捌钱。	—
11	清嘉庆九年二月大进户经首人惟友等立合同文约抄白（《徽州文书》1辑10册，P466）	祀会	将之前标分甲户产退出归众。	山场、田地、山塘户众收管；银钱公封公借。
12	嘉庆十年鲍子义公支下商孙人等经管祀会合同（俞江藏）	祀会（复兴祀会）	交出之前祀会租花、银钱、账目。	—
13	道光三年世铁、永汝等立清明会合议（俞江藏）	祀会	男丁出钱三十文；文旦公秩下四公祀产租息花利,每十分纳一分人文旦公清明；场字号税苗,归文旦公户管。	每房总举一人；区分经理银钱、账目,经敛人。
14	清道光四年正月金以虎等立合同文约（《徽州文书》1辑10册，P234）	祀产	卖房产,住基之后,偿还典余钱二十千文,并林木拼价。	永远生放置业。

续表

序号	文书名称与来源	祀会/祀产	财产类型	经管方式
15	道光四年十月吴恒栗等坟产合同（俞江藏）	祀产	先祖清明内分租一半,作钱三千五百文,作祀产祭祀四弟夫妇,并纳钱粮。其余钱,并母置烟店屋租,以备膳粲,待坟茔修好,余资作文佐公祀产。	轮挨头首。
16	清道光六年三月陈奎章公秩下永旺等立义算公崇祭祀合同文书伽字号一（《徽州文书》1辑9册,P416）	祀产（调整祀产经管）	租遗祭祀之租。	首人经管,公放公支。
17	清道光八年六月正约公祀下升旭等立合议兴祀文约一（《徽州文书》1辑9册,P424）	祀产	共有三和衣庄,取钱拾千文生放;三盂胙肉叁斤叁两,贴祀内管理。	轮流管理。
18	清道光八年三月汪新月等立墨合同（《徽州文书》1辑2册,P246）	祀会	四人均匀付应;上丁上银叁钱;结婚、嫁女出银。	—
19	道光十二年一月吴、方两姓坟产合同（俞江藏）	祀会	合买地业,葬六棺外,余地业保坟,租钱一两足,作零食标祀之会。	二各照丁上坟,照棺分胙。
20	清道光十二年三月黄有智同至兆喜、兆德立同心合墨文约（2辑1册,P128）	祀会	蒙来取回壹丘。	轮流耕种,备办祭仪。

续表

序号	文书名称与来源	祀会/祀产	财产类型	经管方式
21	道光十二年三月汪应龙支下人等经管祀会合同（俞江藏）	祀会（复立祀会）	将前祀会所分之本作新会之本。	—
22	道光十五年姚宗聘公支下人等经管祀会合同（俞江藏）	祀会	祖德禄公所遗存众未分之产；查出众业，归德禄公祀会。	—
23	咸丰元年正月郑惇叙堂等立祀会合同（俞江藏）	祀会	三十股，每股均出，科备三期，粮食入会生息。	会规书列于簿；管会者出入账目无得肥私人己。
24	咸丰元年三月姜太芹、发有、兴旺祀产合同（俞江藏）	祀产	太芹出钱一千文。	付发有、兴旺前去生放置产，同立祭祀；日后产立祀成，常年接太芹一名散胙。
25	咸丰四年十一月姜公沂兄弟侄等祀产合同（俞江藏）	不明	财礼内抽出钱五千文与兄弟侄等存存。	共为生放，日后或继续置产业，以为无分公祭产。
26	同治四年铭同佘前通前公祀秩下经手人昭铭思明公祀下心兴起文约（《徽州文书》4辑5册，P343）	祀产	每家助出祀会并会；春茶每百文助出钱肆文，秋收每亩助合二斤。	公仝兴贩，经手者不得徇私。
27	同治十二年三月如渭公支下嗣孙首事人华生、华铎等经管祀会合同（俞江藏）	祀会	各出丁钱，照丁科齐，每丁出钱二百文。加丁也出钱。	首事管会，轮流挨转。

续表

序号	文书名称与来源	祀会/祀产	财产类型	经管方式
28	光绪二年江班潢公祀经管绝嗣祀产合同（俞江藏）	祀会	绝嗣二房产业收归祀会。	—
29	光绪三年二月尚玉公支孙观妹等设立祀会合同（俞江藏）	祀会	各均派出钱，合买荒山二业。	—
30	光绪五年吴国珍公支下人等经理祀会合同（俞江藏）	祀会	支年公会钱捡六千捌佰文议与清明祀会，日后添丁，出捌拾四文。	—
31	光绪十二年十二月王有金立清明会合同（俞江藏）	祀会	存留母亲养老产，母生息至今，以作膳堂清明会。	存公同处，协收租利。
32	光绪二十三年二月观遂公支下兴立祀会合墨（俞江藏）	祀会	照丁科备。	将本生息，照阄轮转。
33	光绪二十四年三月吴元玉公支下任事人永聪等祀会合同（俞江藏）	祀会	山场地坦，并归会内收租。	照依人丁，轮流挨转。
34	光绪二十七年一月吴国辰公支下任事孙等祀会合同（俞江藏）	祀会	将倍公祖遗存之产，一统归于复兴清明人丁祀会。	—
35	清光绪二十七年二月文佳，文长二公支下孙等立合约（《徽州文书》3辑4册，P214）	祀会	良密公会分会，长房一股，三房二股合身新立祀会。大米租，豆租，苞芦租等。	生贩生息，上季交于下季。

续表

序号	文书名称与来源	祀会/祀产	财产类型	经管方式
36	清光绪甲辰年(三十年)仲春月吴明佐公支下人等立议合墨据(《徽州文书》5辑6册,P228)	祀会	庆忠公支下遗存产业检出；各出钱七百文正。	会首者经理银钱,征收租息,挨轮照柱。
37	光绪三十三年七月相丽、相遂等祀产合同(俞氏藏)	祀产	将叔祖镇淘公所遗产业立作祀产。	收租生息,照丁发胙。

祀会、祀产成立合同来自课题组收藏与《徽州文书》第一至五辑,经过归类。用合同形式设立祀会的有24件,设立祀产的有10件,另有3件表述不明。无论是祀会祭祖,还是祀产祭祖,都是以集资的方式,并期望生贩生息予以经营。但可以推断,集资设立祀会的形式较设立祀产的形式普遍。

再来看分家留存祭祀产业的情况(参见表2.3)。通过对课题组收集并整理的353件清代分家文书检索,写明留存众业设立祀产或成立祀会祭祖的共21件。其中,明确说明成立祀会的3件,设立祀产的15件,其余3件表述不明。这虽然只是一个简单的统计,但是可以推知的是,分家留存产业祭祀多是祀产祭祖,且往往留有田地等租业。

表2.3:分家文书中的祭祀财产留存情况表

序号	时间	文书名称	分房数	留存祭祀公业	祭祀组织形式(祀会/祀产)
1	乾隆四十三年	章家兴分单	3	实租140秤,存留夫妇口食及嫁女之用,百年之后,存为祭祀。	祀产
2	乾隆四十八年	帅国信分单	3	二房帅国伸房二步,以作膳莹,清明祭祀。	不明
3	乾隆五十三年	吴光友阄书	6	父存坐七房供膳之资,父殁公收,未分扒。立定规章,公存生息,以作春秋祀产。	祀产
4	嘉庆八年	陈立儒兄弟分单	2	大租40斤,存父标祀;树两株,存入父祀。	祀产
5	嘉庆十七年	江余氏阄书	3	所有上人零租,三人同收来,祭祀公用。	不明
6	道光二年	胡名德关书	6	吾老养身衣禄,后列章程,内抽存坐祀田。	祀产

续表

序号	时间	文书名称	分房数	留存祭祀公业	祭祀组织形式（祀会/祀产）
7	道光八年	方时田阄书	2	租七处。二人收来，不得分用，需要合借去生息，父母百年，新兴祀会。	祀会
8	道光二十一年	罗永良阄书	3	业两则，作膳茔、祀产。	祀产
9	道光三十年	方士英阄书	2	田地、租苗十处存众，以作膳茔，轮挨管理，春秋各房皆当祀之。	祀产
10	咸丰二年	列时遗嘱阄书	3	存众租、典共十二处，夫妇百年后永为祭祀事用。	祀产
11	咸丰四年	宏春兄弟阄书	3	祀田三处，众议立为父母及福元叔祭祀。	祀产
12	咸丰八年	张有春阄书	6	内有黄泥堆祀田，长房耕种，每年交祀租三百斤正。	祀产
13	同治三年	吴汪氏关书	6	将祖父所遗并子买田租内取存留，生为氏之口食，后为标祀轮流。	祀产
14	光绪九年	张德海阄书	6	父又买田租七百七十斤，以作清明祀会。	祀会
15	光绪十年	王显应关书	5	母坐口食三处，生为口食，殁为祭祀。	祀产
16	光绪十九年	冯胡氏阄书	3	田产一处，坐立成栋公清明。	祀会
17	光绪二十七年	胡炳福阄书	3	安葬余钱归与膳茔生息，传流标祀。	不明
18	光绪二十八年	新喜兄弟阄书	4	存众祀田，两处。	祀产

续表

序号	时间	文书名称	分房数	留存祭祀公业	祭祀组织形式（祀会/祀产）
19	光绪二十八年	徐作孝分书	2	祭产,共六亩六分,长次轮管。	祀产
20	光绪三十二年	郑世恭阄书	3	田两号,二老生前食用,日后百年永作膳茔祀产。	祀产
21	光绪三十三年	王尚敏兄弟阄书	3	田租二十砠立祖父肇树公祀典,六十砠立士琛公清明。	祀产

可以说,用合同集资兴立祀会祭祖的方式普遍,分家留存祀产祭祖的方式常见。这也好理解,集资设立祀会一般是族人分家时分析比较清楚,无有存留,面对祖先祭祀和门户祭祀都是公摊。或者说宗族比较松散,需要追祀始迁祖或无祭之祖。这种情况下,只能共同出资去承应,可能会不断消耗家庭产业,因此,为了一劳永逸,采取集资生息、集胙成裘的方式,比较适当。而分家留存祀产,多是父母在时,留作养老口食,父母殁后,不忍父母无祭祀之资,于是继续共存,用于祭祀,在必要时还可以承应门户钱粮等公共支出。

如此,可以总结二者的差别:一是成立形式。祀会祭祖多是合同集资设立,祀产祭祖多是分家留存设立。二是财产类型。祀会祭祖多是出资钱谷,而祀产祭祖多是留存田产租业。也就是说,一个是动产资本,一个是不动产资本,且祀产资本往往比祀会资本丰厚。三是名称上,祀会祭祖一般以特定的某公命名,也以节令命名(清明会、冬至会)或者使用雅名(敦义会),而祀产祭祖多以特定的某位祖先命名,如杰公祀。

总体来说,祀会祭祖与祀产祭祖在经营方式、组织形式、财产流转上有很多相似之处,民众对二者的区分不明显。

(二)从小到大:祀会祭祖、祀产祭祖与祠堂祭祖

无论是祀会祭祖,还是祀产祭祖,组织自身的产业要么是集资而来,要么是分家时的留存,产业并不是很多。而且很多祀会、祀产在成立或设立时,都会约定"生贩生息",通过经营,积累资金,续置产业;即使输有田产的祀会或祀产,也会通过收租等经营方式去逐渐扩大自身的资本。

这些祀会、祀产经过数代人的经营后,产业渐渐丰厚起来。如前引桂溪项氏"始祖会",明代未成立始祖会时,各家荐于寝。万历时开始兴立始祖会,族人共同集资,经过五年的融资,会产逐渐增多,可以购置产业,随后祀事也相继举行。在产业积累到一定程度,购祀田,并建立祠堂。如此,宗族以及宗族财产才壮大凝聚。

咸丰三年(1853),凌观龙公支下人等也是用祀会资金兴建祠堂。如下:

> 立合同人凌观龙公支下任事人集魁、集远,盖闻人之有祖,祖必有祀,祀必有会。会内余资,所创支厅,一掌难鸣,众擎易举。支下有能者,不得袖手旁观,务宜出为尽心管事,以体先人之志。致(至)若男工女饭,各家踊跃争先,毋得推挨落后。建支厅,如己厅之勤。做公事,如己事之紧。须要同心和气,协力同为。非是一人之私,大家有益。建造落成,则祖德之感已。自是家门和顺,户户康宁,实人力能如是耶。立此合同,一样七纸,头首各执壹纸,永远大发存照。(后略)①

那么,这里可以推断的是,祀会或祀产祭祖是祠堂祭祖的初级状态,一般的过程是,先有祀会或祀产祭祖,逐渐发展到大型宗族的祠堂祭祖。这种情况不仅发生在徽州,福建地区的宗族形成也是如此。郑振满先生在《明清福建家族组织与社会变迁》中提到"合同式宗族组织","在经过若干代的持续发展之后,都必然成为若干继承式宗族或依附式宗族的联合形式",并以长汀县龙足乡邹氏、连城县童氏等宗族为例,这些宗族也是族人之间的合股组织,也有"会""社"等形式的组织,这些组织在社会生

---

① 《清咸丰三年十月凌观龙公支下人等祀会合同》,俞江主编:《徽州合同文书汇编(点校本)》,桂林:广西师范大学出版社,2020年,第1409—1410页。

活的各个领域得到广泛的发展。①

当然,也有相反的例子。有研究者在描写祁门六都村史时提到"程氏宗族仁山门",明清两代,六都程氏都有一定数量的祀田,可以参看《窦山公家议校注》。"由于祭祀支出经费不断提高,仅仅依靠祀田的收入支持祭祀的压力越来越大,轮流值守摊派的比例越来越高,轮值者的沉重负担,使得一些轮值者出现了不愿承担摊派祭祀谷物的现象。祭祀经济基础开始发生动摇,这导致全部由宗族出面组织和开展祭祀活动面临压力,于是祭祀经费筹集方式由强制摊派,逐渐改为自愿会社募集方式。"②

六都程氏的情况也说明,祠堂祭祖有一定的限度,当宗族越来越大,祖先愈来愈多,族人繁盛,不管是祭资还是家族活动,都会出现入不敷出的现象。况且,大的宗族,房支派别也就庞杂,血缘的纽带则会松散,加上礼制规定的只是祭始祖和高曾祖考,这些因素都可能导致宗族发生分离。如此,不同房支或者再分房支会根据自己的需要去进行祭祀,自愿地再成立各自更亲密的会社。

小结:祀会与乡村祭祖秩序

祭祖有着久远的历史,国家礼制为此也不断调整。早期的宗子祭祀权反映在祭及几世以及庙制上。这种礼制在从封建制转向帝制时,因势而变,将以前的封王立庙改为官品立庙。届至南宋,理学兴起,礼下庶人的趋势越来越浓,朱熹的《家礼》更是将"圣人可学而至"推广到民间。随后,祠堂祭祖形式开始在地方社会萌生。但这还不普遍。明代嘉靖时期的"大礼议",彻底打破了大宗小宗祭祀的限制,迁徙各地的宗族可以奉始迁祖为始祖,并在祭祀代数上可至高曾祖考四世。加上民间的演绎、功

---

① 郑振满:《明清福建家族组织与社会变迁》,北京:中国人民大学出版社,2009年,第79—84页。
② 胡永政:《六都——文物兼修 千年相承》,合肥:合肥工业大学出版社,2013年,第139页。

德配享的发挥,祭祀活动开始大规模兴起。

清代,祖先祭祀有家祭、墓祭、祠祭等形式。对于共同祖先的祭祀,存在祀会、祀产、祠产等祭祀组织。这些祭祀组织是应对祭祀礼俗而生。我们能够看到的是,在分家制的影响下,小家庭是主要的生活单位,祭祀祖先与门户钱粮是它们脱离原有家庭后还共存的公共事务,处理这些相对于小家庭的"公",需要方式。

于是,有些家庭分家时留有众存产业,可以形成祀产。有的则是共同集资应对,形成祀会。无论是哪种形式,都离不开小家庭的合意经营与管理,以便共同应付共有的公共事务。这些祭祀组织积累一定的资产后,再购置恒定产业。也有一些子孙通过捐献的方式,向这些组织捐产。这样,祭祀组织也就愈来愈壮大,可以修祠立家庙,祠堂祭祖就出现了。有些家族为了保证族产永固,还以祠堂的名义向官府呈请立户,官方为了田地产业税赋的缴纳,一般会应允。

我们现在了解到的是,清代遍地是宗族,基本上都有祠堂祭祖。但是,这种形式的祭祖并非绝对,由于礼制本身有祭始祖、祭祀时间、祭祀方式的限制,人们有祭祀亲近的高曾祖考四世的需求,加上祠堂祭祖需要大量的资财,所以,祠堂祭祖不会满足每一个小房支的需求。那么,在高、曾、祖、考四世的血缘范畴内,还会有新的祭祀组织或团体出现,这也就给祀会或者祀产组织提供了空间。可以说,自愿结社的祀会应对本房支的祭祀需要是必然的,而祠堂多负责始祖或者功能配享的祖先祭祀。

这种通过分家留存或者集资设立、成立祀会的方式,是个体家庭之间协商的结果。国家礼制秩序要求民众祭祖,民众本身也有祖先祭祀的需求,但两种秩序的连接需要一种方式。我们看到了国家礼制对于祭祀程序、形式的规定,也看到了家庭乃至家族的自我转化。在这些应对和协商中,民间的祭祖行为、方式逐渐趋于统一、稳定、有序。

祀会的联合,需要有共同的祖先,这也就决定了它的范围。但是,它的运行规则与其他会社组织区别不明显,只不过它的功能更多是祭祀祖先。祖先崇拜对于古人而言是重要的秩序,祀会可能是这个秩序中的一环,然而,对于房支来说,却是他们灵活应对秩序的有效方式。

第三章 神会

明清时期，人们为了祭祀公共神祇，常常成立神会，通过神会的运行来完成对于神明的共同祭祀。它的祭祀形式常表现为迎神赛会。关于迎神赛会，史学界研究颇多，主要在迎神赛会形式与民间信仰两方面。① 本章不在于探讨迎神赛会的场景与祭祀活动的仪式，而在于观察和研究迎神赛会背后的组织形式——神会。

神会尽管是一种民间结社组织，但其形成有一定的历史渊源，也受到国家法律的影响。在研究过程中，不能忽略"社祭"传统、迎神赛会活动以及国家祭祀政策。这些外部环境，便于我们理解神会在整个乡村秩序中的样态。

第一节 明清之前的"社祭"

神会的起源，较为难考。有学者称，明清的迎神赛会与上古"社祭"

---

① 郑力民：《徽州社屋的诸侧面——以歙南孝女会田野个案为例》，《江淮论坛》1995 年第 4 期、第 5 期；王振忠：《晚清徽州民众生活及社会变迁——〈陶甓公牍〉之民俗文化解读》，《徽学》2000 年卷；唐力行、王健：《多元与差异：苏州与徽州民间信仰比较》，《社会科学》2005 年第 3 期；陶明选：《明清以来徽州的演戏娱神与信仰活动》，《安徽史学》2009 年第 6 期；王昌宜：《明清徽州的汪氏宗族与汪王信仰》，《宗教学研究》2012 年第 2 期。

有一定关联。①"社祭",是中国古代社会酬谢农神后土的传统祭祀活动。《周礼》载:"教帗舞,帅而舞社稷之祭祀。"②春秋时,子贡参加腊祭后感慨说:"一国之人皆若狂"。③《左传》也有提及国君到齐国去"观社"。④ 关于先秦的"社祭",魏建震、史志龙等已有专门研究,其对于"社祭"的起源、形态、仪式、社会功能等进行了考察。⑤ 可是,皆未提及祭祀背后的组织如何运行。倒是马新认为,《汉书·食货志》记载李悝为魏文侯作"尽地力之教"中所言"社闾尝新,春秋之祠,用钱三百",是指"民人摊派、敛钱祭社之事"。⑥

出土的汉简有关于"社"与"社祭"的记载。汪桂海将涉及"社祭"的新旧居延汉简、敦煌汉简进行整理,共15简。简中提及社的设立、社祭时间、主祭人员、仪式、社祭用品、社祭费用的筹集方式等。以简"入钱六千一百五十,其二千四百受候长,九百部吏社钱,二千八百五十受吏三月小畜计"与简"奉千二百,出钱百四社计,余钱千"为例,说明社祭所需费用一般由参与者分担。⑦《史记·封禅书》载:"高祖十年春,有司请令县常以春二月及腊祠社稷以羊豕,民里社各自财以祠。制曰可。"同样可以印证,平均分摊里社祭仪,以供社祀。稍晚的南北朝,社祭活动在《荆楚岁时记》中也有体现:"社日,四邻并结综会社,牲醪,为屋于树下,先祭神,然后飨其胙。"⑧

赵世瑜认为中国传统的功能比较齐全的庙会,大致起于隋唐时期。⑨《旧唐书》载:"辛卯,礼部奏请千秋节休假三日,及村闾社会,并就千秋节

---

① 赵世瑜:《狂欢与日常——明清以来的庙会与民间社会》,北京:生活·读书·新知三联书店,2002年,第119—121页。
② 《周礼·地官·舞师》。
③ 《礼记·杂记下》。
④ 《左传·庄公二十三年》。
⑤ 魏建震:《先秦社祀研究》,北京:人民出版社,2008年;史志龙:《先秦社祭研究》,武汉:武汉大学博士学位论文,2010年。
⑥ 马新:《论两汉乡村社会中的里社》,《文史哲》1998年第5期。
⑦ 汪桂海:《汉简所见社与社祭》,《中国历史文物》2005年第2期。
⑧ (梁)宗懔:《荆楚岁时记》,姜彦稚辑校,长沙:岳麓书社,1986年,第23页。
⑨ 赵世瑜:《狂欢与日常——明清以来的庙会与民间社会》,北京:生活·读书·新知三联书店,2002年,第118页。

先赛白帝,报田祖,然后坐饮,从之。"①王维的诗描写得更为生动:"婆娑依里社,箫鼓赛田神。洒酒浇刍狗,焚香拜木人。女巫纷屡舞,罗袜自生尘。"然而,这些里面也无有描述社组织的运作形式。郭锋利用敦煌文书,对唐代社的组织形式、活动方式、活动内容等有归纳,认为这些社多半是自由结合,同时设有"义聚",即按规定或惯例每人出一定数量的物品,最后目的是互助以及宗教性祭祀等。②

宋元时期,这些活动仍在延续与发展。范成大之诗言"轻薄行歌过,癫狂社舞呈"。至元代,社戏伴随着迎神赛会产生,山西洪洞现存的《重修明应王殿之碑》,载有庙会观戏的活跃场景:"远而城镇,近而村落,贵者以轮蹄,下者以杖屦,挈妻子,舆老羸而至者,可胜既哉!"③

这里要特别说明的是元代的村"社"。"社"本是金政权的地方基层组织,元世祖先在北方推行,灭南宋后,推广至全国。一社基本以五十至百户为准,但由于自然村落分布不平均,所以并不严格以户数为断。常是一自然村为一社。其目的是"劝课农桑"。④ 此时的社,与前代多有不同,具有行政性质,在运行的过程中,常与乡、里合作,起到催征赋役的功能,有时还有调解村庄纠纷的职能。当然,社祭的传统也未消失。

第二节　明清的"里社"与迎神赛会

明初,建立了里甲和里社两项制度对基层社会予以控制。里甲制度为:

> 以一百十户为一里,推丁粮多者十户为长,余百户为十甲,甲凡十人。岁役里长一人,甲首一人,董一里一甲之事。先后以丁粮多寡为序,凡十年为一周,曰排年。在城曰坊,近城曰厢,乡都曰里。里编为册,册

---

① 《旧唐书》卷八《本纪第八·玄宗上》。
② 郭锋:《敦煌的"社"及其活动》,《敦煌学辑刊》1983 年刊。
③ 冯俊杰等:《山西戏曲碑刻辑考》,北京:中华书局,2002 年,第 98 页。
④ 胡兴东:《元代"社"的职能考辨》,《云南师范大学学报(哲学社会科学版)》2001 年第 4 期。

首总为一图。①

这项制度，目的是帮助官府征收钱粮、指派徭役，并且支应官府的相关费用。如此，里甲的组织性质有基层行政组织的意味。里长、甲首是职役，非官方正职。

与里甲组织不同的是里社组织。《明会典》记载，民间每里必须设立"里社"，定期举行社祭：

> 凡各处乡村人民，每里一百户内，立坛一所，祀五土五谷之神。专为祈祷雨旸时若，五谷丰登。每岁一户轮当会首。常川洁净坛场。遇春秋二社，预期率办祭物。至日，约聚祭祀。其祭用一羊、一豕，酒果香烛随用。祭毕，就行会饮。会中先令一人读抑强扶弱之誓。其词曰："凡我同里之人，各遵守礼法。毋恃力凌弱。违者先共制之，然后经官。或贫无可赡，周给其家，三年不立，不使与会。其婚姻丧葬有乏，随力相助。如不从众，及犯奸盗诈伪，一切非为之人，并不许入会。"读誓词毕，长幼以次就坐，尽欢而退。务在恭敬神明，和睦乡里，以厚风俗。②

最后一句表明了设立里社的目的，即"恭敬神明，和睦乡里，以厚风俗"。然而，比较里甲与里社的组织形式，能够看到不同。里甲组织有里长、甲首，而且对于"户"的能力有要求，即有"丁粮多寡"之分，又有民户、灶户之别。并且，黄册十年一大造，里甲也可能发生变动。里社组织则不同，"每岁一户轮当会首"，无有"户"等限制。此外，里甲组织要求将所有"户"编在内，"鳏寡孤独不任役者，附十甲后为畸零，僧道给度牒有田者编册如民科，无田者亦为畸零"，对于不能任役、僧道以及无田者，编为"畸零"。③ 里社组织则可以将一些"不从众"或者"犯罪非法之人"排除在外。

里社组织带有一定的自治性。尽管每一里都有"社"，但排除性也就

---

① 《明史·食货一》，北京：中华书局，1974年，第1878页。
② （明）李东阳等：《大明会典》，扬州：广陵书社，2007年，第1476页。
③ 栾成显：《明代黄册研究》，北京：中国社会科学出版社，1998年，第28—29页。

注定了"里社"的组织形式可以自愿改变。这也使得里社具有较高的灵活性和自由度。明政府如此规定,很重要的一个目的是针对异端宗教结社与传统迎神赛会。如《大明律》"禁止师巫邪术"条规定:

> 凡师巫假降邪神,书符咒水,扶鸾祷圣,自号端公、太保、师婆,及妄称弥勒佛、白莲社、明尊教、白云宗等会,一应左道乱正之术,或隐藏图像,烧香集众,夜聚晓散,佯修善事,扇惑人民,为首者,绞;为从者,各杖一百,流三千里。若军民装扮神像,鸣锣击鼓,迎神赛会者,杖一百,罪坐为首之人。里长知而不首者,各笞四十。其民间春秋义社,不在禁限。①

明政府是借民间宗教运动起家,对于此类宗教结社尤为重视,立法限制民间集会结社,是为了防止民间宗教形成力量,威胁统治。但是,也不能一味压制,便用"里社"组织予以"替代"。建立里社,定期举行祭祀仪式,希望将民间的神明祭祀活动纳入官方的祭祀制度。

在里社之外,明政府又将"厉祭"推广至民间。厉祭在先秦就已经出现,当时流行于上层社会,秦汉至晋不在祀典之列,唐时被官方认可,但真正在民间流行,是在明政府设立"厉坛"于"里"之后。②

> 凡各乡村,每里一百户内,立坛一所,祭无祀鬼神。专祈祷民庶安康、孳畜蕃盛。每岁三祭:春清明日、秋七月十五日、冬十月一日。祭物牲、酒,随乡俗置办。其轮流会首及祭毕会饮、读誓等仪,与祭里社同。③

厉祭祭祀对象之"无祀鬼神",从祭文看,都是"横死"带有怨气的鬼魂。祭祀是为了安抚这些冤魂野鬼。同时,祭文中还要求这些鬼魂监督作恶之人,向城隍报告,暗中保护良善之人。这实际是将礼法的一些规则通过不可知的宗教形式传递,形成"超自然"的约束力。这里要注意的是,厉祭的形式"与祭里社同"。

---

① 《大明律》,怀效锋点校,北京:法律出版社,1998年,第89页。
② 刘永华:《从乡厉到无祀:基于闽西四保的考察》,《民俗研究》2015年第6期。
③ (明)李东阳等:《大明会典》,扬州:广陵书社,2007年,第1477页。

里社与祭厉的制度在各地方得到了推行,徽州地区自不例外。弘治《徽州府志》记载:

> 里社坛。府城内及歙各乡皆有社。春祈秋报,礼仪颇丰,但易坛以屋,而肖社公之像以祀之,不如式耳,各县同。①

这里有两个问题:

一是里社坛、厉坛建立在什么行政层级上。即按照法律规定建立在里甲的"里"上,还是建立在"乡"上?

弘治《徽州府志》提到"各乡皆有社","乡"曾是国家基层行政组织,唐宋以后逐渐虚化,先是行政建制虚化,进而乡一级的职役也虚化,基层社会的赋税催科、治安保甲等,均由乡以下单位承担。"乡"也沦为地理标识单位。"乡"之后也有变化,道光《徽州府志》曾说:

> 夫乡以统里,唐宋相沿。元易乡为都,易里为啚。或曰啚即'鄙'字去'邑',俗读为图。或又曰,即'圖'字省笔,取版图之义。明制在城曰关隅,在乡曰都,其属曰啚。国朝因之。此历代乡都之大略也。②

"乡"改"都"、"里"改"图"在元代。明代,"都"以下的法定单位为"里",又称"图",通常来说,图、里一也,图甲即里甲。宋元的都保制是按照田土疆域划分,明代在乡以下形成了都图与都保并行的体制,"在都以下实际上有两种建置系统,一为都图,以人户划分为主,属黄册里甲系统;一为都保,以地域划分为主,属鱼鳞图册系统"。③ 以人户划分的黄册系统,由于"户"的变化,存在很大的变动性,以地域为单位的鱼鳞册系统则相对稳定。这也就造成,"乡"或"都"可以地域性的固定。

对于"里社"和"乡厉"的祭祀,要建立祭祀坛址,需将祭祀地点固定,但是里甲之"里"是流动的,且是人户的集合,难以固定,所以经过长时间

---

① 弘治《徽州府志》卷之五《祀典·坛壝》。
② 道光《徽州府志》卷二之四《舆地志·乡都》。
③ 栾成显:《明代里甲编制原则与图保划分》,《史学集刊》1997年第4期。

的运行,里社与乡厉坛址不能逐"里"对应,最终只能以地域固定的乡或都计算。如地方志里面所说,休宁县"里社坛、乡厉坛一十六所在各都"、婺源县"里社坛、乡厉坛四十所立于各乡"①。笔者将弘治《徽州府志》乡、都、里建制与里社坛、乡厉坛设立归纳统计,列表如下(见表3.1):

表3.1:明弘治年间徽州地区乡都里建置与里社坛、乡厉坛情况

	国朝定制		洪武二十四年编户及后之归并			里社坛与乡厉坛
	乡（坊厢）	都（隅）	乡	都	里	
歙县	16	37	—	16	37	218	在各乡
休宁	12	37	—	12	37	160	16所(在各都)
婺源	44	50	—	44	40	129	40所(立于各乡)
祁门	6	22	—	6	22	47	在各乡,失其数
黟县	4	12	—	4	12	26	56所,立于各都
绩溪	7	15	—	7	15	24.5	15所,在各都

表中可见,除黟县的里社、乡厉坛址数量与乡、都数的差别较大以外,其余各县的坛址数量基本与"乡"或"都"的数量接近。说明里社、乡厉的制度经过一段时间后,出现了变化,由建立在"里"层级转移到了"乡都"层级,并非完全按照明初的法律规定。

这种改变,除了坛址与乡都的地域固定相对应的原因外,还有一个重要的原因,即里社的自由结社性质。里社可以排除一些"户",如休宁茗洲吴氏正统十三年(1448)的春社:"是日,革绌吴宗成等非类者四户,新入吴敏文、吴德炬、德安、德皓四户。无几,宗成兄宗裕自外归,介李存政、谢端恳入社,愿椎羊豕樽酒至门,赛谢社神,姑许留之。"②这里的春社组织将吴宗成等四户"不好"的人家排除,后又新入四户,但是不多久,宗成

---

① 弘治《徽州府志》卷之五《祀典·坛壝》。
② 转引自郑振满《乡族与国家:多元视野中的闽台传统社会》,北京:生活·读书·新知三联书店,2009年,第241页。

的兄长宗裕回来,介绍了李、谢两户入社,还用羊、猪致祭社神,才挽回宗成等户,将其暂且留住。

因此,可以说,结社自由与坛址固定使得里社的数量与明政府的基层行政组织"里"的数量不匹配。进一步而言,明中叶,里甲编户大量流失,里甲组织逐渐解体,加剧了以里甲为基础的里社组织发生变化,很多不同"里"的"户"相互结合,形成"社"组织。郑振满在论述里社组织与里甲户籍的关系时,介绍了福建的情况,明末名相叶向高记述了家乡的"云山社",该社的基本成员是化南里的里甲编户,主要是田濡叶氏、墙里叶氏、师厝叶氏、前宅叶氏,外加薛厝薛、方、陈三户。但是这些"户"分属二、三、五、六、七各图。可见,"云山社"跨越了不同的"图",说明里社组织已突破原有里(图)甲组织的限制。①

二是里社的祭祀礼制发生改变。弘治《徽州府志》里还提到"易坛以屋,而肖社公之像以祀之,不如式耳",已经将原有的"坛"改建成"社屋",并立有社公神像祭祀。这种情况非常普遍,嘉靖《太平县志》也言及:

> 里社坛,洪武八年令每里置社坛一所,周以土墙,坛而不屋……今里中率无坛而有庙,或祭或否,即祭亦多不循礼。成化间,陈敬所先生彬,尝率其乡人,去淫祠,立社坛,乃其后亦稍稍废。今姑附存其礼于此。②

太平县的情况更加严重,已经将社坛转换成了神庙,社祭的礼制废弛,时祭时不祭。为了扭转这种形势,成化时,陈彬率乡人发动了毁淫祠、立社坛的行动,但效果不是很明显。

明代法律规定了里社祭祀制度,意图将民间信仰纳入官方祭祀体系,但由于以"人户"为中心的里甲组织不时变动,加之里社的自由结合性质,里社组织以及里社活动逐渐被传统的民间信仰取代。

这种变化延续到清代,大量的地方志以及传世文献中都有相关记载。

---

① 郑振满:《乡族与国家:多元视野中的闽台传统社会》,北京:生活·读书·新知三联书店,2009年,第243—244页。
② 嘉靖《太平县志》卷之四《坛壝庙祠》。

山西崞县四月初八"各村多迎神作戏……东南乡多办社";①佛山六月十九日"妇女竞为观音会,或三五家,或十余家,结队醵金钱";②安徽歙县"元宵并前后三日为灯节,村落游烛龙于社,为汪越国寿","二月二日,比户迎福德之神,曰接土地","初春歙西南乡村祀土神,曰作春事,其神曰太子之神","四月,城中奉诸神像,遍巡街衢巷",③等等。

可见,祭社活动已经与传统的迎神赛会发生了关联。这种关联表现在:1. 祭祀对象发生了改变,将社祭的对象换作民间信仰的神明,如安徽歙县就换作"汪公"或者"太子神"。2. 祭祀形式改成了赛会,如巢县"伍公庙,在柘皋镇玉兰桥西,内祀春秋伍员,又有社令牌,每春秋两社,居民祈赛于此"。④ 人们采取巡游、演戏等祭祀仪式。

通过简述社祭的历史,明代的"诏天下乡民立社",以及里社与传统民间信仰的联系,可以发现,社祭与迎神赛会关系密切。官方本想通过国家制度将民间信仰纳入祭祀体系,但社祭最终被自发形成的民间信仰秩序所"替代"。但官方制度对于民间信仰结社的组织化起到了推进作用。我们看到,里社需要每户轮首,组织其他社员在春秋二社之前备办祭物予以祭祀,这与神会共同出资祭祀公共神祇的方式相似。深入神会组织内部,观察神会的运作及活动,可以帮助我们理解民众是如何自发结社并应对民间信仰秩序的。

这些都是研究神会的背景,在纵向了解社祭流变后,再横向观察神会。神会中本就有很多"会"是在直接祭祀社神,称作"社会"或者"老社会"(相对于新成立的"社会"),如歙县二十二都郝、方、佘三姓的社公神会,⑤又如乾隆四十三年(1778)四月方美宣等立社会合同,即方美宣等10人约定成立"社会",祭祀社神。⑥ 但更多是"社"祭祀其他神明,如乾隆二

---

① 乾隆《崞县志》卷四《风俗》。
② 道光《佛山忠义乡志》卷五《乡俗·岁时》。
③ 许承尧:《歙事闲谭》,合肥:黄山书社,2001年,第609—610页。
④ 雍正《巢县志》卷之十一《祀典志·坛壝附祠庙》。
⑤ 《清嘉庆十一年十月郝、方、佘三姓人等立议合同》,刘伯山主编:《徽州文书》第3辑第3册,桂林:广西师范大学出版社,2009年,第135页。
⑥ 《清乾隆四十三年四月方美宣等社会合同》,俞江主编:《徽州合同文书汇编(点校本)》,桂林:广西师范大学出版社,2020年,第1262页。

十一年(1756)胡、庄、姚、项、洪、朱五社人等议定赛会,其祭祀对象是关公、胡元帅、赵公等。① 可见,清代的社祭已经泛化,同民间信仰无异。当然,我们的研究不限于"社"的祭祀,其他民间信仰的神会也囊括在内,由于它们的成立、管理与运行没有差异,故放在一起说明。

第三节　神会的成立

神会组织的成立始于神会合同,经管过程中也经常使用合同。神会合同,是乡族人等以祭祀公共神祇为主要目的,共同合议约定出资敬神、经管会产、厘定会规的合同文书。也就是说,合意形成组织规范是神会成员达成集体意识乃至集体行为的常见方式。

一、神会合同及其作用

首先来看《清道光八年八月太子神会邀会合议》,这是一件典型的以祭祀本地神祇为目的的神会合同:

> 立合议本境太子神会,今邀八股,每股科出干扇谷贰十斤,共计壹百陆拾斤。归付值年人生放起息,挨年本利交清。日后可置产业,不以丁多丁少,照丁拗众,不得违拗。倘有不愿来者,将谷本退还无辞。亦不准会内人借,倘有本会私借者,甘罚七十钱伍两正。日后各股分居,照原一股面议。每年两次敬神散席,只无异言。立此议单八纸,各执一纸,永远大发存照。
>
> 道光八年八月十五日立合议人　高寿女(花押)②(后略)

---

① 《清乾隆二十一年九月胡、庄、姚、项、洪、朱五社人等齐议护赛会合同》,俞江主编:《徽州合同文书汇编(点校本)》,桂林:广西师范大学出版社,2020年,第1240页。

② 《清道光八年八月太子神会邀会合议》,俞江主编:《徽州合同文书汇编(点校本)》,桂林:广西师范大学出版社,2020年,第1351页。

合同中，成立太子神会的目的，是每年两次"敬神散席"。同时，共同集资的会产可"付值年人生放起息""日后可置产业"，约定罚则，对于违反规定"私借"的会员"甘罚七十钱伍两正"。

若通过内容或格式辨别神会合同文书，大致如下：

首先，合同的题头。多以"立议某某神会"开头，附以神祇名称，指明本会是为敬何神而立。其次，内容。一般分为三部分：一是言明众会友出资方式，如"本里邀同公议雷祖神会，每名输出干谷贰砠，干小麦叁砠"①；二是经管方式，如"其会二人合管，十个月为满，将账算清，以交下首，轮流交管"②；三是写明违反合同之罚则，"如若经首者交众不清，照依本利倍偿无异。其有出会者，罚银一两"③。复次，合同的尾部套语。往往是"立此合同，一样（几）纸，各执一纸"等语。最后，合同的署名。签名形式上，神会合同与其他合同差别不大，也是签名加"押"或者"花押"。但仔细辨别，会发现神会合同的立约人异姓多，一份神会合同可能涉及几个姓氏。这也是神会不同于祀会的一个重要特征。神会的成立没有太多的"身份"与血缘限制。当然，有的家族内部也有神会的成立。

以上要件不需全部出现在同一份神会合同里。简言之，神会合同的前提应是合同，一份合同若含有成立或者经管何种神会的内容，它便是神会合同。

若将现有《徽州千年契约文书》《徽州文书》以及《徽州合同文书汇编》中有关神会的合同文书加以整理与辨析，会发现神会合同的作用大致有二：

其一，设立组织。即人们以祭祀公共神祇（如"太子神""关公""汪公""社神"等）为主要目的，共同合议约定出资敬神。合同的用意是表明这一组织的成立，大家要共同遵守约定，履行合同所规定的义务，享有其带来的权利。前文的"太子神会合议"即设立神会的合同，首先约定"每

---

① 《清嘉庆二十三年十月汪大旺等立议墨合同》，刘伯山主编：《徽州文书》第1辑第2册，桂林：广西师范大学出版社，2005年，第226页。
② 《清嘉庆十一年十月郝、方、佘三姓人等立议合同》，刘伯山主编：《徽州文书》第3辑第3册，桂林：广西师范大学出版社，2009年，第135页。
③ 《清乾隆三十八年二月吴、江、夏姓人等立议墨据》，刘伯山主编：《徽州文书》第3辑第4册，桂林：广西师范大学出版社，2009年，第33页。

股科出干扇谷贰十斤",进而"生放起息""置产业",再是会友享有的利益"每年两次敬神散席"。

其二,经管组织。设立神会时就涉及经管规则,而在神会的运行中,又有补充合同,这主要是为完善经管神会而立。如《清乾隆四十二年八月徐声远神会合同》:"嗣因人心不古,将前会本银挪借侵吞,以致岁时祀费无出……由(尤)恐日久法弛,仍蹈前辙,兹特身等对神公议规条,以图永远。"[1]神会运行时存在违规现象,导致神会会资虚空,于是重新约定调整会规。这种类型的神会合同,是在原有神会的基础上,为了完善神会经管而进行的补充约定。

概言之,神会合同是人们围绕神会组织进行活动的共同约定。合同将会员之间的共同需求联系起来,有设立组织规范的合意,也有变更组织规范的合意。

二、神会的设立约定

神会设立之始,立会人通过合同的形式约定神会的基本"章程"。笔者查找到16份神会合同[2],这些合同是为太子神、关圣帝君、雷祖、仙圣姑、社公神、汪公、李王等神明而立,其中有些约定是共同的。

(一)出资

就神会合同而言,约定出资与出资方式是基本内容。如上文太子神会合议中约定"今邀八股,每股科出干扇谷贰十斤"。八股的总和是160斤,其是太子神会的资本,这是实物出资。也有货币出资的形式,如"踊跃认名,各出财,计钱七百五十文"。[3] 还有实物资本和货币资本混合的形式,"合议各出钱、谷编立,首人经营生放"。[4]

---

[1] 《清乾隆四十二年八月徐声远神会合同》,俞江主编:《徽州合同文书汇编(点校本)》,桂林:广西师范大学出版社,2020年,第1260页。

[2] 其中,清代14份,民国2份。

[3] 《民国二年十一月得士川有名人等立议合约》,刘伯山主编:《徽州文书》第4辑第10册,桂林:广西师范大学出版社,2011年,第150页。

[4] 《清乾隆四十年八月士诚等立合同文约》,刘伯山主编:《徽州文书》第1辑第10册,桂林:广西师范大学出版社,2005年,第455页。

(二) 放贷

集资完成后,便是"生放起息",也即放贷,是将会资出借于他人,他人经过一段时间使用,归还本金加利息。"生放起息"这种职责一般由首会人行使。会组织的首会人经常变动,称"轮值"。在神会账本中可以看到会首轮值的情况,如《嘉庆祁门佛会账簿》,雍正六年(1728)的首人是世茂与正序,雍正七年(1729)是邦哲与上琮,至雍正十二年(1734)又是世茂与正序。① 放贷生息是神会运营的基本形式。神会通过资本运作,渐渐积累资本,为购地买田作准备,即所谓"日渐生息,续置恒产"②。

为保证会资良性经营,在设立或者经管神会时,都会对会资贷借方式进行规范约定。常有的规定:

一是,在会之人,不得私借会银。神会的会友是出资人,出资人自己从神会中借贷,是经常现象。但神会一般强调不得"私借"。意思是,借贷需要"公事公办"。如果出现"私借",对于经管神会的会首来说,碍于出资人的原因,放出的会资回笼与利息收益可能延缓或者不能履行。神会资本就会短损,最后组织运行难以维持。

二是,会外之人移借,需要抵押。如某关帝会规定:"倘会外之人移借,务须要立券,将田业底(抵)押方可。"③神会的会资是为敬神而集,敬神之余为保证会资永续,需要让资本流动生息,亦要防止借贷者不履行返本付息,所以在借贷时要求有抵押,一定程度上是为了保证会资稳定。

(三) 迎神坐会

迎神坐会,是神会组织建立及运行的一项必要义务。通过迎神坐会,

---

① 需说明的是,该账簿立于雍正五年,文本中记载康熙二十八年建会,供奉的是"韦驮"。账本虽定名佛会账簿(编者定),但从序言可知,仍是村中自设的一处庙所,供奉的是佛教中菩萨而已。就"会"的会规、运作规则而言,同普通神会组织并无二致。账簿载有雍正六年至嘉庆二十年的账目,有参考价值。参见《嘉庆祁门佛会账簿》,王钰欣、周绍泉主编:《徽州千年契约文书》(清民国编)第11卷,石家庄:花山文艺出版社,1993年,第3—190页。

② 《民国二年十一月得士川有名人等立议合约》,刘伯山主编:《徽州文书》第4辑第10册,桂林:广西师范大学出版社,2011年,第150页。

③ 《清乾隆四十二年八月徐声远神会合同》,俞江主编:《徽州合同文书汇编(点校本)》,桂林:广西师范大学出版社,2020年,第1260页。

会友可以表达对神明的敬意,得到神明的庇佑。迎神坐会的形式因会而异,但基本有以下几个方面:一是请神,即迎神仪式;二是巡游;三是演戏;四是会宴;五是送神。后文详述。

(四)退会

此规定,并不是每份神会合同都会约定。每个神会在成立时,都希望会友不出会、退会。因此,部分神会为避免这种现象发生,用合同约定"自愿出会,先前助出资本,不得退回",①也有规定"其有出会者,罚银一两,再将会本一并入众"。② 当然,也有退本无利的,"倘有退悔,公众退还银伍钱,有本无利"。③ 这些约定旨在保障神会会资的稳定。

我们还经常看到神会会友卖会股的情况。如宣统元年(1909)潘阿吴氏同男崇汉、崇顺将老太子会一个合身半股出卖。包含的权利是:"田亩租花、银钱、锣鼓、响器、旗一并在内,听凭上会交下会,每年正月十二日结(接)神,此会吃会。"④这种情况实际上是通过出卖神会之会员资格(参会)和财产权利退会。

第四节　神会的经管

神会作为一种类主体⑤的组织,在赋予会首经管会的职能后,参与到

---

① 《清光绪五年四月黄育万、王玉成、胡正财、韩天福等立议三四都四保越国汪公圣会合文》,刘伯山主编:《徽州文书》第4辑第3册,桂林:广西师范大学出版社,2011年,第49页。
② 《清乾隆三十八年二月吴、江、夏姓等立议墨据》,刘伯山主编:《徽州文书》第3辑第4册,桂林:广西师范大学出版社,2009年,第33页。
③ 《清嘉庆十一年十月郝、方、余三姓人等立议合同》,刘伯山主编:《徽州文书》第3辑第3册,桂林:广西师范大学出版社,2009年,第135页。
④ 《清光绪二十一年正月吕日高定立契簿之四十》,刘伯山主编:《徽州文书》第3辑第4册,桂林:广西师范大学出版社,2009年,第234页。
⑤ 主体,是一个历史性的概念,17世纪以来的近世哲学才将"主体"对应在有理性的"人"上。现代法律,将现实中的人转化为法律上的人,使得人能够标准性、制度地呈现,也就是法律抽象。法律上的人即人格化的人,是为了满足法律本身的普遍性。类主体,实际是人的集合体,能够拥有财产和参与现实经济生活,享有一定的权利并应付相当的义务。如果要作为法律上的主体,必须经过法律确认和改造。

经济生活中。为了让神会能够长期运行,减少每年会友的出资,由会首代表经营会资。要了解神会组织如何在经济生活中运行,需以神会参与经济生活的交易规则和神会日常管理为着眼点。

一、神会的经营

(一)买卖

买卖会产是经营神会的一种方式。神会通过这种方式来扩大规模,或者解决运营中的困难。如乾隆二十年(1755)江从震卖祖坦给汪公会:"立卖契江从震,今来无银支用,自情愿将承祖坦壹处土民(名)茅山垅计坦二片,共租壹砠系经理生字壹仟伍百玖拾号,计地税壹分叁厘整,其坦新立四至,东至　,西至　,南至　,北至　,四至内尽行立契出卖与汪公会名下为业,三面议定,时直九五足色银二两二钱六分整,其银当日收足,其坦即听受主收租管业,如有来历不明及重迭交易,内外人声说,尽身支当,不管受主之事,自成之后,两各无悔,今欲有凭,立此卖契存照。"①该卖契表明江从震将祖坦"田骨"(收租管业)卖与汪公会。这是汪公神会在购置产业,是买入。

神会也有卖出产业的情况,如嘉庆八年(1803)关王会,"立杜断卖契五股关王会,今因不便,自情愿将会内豆坦一处土名清湖山顶系经理露字号,计豆租拾伍斤正,计山税三分正……立契出卖与撒日亮名下为业",②此是关王会将豆坦租卖出。从整理的卖契看,将产业卖给神会的情况较多。相反,神会自身卖产业的情况较少。可以说明,神会在经营过程中会尽力保有自身资本,无特殊情况,不会变卖会产。

(二)租佃

神会也会将自己的产业租佃出去,以收取租金的方式来扩充自己的收益。如嘉庆十年(1805),徐国玉"今承到程关帝会程元祝、加灿、加璜

---

① 《清乾隆二十年四月江从震立卖坦契》,刘伯山主编:《徽州文书》第1辑第5册,桂林:广西师范大学出版社,2005年,第82页。
② 《清嘉庆八年二月五股关王会立杜断卖豆坦契》,刘伯山主编:《徽州文书》第1辑第3册,桂林:广西师范大学出版社,2005年,第7页。

等梓木源山一号",这份承佃山约是承佃人租到程姓关帝会的山业,自己种植,且租金一次性交付,租期十二年。① 再如,光绪十年(1884)又五月金成发立承茶柯字,"今因承到朋从关帝会名下三保土名……二号,尽数系身承值,前去开拨……采摘之日,迭年五月初二日交纳租洋二元二钱,不得短少"②。这是承租人租地种茶,卖茶后交纳租金。

在神会拥有固定产业后,通常是采取出租的形式经营。下文所引祁门佛会账簿中的"租谷",也是该会主要的收入来源。

(三)典当

典是清代产业交易中的一种常见形式,有学者认为,"在清代,典在本质上是一种过程性的卖"。③ 神会组织在经济生活中,也会采取出典或受典的形式来经营会产。嘉庆十三年(1808)的一份程姓关帝会退田契抄白可说明此种交易形式,"立退契人程关帝会加灿、起霁、元祝、加财、加偕……是以倬堂弟元僖托中向会内将原价取赎,其价比即付讫"。④ 这份退契表明,先年元倬将田业出典与程姓关帝会名下,后其堂弟元僖用原价取赎,将产业权利赎回。有关神会将产业出典与他人的契约文书,查找已有文书资料,同神会卖产业文书一样,也较少。但这种方式是存在的,如乾隆三十二年(1767)"九莲山弘仁会"立典约,"今因不便,原典田一处……凭中出典与金名下为业"。⑤

还有"当"的交易,如嘉庆二十四年(1819)韩士豹当地给关帝会,"立当契人韩士豹,今将土名板橙形实租一砠凭中当到关圣夫子会内,九七色河平银贰两伍钱正,言定每年交租一砠,不得短少,如租不交,听凭会内管

---

① 《清嘉庆十年七月徐国玉立承佃山约》,刘伯山主编:《徽州文书》第 1 辑第 8 册,桂林:广西师范大学出版社,2005 年,第 103 页。
② 《清光绪十年又五月金成发立承茶柯字抄白》,刘伯山主编:《徽州文书》第 1 辑第 10 册,桂林:广西师范大学出版社,2005 年,第 504 页。
③ 李力:《清代民间土地契约对于典的表达及其意义》,《金陵法律评论》2006 年春季卷。
④ 《清嘉庆十三年十月程关帝会加灿等立退田契约抄白》,刘伯山主编:《徽州文书》第 1 辑第 8 册,桂林:广西师范大学出版社,2005 年,第 127 页。
⑤ 《清乾隆三十二年二月九莲山弘仁会立典田约》,刘伯山主编:《徽州文书》第 1 辑第 4 册,桂林:广西师范大学出版社,2005 年,第 20 页。

业……"。① 这是人们将产业出当给神会,也是神会受业。神会在受当后,可以收取该地的租。

可以说,会是以聚集和增加资本为首要目的,举行敬神做会是消耗会产的主要方式,一般情况会都是尽力保有资产。出典、出当、卖产业却是减少会产的行为,相对而言比较少见,多半是神会接受典当或者购买产业,用以积累会产。所以,不到特殊情况,神会不会采取出典或卖产业的经营方式。

(四) 贷借

神会合同成立时,常提到会资"放贷生息"。放贷生息,是神会将会资出借,收取利息的一种经营方式。如嘉庆十六年(1811)韩应福妻刘氏立借字:"今将借到社会名下钱柒百文正,其钱照月二分起息,做会交利。"②这份借字约定了月利率"二分",交利的时间是每年做会之时,可以想见"会"积累财产的目的,是为迎神做会所用。这里未有提抵押,有的借约会提及抵押,如道光十八年(1838)金德楹等立借字,"今借到关帝会内大钱二千文,言定周年壹分三厘行息","再批,背后山坦约壹纸执押,如利短少短欠,听凭管业"。③ 也有执行抵押的情况,如光绪十年(1884)朋从关帝会的一份"着字",④该"着字"说的是朋从关帝会会友文保借会洋,将两处茶荈地作为抵押,一段时间后,未按照规定支付利息,于是众会友将抵押的茶荈地租于他人耕种,收取租息。

买卖、租佃、典当、借贷是神会主要的几种经营方式。其中,借贷会资是神会最基本的经营方式。通过放贷生息,神会总资本扩大,聚集到一定程度,才会进行田产等购置。当然,在日常生活中,也有他人向神会借钱,

---

① 《清嘉庆二十四年四月韩士豹立当地契》,刘伯山主编:《徽州文书》第2辑第9册,桂林:广西师范大学出版社,2006年,第102页。
② 《清嘉庆十六年三月二房韩应福妻刘氏立借字》,刘伯山主编:《徽州文书》第2辑第9册,桂林:广西师范大学出版社,2006年,第97页。
③ 《清道光十八年八月金德楹等立借字》,刘伯山主编:《徽州文书》第2辑第9册,桂林:广西师范大学出版社,2006年,第108页。
④ 《清光绪十年又五月朋从关帝众会友文保等立着字》,刘伯山主编:《徽州文书》第1辑第10册,桂林:广西师范大学出版社,2005年,第321页。

用田产等做抵押,或者向神会出典田产从而获得现金。这两种形式也可使神会拥有田产的使用权、收益权。神会在拥有田产等固定资产后,便同家户一样,出租产业以获取收益。

二、神会的日常管理

神会的日常管理是神会组织运行的必要事务。为了神会的正常运行,神会会对违反会规的罚则、调整经营、迎神赛会、神庙事务等加以规定。

(一)处罚有违会规的行为

若要确保神会持续,需对违反合同的行为作出处罚,以儆效尤。如歙县北山岭关公神会,因为在经管的过程中,轮值会首吴路来将会产田先卖给他人,时间不久,又从买家手中买为己业,更为过分的是,存在私吞利息的情况。神会采取"投鸣"的方式请求绅董调处干预。① 随后,神会重新拟定会规,《清后期关圣帝君神会会规序》:"前因坛下禄来接理会首,霞坑潘△△坐落土名田庄水田壹丘,凭中书契当神会内,未延一旬,变易会首禄来为己业,明假神会户名,硬取半年利息,暗自藏身,未付众账,利己废公,不思慢神之罪……姑念会户相联,罚出银香烛炮。"②从序言里可以看到,神会对于会首禄来(路来)在轮值期间假公济私、以私废公,借神会之名将一田业半年的租息收入自己囊中的行为作了处罚,同时对会规做出调整,以免类似事情再次发生。

(二)调整经营规范

神会遇到经营漏洞时,会召集会户重议会规。如乾隆四十二年(1777)徐声远神会,"嗣因人心不古,将前会本银挪借侵吞,以致岁时祀费无出。草率从事,非以昭诚之敬道也。我等复创义举,又捐资生息,以为祀费。由(尤)恐日久法弛,仍蹈前辙,兹特身等对神公议规条,以图永

---

① 《清后期北山岭关公神会众等具投词》,刘伯山主编:《徽州文书》第4辑第9册,桂林:广西师范大学出版社,2011年,第423页。
② 《清后期关圣帝君神会会规序》,刘伯山主编:《徽州文书》第4辑第9册,桂林:广西师范大学出版社,2011年,第424页。

远。自议之后,凡在会之人,不得移借会银。倘会外之人移借,务须要立券,将田业底(抵)押方可。司轮管会之人,通知众会友,公放公收。在会者,不得与会外之人私相授受移借。倘如不遵,私借与人者,查出公同坐索,归取本利。不得倚势将会折开,如有此情,不但罚去会内之股法,外罚银壹两,以充公用。"①

合同言明"向有关帝神会",但发生了"挪借侵吞"的状况,导致敬神做会之时,祀费无出。为此,重新公议会规,并对会资的运作加强管理,强调"公放公收"。另外,还约定了罚则。

神会在调整经营中,也会针对具体事件进行约定。如《清道光九年三月关帝君会经管合同》,此份合同调整的是关帝会的租业,其小买田一业本是租于会内人等耕种,但会内人士顺承种时常欠租,兆法承种又顶于会外之人,导致关帝会产业废弛,收益减少。于是公议合同,希望会内人等为使神会长存,能够继续管业承种,负起经营责任。②

(三)维护神庙

神庙是供奉神明和日常祭祀的场所,有些神会有庙宇以及配套的一些庙产。如乾隆十四年(1749)邱玉春同弟玉柯卖屋给"三官会","今因无银支用……将承父阄分坐落本都三保土名……阄得东边代三间房壹间……凭中出卖与三官会内人名下管业安奉香火……",③这是神会在购置庙宇庙产,用于供奉香火。神会为让神明香火长明,会将庙产出租,令承租之人负责供奉香灯及庙宇的日常照看等。如《清同治元年四月吴梁发立承住庙约》所说,吴梁发承住中秋会之土主庙,并耕种属于庙产的坦园。他的义务是,节届神期以及每日烹茶、打扫、供奉香灯。④ 这种照管并非没有实际收益,其得到的好处便是庙屋的居住和附近庙产的耕种所获。

---

① 《清乾隆四十二年八月徐声远神会合同》,俞江主编:《徽州合同文书汇编(点校本)》,桂林:广西师范大学出版社,2020年,第1260页。
② 《清道光九年三月关帝君会经管合同》,俞江主编:《徽州合同文书汇编(点校本)》,桂林:广西师范大学出版社,2020年,第1352页。
③ 《清乾隆十四年六月邱玉春等立卖屋契》,刘伯山主编:《徽州文书》第1辑第6册,桂林:广西师范大学出版社,2005年,第34页。
④ 《清同治元年四月吴梁发立承住庙约》,刘伯山主编:《徽州文书》第1辑第9册,桂林:广西师范大学出版社,2005年,第67页。

(四)杂务

神会也有一些杂务,如装塑神像、迎神赛会的请工等。神像会褪色失去光泽,为了神像重新焕发光彩,神会会将神像重新装塑。如《嘉庆十六年姚廷拔装塑神像文约》,"立承约人旌邑姚廷拔,今承到祁北善和上界社会首人张士坚、叶于兰、汪兴茂等众社会名下社令尊神四尊,金身二尊,装彩二尊,是身承去装塑"。① 这是一份承揽约,承揽的是祁门一个"社会"的神像装塑工作。除有现金工钱外,还有实物工钱"鸡两只"。装塑神像,是神会中的杂务,但又必不可少。逢迎神做会时,杂务更多。如迎神赛会进行,就需要请工,并支付人工费。休宁"敬圣会"收支账簿中记载:"辇八名,四十,乞。轿四名,四十。(批)改加六十,乞。伞八名,二十八。(批)三十,乞。抬阁十六名,三十五。(批)改加四十,乞。旂八名,二十。(批)三十,乞。遮阳,二名,二十。(批)三十,乞。"② 可见,杂务事无巨细,都需要人力和资金的支持。

(五)迎神赛会

迎神赛会是神会订立的目的,人们认为采取此种形式酬神,能得到神明的庇佑。其程序一般如下:

其一,请神,也即迎神仪式。先是轮值会首准备好告文或祝文,通知其他会首户和村民参加。各会首户齐集并点名,然后前往神明所在庙宇地迎接神明。实是迎接神明的神像。如休宁县十三都三图的村民组织"祝圣会",祭祀越国汪公、九相公、胡元帅等神灵,《祝圣会会簿》中便有对于召集会友、点名、迎神的记载。③ 告文或祝文的内容与社祭颇为相似。如科仪类书《常请十庙祀典》记载:

---

① 《嘉庆十六年祁门姚廷拔装塑神像文约》,王钰欣、周绍泉主编:《徽州千年契约文书》(清民国编)第2卷,石家庄:花山文艺出版社,1993年,第195页。
② 《民国休宁敬圣会收支总登账》,王钰欣、周绍泉主编:《徽州千年契约文书》(清民国编)第18卷,石家庄:花山文艺出版社,1993年,第411页。
③ 夏爱军:《明清时期民间迎神赛会个案研究——〈祝圣会会簿〉及其反映的祝圣会》,《安徽史学》2004年第6期。

伏以神通有感,圣化无私。凡有祷求,必蒙感应。炉焚信香,先伸关请,当界四值功曹,传此信香,奉为今据大民国江南徽州府婺源县浙源乡嘉福里方思山新兴社,奉神(或保平安、或隔岁、或某事、叩请福事)保安子弟△△等以今△年△月△日,盖为△事,供就(长空、门轩)拜请十庙众位神祇,光降(长空、门轩)受领△△福事,端伸拜献。有此情由,伏烦神力,爽此信香,虔诚百拜礼请,拜请齐云胜镜……(笔者按:后多是各种神明的名称及该做的事)①

这份科仪书是民国的抄件,内容当是沿袭清代。后面还有《回盘转案》,用于祭祀孤魂野鬼;《正月月半上豆腐祝文》,用于五谷之神,实是祭社;《阃村栓灯祝文》,全村胡、洪、吴三姓众等祭社公社母及掌管病、文教、禾苗相关功能的神明,他们是社神的延伸;《春秋社请社稷祝文》,用于春秋祭社;《除夕送门丞、土地祝文》,祭自己家庭的门神、土地神;《元旦接土地祝文》,前送后接,代表一年的轮回。从这些祝文中能够发现,婺源浙源的各种祭祀无不与社祭相关,请神的过程基本大同小异,只不过分时间,或者延伸出其他祈求功能,或者将神明从公共领域联系到自己的家庭,形成一个信仰的共同体。

其二,巡游。迎神仪式结束后,人们抬着神像游行,称作"出游"或"出巡"。明嘉靖《徽州府志》记载了巡游盛况:"歙休之民,舆汪越公之像而游。云以诞日为上寿,设俳优、狄鞮、胡舞、假面之戏,飞纤重髦,偏诸革鞘,仪卫前导,旗旌成行,震于乡井,以为奇隽。"②这是明代歙、休之民以汪公为祭祀对象的巡游,有抬神像,服饰扮演,似乎汪公身临其境。离徽州不远的苏北也有迎神赛会,先是双面大锣开道,锣鼓后面是"回避""肃静"的"虎头牌",让大家知晓菩萨大驾光临,沿街各家及住户纷纷于门前候驾。接下来是彩幡,少则五六对,多则上十对,五色俱全,绣有龙凤。紧跟其后是玻璃牌灯,接着是玻璃彩灯、琉璃彩灯,有各色花样或者狮子、大

---

① 《民国十九年蒲月胡义盛抄〈常请十庙祀典〉》,刘伯山主编:《徽州文书》第2辑第3册,桂林:广西师范大学出版社,2006年,第4页。

② 嘉靖《徽州府志》卷二《风俗》。

象、麒麟。再是各种神仙所用的兵器、銮驾行头,还有约五百人的队伍扮演各色神仙鬼怪。行进中,完成各种仪式表演。① 可谓壮观。

其三,演戏。在举行迎神赛会活动期间,经常伴有"演戏"。歙县《丰南志》载:"五月十三日关帝圣诞,致祭演戏,戏已停多年。六月初旬,仲昇公祠前演戏酬神,传之已久。"②《新安竹枝词》有:"岩镇迎神正月九,路口禳灾三月三,七月荷花镫苦热,琵琶十月演溪南。"③徽州绩溪伏岭村,光绪年间有"舞回"班,每年正月十五至十七共演四晚,每晚五节,即开台、跳狮和三个折子戏。开台多是徽、昆神话舞蹈剧目,歌颂升平,欢乐吉祥。跳狮,即"舞回",目的是镇邪压灾,再是折子戏。④

在迎神赛会的过程中,演戏的目的是"酬神"。那为何迎神赛会使用"演戏酬神"?王国维认为:"后世戏剧,当自巫优二者出。"⑤即戏剧发端于原始巫术礼仪、宗教祭祀礼仪。可以说,演戏与酬神早有关联。

其四,会宴。在请神、游神、演戏酬神之后,便是会友间的"会宴"。"会宴"是分享神的赐福。所食之物,是敬神撤下来的祭仪,神明先享用后,再由会众享用。当然,人数众多时,也会另外备置菜肴,分享神胙只是一种象征形式,重点是在活动中得到神明的赐福。

其五,送神。有迎神便有送神,送神即是送神归位,有的则是"送神上殿"。如休宁"祝圣会",轮值会首要主持仪式将神像送还玉山殿上。⑥

迎神是会众邀请神降临到自己的生活领域。游神则通过一定的路线安排,请神明视察自己的生活领域,通过舞蹈、音乐、服饰扮演等艺术形式彰显神明的威严和力量,同时使用一定的仪式表达人与神的沟通,期盼神明能够保佑自己。演戏酬神是希望神明能够看到人们生活世界的景象,

---

① 王根法:《姜堰迎神赛会》,《东南文化》1995年第2期。
② 吴吉祜:《丰南志》卷一《舆地志·风土》,《中国地方志集成·乡镇志专辑》第17册,上海:上海书店,1992年,第256页。
③ 许承尧:《歙事闲谭》,合肥:黄山书社,2001年,第207页。
④ 陈元贵、魏学苑:《迎神赛会场域中的宗族盛典——明清徽州民间舞蹈的二维解析》,《南京艺术学院学报》2012年第1期。
⑤ 王国维:《宋元戏曲史》,《王国维戏曲论文集》,北京:中国戏剧出版社,1984年,第6页。
⑥ 夏爱军:《明清时期民间迎神赛会个案研究——〈祝圣会会簿〉及其反映的祝圣会》,《安徽史学》2004年第6期。

并借用神话故事、圣贤事迹来教化民众。会宴是分享神明的恩赐。送神则是神与人沟通的结束,人与神回归各自的世界。

(六)接受日常酬神捐献

接受捐献也是神会日常管理的一种,相比其他管理活动,它会产生一定的收入。这种收入不是来自普通的人与人的交易,而是来自"人与神"的交易。如《祝圣会簿》载:"汪懋懿请龙烛壹对,诞男酬神(康熙十三年收)",康熙十八年(1679)正月:"又收汪懋谷酬圣银二钱,又收汪佑生酬圣二钱,又收吴昌振酬圣银二钱。"①这些收入,是会众在日常生活中有吉祥之事或遇见困难,需要酬神,而捐献给神会的一种会产。从性质而言,不是神会经营所得。

综上,神会的维持需要以下两个因素:

一是经营会产,包括买卖、租佃、典、借贷等。神会买卖会产是双向的,既有买入,也有卖出。租佃主要是神会将田产等出租并收租。典会产有出典与受典之分,一般是普通家庭将产业出典给神会,神会受典。借贷会资则是神会将会资出借,一段时间后,收取本利。

二是日常管理,有处罚、调整规范、维护神庙、杂务、迎神赛会、接受捐献等。处罚,即神会对于违反神会合同的会户予以处罚。调整规范主要是神会对于自身运营等规范予以修改和变更。维护神庙则是神会将神明供奉居所出租并由承租人经管的行为。杂务多是神会的一些"琐碎公务",不常见但必不可少,如神像装塑、请工等。迎神赛会是神会管理中的一项重要职能,要求神会在规定的时间举行大型祭祀活动,以神会会产筹办祭礼,敬献神明。接受捐献是神会经营以外获得收益的形式,人们日常生活中为了自我安定,采取"奉献—索取"的方式与神明沟通。这种方式与迎神赛会背后的想法一致。

为使神会运行更清晰,绘图如下:

---

① 转引自陶明选《明清以来徽州民间信仰研究》,上海:复旦大学博士学位论文,2007年,第74页。

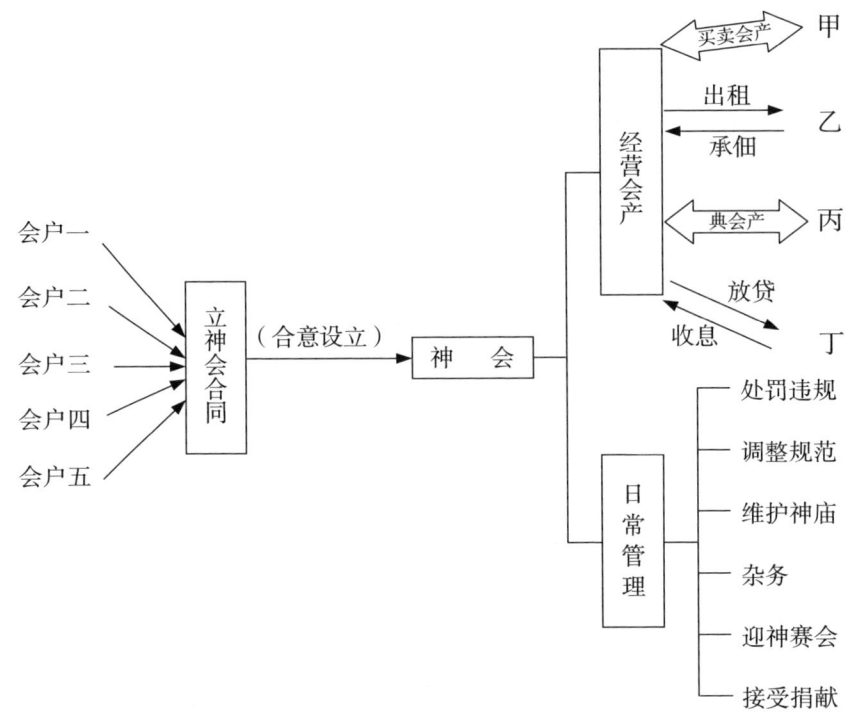

图 3.1：神会运行及组织示意图

三、营利与非营利：神会的组织结构转变

神会在建立时本是一个非营利性的组织，缘何转变为营利性？实际上，非营利组织转变为营利组织，其组织结构也发生了变化。神会在集资举行迎神赛会阶段是一个"消费型"组织，而进入放贷生息、购置田产阶段，则转变为"消费型+生产型"组织。在"消费型"组织阶段，存量资本不稳定，且无时间性流动，经济规模不会增长，神会的稳定性较弱；进入"消费型+生产型"阶段，存量资本会增长，经济规模也相应扩大。一定时间后，神会总资产会增长，从而神会的稳定性加强。

假设某一神会，有八股，每股出 20 钱。第一年为 160 钱，年利率 10%。第二年的资产总量是，$160+160×10\% = 176$ 钱。以此类推，第 t 年后的资产总量是：$160×(1+10\%)^{t-1}$。当然，这是理想状态。一般的神会都会有收入和支出情况。支出主要是迎神做会的开支。如果开支大于收入,神会的运作仍然需要会户的集资。如休宁的"敬圣会"账簿记录宣统元年(1909)的账目,首先列明收小茂钱、和兴钱等,①未说明是何种收入,据后面宣统三年(1911)的记录,"小茂山身钱一百〇五,和兴屋租钱八百一十,兆茂洋利钱二百八十",②应是指会的租金、利息等。

再看宣统元年的清算记录:

> 共支出钱拾七千八百廿文;共收回下会钱七百〇五文;两共除收,净支钱拾七千一百十五文;一、二、三、四、五会共收钱拾七千一百十五文。两比清讫,仍每会派钱叁千四百廿三文。又支钱二百五十,付还回下街马;又每会派钱五十文。③

显然,会的经营收入并未使用,敬神做会的支出主要是五会人等共同集资完成,仅补充了下会部分收益。由此可知,部分神会在设立之初,所集会资并不直接使用到迎神赛会活动中,集资是为放贷生息,待会资增长到一定规模后,开始进行购置田产等。有了田产等固定资产后,神会资产便开始使用到迎神赛会等神会活动中。如祁门佛会账簿记载:"雍正九年四月初八日揭算,收八年分租谷,共收早晚租谷壹佰五十二秤六斤半。"中间记录了做会、晒谷、首人酬劳、租借谷等支出。年终的核算是:"仍剩谷二秤十六斤。"④祁门佛会设立于康熙二十八年(1689),到雍正九年(1731),通过约四十年的长时间经营,有了田产等固定资产,收益颇丰,不再需要会户出资办会。

当然,"会"的经营是一种市场活动,每个"会"都有自己的经营方式,不同的方式也就决定了"会"的发展与衰败。

---

① 《民国休宁敬圣会收支总登账》,王钰欣、周绍泉主编:《徽州千年契约文书》(清民国编)第18卷,石家庄:花山文艺出版社,1993年,第418页。
② 《民国休宁敬圣会收支总登账》,王钰欣、周绍泉主编:《徽州千年契约文书》(清民国编)第18卷,石家庄:花山文艺出版社,1993年,第435页。
③ 《民国休宁敬圣会收支总登账》,王钰欣、周绍泉主编:《徽州千年契约文书》(清民国编)第18卷,石家庄:花山文艺出版社,1993年,第426页。
④ 《嘉庆祁门佛会账簿》,王钰欣、周绍泉主编:《徽州千年契约文书》(清民国编)第11卷,石家庄:花山文艺出版社,1993年,第14—16页。

第五节 神会的会(社)际联动

神会作为一种组织,并不独立存在于乡村社会。由于共同的神明信仰(诸如关公、汪公等信仰,特别是社神信仰),加上"会""社"的自由结合性质,在共同的祭祀圈内,不同神会之间可能发生交互式的会际联动。

一、轮流接应神明坐会

社坛、社屋或者社庙,按照要求应该建在"里"这一行政层级,但是,作为组织的"社会"又是家户自由结合。此外,其他的神庙,也并非单个神会可以创建和维护,往往是多个神会共祀一庙。这也就决定了各会社人等需要协调祭祀秩序。来看一份光绪年间的三社人等协议轮流接应神明坐会的合同。

> 立墨据永丰、云川、竹川三社人等,兹缘昔年木庄背与竹党以永丰社合为一社。于三月十三日,尊神出坛,两处协同迎接,本属神畅人怡。后因各建社庙,木庄背仍是永丰社,而竹党易为竹川社,致生嫌隙,遂失和同。由来竹党数年来尊神未接,乃因声气之不孚,遂灭神祇之烟祀,将何以对神灵乎。故云川社内,请托亲邻,从中劝解。言定每年正月十三日永丰社至云川社接神,拾四连坐,十五日云川社至永丰社接神,拾六日竹川社至云川社接神,只接不送。尊神装銮,十年一次,须要三社合同议事,其使用从三社照依壮丁派出。至于三朝开庙门,云川社先接游神;第四朝,竹川社至云川社近接游神;第五朝,永丰社至竹川社迎接游神,并坐漆水一月,云川社再接至庙,毋得异言执阻。但愿神灵有感,家家广和乐之休,户户享清平之福。恐口无凭,立此墨据,永远存照。
>
> 再批,尊神系云川社过年,正月十二以前,当日接送至十七。会满以后,只接不送。原笔又及。

又批，三处社公牌三位，开光下坛，连坐神台。出坛前后，各听师人发付。毋得恃强争论。又及。

光绪十三年四月日立墨据①（后略胡、汪、项、吴、方、凌、程、冯、李、洪等姓签名）

这份合同系永丰、云川、竹川三社人等定立，涉及姓氏多达10个。合同中讲到，过去木庄背和竹党共一社，名为永丰社。两处每年三月十三，共同迎神赛会，甚是畅意。后两处都发展壮大，各自建立了社庙。木庄背还是尊永丰社，而竹党改为竹川社，实际是自立"门户"。这也就导致两处分社失和。

"木庄背"和"竹党"应是两个自然村落。有的社是多个自然村落共祭，如未分社前的木庄背和竹党即是共祭"永丰社"。有的自然村落可能是本村为一社，即所谓的村社。比如下文引用的《清咸丰七年一月思义社内人等禁约合同》之"思义社"即是由江姓人等建立，是一个单姓村落的村社。自然村落坐大以后，祭祀秩序上就有了自己的独立需求，可能分社立庙。

但是庙的香火不是凭空产生的，需要从高一级的庙分"香火"，神明轮坐，才具有祭祀的"合法性"，也才能起到庇佑一地或一村之民的功能。② 竹党虽然建了庙，但并没有迎接神明坐庙，所以才有"遂灭神祇之烟祀"之说。合同中提到"云川社"在永丰社和竹川社之间调和，后面说到永丰社、竹川社到云川社接神，以及再批部分"尊神系云川社过年"，可推测云川社在三社之中的地位显著，应是总社，其他两社乃逐渐分立。如此，一个小的祭祀圈也就形成了，三社人等订立合同，约定轮流接应神明，分享神明的福泽。

---

① 《清光绪十三年四月永丰、云川、竹川三社人等尊迎社神墨据》，俞江主编：《徽州合同文书汇编（点校本）》，桂林：广西师范大学出版社，2020年，第1483页。

② 关于分香火、祭祀圈的相关研究，可参见林美容《妈祖信仰与汉人社会》，哈尔滨：黑龙江人民出版社，2003年。

二、共同协调会际间公共事务

共有庙、坛祭祀地址的会社,经常因为神明祭祀以及相关的公共事务(如税粮、演戏)而发生争执,或产生矛盾。会社间为了调和这种矛盾,使祭祀秩序得以继续有序运行,也采用订立合同的方式进行协调。如乾隆二十一年(1756)九月五社人等齐议护赛会合同记载:

> 立议合同胡、庄、姚、项、洪、朱五社人等,今因乾隆二十壹年九月十九日游神出村,因关、胡二公坐次挨小,及二十日演戏之事,俱被洪姓不法,以灭神威,五社不能祀神恭敬,而且为首之人,俱已受洪姓之忿。故邀集冠者齐聚公议,俟后五社游神本里并出村,只理关、胡二公,其如神圣,一概五社不理。但神戏公论,屡年稂火净醮壹坛谢神为规。所议之间五社内胡、庄二姓言值,五社之内庙基地、社屋地、戏台地,该内有壹半税粮,其税胡、庄二姓永护神威,俟后无得出与他姓。已(以)后五社演神愿戏,及抬赵公神轿,并内公事,倘遇不法无耻之人争论阻执及行凶者,一概五社齐集相商。或有呈公理论,一切等事,一应五社人等公议公派,无得推委躲避。倘有违拗及内事而外扬者,干罚白银壹两入众公用无辞。恐口无凭,立议合同五纸,各领壹纸存照。
>
> 乾隆二十壹年九月日立议合同五社人等 ①(后略)

该合同是五社人等所立,有六个姓氏。合同提到共同祭祀的神明是关、胡二公,即关帝和胡元帅。合同订立的起因是洪姓打乱了关、胡二公坐次以及演戏之事。从后文的叙述中,可以推知真实原因可能是神会产业之税粮以及演戏公摊不平。

新的规定是,五社只尊关、胡二公,由胡、庄二姓值年。当然,胡、庄二姓要负担庙基地、社屋地、戏台地一半的税粮。演戏之事,五社人等共同承担。对于其他神明也作了例外规定,演戏时抬赵公神轿,五社要求齐集。

---

① 《清乾隆二十一年九月胡、庄、姚、项、洪、朱五社人等齐议护赛会合同》,俞江主编:《徽州合同文书汇编(点校本)》,桂林:广西师范大学出版社,2020年,第1240页。

这份合同也反映五社同属于一个"里",祭祀时,神明需要在"里"内巡游五社,也就是合同所说"五社游神本里并出村"。可见,五社人等属于同一个祭祀圈。

三、因会(社)际联动而产生地区公共事务应对

共同的信仰以及长期会际间的联动,可以产生地区认同,并以会社联合的形式应对地区公共事务。比如,《清光绪三十二年七月桐山祖、新兴二社禁约》规定:

> 立禁约桐山祖、新兴社合社人等,为严禁不法无耻之徒事。照得本境居民俱倚农业为本,别无所靠。人人赖以养生,岂容贼寇偷盗之人,深为痛恨。是以会众,严禁无知之辈,勿怨不明之人。无论五谷、六谷、藤菜、杂项、松杉、杂木、柴草、毛笋、竹窠,一概无许偷盗。自此以后,若遇仍前偷盗者,众议罚钱入社公用。公议捉获夺得装(赃)证者,谢钱三股得一。倘有贪财卖放者,一体同罚。如有恃强不服者,众出费用,经公理论,断不容情。恐口无凭,立此禁约存照。再言偷盗不服者,失主开设筵席,挨众科抖,经公议论。
> 一议,五谷、六谷,公罚钱贰两肆钱。
> 一议,藤菜、杂项,公罚钱贰钱肆分。
> 一议,杉树、竹笋,公罚钱贰两肆钱,各样偿装,照一罚十。
> 一议,松树、杂木,公罚钱壹两。
> 一议,柴草、苞萝秸,公罚钱两钱。
> 一议,萝卜,公罚钱壹两贰钱。
> 光绪参拾二年巧月日立禁约桐山祖、新兴社二社人等首士①(后略)

桐山祖社、新兴社两社人等生活的村落附近可能发生了偷盗的事情,村民想通过立禁约来解决这一问题。我们看到,两社人有许、周、刘、胡、

---

① 《清光绪三十二年七月桐山祖、新兴二社禁约》,俞江主编:《徽州合同文书汇编(点校本)》,桂林:广西师范大学出版社,2020年,第1541页。

孙、汪等杂姓。姓氏丰富,说明没有大的家族,单个姓氏难以支应地区的公共事务。

具有组织性的"社"刚好发挥了作用,可以将零散的家庭归结在一个整体内,并联合其他具有组织性的"社",从而完成地区的认同,并约定地区的规范秩序。本禁约即是桐山祖社和新兴社两社人等针对地区治安(偷盗)的一种合同约定,规范和约束对象是两社内的所有家庭。

有的大姓家族,由于年代久远,枝叶繁盛,立有不同的分支祠堂,联系不再紧密,或者说没有总祠的统率,需要借助共同归属的"社"之名义来规范。如《清咸丰七年一月思义社内人等禁约合同》规定:

> 立议合同江思义社内人等,缘因嘉庆年间,村内未行示禁,混行砍伐,开山挖蕨,山头草木皆光,直致薪于桂矣。又值秋间,天降洪水,近坑屋宇、田地尽遭淹没倾推,大不幸也!彼时适有学福先生,观其时势,忧其村内人等,嗣后何以炊爨聊生。是以邀集各房人等公议,严禁树木、柴薪,毋得混行砍伐。数年乔木薪薪,错薪楚楚。斧斤以时入山林,材木不可胜用也。移风易俗,舜日尧天。迄今四十余年,渐至风俗颓靡,人心不古。近遭无知敢蹈不法,尔我无分,混行砍伐。斧斤无刻不入,伐木丁丁,伙集魃行戕害,山场秃秃。匪朝伊夕,彼效尔尤,观者莫不心酸,失者甚为痛恨,又不幸也。今既往不追,幸将来可咎,是以各房人等公议,重禁树木、柴薪、五禾、菜蔬、瓜果等项。嗣后,尔分明不得盗砍、偷窃。如有此情,另立条规,公议公罚。或有倚强欺弱,不得遵依条规,公同究治,断不容情。恐口无凭,立此合同八纸,各执一纸存照。
>
> 咸丰七年正月日立议合同思义社内人等
>
> 供奉思义社神会六德堂、余庆堂各房为首者,齐集同议严禁,名目列后。① (后略)

这是一份重新申立禁约的合同,共有八份,系江姓六德堂、余庆堂及祠堂下各房的首人共同所立。从合同的开头可知,签立合同的江姓属于

---

① 《清咸丰七年一月思义社内人等禁约合同》,俞江主编:《徽州合同文书汇编(点校本)》,桂林:广西师范大学出版社,2020年,第1416页。

思义社内,聚居于同一村落。用"社"的名义立约可以涵盖全村人等,亦即禁约的效力及于全村范围。

这两份禁约的性质虽有差异,前者是两社人之间的互动,后者是同社内不同房支家族的互动,但都能说明,会社之会户长时间共同参与祭祀活动,易于达成共识,应对公共秩序。

当然,我们不能将这种共识过分夸大,毕竟合同的约束力有限,随着时间的推移,以及立约范围人口的增加,破坏合同约定的事情仍旧可能发生。不然的话,思义社之江姓族人为何在四十年之后又重申禁约呢。

第六节　神会与官方的态度

明末徽州府歙县知县傅岩的《歙纪》中有"禁赛会"一则:

> 徽俗竞赛神会,因而聚集游手、打行、凶强、恶棍,不以无事为福,惟以有事为荣。或彼此夸奢,或东西争道,拳足不已,挺刃相仇。伤小则斗殴兴词,伤大则人命致讼。今即以迎神谕,尔民之迎神,以祈福也。以香花拜祝始,而以血肉淋漓、腰折臂伤终,此尚可谓之有福乎? 岂惟无福,决然降祸,何也? 譬如民家庆寿之日,有一人使酒撒泼,搅扰戏台,号呼厮打,本家岂不恶之! 此皆凶恶诸棍,挟骗愚民,酿成乱阶,莫此为甚。为此预行晓谕:
>
> 今四月八日不许赛会扮戏,致生事端。如城乡有犯者,本县访知,定将恶棍剪除,会首究罪,坊里、保甲人等,一体连坐。①

四月八日是佛诞日,这一点要注意。前文提及《大明律》的规定,在"禁止师巫邪术"条中,春秋社祭是排除在外的。言外之意,社祭是合法的,是准许的。傅岩"禁赛会"的理由是迎神赛会扰乱了公共秩序。可是

---

① (明)傅岩:《歙纪》,合肥:黄山书社,2007年,第108页。

国家法律不禁止社祭，社祭也有迎神活动，如若一同禁止，势必与国家法律不合。所以，傅岩的禁赛会有专门的限定，只是针对四月八日佛诞日的迎神赛会活动。傅岩估计也苦恼如何在"正祀"与"非正祀"之间做权衡，从而利于自己的行政。

清代官方禁止迎神赛会的思想仍在继续。比较著名是康雍时期汤斌、田文镜的去淫祠、禁赛会。汤斌康熙年间任江苏巡抚，提倡"去奢崇俭"，整饬风俗。主要打击的对象是"五通、五显、五方"淫祠以及与此相关的迎神赛会。汤斌认为，聚众赌博、妇女烧香、淫词艳曲、糜废钱财、害人性命都是因为祀淫祠与迎神赛会而起。他希望兴社学，敦睦乡里。① 田文镜在雍正年间任职河南巡抚，对于迎神赛会亦颁布禁约《严禁迎神赛会以禁风俗示》，称"异端邪教最易煽惑人心，以致乡愚男妇聚处混杂，不但败坏风俗，抑且阴作匪为……揆厥根源，皆自迎神赛会而起"。② 康熙支持了汤斌，导致一些地方的神祠毁坏，活动稍息。田文镜只在迎神赛会上下了工夫，所以功效没有前者显著。地方的祭祀活动则将有"据点"的祭祀改为流动的祭祀。

"禁赛会"的思想与行动一直持续到乾隆朝，如陈宏谋任江苏巡抚时颁布《风俗条约》，继续批判赛会淫祀。③ 但是官方的态度开始发生转变，不再采取激进的措施予以阻止。嘉庆、道光以后，朝廷的态度变换，将一些非正祀的神明纳入祀典，如"刘孟将、金总管、文昌神"等纷纷进入国家祀典。这与其说是变换政策，不如说是对不好控制的民间信仰予以妥协。

笔者以为，迎神赛会或者所谓的"淫祀"难以禁止的原因有四：

其一，社祭的传统与佛、道信仰影响。

社祭一直是官方认可的，长期存在于民间社会，明政府也一度要求民众立社予以祭祀，试图纳入官方祭祀体系。只不过由民众自由组合，势必难以控制。此外，佛、道信仰属于合法宗教，而且诸如藏传佛教还受到清

---

① 吴建华：《汤斌毁"淫祠"事件》，《清史研究》1996年第1期；王健：《明清江南毁淫祠研究——以苏松地区为中心》，《社会科学》2007年第1期。
② （清）田文镜：《抚豫宣化录》，《四库全书存目丛书·史部》（第69册），济南：齐鲁书社，1996年，第288页。
③ 王健：《明清江南毁淫祠研究——以苏松地区为中心》，《社会科学》2007年第1期。

廷的推崇,它们在祭祀形式与活动方面(如佛教的盂兰盆节)常常影响着民众,并且佛、道有意识地将关公等纳入其神明系列中。思想上,儒释道的共同之处也让民众易于接受,如《关圣帝君降笔真经》《关圣帝君觉世真经》,都在民间广泛传播。

其二,民间信仰的"教义"儒家化。

民间信仰的一些内容姑且称作"教义",基本是儒家化的。如黟县二都胡庆贵的抄本《诸神事迹考》①,记录了多个神明的事迹。试举几例:(1)梁昭明太子。先考《梁书》,按礼守孝,哀痛过度而亡。再考《南史》,为政善辨谬论,广纳人才;爱民亲民,周济贫困,赈济灾难。并记述了谥封考,宋仁祐赐庙额,明洪武三年(1370)进入正祀典,乾嘉道累封,又封配祀卢、康二将。(2)仙姑。未有详考,只是说天后天妃之类,考证者推测可能以淑女而证神。(3)周宣灵王。宋临安人,民众有疾,其以方术救治。母丧后,奔丧死于途中。肉身不腐,后尊为神。嘉熙二年(1238),理宗病,有人自称周氏施药后消失。淳祐元年(1241)封护国广平正烈宣灵王。(4)舍人神,即张睢阳,其为太子舍人,在抵抗安禄山叛乱中以忠义顽守孤城,使得江淮保全。后人立祠,并获得封谥。

这些神明的事迹多彰显"忠孝节义"的儒家伦理。考证者也在其他未详考的神明的说明中表达了这一感悟:"中座所列众神,事迹繁多,未由详考,然大抵皆以忠孝节义证神者。"②所以,在民间存在的一些信仰,既然能生根发芽,肯定是坚守了"忠孝节义"的儒家精神的。

其三,迎神赛会背后的组织。

前文已梳理,迎神赛会背后有一个经济组织——神会,神会能够放贷、买卖、租佃并拥有产业。对于乡民而言,神会能够在经济拮据之时周济他们;对于迎神赛会而言,神会能够"自我"运行,并不需要会户每次出资致祭。这也就给迎神赛会注入了"血液",不需要民众时常消耗。

---

① 《清末民初胡庆贵办抄本》,刘伯山主编:《徽州文书》第1辑第1册,桂林:广西师范大学出版社,2005年,第408—418页。

② 《清末民初胡庆贵办抄本之五》,刘伯山主编:《徽州文书》第1辑第1册,桂林:广西师范大学出版社,2005年,第412页。

其四,活跃经济。

已有学者注意到迎神赛会的经济功能。如魏文静指出,江南的迎神赛会有充足的资金来源,并可以给流民提供就业机会。① 确实如此,迎神赛会中的一些用具,都需要手工业、商业的支撑。巡游仪式过程中的服饰扮演,也需要请工。一定程度上,迎神赛会可以提供更多的就业机会,活跃经济。

这四方面的原因,影响着官方的态度。如若下气力打击,一定牵连社祭、佛、道等,影响其他列入国家祀典的正祀,还会使得商业经济受到波动。如若过度放纵,又滋生一些伤风败俗、扰乱秩序之事,并可能产生"异端邪教"。最好的办法是,不断地将一些符合"忠孝节义"的民间信仰纳入正祀,或者采用"忠孝节义"予以改造。事实上,官方也是这样操作的,我们现在看到的徽州文书中的一些科仪类书,祭祀仪节与社祭基本相同,这是当时民间信仰进一步规范的明证。

小结:神会与乡村神明祭祀秩序

清代徽州的乡村,有大量的神会组织存在。它们与传统社祭有一定的关联,有些直接称为"社会"。然而,祭祀对象已经不限于"社神",有的祭祀汪公,有的祭祀关公,还有的祭祀胡元帅、太子神,等等。

这些神会组织,有很多的共同特征。常是一定数量的家庭采用合同合意的方式设立。他们将同等份额的财产注入"会"内,按份出资。神会则采用轮值经管的办法,依靠买卖、租佃、典、出借会资等交易方式经营会产。待到神明的祭祀时日,神会组织则集合会众,迎接神明,游行于乡里,以此获得庇佑。

配合迎神赛会的还有演戏、聚餐或者发胙。演戏的曲目一般有驱邪避鬼的舞蹈。演戏常是带有伦常教化的折子戏,众人熟悉的《目连戏》就

---

① 魏文静:《明清迎神赛会屡禁不止与商业化——以江南迎神赛会经济功能为中心的探讨》,《历史教学》2009 年第 7 期。

发端于明万历年间的徽州地区,传唱广泛。聚餐或者发胙,也在神会的会户间进行,一般是按成立会时的股分参与分发。

社会有社坛或者社屋,其他的神会也有相应的庙宇。虔诚的信众,总是安排专人打理庙宇,按时节点灯燃香。有的信众,还会在自己需要祈福、还愿的时候向神会捐资。

但是,神会作为集合会户的组织,其设立来自合意,这种约束是"软性的",长时间的合作中,会户间可能因为种种原因产生分歧,以致离心。我们看到有的神会独自坐大而分社,有的会户退会。还有一些会户违背合意,中饱私囊,将"会"产之"公"当作自己之"私"。这些都影响着神会的组织运行,以致神明祭祀受到影响。为此,神会可能再次利用合同解决问题,约定会规,安排祭祀活动,调整组织管理。

民间信仰是一种秩序,尽管政府希望将其纳入官方祭祀体系,但由于它没有形成统一的宗教教义,也无有统一的组织,散点零星,实在难以硬性地控制。明清两朝都有去淫祠的行政行为,但是功效不明显。反倒是,在朝廷要求人们普遍祭社的情况下,人们通过自由结社、订立规范、自我运作的方式予以应对,并将祭祀的目的扩充到泛化的民间信仰。政府则选择了儒家伦理教化的方式予以解决,将符合"忠孝节义"的信仰不断纳入正祀。

我们还看到会社之间的"会际联动"。由于长时间的交互,人们产生了地区认同,这种认同不仅仅是在神明祭祀方面,也拓展到其他公共事务的应对之上。这对于地方秩序是有益的,人们不再因为没有地区规范而难以保护自己的权益,也不再因为自身的弱小而难以抵抗外来的压力。团体与团体之间共同协商,将地区秩序范围扩大,也将不固定的秩序予以明确。

总之,神会是人们依靠合同自由结社应对神明祭祀的组织。它的产生来自民间自生自发的秩序,也受官方制度的影响。我们要注意神会的自愿性,也就是人们能够自主地结成组织去满足自身的神明信仰需求,这种信仰需求是人们时时刻刻都存在的。尽管官方想压制这种秩序,但是人们内心的信仰满足更是秩序的基础,这种基础最后通过人们的自治得以完成。并且,这种自主结合还能产生地区认同和地区联合,这是极有意义的。

第四章　路桥会

人们因为交通需要,时常修路修桥,清代人亦然。但承担这些桥路兴修的并非都是官方,私人修桥修路在清代社会很是普遍。本章将考察明清桥道等公共工程兴修的概况,重点研究私人如何应对这些公共工程,以及路桥会作为一种应对的组织,发挥了何种的功能。

路桥会,即路会、桥会,皆是人们应对修路修桥而成立的组织,设立、管理及运行上有"会"组织的共性。为了行文方便简称"路桥会",在资料的使用中,不加明显的区分。

第一节　明清时期修桥修路中的官方与私人

一、官方关于桥道兴修的责任

杨联陞先生的《国史探微》中有一篇谈到"帝制中国的公共工程",其中讨论了公共工程与国家、社会的关系。杨先生结合西人杜希德关于唐代水利工程的研究,即工程的计划系由地方政府的官员尤其是刺史、太守等来策动,付诸实施的则是地方上有组织的所谓"渠人"团体。他参阅了张仲礼关于地方绅士在公共工程中所扮演角色的研究,发现绅士或者其他地方性领导分子在府、县公共工程上举足轻重的地位。他一并参考了

清人沈垚《落帆楼文集》之谢维传记,了解谢氏在家乡重造太平桥的事迹,还参看了沈垚的评论。得出以下结论:

> 总之,在中国主要的王朝,从汉代到唐、宋,人人都可以看到府、州级的地方政府有一种明显的趋势,趋向于权力的式微。这早在宋、元时代就已有人指出了。随着中央集权化趋势的高涨,中央政府也将它的控制,紧紧地强加在地方财政上。从宋代以后,府、县的库房就几乎不曾有过足够的基金来实行任何大规模的建设工程。如同顾炎武在其名著《日知录》中所观察到的:"今日所以百事皆废者,正缘国家取州、县之财,纤毫尽归之于上,而吏与民交困,遂无以为修举之资。"清代地方绅士在修建桥梁、渡口上所扮演的角色,更进一步由张仲礼《中国绅士》一书中的两个表揭示出来。从广东某府与广西某县的地方志中搜寻出来的材料所作成的表,明白指出,多数情况下,这种工程计划的经费,都是由地方上的绅士提供的。①

杨先生的看法可谓深入浅出,认识到地方公共工程基本依托地方绅士或者百姓予以修建的缘由是地方财政之不足,而归根结底是中央集权控制地方财政的结果。

但杨先生也警告:"大家绝对不可有先入为主的成见,以为帝制时代的中国政府,对于水利工程计划,完全采取无为而治的态度。"②他举的例子是明太祖洪武皇帝派遣了许多国子监学生到全国各地,去鼓励地方上的人民在农闲时从事水利工程工作。成绩相当可观,在洪武二十八年(1395),总共完成五万件工程。

官方是有责任兴修公共工程的,而且官方也想通过行政的方式主导公共工程的兴修。具体说来,官方用法律的形式明确了一些公共工程的兴建与维修责任。以下就本书的研究旨趣,来看桥道方面的规定。

《大明会典》记载了明洪武二十六年(1393)的定例:

---

① 杨联陞:《国史探微》,北京:新星出版社,2005年,第141—142页。
② 杨联陞:《国史探微》,北京:新星出版社,2005年,第142页。

> 凡各处河津合置桥梁者,所在官司起造。若当用渡船去处,须要置造船只,佥点水手。其通行驿道或有损坏,须于农隙之时修理,所用桩木灰石等项,于本处丁多户内起夫,附近山场采办。若在京桥梁道路,本部自行随时计工成造修理,果有干系动众,具奏施行。

正统四年(1439)又令:

> 令各府州县提调官,时常巡视桥梁道路,但有损坏,随时修理坚完,毋阻经行。①

这两条定例,是针对桥梁、道路、渡口的。第一条,(1)明确桥梁的修建主体是"官司起造";(2)官司对于类似桥梁功能的渡口,有造船、安排水手的责任;(3)驿道损坏,须农闲之时修理,劳役和工料就近征取;(4)对于京畿的特殊规定。第二条,明确府州县及提调官的责任:(1)经常巡视桥梁道路;(2)随损随修,不得导致通行不便。

两条谕令都可以说明,兴修和维护桥梁道路的责任在于官方,并且是地方官行政的一部分。

责任归责任,落实却非地方官完全有能力为之的。河北献县《重修单桥记》记述了地方官修桥的情形:

> 献当南北孔道,舆马踵践无虚日,南去十里而近滹水出焉,故有桥坏而修,修而复坏者数矣。盖水自西来折而北,又折而南,汇而东奔。桥跨其下游,夏潦秋霖,黄流怒沫,澎湃冲击,则南堤先受其啮,是故桥之坏往往自南始。正统成化间,至烦疏,请工部专官董其役,合一郡三卫之力,仅能成之。迨嘉靖则屡报坏矣。越庚申,坏更甚,有司议修,以费之侈,卒未之举也。②

"单桥"在献县地处要道,桥下河水湍急,所以经常毁坏。明正统成

---

① 《大明会典》卷之二百《河渠五·桥道》,扬州:广陵书社,2007年,第2683页。
② 《重修单桥记》,载《明清石刻文献全编》(三),北京:北京图书馆,2003年,第778页。

化年间,多次上疏请修,才得工部专官对桥维修。"合一郡三卫之力",刚好完缮,可谓工程浩大。但明嘉靖年间,桥又坏,再次上请,没有得到回复。

"上面"没有回复,地方官不能不为政。只能自议修理,可是预算开支实在巨大,一拖再拖。无奈之时,地方官只有采取征收税项、募捐、动用公帑①的办法东拼西凑。开征过河船只商税筹得五百金,官吏输俸百金,动员临近村庄富户董公、冯公各捐百金,官府公帑九百余金,才兴工重修。也因为花费了官捐民力,所以立碑刻石予以铭记表彰。

"单桥"的例子说明,桥道兴修与维护是地方官的为政责任,履行责任的方式有二:一是请示上级(工部)拨款、兴修;二是地方官自己筹资兴修。

这种地方财政不能应付地方公益的情况,在明中后期赋役制度改革中进一步加深。郑振满先生研究明后期福建的地方行政时讲得很清楚,"一条鞭法"之前,地方财政规模不受限制,各级政府皆可征发民力充役。对于公共工程而言,还可以动用民役民工,甚至收各种杂税来完成。"一条鞭法"之后,地方财政大幅度萎缩,难以支撑公共工程的兴修。地方的赋税收入支出都由中央"总征均支",并且省除民间的各项"征派名色",即地方政府失去了财政收支的自主权。福建的地方行政在改革后,财政支出的项目只能满足当时各级政府应付例行公事,很难有所作为。②

承继了明代许多制度的清代,官方亦有修桥道的责任,同样将这些责任采用定例的方式规定在"会典"中。清顺治元年(1644)定例:

> 凡直省桥梁道路,令地方各官以时修理,若桥梁不坚完,道路不平坦,及水陆津要之处应置桥梁而不置者,皆交部分别议处。③

---

① 公帑,在明代是本地财政存留的羡余,多是地方官节省县财政开支积攒而来。实际中,动用公帑修建公共工程的情况不多。
② 郑振满:《明后期福建地方行政的演变——兼论明中叶的财政改革》,《中国史研究》1998年第1期。
③ 《钦定大清会典事例》卷九百三十二《工部七一·桥道一·桥梁道路》。

较前朝而言,地方官不仅有"维修桥道""巡视桥道"以及"计划兴修"的责任,当违反或者过失忽略,还有追责处分机制,即"交部分别议处"。

乾隆十三年(1748)又下诏:

> 各省要路桥梁,间有损坏,行人劳苦,着地方有司申报各督抚奏明修理。①

嘉庆四年(1799)重申:

> 各省道路桥梁间有损坏者,着地方官查明修理,以利行旅。②

有意思的是,乾隆要求"各省要路桥梁"有损坏,地方官应该申报各督抚修理,而嘉庆朝则是"各省道路桥梁"有损坏,地方官自己修理。将"要"字换成了"道"字,一字之差,如何理解,在于上级和下级之间的行政艺术了。

不过,嘉庆朝的改变,有扩大地方官责任的意图,实际是增加地方政府的责任。后补充道:"各省要路桥梁,及过渡船只,间有损坏妨碍行旅者,地方官查明随时修理。"③直接将修桥道的责任归给地方政府。

那么,桥道兴修的资金从何而来?国家法律也有规定。康熙四十一年(1702)谕:

> 修桥垫道,着动用道库杂项钱粮,报户部会同本部核销。④

这里说的是修桥道的开支由"中央拨款",动用道库杂项钱粮,经由户部会同工部根据工程实际核销。清代的财政制度实行的是"起运"和

---

① 乾隆十五、十六、二十七、五十五等年份再次重申此诏。《钦定大清会典事例》卷九百三十二《工部七一·桥道一·桥梁道路》。
② 《钦定大清会典事例》卷九百三十二《工部七一·桥道一·桥梁道路》。
③ 《钦定大清会典事例》卷九百三十二《工部七一·桥道一·桥梁道路》。
④ 《钦定大清会典事例》卷九百三十三《工部七二·桥道二·除道》。

"存留"制。所谓"起运",即各地征收之钱粮按比例起解户部及各部寺监,或者由户部直接协拨他省兵饷,属于中央财政;所谓"存留",即各地征收之钱粮按比例存留本地,乃地方经费开支之用,属于地方财政。① 地方征收的各项收入,先依照本省情况存留,多余或不足的部分由户部进行省际间调控协拨,是为"协款"。在存留和协款之外,剩余部分由地方解部,是为"解款"。② 与此同时,为了保证财权的集中,还实行"奏销"制度,即自县、州至中央户部,逐级造送收支清册。

地方的"原额存留银"并没有造桥修路的预算,三藩之乱后,顺康时期不断裁减数额和项目,雍正朝财政改革后,恢复一些,但州县的财政最终确定在官俸、役食、祭礼、科举、驿站以及社会性支出(孤贫粮银、孤贫冬衣银)六个部分。③

这也就意味着,如若地方官发现桥道损坏,要么请示中央,要么自己筹资。"会典事例"中有一些桥道兴修中央拨款的记载,可以帮助我们理解请示中央的情况。道光朝的情况比较多,以其为例(见表4.1):

表4.1:"会典事例"之"道光朝"桥道兴修中央拨款情况

年号	地域	工程名	财政名目	数额(两)
道光元年	江南省上元县	九龙桥、复成桥	充公存剩银两。	13542
	直隶宛平、房山、良乡	修垫大道、修理桥座、坝岸。	藩库节年地粮。	—
道光二年	安徽省宿州	北关外驿路。	水利工程典息银。	
道光三年	直隶省献县	城北滹沱河臧家桥(七省通衢大路)。	藩库地粮项下拨给。	—
	直隶省满城县	彭家桥、普济桥、陉阳驿村东村西桥各一座。	清河道库河淤地租银内动拨。	—

---

① 陈锋:《清代中央财政与地方财政的调整》,《历史研究》1997年第5期。
② 申学锋:《清代中央与地方财政关系的演变》,《河北学刊》2002年第9期。
③ 关于州县的财政,可以参见魏光奇《有法与无法——清代的州县制度及其运作》,北京:商务印书馆,2010年。

续表

年号	地域	工程名	财政名目	数额(两)
道光四年	直隶省天津	西沽道	此项工程,向系商办,动用参课银两。现在参课存项不敷支放,即于征存应解豫省料价息银内,如数借给,以便开工。	56843
	江南省上元县	境内上坊桥一座。	司库存公银内动给。	—
	直隶省河闲县	南八里铺大桥。	水利生息项下动给。	—
	浙江省仁和县	境内华光大桥。	耗羡内动给。	8468
道光五年	直隶省	清苑县北关外护城河石桥;新安县东关外木石桥座。	俱在清河道库存河淤地租银内动拨。	—
道光十年	直隶省献县	臧家桥,自道光三年修理以来,已逾七载。近被河水冲折,亟应修整。	在地粮项下动拨给。	—

以上这些桥道的修建,多是消耗成千上万两银子的大工程,应该是省路要道。如道光三年(1823)请修的直隶献县城北滹沱河臧家桥,在七省通衢大路之上,后来又坏,道光十年(1830)继续请修。

经费支出有"充公存剩银""蕃库节年地粮""水利工程典息银""道库河淤地租银""应解豫省料价息银""司库存公银""耗羡""清河道库存

河淤地租银"等。这些支出项目都属于中央财政,有一些是中央专为"水利""河道"等工程而设,但多数是临时调拨,如充公银、耗羡(用于官员养廉)、应解豫省料价(协款)。

可见,请示中央拨款的桥梁修建,首先是省路要道,其次没有专项存贮,基本是临时拨付。这也就决定了,面对地方大量的交通设施需求,官方出资修建桥道只是杯水车薪,完全不能满足地方的需要。地方的桥道修建,还得自己想办法,现实也是如此。

二、明清社会修桥修路的实态

古人修桥修路常立碑作记,彰显功绩。通过修桥修路碑刻记载,可以大致了解修桥修路的过程、兴建年代、兴修者或召集人、资金来源等。《明清石刻文献全编》辑录了石刻资料3600余篇,全部录自民国和民国前编印的金石志书,包括地方志中的金石志,尽管未包含明清所有石刻文献,但通过全书近百篇修桥修路碑记,可了解明清社会修桥修路的概貌。

经过梳理,修桥、修路碑记共93通,涉及全国各地35县,涵盖安徽、浙江、江苏、广东、福建、河北、河南、四川、湖北、山东、甘肃等省。其中,明代30通,清代49通,其余朝代不明(参阅表4.2)。以兴修人、资金来源两项为别,可以窥见明清桥道兴修的主体及形式。

表 4.2：明清时期各地修桥修路概况

序号	碑名与年代	兴修人或召集人	资金来源	所在地	资料来源
1	重修县坡九皋桥记（乾隆十一年）	1.邑侯宋公薄俸； 2.前令赵清献公解带倡先，人皆应和。	1.宋公薄俸； 2.凡我梓里荐绅，衿袍，庶氓，商旅，际太平丰稔之秋，正宜勃发善念，好义乐施，共成贤侯之志。	大邑县	（一）P11
2	培修新山祭倒马坎大路碑记（乾隆三十二年）	1.里老倡议； 2.县尉陈南湖请示知县。	1.县尉陈子南湖忽请于余曰，尉以新山险绝，步履维艰，谋诸里老倡议捐修，众皆跃然，已得银三百余金矣； 2.里老亦欣然从事，荷备锸，负畚锄，高者削之，卑者增之，陡峻者层累之，披二月而毕。	大邑县	（一）P11
3	糯源桥碑记		好善者架木为桥，建楼于上。	大邑县	（一）P15
4	重修白杨桥碑记（乾隆二十六年）	县令捐薄俸以首倡。	1.县令今捐薄俸； 2.绅士，商民各乐襄厥事。	大城县	（一）P27
5	重修白杨桥碑记（乾隆五十二年）	县令捐廉倡义。	1.县令今捐俸； 2.士庶莫不踊跃乐襄盛事。	大城县	（一）P27
6	重修南赵扶村通济桥记（嘉庆十四年）	县令遂集里老而谋此举，捐俸首倡。	1.县令今捐俸； 2.绅，商民靡不欣欣鼓舞，乐襄厥事。	大城县	（一）P28

续表

序号	碑名与年代	兴修人或召集人	资金来源	所在地	资料来源
7	里坦镇南小桥碑文	维启堂刘老先生。	爰是绸缪未雨运木石,而我任我奉,鸠工肇始。	大城县	(一)P28
8	大远桥碑记(万历三十八年)	1.县令捐俸以倡；2.七人愿奉命而督成。	1.县令捐俸；2.乡老出力。	太平县	(一)P68
9	普乐寺香鼻路道记(弘治十二年)	善士程宗亨。	遂募善士,鸠工刻日。	井陉县	(一)P74
10	安固渡口筑路残碑	县令出俸钱倡修。	1.县令出俸钱；2.傜厢争输。	平阳县	(一)P126
11	邑南大路告成碑(道光二十三年)	县令捐廉以倡。	1.县令捐廉；2.邑绅吴君等踊跃兴起,董督劝输,殷户乐善者随之。	平阳县	(一)P128
12	邱氏父子修桥碑	邱氏父子。	皆不藉他人分豪。	西华县	(一)P296
13	添修砖桥兼修大路碑记(光绪二十四年)	县令马干生捐廉以为之倡。	1.县正堂马嘉桢捐钱肆佰千文；2.余城宁营典史等各捐钱。	西华县	(一)P296
14	曹昆林重修汾溪义济桥碑记(清)	县令方公祈捐四方。	1.王瑁、李崔两里人宗造基；2.四方善士计始课终,鸠工庀材。	西华县	(一)P303

续表

序号	碑名与年代	兴修人或召集人	资金来源	所在地	资料来源
15	金敬五重修桃花桥碑记（嘉庆五年）	善士刘麟周等捐资倡众（嘉庆四五年间）。	1.刘麟周等捐资； 2.首事二十余人构材鸠工。	西华县	（一）P303
16	凌去欹重修贾河鲁毕家口桥碑记（清）	首事。	不载首事捐资人姓名。	西华县	（一）P303
17	修路记（万历四十年）	族人绍心倡首。	捐资者共四十人。	安徽	（一）P523
18	长河桥碑	何氏。	倾一已之资粮，鸠群工之财力。	吴桥县	（一）P601
19	重修安澜桥碑（清）	县令捐俸为倡。	1.县令捐俸； 2.县尉输捐； 3.其他首事捐修。	吴桥县	（一）P601
20	重建三江寿通桥记（正统十一年）	1.郡太守邺珞； 2.二尹两公。	1.圩里伐椿木助之； 2.二尹两公捐合一百担，并树木一百五十株； 3.众檀越长者捐乐输。	奉化县	（一）P636
21	重修萧家桥碑记（光绪十五年）	张氏族人。	三张宗人齐心协力。	南皮县	（一）P784

第四章 路桥会

续表

序号	碑名与年代	兴修人或召集人	资金来源	所在地	资料来源
22	明上港桥记（成化十年）	1.县令孔侯诺之知义官张斯明倡作；2.张寻命淑人吴均士；3.俱曹氏即刘氏施即乐施以为倡；4.乡间亲族孙尚新、张仕澜等。	咸起以和，斯明等均纳以资。	南陵县	（二）P7
23	明新建社桥记	好义王汪佑春。	捐费百余缗。	南陵县	（二）P7
24	明新建玉带桥记（万历五年）	县令林公。	利用"道会戍有坐罪者"充役。	南陵县	（二）P15
25	明新建龙会桥记（万历十二年）	士子集父老大夫倡议。	1.两僧道募于桥所；2.所募不足则以义合济。	南陵县	（二）P28
26	重建石云桥记（弘治十一年）	义官邝宏、义士钟永观、邝盛口、万方禄、钟炳端、邝洪、邝璧、钟宁、僧景晏、僧方年。	1.十人相率捐己资；2.不足则又劝募，富室、往来商民响应。	南海县	（二）P41
27	修通济桥记（天启五年）	里人李侗兄弟。	1.李氏兄弟倡首；2.乡约聚会咸丽集资。	南海县	（二）P64
28	重修平地大桥碑记（嘉靖二十二年）	乡耆众合资。	1.捐资；2.方伯周公、孟中公拨渡税岁纳作修费。	南海县	（二）P72

续表

序号	碑名与年代	兴修人或召集人	资金来源	所在地	资料来源
29	重修南濠果桥碑记（康熙十九年）	官吏刘、张等公欣然捐资营建。	官吏捐资。	南海县	（二）P80
30	平地堡横江乡大桥断碑（雍正十一年）	僧正鉴。	信士募捐。	南海县	（二）P81
31	重修孝子桥记（万历四十一）	知县倡首，县丞等跟随。	1.知县捐私钱若干；2.县丞等割学俸；3.乡老六人司董厥事（出力）。	南漳县	（二）P104
32	重建丁兰桥记碑（康熙元年）	知县倡修。	邑尉裴生辉董其事。	南漳县	（二）P105
33	重修孝子桥记（乾隆四十八年）	邑侯（知县）首捐倡修。	1.知县捐修；2.县丞等乐助。	南漳县	（二）P106
34	饮凤桥记（崇祯十五年）	里人石氏、蓝氏、田氏等。	1.石氏拟补葺，未果；2.蓝君自来捐资独多；3.田君自接力募捐。	南漳县	（二）P114
35	重修通利桥碑记	里中长老。	里中长老组织人力董事。	南浔镇	（二）P124
36	重修通利桥碑（乾隆四年）	里中长老。	里中诸君好善捐资。	南浔镇	（二）P130

续表

序号	碑名与年代	兴修人或召集人	资金来源	所在地	资料来源
37	北回桥碑记（乾隆九年）	绅士吴继成、张文光、元粲、董君某等。	1.四人率捐； 2.土民之好义者助。	南浔镇	（二）P130
38	重建沐凤桥碑记（乾隆十一年）	好义者。	里人好义数人捐资。	南浔镇	（二）P131
39	重建通津桥碑记（嘉庆三年）	湖州府通判及绅士者民。	绅士者民捐资。	南浔镇	（二）P132
40	宋名口桥碑记（嘉靖以后）	张候欲度时鸠工，邑耆袁臻清。		范县	（二）P144
41	飞龙桥碑记（崇祯八年）	知县范公。	1.范公输俸金； 2.尚义者醵金佐之。	范县	（二）P145
42	重修威邑岳秀门外永济桥碑记（光绪三十年）	邑人尚希宾。	重议兴修集资。	威县	（二）P189
43	重修登仙桥碑记（嘉庆五年）	里人兴修。	里人醵金。	陵县	（二）P287
44	重修陵县通衢桥碑记（道光二十五年）	父老请示，知县等捐助。	1.知县等捐俸； 2.邑人士率缯钱程土。	陵县	（二）P288
45	李蕃祥建神头镇后马颊河西桥碑记（康熙五十八年）	本里善人李兖州倡修。	募集资金。	陵县	（二）P292

续表

序号	碑名与年代	兴修人或召集人	资金来源	所在地	资料来源
46	重修谭家桥碑记（乾隆二年）	何释子宝祥倡修。	老成好义者募捐。	陵县	（二）P295
47	修通德桥记（乾隆二十九年）		爱集附近绅士商民，三十余村或捐重资或出募化。	陵县	（二）P296
48	修登仙桥碑（乾隆四十五年）	僧人普兴。	僧人普兴每岁补砌。	陵县	（二）P302
49	重修望仙桥记（嘉庆二十一年）	僧隆德。	募化四方诸君子。	陵县	（二）P305
50	重修太平桥碑文（道光十一年）	义士善人。	共积涓滴之费。	陵县	（二）P311
51	重修通文桥碑记（乾隆五十三年）	县事举人捐俸倡修。	1.县事捐俸倡贷；2.里人募捐。	昆山县	（二）P420
52	锦江桥记（隆庆六年）	善人马本化。	1.马本化卖田宅以充费，并身体力行；2.李芙中赞襄。	章邱县	（二）P452
53	广孝桥记（弘治四年）	司礼监太监德顺傅公。	捐资修建。	顺德县	（二）P553
54	重修伏波桥记（嘉靖四年）	邑侯修。	遴董出役。	顺德县	（二）P560

续表

序号	碑名与年代	兴修人或召集人	资金来源	所在地	资料来源
55	顺德坡东驷马桥碑记（嘉靖三十年）	知县陈英倡修。	1.知县捐俸伐石；2.董役劝工。	顺德县	（二）P587
56	梅岭吕公桥碑记（万历四十一年）	官修。		福建	（二）P726
57	重修石桥镇石桥碑记（乾隆四十五年）	民赵朴庵。	募集资金。	新城县	（二）P770
58	重修阜城桥碑记	李君张君约乡中同志。	募集资金。	新城县	（二）P771
59	洣源石桥记（嘉靖七年）	泉坊年高者张宗等。	募近居之人。	广昌县	（二）P834
60	鼎建太平桥碑记（万历十四年）	县令及属官。	1.县令及属官各书各所助；2.其力约诸里社父老。	慈溪县	（二）P943
61	重建夹田桥碑记	两届县令合捐俸倡修。	1.县令捐俸；2.土民义输。	慈溪县	（二）P957
62	重修普济广济二石桥记（道光十年）	刺史大夫兴王公复议修理。	1.同寅悉出俸金；2.州人踊跃捐资。	胶州	（三）P15
63	兴暨阴桥记（成化末）	官捐俸倡修。	1.官捐俸；2.民募资。	诸暨县	（三）P25

续表

序号	碑名与年代	兴修人或召集人	资金来源	所在地	资料来源
64	泌湖重修圣姑庙新建柱石桥碑（嘉靖三十九年）	官修。		诸暨县	（三）P36
65	黄大本重建飞仙桥记（乾隆十九年）	邑人黄上舍。	黄上舍出工费金。	荣县	（三）P144
66	张兆星重建迎恩桥碑记（乾隆五十年）	知县倡修。	1.官斯土著各捐俸有差；2.邑人复乐输。	荣县	（三）P145
67	龙山石路记（正德十四年）	居人鲍乐静父子。	鲍氏父子费咸以百计工垂成。	歙县	（三）P176
68	重修河西太平桥记（万历十九年）	父老汪徽寿。	独力完缮。	歙县	（三）P191
69	重修太平桥记（顺治九年）	首吏倡修。	首吏兹土著捐俸，倡募施者。	歙县	（三）P199
70	重修揭田石桥碑记（康熙二十三年）	先岩、鲍循翁、昆玉等五人。	置簿募捐。	歙县	（三）P208
71	重修本里台殿津梁碑记（康熙三十年）	硕全兄弟爰集来族诸父老。	募集资金。	歙县	（三）P211
72	桂林桥碑记（乾隆二十九年）	里门洪奉宸。	洪氏族人募捐。	歙县	（三）P227
73	新修箬岭石路记	歙人程光国。	以一手成之。	歙县	（三）P251

续表

序号	碑名与年代	兴修人或召集人	资金来源	所在地	资料来源
74	重修万年桥碑记（光绪二十四年）	邑绅许琳、董骏昌，鲍鸿清等修。	1.助费出四乡三分之一；2.募集于屯溪，浙苏绅商者三分之二。	歙县	（三）P268
75	重修桥梁记（弘治十三年）	善士余福广。	上下劝道，悉皆共力。	临邑县	（三）P340
76	重修潘家桥碑记（乾隆二十三年）	东里君与其弟捷三君邀众修理。	阖镇客商及四方善士共玉成。	临邑县	（三）P342
77	重修曾家桥路记（崇祯六年）	御史起修。	御史捐俸。	钟祥	（三）P374
78	石城大桥碑记（康熙三年）	县令倡修。	1.县令及属官捐俸；2.里人募集。	钟祥	（三）P382
79	南桥碑记（康熙四年）	郡守倡修。	绅士、父老董其事。	钟祥	（三）P382
80	鼎建三桥碑记（康熙二十五年）	邑侯白公。	邑侯白公捐资兴建。	钟祥	（三）P392
81	改建泗水桥碑记（乾隆四十九年）	好善同志之人。	捐助。	钟祥	（三）P408
82	流水沟浮桥碑记（乾隆五十八年）	京山县儒学教胡秉炎等倡修，里人刘美玉督工。	胡秉炎等捐资。	钟祥	（三）P410

续表

序号	碑名与年代	兴修人或召集人	资金来源	所在地	资料来源
83	玄妙观利涉桥重修碑记（道光十八年）	元佑宫主持。	托钵四乡募化。	钟祥	（三）P416
84	重建长山永济桥记（万历三十年）	县令倡修。	令四乡多藏者领其事。	镇海县	（三）P452
85	瑞云桥碑铭	欧阳郡侯。	谕募修。	琼山县	（三）P514
86	新造白沙东西桥记（嘉庆十二年）	学斋编修大夫人陈太宜人有建桥利济之念。	学斋昆弟等捐修。	琼山县	（三）P559
87	河桥记（洪武）	官修。		陇右	（三）P609
88	重修永宁桥记	官修。		陇右	（三）P622
89	重修单桥记（嘉靖四十三年）	县令。	1.视舟小大量榷其税；2.输俸；3.劝李村富户捐；4.县府盈余公帑。	献县	（三）P778
90	重修五节桥碑记（崇祯五年）	刺史王逢元主之。	1.县大夫李梓、白至若捐合募资；2.邑人刘尚用、石守志、张九叙等应役。	献县	（三）P782
91	新修边马桥记（乾隆元年）	县令捐俸倡修。	1.县令捐俸；2.邑人欣然和之。	献县	（三）P789

续表

序号	碑名与年代	兴修人或名召集人	资金来源	所在地	资料来源
92	明重修凌空桥碑（弘治十四年）	□侯下车命耆老修。	应役。	栾城县	（三）P817
93	国朝重修桥碑（康熙）	好义者。	1.好义者输捐； 2.命邑明经贾席珍与邑绅李干章董其事。	栾城县	（三）P818

资料来源：国家图书馆善本金石组编：《明清石刻文献全编》（全三册），北京：北京图书馆出版社，2003年。

(一) 官修

官修,即官方主持修建桥道。具体有两种:一是政府出资组织修建;二是官吏捐俸倡修,集合民资民力修建。第二种形式虽有民间力量的参与,也是官吏行政的方式,是官吏在履行自己的为政责任,具有官方性。

1.政府出资修建

政府出资修桥修路,碑刻记载并不多,基本是工程浩大或者利于军事的需要,政府才出资修建。如甘肃陇右《河桥记》云:

> 兰州城北近河,河故有津,控扼冲要。洪武五年,宋国公冯胜奉命西征,守御指挥佥事赵祥去城西七里,许造浮桥,以济师,师还遂撤弗用。又三年,卫国公邓愈帅师定地,置西凉西宁、壮浪诸卫,仍去城西约十里造桥,以通往来,给馈饷,因而弗革,名曰镇远。然河流悍急,堤墙弗固,咸谓非久远计。又九年,兰卫指挥佥事杨廉相城北河水少缓,拟改置桥,近且易守。询诸父老,以为古之金城关在焉,谋诸同僚,佥以为允,仍图上形势陕西都指挥司转闻,制曰可。爰于夏六月鸠工。①

按照记文中所说,建桥利于征西平西,兴建有利,所以官方寻找桥址一建再建。兴建的过程中,使用了"舟"二十八只,"每舟相去一丈五尺,上流定以石龟,如舟之。数舟上加板,栏楯两傍,以卫行者。桥南北岸,各树铁柱一,木柱六,铁锁大绳贯桥",可谓工程浩大。这种大工程,也只有政府出资才可以组织兴修。

2.官吏捐俸倡修与民众合修

官吏捐俸修建虽是官吏个人行为,但这一行为直接关系其为政责任,也利于其政治考核。清代在考核官吏时规定:"凡捐资修葺文庙、城垣、书院、义学、考棚、义仓、桥梁、道路,或捐输谷米银两,分别议叙、顶戴、职衔、加级、纪录有差。"②捐修桥道属于考核项,是评估官吏行政工作的一项条件,所以能在碑刻资料中看到官吏积极捐俸领衔兴修的身影。

---

① 《河桥记》,载《明清石刻文献全编》(三),北京:北京图书馆出版社,2003年,第609页。
② (清)赵尔巽:《清史稿》(第12册),北京:中华书局,1977年,第3246页。

如大城县《重修白杨桥碑记》云：

> 白杨桥，古名利济。其创始也，不知何年。自康熙五十一年至今，凡经五邑侯修葺，王、王、王、黄、张，要皆好仁劝善而成。在昔，滏阳之水迤逦而来，其势缓而物价廉，故成功也易，继此滹沱之水与漳水、滏水、洺水汇注于斯，其势大而物价倍，故成功也难。自乾隆二十六年邑侯王公建修，已大费经营矣。至四十九年水势迅急，桥被冲折，往来行人群苦病涉。前任杜公发心捐修，厥志未逮而荣升。幸我邑侯胡公来莅兹土，接任之初，即留心民瘼，而于白杨桥尤廑念焉。客岁捐廉倡议，凡我士庶莫不踊跃乐襄盛事，因而构材鸠工，肇修于上巳之辰，落成于端阳之日。由是北赴帝都，南之山左者，莫不欢欣载道。厥利溥哉，厥济众哉，厥德懋哉。因思我胡父母下车以来，其存心也法以廉，其御众也宽以和，其执法也严以平。懔四知于清夜，关节不通；存三畏于寸衷，锱铢不染。培学校而青衿色动，剔蠹弊而闾左气扬。而且省差役以舒民力，议公费以惜民财。官事无留滞，三农乏失时之虞；约信不轻发，四野绝豪吏之呼。《诗》云：乐只君子，民之父母。其以此也。夫则岂特杠梁之成与川流并千古哉。望等幸沐德涯，莫测沧溟，许大雅，蒙和煦，始知寒谷生春。所虑者天章日下，不次内擢，区区百里乌足羁骥足耶。因草俚言，永志不忘。且望后之君子莅斯土而经是桥者，知我胡父母之善政固如是也。是为记。①

白杨桥在康乾年间经历了五次修缮，都是知县"好仁劝善"而成。乾隆五十六年（1791）又坏，于是知县胡公带头捐俸倡修，士庶皆随后捐助，后功成。要注意后面的一段表彰的话，从桥的维修联系到主政的"清明廉洁"，赞美胡知县的善政。笔者所整理碑刻中，有 31 通有官吏捐俸倡修或者领衔修缮，这正好说明，修桥修路这些工程是地方官为政之应尽责任，是考核其政事好坏的一种标准。

还有两个问题需补充说明：一是这么多碑刻记录官吏倡修，并不反映

---

① 《重修白杨桥碑记》，载《明清石刻文献全编》（一），北京：北京图书馆，2003 年，第 27 页。

"官修"是整个明清桥道修建的主流。因为地方官修缮桥道属于政绩,所以立碑作记,以彰显功劳。二是官吏捐俸倡修,民众集资合修,正好反映政府财政支出在地方公共工程上的欠缺,只能依靠官吏以身作则的方式集合民间力量来完成公共工程。此两点将在徽州地区的修桥情形中得到进一步的阐释。

(二)民修

民修,即民间个人及组织以私人资本、力量自主修建桥道。这种修建,不涉及官方出资,也无有官方组织,皆是民间为了公共生活需要自治完成。

乾隆二十九年(1764),徽州歙县桂林桥由柳塘洪氏宗族兴修完成,《桂林桥碑记》录有兴修的过程:

> 绩溪大彰山,水派于歙西,注迳牌头、桂林二村,村东西距四十丈有奇,水急,舟不得渡,惟□斯□哉。桂林轸洪氏族为大村,而牌头则入郡城之冲逵,乡民去来趾相蹑。今以尺寸之木缘接两崖,以迳利于□矣,顾易敝才足以垂久。歙县七都有龙渡桥,七都属桂林地,所谓龙渡为木为石已□□不可考,□□洪君柳塘者奉宸,卿征治六世祖架木为是桥,以利行人。明季迄今,年远木腐败,桥遂缺折,人行有蹶且溺者,多以为病。乾隆二十有三年,奉宸自扬州归里门,见而忧之,聚族人于宗祠倡建石桥议,吹嘘伐鼓,陈其豆登,课将旅酬,少长咸集,毕献彻馔,乃言于众人,曰:利者如工钜何?爰咨爰度,会计惟当必万缗乃克成。奉宸曰予任,佥曰愿协任。而洪氏族,凡温饱者悉输金,多寡从其力。议既定,工乃兴。厥材惟石则取诸山,厥役惟壮则募诸邻。颁白督率,子弟奔走,毋欲速,毋怠事。农隙而作,春以继冬,始于二十四年八月,成于二十九年三月,质名之曰桂林桥,村独洪氏居,桥实村人建,功有攸归也。于是行旅经历著康庄焉,……勿怖勿戒,是可以久远而不坏,为利簿矣。徽郡多大名桥,径寻长数十丈者,所在有之。盖环郡皆山,别山为溪,黟率诸流汇入新安江滩三百有六十,其支流□湍□迅,虽有筏,但能上下行至于横□,非桥不可。而桂林自龙崖迹毁三四百年以来,莫能兴厥大利,□奉宸世始克恢柳塘君之诸,而夷险休劳以惠万姓,功□与侔□。余尝抚江南,

且与洪氏为通家,是而弗彰,何以劝善?用为记遗之,□勒诸石以宪于后,□□□□。

  乾隆二十九年岁次甲申夏四月 经筵讲官太子太保吏部尚书临桂陈张谋撰

          昆山徐柱臣书 桂林洪氏通族立①

  从碑记可知,桂林桥的兴修系洪氏族人集结全族力量予以完成。倡议人洪奉宸先是集合全族人商议,预计要消耗上万缗,但是洪氏族人没有退缩,志在功成。于是全族上下捐输资金、出工出力,从乾隆二十四年(1759)至二十九年,利用农闲间隙,历时近五年才完成。

  这种大工程由乡民力量完成,确实可敬。如果将视野放置在一个地区,比对官方与私人在修建路桥等工程中的作用,会发现官方主持修建的工程所占比重大大小于民间。为了更进一步说明,以徽州地区为例。

三、徽州地区的情形

  《桂林桥碑记》曰:"徽郡多大名桥,径数寻长数十丈者,所在有之。盖环郡皆山,别山为溪,黟率诸流汇入新安江滩三百有六十。"徽州地区山众水多,汇入新安江的溪流就有三百六十条之多。乡民生活在这种地理地貌中,桥道非常重要。

  要了解官方与私人在兴修公共工程应对生活秩序中起到的作用,需比较官方与私人在修桥等工程中的比重,并了解私人如何自发应对桥道工程等公共事务。

(一)官方与民间修桥比重

  康熙《徽州府志》"营建志"记录了当时徽州地区桥梁的分布、修建人、修建时间等基本情况,对于认识徽州的情况有帮助。当然,赵吉士在纂修时说:"桥梁有独立建造者,必存其名。若公建,则姓氏繁多,不能尽

---

① 《桂林桥碑记》,载《明清石刻文献全编》(三),北京:北京图书馆出版社,2003年,第227—228页。

载。"①也就是说,如果是独立修建则会记录兴修人名字,如果是众人修建,限于篇幅,不能都写上。因此,有很多桥梁并没有说明修建人。这有两种情况:一是众人修建,不能全记录;一是根本不清楚修建人是何人。剔除掉"一府六县"兴修情况不明的桥梁数,共173座。仍以"官方主持修建""民间修建"为区别项进行归纳统计(参阅表4.3),来大致认识徽州地区桥梁修建中官方与民间所占的比重。

---

① 康熙《徽州府志》卷八《营建志下·桥梁》。

表 4.3：徽州地区桥梁官修与民修分布情况

县名	官方主持修建	民间修建	不明
徽州府	渔梁、河西桥、万年桥	黄宾桥	麻坑桥、七里桥、古巷口桥、大溪桥
歙县	1.北乡：冯桥、三渡桥、回龙桥、紫阳桥、相公桥；2.东乡：龙渡桥、回龙桥、紫阳桥、相公桥；3.南乡：八柱梁、盛田桥、通济桥、五渡桥、七贤桥。	1.北乡：跳石桥、灵阳桥、云岚桥、郑翁桥、永济桥；2.东乡：黄第古桥、茶草桥、磐石桥、桂林桥、登带桥、金坑桥、良干桥、仙化桥、河阳桥、涞川桥、高阳桥、利人桥、陈村桥、广济桥、蒙川桥、揽胜桥、思溪桥、吴家桥；3.西乡：古虹桥、永济桥、世济桥、普济桥、复古桥、青云桥、孙翁桥、洪桥、得济桥、大富桥、葛子桥、涑塘桥；4.南乡：望仙桥、活淮桥、金鸡桥、胡干桥、凌村桥。	1.在城：新民桥、晃桥；2.北乡：沙溪桥、双溪桥、东流桥、古楼桥；3.东乡：清化桥、水门桥、镇安桥、吸霞桥、练影桥、荆溪桥、普照桥、飞轮桥、免辇桥、黄荆渡桥、长虹桥、汪村桥、环秀桥、济荫桥、马迹桥、九如桥、丰口桥、乐济桥、联紫桥、升仙桥、隆兴桥、兴林桥、龙塘桥、大圣桥、大宗桥、朱郑桥、联墅桥；4.西乡：黄潭桥、钱塘桥、沙溪桥、三元桥、潭渡桥、龙坑桥、淳座桥、遏田桥、东溪桥、通济桥、临河桥、琴溪桥、长龄桥；5.南乡：浮子桥、小沟口桥、临清桥、环秀桥、金山桥、小溪桥、坦坑桥、武陵桥、黄赋桥、贵溪桥、太平桥、小沟口桥、街口小土桥、大佛桥、草干桥、郡玩桥三十四都。黄蔚口桥、坑口桥、大佛桥、汪跟桥。
休宁县	1.在城：惠政桥；2.东乡：海阳桥、长通桥；3.东南乡：阜通桥；4.西乡：夹溪桥、登瀛桥、西馆桥、板桥、步云桥、蓝湖桥、蓝渡桥；5.南乡：汶溪桥、汇源桥。	1.在城：内翰桥；2.东乡：余川桥、南山桥、云溪桥、源口桥；3.东南乡：赵公桥、屯溪桥；4.西乡：蕃桂桥、阳渠桥、山头桥、东芎桥、渭桥、引江桥；5.西南乡：巴陵桥、向山湖桥、王孙桥、泰和桥、忠仁桥、榴干桥、涌桥、三宝桥。	1.在城：三思桥、瀛洲桥；2.北乡：峡东桥、揭田桥、那口桥、龙源桥、贵川桥；3.东乡：富来桥、水南桥、西山桥；4.东南乡：流塘桥、太平桥、千秋桥、梅林桥、隆阜桥、新清桥、清溪桥、高视桥、闵川桥、石佛桥、双溪桥、由溪桥、鲁班桥、南溪桥、临溪桥；5.西乡：石人前桥、三源桥、方塘桥、登龙桥、深溪桥、资溪西桥；6.南乡：断石桥、小溪桥、清滴桥、大圣桥、汉口桥、龙湾桥、方原桥、清溪桥（南乡）、黎坑桥、渭东桥。

续表

县名	官方主持修建	民间修建	不明
婺源县	1.在城:东门桥、小北门桥; 2.东乡:曹公桥、永济桥、后ály桥、万石桥、乐成桥; 3.西北乡:四封桥; 4.西南乡:随缘桥; 5.西乡:冲田桥、杨澄桥。	1.在城:西门桥、万岁桥、升平桥、郑家桥、北门桥; 2.东乡:流芳桥、衍庆桥、樟木桥、鹊溪桥、塔山桥、济宁桥、仁泽桥、又济桥、古坑桥、广济桥、飞云桥、崇福桥、裕后桥、高年桥、湖山桥; 3.北乡:福庆桥、延龄桥、程田桥、塔桥、八十桥、仙姑桥、朱紫桥、水西桥、清华桥、高睿桥; 4.西北乡:世泽桥、思溪桥、弄璋桥、长寿桥、书院桥、曹溪桥、余庆桥、明经桥、步云桥; 5.西南乡:小港桥、店埠桥、金坑桥、源芳桥、流芳桥、积善桥、竹林桥、慈济桥、汉口桥、王村桥、应祥桥、双坑桥; 6.西乡:横槎桥、长者桥、澧溪桥、通济桥、双桂桥、普安桥、嘉会桥、通济桥(四十一都)、洋潭桥、中孚桥、鼓楼桥、又芳桥、花桥、南溪桥、山桂岩桥、济川桥、湧溪桥、山槎桥、凤东桥、凤西桥。	1.在城:南门桥、万安桥; 2.东乡:聚星桥、秀水桥; 3.北乡:武口桥、如来桥; 4.西北乡:思口桥、龙湾桥; 5.西乡:和睦桥。

续表

县名	官方主持修建	民间修建	不明
祁门县	1.在城:平政桥、仁济桥; 2.北乡:拱北桥; 3.东乡:桃源桥。	1.北乡:东坑桥、佟溪桥、长春桥、高阳桥、迎恩桥; 2.东乡:植德桥、郑坑桥、接官桥、官坑桥、双坑桥、夫溪桥、广惠桥、黄端二桥、赤桥; 3.西乡:七里桥、西庄桥、石门桥、舜溪桥、建安桥、查坑桥、桃源桥、叶源桥金村桥; 4.南乡:韩溪桥、贵溪桥、鳙口桥、祁岭桥。	1.在城:秀水桥、青云桥、虹绛桥; 2.北乡:胥溪桥、广济桥、和溪桥、柏溪桥; 3.东乡:华桥、锦溪桥、金字牌桥、新桥、蓝桥、周家桥、胡坑桥、凤凰桥; 4.西乡:双溪桥、千佛桥、鳙溪桥、伊坑桥、大北渡桥、汪村桥、罗村桥、巴坑桥、沙堤桥、白连合桥、陈店桥、苦竹桥、新安桥、梓桥; 5.南乡:润溪口桥、韩口桥、阊溪桥、灵山口桥、心田桥、长亭桥、贵口桥、小港桥、普济桥、通驷桥、新桥。
黟县	1.在城:戊巳桥; 2.东乡:潘山桥; 3.南乡:招秀桥;	1.在城:东门桥、侍郎桥; 2.北乡:双溪桥、济川桥、里溪桥、枧溪桥、景星桥; 3.东乡:严村溪桥、露山寺桥、乳川桥; 4.西乡:陈同桥; 5.南乡:文孝桥、叶聪桥、双溪桥、万寿桥、双溪桥(九都)。	1.在城:东溪桥、古楼桥; 2.北乡:驷马桥、龙蟠桥; 3.东乡:鱼亭桥、露江桥; 4.西乡:古筑桥; 5.南乡:横江桥、西递桥、钟淑桥。

续表

县名	官方主持修建	民间修建	不明
绩溪县	1.在城：进贤桥； 2.北乡：熊公桥、洪富桥、杨溪桥； 3.东乡：东洲桥、贵阳桥； 4.南乡：徽溪桥、绿杨桥、曹渡桥； 5.西乡：来苏渡桥、祥云桥。	1.在城：河东桥、南关桥、宾阳桥； 2.北乡：岭儿桥、七溪桥、乳溪桥、浮溪桥、永济桥、胡里桥、梅干桥、寿山桥、惠济道院桥、竹庄桥、通济桥、济源桥、济川桥、世济桥、仁川桥、清潭桥、洞洲桥、嗣绫桥、又济桥、从安桥、梨木坑桥、大石门桥、永安桥； 3.东乡：毓秀桥、德安桥、集贤桥、富瀛川桥、石痕桥； 4.南乡：隆干桥、灵济桥、洪川桥、雄路桥、临溪桥； 5.西乡：大通桥、溪西桥、大岭坑桥、长安桥、镇外桥、罩铺桥、居仁桥、龙源桥、竹林桥、云庄桥、龙兴桥、龙溪桥、凤凰桥、乌干桥、德代桥、曹溪桥、文济桥、三阳桥、太乙桥、新桥、南山桥。	1.在城：顼家桥； 2.北乡：南渡桥； 3.东乡：华阳桥； 4.西乡：大合桥、跃龙桥、王陵桥。
合计	56	239	183

说明：1.资料来源于康熙《徽州府志》卷八《营建志下·桥梁》。2.官方主持修建，包含三种：一是主政官（知府、知县等）职责修建；二是官倡修，民集资出力，即官民合修；三是任外为官的徽州人捐修。由于这三种修建都有官方力量的参与，算作官方主持修建。3.有少数桥梁是宋元时期修建，并未剔除。

其中,官方主持修建方面:徽州府3座;歙县11座;休宁13座;婺源11座;祁门4座;黟县3座;绩溪11座,共计56座。民间修建方面:徽州府1座;歙县40座;休宁22座;婺源72座;祁门27座;黟县16座;绩溪61座,共计239座。如此,官方主持修建的桥梁数大约占到民间修建数量的五分之一。

而且,在官方主持修建的桥梁中,基本以民间力量为主,官方只是领衔或者命人募集资金修建。如,休宁蓝渡桥,"在县西一十二里,旧系木,明弘治间,知县李晔募众建石";婺源乐成桥,"在对镜岭脚,知县郑国宾捐俸倡建,今圮";随缘桥,"在二十八都苎田渡,明成化中知县丁祐命僧道募建"。黟县挹秀桥,"在六都石山,知县窦士范命僧洪伟建,自为记"。① 可以说,官方在修建桥梁的公共事务中,主要依靠地方民间力量来完成,主政官只是起到组织的作用。

还有,徽州在外为官的"邑人"也是官方捐修桥梁的一分子,如编修康熙《徽州府志》的赵吉士,即在休宁县捐修了海阳桥,"因捐金,命侄道洋聚石鸠工董其事,始于康熙二十八年四月,其秋告竣"。黟县的潘山桥,"在县东南十里潘山,邑人知县吴景温建",等等。

这些都表明,真正依靠官方财政来完成的桥梁公共工程兴修少之又少。官方行政尽管组织民力予以应付,也不能完全满足民间的交通需要,大量的桥道公共工程都由民间力量自主完成。

(二)民间修桥的主体与形式

为了更清楚了解民间力量应对桥道等公共工程的兴修,再以徽州婺源一县为对象,查看民间修桥的主体及形式。民国《重修婺源县志》基本涵盖整个清代的记录,并对之前县志记载有继承和修正,以其"营建志"中关于津梁的记载为资料,区分官方修建与民间修建,将民间"个人修建"与"众人修建"的桥梁进行分类统计(参阅表4.4),可以大致了解民间修桥的主体与形式。

---

① 康熙《徽州府志》卷八《营建志下·桥梁》。

表 4.4：婺源县民间修桥情况

乡都	个人修建	众人修建
在城	1.西门桥。元知州史宾之建,明韩节妇余氏改木桥,徐朝钦续建并捐田备岁修。 2.北门桥。程亨嘉建,邑人胡仲里买地构屋贮桥板。 3.万岁桥。明永乐邑人毛富建。 4.升平桥。邑人张天成建。 5.郑家桥。里人郑崇兴建。 6.钓桥。程季思造。 7.敦义桥。节妇余氏建。 8.祜麟桥。鸿胪汪逢秋妻程氏及子建。	1.集凤桥。韩氏众建。
一都	1.承志桥。刘世扬建。 2.双全桥。刘子万建。 3.继志桥。刘子万建。	1.志愿桥。程宏道募建。
二都	1.乐善桥。程亨嘉建。 2.兴善桥。程亨嘉建。 3.起文桥。邑人陈必魁建。	—
三都	1.永丰桥。程世、程大建。 2.济人桥。程世、程大建。	—
四都	1.流芳桥。明成化王景威建。 2.衍庆桥。明弘治王元昭建。 3.禧龄桥。儒林郎汪逢秋妻程氏建。 4.樟木桥。明成化王范关建。 5.立本桥。朱大成建。	—
五都	1.鹄溪桥。元泰定王德全建； 2.永新桥。李汝材建。 3.塔山桥。明景泰李永通建,咸丰李荣重建。 4.济宁桥。王尚威建。 5.仁泽桥。王永义建。 6.聚奎桥。王亢宗建。 7.聚星桥。王亢宗建。 8.期三桥。王亢宗建。 9.永慕桥。王国华建。 10.长生桥。贡生俞起炼建。	—

续表

乡都	个人修建	众人修建
六都	1.义济桥。明弘治程镐建。 2.仁和桥。程宗大建。 3.广济桥。里人俞名宗、俞贞建。 4.练汇桥。江一善建。 5.田源石桥、培济桥。程文传建。 6.寿济桥。程珏建。 7.北山桥。俞名宗建。	1.广济桥。俞成源、俞应宾倡建。
七都	1.从戎桥。宋将江敌建。 2.康济桥。江五芳建。 3.冰虹桥。江远妻程氏建。 4.培元桥。江世资建。 5.莘耕桥。江思循建。 6.义济桥。江松建。 7.飞云桥。里人江雪矼、叶南阳建。	1.宏济桥。康熙年间江湾等村众建,乾隆合力输资修,同治四方捐资重造。
八都	1.济众桥。江五芳建。 2.茶潭桥。汪社孙建,捐田二亩,以备修理。 3.印石桥。汪家相妻吴氏建,捐田二亩以备修理。 4.广济桥。尚书游应乾夫人张氏建。 5.利济桥。大学游在廷妻汪氏建。	1.古坑桥。汪梧率族重建,子炯建庭于上。 2.利川桥。众建。 3.西安桥。坑口汪氏众建。 4.通济桥。游氏众建。 5.飞泉桥。游氏众建。 6.中胜桥。游国良、士玡、为光重建。 7.琉璃桥。游氏建。
九都	1.顾本桥。程连建。 2.崇福桥。程宗大建。 3.官桥。詹存茂建。	1.裕后桥。詹氏众建,詹克宽重修。 2.善济桥。程氏众建,康熙间里人程贵昌等捐资重造。 3.凤凰桥。詹氏建。
十都	1.嵩年桥。里人汪继蕃捐资独造,后捐田十亩为施茶资。 2.承芳桥。叶兆建。	—

续表

乡都	个人修建	众人修建
十一都	1.程田桥。汪直捐建,洪坤等修沐养仓,汪坤等重修。 2.塔桥。汪直建。 3.拱屏桥。汪崇本建。	1.八十桥。明正统洪文钜建,嘉靖洪坤等重修。 2.如来桥。官源汪姓建,洪汪二姓重修。
十二都	1.福庆桥。里人詹仁偕弟义礼、柔正同建。 2.福济桥。里人詹汝列输资建。 3.腾踏桥。王道充建。 4.延洪桥。曹天从建。 5.积善桥。曹天从建。 6.长生桥。曹天从建。 7.环秀桥。里人曹子仁建。 8.双鲤桥。江应义建。 9.光裕桥。江应义建。 10.延龄桥。洪厚德偕弟莹建。	1.嘉会桥。里人好义者共建。 2.萃庆桥。里人众建。 3.永济桥。王姓募建。
十三都	1.仙姑桥。里人查氏建。 2.聚星桥。程以忠建。 3.里仁桥。吴文熙建。 4.龙隐桥。詹之龙、国锐建。 5.孝善桥。查经、查尚庆。 6.通灵桥。郎一彬建。 7.三元桥。吴时高妻游氏建。	1.普济桥。查姓建。
十四都	1.九如桥。余昌祚建。 2.朱紫桥。吴世祥建。 3.秀兴桥。齐兆珮建。 4.兼济桥。王廷言建。 5.诞登桥。王廷言建。	1.麟清桥。十堡众建。 2.仰题桥。梓坞众建。 3.富胄桥。梓坞众建。 4.巨观桥。詹姓众建。 5.履安桥。余锡升倡捐造。 6.登云桥。余锡升倡捐造。
十六都	1.理源桥。余移相、楷建。	1.下会桥。洪黄二姓率众重建。 2.秀水桥。众建。

续表

乡都	个人修建	众人修建
十七都	1.宏济桥。 2.慈母桥。施尚、施应旸建。 3.縻公桥。俞必縻建。 4.永济桥。章圭锡重修。	1.拱秀桥。洪姓众建。 2.永安桥。洪姓众建。
十八都	1.永德桥。江梓声、江得公同建。 2.永济桥。俞必縻建。 3.志节桥。江源深母詹氏建。	1.聚星桥。清华胡戴余洪四姓建。 2.高奢桥。江应桐、应枋偕戴本孝、僧寂祥募建。 3.永丰桥。黄正宗孙众建。
十九都	1.永新桥。城北礼儒王一策建。 2.存济桥。詹文寓输建。	—
二十一都	1.思溪桥。明景泰里人俞宗亨建。 2.夏村桥。 3.双虹桥。大田何氏建。 4.双凤桥。长尧胡永昌建。 5.明经桥。胡礼建。 6.弄璋桥。里人胡用仁重建。 7.彦忠桥。高沧王彦忠建。 8.锁云桥。高沧王伯锡建。 9.慕亲桥。高沧仁村胡礼建。	1.长寿桥。考川胡氏众建。 2.云峰桥。考川胡氏众建。 3.麻榨岭桥。胡庆珪倡建。 4.鼓楼桥。高沧王氏建。
二十三都	1.桂芳桥。潘永元建。 2.迎恩桥。潘珍建。 3.崇恩桥。潘珍建。 4.五桂桥。潘峰建,潘永亨重建。 5.新源桥。俞雁建。 6.松云桥、百岁桥。潘汾建。 7.锡元桥。潘永元建。 8.济美桥。潘尊德建。 9.留荫桥。潘元彪建。 10.杨柳桥。潘重庆建。 11.林隐桥。胡与俊建。 12.拱龙桥。乾隆程氏同村众建,光绪后裔程济美独自重修,并捐庙费洋。 13.泽民桥。明潘顾祥建。	1.荥阳桥。孔村众建。 2.大桥。龙山程胡二姓建。 3.孔坊桥。潘贵廉裔孙建。 4.振元桥。俞氏众建。 5.龙湾桥。明潘杰、程肃倡建,新田寺僧募建。

续表

乡都	个人修建	众人修建
二十四都	1.曹溪桥。明永乐邑人程远观建。 2.余庆桥。明永乐邑人孙以道重建。	1.迎峰桥。众建。 2.福源桥。程梅公后裔创建。
二十五都	1.詹坑桥。倪士安建。 2.福昌桥。倪智昌建。 3.金坑桥。程人与建。 4.店埠桥。程亨嘉建木桥。 5.小港桥。邑人汪清卿建,后程亨嘉复建。 6.白石界石桥。程亨嘉建。	1.通济桥。欧阳永则堂建。
二十七都	1.源芳桥。明正统里人吴源芳建。	1.丰乐桥。汪姓众建。 2.卷元桥。众建。
二十八都	1.流芳桥。里人顾鼎建,后臧仲重建。 2.积善桥。胡积善、居士汉衍建。 3.竹林桥。元儒程复心建,明弘治僧社保重建。 4.继志桥。龙山程起兴愿造石桥保母遗命。	—
三十都	1.王村桥。王应隆建。 2.远庆桥。王琼、王汉建。 3.海澄桥。王炜耀建。 4.南新桥。王炜耀建。 5.承志桥。吴士英建。	1.慈济桥。万寿寺募建,又置田三亩备修。 2.汉口桥。程隆、永德等建。 3.上洋桥。王逢瑞、王玉等倡建。 4.大洋桥。王昌恒、王敬春等建。
三十一都	1.应祥桥。祝多茂建。 2.永昌桥。大田倪智昌建。	—
三十五都	1.双坑桥。里人王茂华建。 2.利涉桥。邑人程应凤全侄遴连建。 3.永济桥。蔡盛璧建。 4.保源桥。张伯煋、子国经建。 5.金盘桥。张国经建。 6.永仙桥。叶尚玒建,孙宏广重建。	1.光裕桥。里人叶尚仪率众建。

续表

乡都	个人修建	众人修建
三十六都	1.沣溪桥。元里人吕延珪建。 2.孝思桥。方士禧建,裔孙仲诰重新。 3.步蟾桥。方勤建。 4.通济桥。方思恕建。	1.吴牛桥。众建。 2.鞏秀桥。吕高思等率众重建。
三十八都	1.张公桥。张士俊建。 2.张婆桥。张士俊建。 3.光裕桥。臧天生建。	1.湖村桥。臧觉先倡首,僧见悟募建。
三十九都	1.述义桥。董文魁建,后孙重建。 2.双桂桥。明洪武许三安兄弟建。 3.长者桥。许文福建,后许氏重建。 4.和睦桥、普安桥。齐仲奎建。 5.赤珠桥。方福镇建,朱晚保重修。 6.引柱桥。汪廷穗建。 7.儒林桥。董齐建。 8.题柱桥。董徽光建。 9.凤西桥。里人汪孟震建。 10.凤东桥。里人汪孟震建。 11.深陂石桥。齐尚辐捐造。	1.双溪桥。凤田众建。 2.德辉桥。里人董宗尧倡首,凤梅众建。
四十一都	—	1.盘山桥。程邦倚率族建。 2.石麟桥。里人募建。
四十二都	1.中孚桥。程克翁建。 2.鼓楼桥。程忠显建。	—
四十三都	1.步云桥。里人章士元、思宜建。 2.通济桥。程宗埔建。 3.洋潭桥。程五启建。 4.洪源桥。张冕建。 5.花桥。张彦仪兄弟奉母命再造,万历孙应庚重修亭。 6.南溪桥。张集建。 7.汪波桥。张彦仪建。 8.吴阳桥。李措建。 9.明德桥。潘铉卿建。 10.树德桥。李久关建。	1.嘉会桥。韩溪世忠祠前程氏建。 2.高道桥。明张果启兄弟建,雍正照湧、道生二僧募化重建。

续表

乡都	个人修建	众人修建
四十五都	1.济川桥。里人戴善美建。 2.桂芳桥。吴文辉建。 3.保安桥。齐淑笙造。	1.桂岩桥。戴仲谋及子建,后里人众建。 2.永芳桥。明戴庆瓒建,后众多次重建。 3.聚安桥。戴声宏倡建。
四十六都	1.湧溪桥。里人吴季经建,明成化裔孙沂流重建;	1.尚义桥。顺治吴氏孙大海同淡斋和尚募劝重造,后乾隆同治吴氏裔孙重修。 2.富坡桥。吴季经裔建。
四十七都	1.山槎桥。里人方宗原建。 2.通济桥。明成化里人方思恕建。 3.晏公桥。许普爱建。	
五十都	1.永裕桥。吴应裕建。 2.登仕桥。贡生洪大鼎建亭,胡细保施茗多年,咸丰张源坡输田五亩为永远计。 3.通德桥。洪文楷输基创建。	1.桂花桥。吴姓众建。 2.延椿桥。里人洪治先倡首募建。 3.长岭桥。众建。 4.马安桥。里人众建。 5.升平桥。张太祐等募建。
未审乡都	1.福新桥。裕福菴僧圆明建。 2.世泽桥。王尚威建。 3.仕浴桥。臧泰文建。	1.金源桥。汪姓众建。 2.义源桥。东源程氏建。
合计	185	73

据归纳,个人修建有185座,众人修建有73座。个人兴修的数量是众人修建的两倍多。这好理解,修桥的工程大小决定了桥梁修建的难度和资金。多数桥梁只是村中便于通行的小桥,工程不大,所以以一己之力能够兴修完成。只有工程较大的桥梁才需要集合更多的人力、物力来兴修,如此的大桥应该是少数。

当然,在个人修建的桥梁中,有前人建后人修或者添置桥亭、桥田的情况,如五十都的"登仕桥",贡生洪大鼎建亭,胡细保施茗多年,咸丰张源坡输田五亩为永远计。还有一例，祖辈建，子孙修，如三十六都的"孝思桥"，方士禧建，裔孙仲诰重新修整。也有兄弟几人合修，如十二都的"福庆桥"，里人詹仁偕弟义礼、柔正同建。这侧面反映，桥梁是公共工程，是"消耗品"，没有产出，维系、完善桥梁可能超过一己之力。

1. 个人修建桥梁的形式

个人修建桥梁，多是自身捐资出力，在修建形式上难有多少差异。但个人修建桥梁的身份主体确有不同。尽管地方志中对桥梁修建人的身份叙述有限，仍可从有限的信息将修桥主体按照身份予以划分。一般有三：

一是普通义士，即普通修桥行善的捐修人。从方志记录中可以看到，有些人不止修建一座桥梁，如五都的"聚奎桥""聚星桥""期三桥"都是王亢宗建；十二都的"双鲤桥""光裕桥"皆系江应义建。这些好义者行善乡里，常常被人称道。县志的"义行"篇也记录了部分行善好义之人的事迹，如修建十七都"縻公桥"和十八都"永济桥"的俞必縻：

> 俞必縻，字我爵，龙溪人，天性纯笃，友爱冲和，内亲外戚，抚孤备至。遇荒散钱给米，尝丹腠圣庙，造黉宫门，建排岭及双璧庵、澄心亭、洋娥渡、桑园石梁、菊径木梁，捐租三百煮茗济渴，备修倾圮，义声四达。举以宾筵法学宪，褒义行崇儒。藩宪董赠礼门垂绩，长子文炳国学造东门楼，督宪赵旌名著屏树，次元锋元钊亦称继志云。①

俞必縻的善行不只是修桥，还有赈灾、修庙、修亭、捐租煮茶济渴，等等。"义行"篇载有很多乐善好施行义的人建桥修路，有的人不仅在自己家乡建桥修路，在外也有兴建，如詹之龙，"字云友，庐源人……在亳及寿州舒城三助桥梁，六安洪涨漂没，买舟捞溺，棺布瘗埋，又助寿州赈米济荒，本邑助建文公祠，倡造水口龙隐桥，独建浙岭石亭泉曰，以济行旅……乾隆年间三次平粜，远近族里，称诵不衰，以子贵，封承德郎"。② 这些乐善好施行义的人，是个人修桥中的主导力量。

---

① 民国《重修婺源县志》卷三十八《人物十一·义行二》。
② 民国《重修婺源县志》卷三十八《人物十一·义行二》。

二是女性，以官员妻、节妇为主。如在城的"敦义桥"，节妇余氏建；四都"禧龄桥"，儒林郎汪逢秩妻程氏建。女性修桥，与旌表制度、佛道善报观念有联系。古代对于"忠孝节义""乐善好施"有旌表。特别是女性，不能像男人那样在外经历一番，最大的评价就是节孝以及与之相联系的乐善好施的义行。《宁国府志》中有节妇修桥明志的情形，在修建宁国县东山桥时，孀妇胡氏修建，挑选石头时，"匠石难之，妇曰：我生不得双，此心匪石，石不可转，岂其然哉！致斋祷神，遂成。至今屹立"。① 这段表达，将"节"与修桥永固的行为联系，是在夸赞孀妇的行为，也在鼓励后来人修桥明志。

她们的行为如果得到官方肯定，不仅可以得到旌表、荣行乡里，还可以得到优免。

> 凡士民人等，或养恤孤寡，或捐资赡族，助赈荒歉，或捐修公所及桥梁道路，或收瘗尸骨，实与地方有裨益者，八旗由该都统具奏，直省由该督抚具题，均造册送部。②

这是对士民乐善好施旌表的规定。关于节孝，则规定更加细致，从顺治年间就开始定例：顺治十年（1653），"旌表节孝，在直省府州县者，官给银三十两，满洲蒙古汉军，支户部库银三十两，听其自行建坊"。"十二年题准，各直省孝子顺孙义夫节妇，各该督抚于每年十二月照例核实具奏，礼部覆核，分别题请旌表"。还有优待，顺治十八年（1661），"满汉节妇，准一体给米。"康熙年间，加强教化，五十二年（1713），"直省满汉孝子顺孙义夫节妇，该管官细加咨访，确具事实奏闻。礼部核实旌表，以广教化"。并且对于有节孝而不申报的官吏予以处罚："五十九年覆准，节孝昭著，所司不核明详报者，交部议处。所属上司，不转详题请旌表者，交部一并议处。通行八旗直省一例遵行。"雍正年间，将节孝旌表者列入祭祀体系，"各省建立忠义节孝祠，表扬德行，着行文各省督抚，详加察勘。有

---

① （清）洪亮吉、凌廷堪总纂：《宁国府志》，合肥：黄山书社，2007年，第1164页。
② 《钦定大清会典事例》卷四百三《礼部一一四·风教七·旌表乐善好施》。

无冒销,果否坚固之处,不得稍有蒙混。并令各地方官,将建立祠宇,造入册内,前后交代"。①

这些风教礼制,对于民间女性是有影响的。民国重修《婺源县志》在表彰"列女"节孝的同时,还有一卷专门表彰"贤淑"。"贤淑"的女性往往都有乐善好施义行的品质。如"汪泽民妻曹氏,清源女,归裔村。始处窘,粝食粗衣无怨言,家事悉以身先,嗣佐夫创业,多行善事。值七旬寿,以戚族贺仪凑集二百金修岭路,行人颂德"。又如,"胡清烈妻金氏,名欢容,延川通奉大夫大千女,归汪村朝议胡清烈,性仁慈,相夫课子外,凡修桥、筑路、育婴诸善举,行之数十年无德色。两次盗伙持械入室,氏率婢仆抵御,得以保全,尤为巾帼所难。寿八十,孙曾满堂,邑侯魏赠额'女中君子'"。② 县志中记录这些女性的善行,是对她们的肯定。里面还可以看到地方官吏对她们的嘉奖。有的宗族也会表彰,如"程济美妻吴氏,龙山人,性勤俭好施,与家常半丝半缕不肯浪费,必储蓄以济贫乏。亲属无力婚教者,设法欤助之。地方公益慈善及祖祠等事,必敦促其夫举办。夫独力造拱龙硚、德星亭、关帝庙及水口石栏,并襄建程氏宗祠",最后宗族的奖励是"氏赞助之力居多,族人德之,于其殁时迎主入祠,俾与配享"。③ 作为女性,吴氏能够进入祠堂配享祭祀,获得了很高的赞誉。

另外,佛道等善报观念对女性修桥有影响。明清的女性生活本来就有诸多限制,时常通过宗教或者迷信来满足期盼。修桥修路都是善行,可以获得福寿。这在很多桥名中都能看到修建寓意,如儒林郎汪逢秩妻程氏在四都修建的"禧龄桥"。

三是僧人。僧人修建桥梁尽管在个人修建中所占比重小,然而确实存在。他们也常与个人和官方合作,发挥劝修、募修的作用。如未审乡都的"福新桥",即裕福庵僧圆明建;十八都的"高奢桥",由江应桐、应枋偕戴本孝、僧寂祥募建;二十三都的"龙湾桥",明时潘杰、程肃倡建,新田寺僧募建。

---

① 《钦定大清会典事例》卷四百三《礼部——四·风教七·旌表节孝一》。
② 民国《重修婺源县志》卷六十三《人物·列女八》。
③ 民国《重修婺源县志》卷六十三《人物·列女八》。

《佛说诸德福田经》有"七法广施福田",如果做到这七行,"行者得福,即生梵天"。所谓:"一者兴立佛图,僧房堂阁;二者园果浴池,树木清凉;三者常施医药,疗救众病;四者作牢坚船,济度人民;五者安设桥梁,过度羸弱;六者近道作井,渴乏得饮;七者造作圊厕,施便利处。"可见"安设桥梁"是可以得福生天的七行之一。

《大智度论》则对此再进一步发挥:"大慈与一切众生乐,大悲拔一切众生苦;大慈以喜乐因缘与众生,大悲以离苦因缘与众生。"慈能得乐,悲能去苦。而践行慈悲的方式是布施,即财施、法施、无畏施。财施即以钱财、饮食、衣物等施舍众生,也就是济贫;法施是以佛法度人;无畏施是救急难,令众生消除恐惧。所以,佛教僧侣常把赈灾、救济、施药、掘井、修路桥等公益事业看成慈悲外化的表现。

佛法的规定对于僧人的修行至为重要,这些僧人通过自为和传播"德报"观念,将修桥路等行为与"积德"联系起来,从而感化和影响民众的行为。

2. 众人修建桥梁的形式

众人修建桥梁的集合方式约有三种。

一是倡建。主要是有人为首带头捐资提倡修桥,并在整个修桥过程中起到组织的作用。如十四都的"履安桥""登云桥"即是余锡升倡捐重建。再如,十八都的"高奢桥",先是婺源学生江应桐见人渡河困难,"每春夏潦发岸襄,行者望洋嗟叹。间藉舟以渡,则湍浪汹涌,沉溺是忧,汝元常憾不能易木以石,赍其志",于是他与昆季兄弟商议想修桥便人,并且"偕里人戴本孝谋经,始输资为倡,犹虞任弗克胜也",并且"请天竺庵戒僧寂祥董其事",僧寂祥"以真诚感众,披缁募化,不避寒暑,且复捐钞,为十方劝率,众皆响应,各视其力以泉布输",最后历时近三年才落成。①"高奢桥"是学生江应桐兄弟以及僧寂祥共同捐资倡建的,他们起到了带头和组织的作用。

二是募建。即多方劝募资金,以少聚多,用以修建桥梁。如一都的"志愿桥",由程宏道募建。这种募建集资人积极劝人乐助。歙县重修竭

---

① 《高奢石桥碑记》,载民国《重修婺源县志》卷六十八《艺文四·序记五》。

田石桥时,先是鲍循"置簿劝募概里,多寡乐助,得五百金",其子先严督造,但功未成而鲍循翁仙游,于是星岸先生昆玉"拮据劝募",但是很多人说捐,落实的只有十之二三,最后先严兄弟五人捐输,才将桥建成。① 这里能够看到募资建造桥梁的不易。

三是众建。即大家合议出资出力修建。前文提到的"桂林桥",虽然有洪奉宸提议,但多半是洪姓族人集思广益,共同出资出力修建,这也是众建。"桂林桥"的众人修建是集合一族一姓之力,又如八都的"西安桥",由坑口汪姓众建。也有几姓众建,如十八都的"聚星桥",由清华胡、戴、余、洪四姓共建。还有一里之人共同修建,如十二都的"嘉会桥",由里人好义者共建,"萃庆桥"由里人众建。这些众建桥梁,基本上是大家合议达成一致意见,并且共同出资出力予以修建。

综上,桥道工程本是公益事业,责任在于官方,明清的政府已在国家行政法律上明确了此点。而且,对于地方官而言,如若出现桥道审视不周,可能被追责。然而,在财政支出上,由于"起运"与"存留"的规定,地方官在财政上无有储备的资金用于这类公益事业。所以,工程的兴修需要请示中央,获得批准以及拨款后,才可以动工兴修。对于中央而言,没有设定专项的"库"应对这些请示,只是随报随批,临时动用各种中央经费。

如此,面对大量的工程公益事业,地方官只能自己想办法。可能是自己倡捐,带众兴修;也可能是积极奔走,游说当地士绅乡民,群策群力。最后,我们看到情况是,在一些军事相关的或者浩大的工程,才有官方兴修的身影。多数的情形是民众自治而为。

我们也看到,民间修建也有个人捐资和众人集资两种形式。无论哪种机制,都会涉及工程的长效性问题,如何让桥梁或者道路不仅能够兴修,而且还能够长期发挥作用,是需要乡民集思广益的。

---

① 《重修竭田石桥记》,载《明清石刻文献全编》(三),北京:北京图书馆出版社,2003年,第208页。

第二节　路桥会的成立

众人合资修建桥道,是不愿桥道经常坏损而无人管修的。于是,大家习惯采用"会"的形式,将桥道的修缮纳入一种机制之中,这便有了路会、桥会的兴起。通过了解路会、桥会的设立,能够了解人们如何形成组织应对修桥修路,同时可以理解会员在桥会、路会中的权利与义务,对于我们认识桥会、路会本身有帮助。

一、路桥会的成立方式

路桥会的成立方式主要有两种:一种是捐资设立;一种是集资设立。

(一) 捐资设立

捐资设立桥会、路会一般是在桥道修建以后,个人直接捐置产业,兴立会组织,用以保障桥道维修。如"程焕光,官桥头人,质直好义。村有小溪,支木为梁,每易朽坏,独输己山创立桥会,以时修葺,行人便之"。① 再如,"王起填,箬溪人。性慷慨,乐善好施。尝于建邑蜈蚣岭建茶亭一区,施茶以济道渴,并输田地若干为久远计。都内向有茶亭,年久寝废,填复兴之,建室一间,斋僧住持专司煮茗之役。榉根岭蒋村,为来往通衢,填首倡修垫,又造二十一都步前坞板桥,以免徒涉,更置桥会租课,为岁修乏资,行旅赖之"。② 这两例中,都是好义者在修桥以后,捐产业兴桥会,让桥梁维护有长久之资。

这里虽然"会"的产业是个人捐助,但"会"是人户的集合组织,需要共同的协调,才能保证组织的运行。大家利用桥会产业,负责桥梁的维护。

---

① 民国《重修婺源县志》卷四十六《人物十二·质行七》。
② 同治《祁门县志》卷三十《人物志八·义行》。

(二)集资设立

集资设立桥会、路会较捐资设立桥会、路会常见,一般是众人出资,用合同的形式约定成立会组织应对修桥修路。《清康熙年间程锦芳等立合文约》是一份桥会设立合同,可惜的是有残缺,兹将存留的部分录于下:

☐义芳、守生等,思得本境桥梁摧损,往来不便,切思门首庙下二桥紧☐议邀首二十名,各出本谷贰拾斤,眼同拈阄,编派四首,递年轮流生贩,加二行息,以☐桥拨路,往来客商以病涉之叹。今眼同商议的,于十月十六日上首支用修路搭桥☐入己查出,罚纹银五钱入会,逐出,仍上首将谷交付下首,必要授受分明,无得☐清算,自立合文二十纸,各收壹纸,永远存照。

☐合文约人　程锦芳(后略)①

此份合同尽管残缺,但是一份典型的桥会合同,其中不仅仅涉及修桥,也提及修路。这种集资设立桥会或者路会的方式是常见形式,如浙江丽水县的"义振桥","义振里人叶景清等并组织桥会集资捐租,以备修葺"。② 下文将提到的太平县的"棠梨岭路会",即由岭下林姓集资筹建义社两组。合同设立路桥会,能够体现会员之间的合意自治,对于共同完成公共事务有约束力。

二、设立合同约定之内容

关于桥会、路会的设立约定,继续以程锦芳等立合同为例。主要内容有立会目的、立会主体、出资方式、经管方式、罚则等。

(一)立会目的

祁门环砂的程锦芳等看到本境桥梁毁损严重,特别是"门首庙下二桥"至为紧要,影响人们的出行以至生活,所以要大家集合起来,同心协

---

① 《清康熙年间程锦芳等立合文约》,刘伯山主编:《徽州文书》第1辑第6册,桂林:广西师范大学出版社,2005年,第505页。
② 民国《丽水县志》卷三《水利》。

力,共同应对。后文《春岭长生路会记》也提到春岭险要难走,刘孝元等为了道路通畅,有长久维护机制,约各乡"耆英"共同出资出力,共襄美举。可以说,共同应对公共道路、桥梁的兴修,以利交通,是成立路会、桥会的目的。

(二)立会主体

立会的主体没有同姓同族等身份限制,只要是地区对于桥道有共同需要者,都可以成为立会的主体。该份桥会合同是程姓族人所立,共有二十人。但长生路会则是"约各乡耆英起一长生路会",说明对桥道有共同需要者或者有共同好善乐施的"义心"者,都可以立合同合意成立桥会、路会。再如饶州铅山县的"澄波桥","乾隆五十四年,洪水冲颓,前首士余庆云、黄德极、王明伦、姚松茂、梅茂林、姚有光、黄梦初、戴贵臣、姚彩如、王步鳌、李绍祖,鼎力建造,添竖桥上店屋,余银百两零,积放多年"。① 有七姓为首,集资修造,并经营生放会资多年。又武宁县"磨源陇至余家岭路二十里,乾隆十九年,钟、王、凌、陈、邱、林、廖十二户设路会,每岁修理,置义田一十二亩六分"。② 这里也有七姓十二户成立路会,并置备了会产田。可见,桥道交通是一个地域性公共事务问题,需要地域乡民共同应对。

(三)出资方式

合同中说"邀首二十名,各出本谷贰拾斤",这里是等份出资,且是实物出资。也有差额出资的情形,如清乾隆年间,黟县境内王仁德堂、方大义堂、胡善庆堂、方嘉乐堂、谢致义堂、江嘉庆堂、蒋余庆堂七姓宗族,共同成立了丰登路会。在《清乾隆四十六年五月丰登路会等立议合同》中,约定共同出资买山业兴养,并茶科在内,除强调禁养林木外,再批部分还约定山业蓄养树木、摘茶之产出按照出资银两多寡分配。买山作为路会产业的出资情况是:"胡善庆出银五两,方大义出银三两,方乐善出银三两,谢致义出银壹两,江、张二姓出银壹两伍钱,王仁德出银三两,蒋余庆出银壹两,散姓出银两钱。"这虽是此次买山各姓出资的情况,但合同中有指

---

① 同治《铅山县志》卷四《津梁》。
② 同治《武宁县志》卷之二《疆域·村庄附》。

出:"但有照派出钱者,业属有分;执而不出钱者,公禁毋许入山。"①实际是说明此次购买山业各派出资份额,即占有山业收益的份额。如果以后路会有收益,就按照这个出资份额分配。可以说,桥会、路会的出资方式较为灵活,以便于聚集资金为主。

(四)经管方式

路桥会一般编派首人,轮流经管。程姓桥会有二十人,编派四首,也就是四人属于管理层,轮流经管。首人职责是经营会产,同时使用会产铺路搭桥。上首在完成经管年限后,交下首,在交接的过程中,账务要算清楚。桥会、路会的经营方式与其他"会"差别不大,也是放贷会资、买卖田地山场、租佃会产等。具体情形,后文详述。

(五)罚则

罚则主要是针对会产经管中的徇私舞弊行为。"会"是众人集资兴立,是公业。为了防止公业被侵蚀,需要有惩罚机制。程姓桥会中约定,如果首人在经管的过程中存在徇私肥己的行为,"罚纹银五钱入会,逐出"。侵吞桥会路会公业的不在少数,后文提到的万年县重修珠山利济桥,桥本来有会产,但管理不善,被侵吞,后来只有通过"投鸣乡绅",才将原田缴回。约定罚则是一种自认行为,但真正出现违反会规的情况时,仍旧需要司法以及与之相关的纠纷解决机制来完成。

第三节 路桥会的经管

桥会、路会虽说是应对公共交通秩序,但作为一个拥有人和财产的实体,与其他"会"组织并无区别,需要通过经营运作来保存和壮大自身,以期完成立会修桥、修路的目的。而在经营过程中,也需要不断调整"会"组织的内部规范,从而达到再次合意、约束组织内部的人员、行为一致的

---

① 《清乾隆四十六年五月丰登路会等立议合同》,刘伯山主编:《徽州文书》第1辑第5册,桂林:广西师范大学出版社,2005年,第95页。

目的。

一、路桥会的经营

(一) 贷借

桥会、路会在成立时也常约定生贩生息,即将会资出借给他人,收取利息。嘉庆十六年(1811)的一份收约,可以看到向桥会借钱的情况:

> 立收约人黄胡氏,原夫先年卖过山地契外,仍存银五两,典回土名鲍家塔山地锄种,暂为度活之依。今因外项债负紧急,是以自愿托中,向族伯相商坐典之银托在本源桥会代挪,借银五两整,交身比即领讫,其银言定递年桥会算账之日,将利谷五秤送至会内交楚,不得累及族伯,其本银言定五年之内送还取约,不得违误。如无本利还清,并期满之外,身愿将典山地退回与族伯管业,不得生端异说。今欲有凭,立此收约存照。
>
> 嘉庆十六年九月初二日立收约人　黄胡氏(花押)
> 　　　　　　　　　　　　中见人　叶盛文(花押)
> 　　　　　　　　　　　　代笔人　金冬旺(花押)①

收约说明,黄胡氏向桥会借钱,约定桥会每年结算之日还利息"谷五秤",借款期限是五年。这份收约还约定了抵押,如果本利不清,期满之后,即将山地让族伯管业。但,该收约与借字不一样,借字一般约定本息,即使有抵押,也是借款方执行抵押,而该收约是族伯管业抵押。如此,要么族伯是桥会借钱给胡黄氏的保证人,要么族伯是桥会的管理人。如果族伯是管理人,那么在借款人还不起贷款的情况下,实际上还是抵押产归桥会所有。

(二) 买卖

桥会、路会在成立时若是集资,一般约定待会本生贩生息积累到一定程度后,购置田地山场等"恒产"。"会"有了固定资产后,可通过租佃的

---

① 《清嘉庆十六年九月黄胡氏立收银约》,刘伯山编著:《徽州文书》第4辑第2册,桂林:广西师范大学出版社,2011年,第121页。

形式收租息，利于壮大自身。《清道光十七年七月邱光祜立杜卖山契》即是一份卖产业给路会的文书，如下：

> 立杜卖契人邱光祜，今因正用无措，自情愿托中将承受叔父阄分山壹号，坐落八都三保，土名尖角阳培，又壹号同处，土名岩山湾，共山二号，其山新立大四至，东至湾心直下，西至岩山湾心撒砂直下，南至坑，北至大尖。四至之内，树木、材薪、椿老、山骨，通山身该得八股之一，自愿凭中三面言定，时值价大钱四千文正，今将二号山骨、柴薪、竹木、椿老尽数立契毫无存留，出卖与邱里门路会名下前去入山砍斫管业。其山未卖之先，并无重复交易，来历不明尽是卖人成当，不干会内买受人之事。自成之后，各无悔异，今欲有凭，立此卖杜契存照。
>
> 再批，老契日后查出，不得行用。又契内改号字壹个，又照。
>
> 道光十七年七月念五日立杜卖契人　邱光祜（押）①（后略）

卖契的卖方是邱光祜，买方是里门路会。交易内容是"山骨、柴薪、竹木、椿老尽数出卖"，应该是全业。"会"有了田地山场等固定资产后，可以通过租佃等形式，保证产业不断生息。在生息累积的过程中，桥会、路会逐渐购置产业，发展壮大。如遂安县的"君石桥"，在光绪年间由邑人姜成钟捐资重修，"且念桥需岁修，非置产不足垂久远，置受衍昌庄茶叶坪田一亩六分，后垄田一亩八分，又后垄田一亩三分，三亩丘土地庙边田一亩五分，大坂路边田二亩二分，水洋坞田七分，大坂田八分，淡山坂田七分，黄家垄里田二亩，归八都一图君石桥会户承粮，设立桥董经理，以资岁修"。②"君石桥会"置有田产九处，以备每年修缮。如其所说，"非置产不足垂久远"，桥会路会的田地山场等固定资产，是组织长久运营的保障。

桥会、路会在运营困难或者需要修桥修路时，也会出卖产业。如祁门本源桥会卖田租契所说：

---

① 《清道光十七年七月邱光祜立杜卖山契》，刘伯山主编：《徽州文书》第 1 辑第 6 册，桂林：广西师范大学出版社，2005 年，第 136 页。

② 民国《遂安县志》卷之一《方舆志·交通》。

立卖田租契人本源桥会经手众姓人等,今将先年买受田租壹号,坐落三四都盈字四保　号土名水竹坞内取实租壹秤,今因桥梁倒坏,租苗干旱,折半而收,又助整神乐输出少费用,是以合会商议,将前田租出卖与黄开业名下前去收租管业。三面议定,时值价九九典钱叁仟文整,其钱在手足讫,当日契价两明,未卖之先,并无重复交易,来历不明卖人承当,不干买人之事。计税九厘七毛五系(丝),在于城都三图一甲王孟善户户丁兴桥名下推入买户供解,再不另立推单。自成之后,合会眼同商议,日后无得异言,今欲有凭,立此卖田租契存照。

　　再批,上手老契仍有未卖,不便缴付,存本会内,日后要用,赍出照证。

　　道光十五年九月十二日立卖田租契人本源桥会众姓人等①

桥梁倒塌,需要修缮,但是本源桥会的田地租息因为天灾而减收,同时还有祭祀活动的捐输,这几项支出使得桥会组织难以应付,只能通过变卖"实租"来支撑。当然,桥会以尽量保有资产为己任,所以只是"内取实租壹秤",并没有将全业卖出,再批部分也约定老契不交付,想必是桥会经营好转后还有买回的可能。

(三)租佃

桥会、路会拥有了固定产业后,基本通过出租产业来经营。《清光绪三十四年八月赵福生等立承佃山约》即一份桥会出租山业的文书,内容如下:

　　立承佃约人赵福生等,今承到环砂程署济桥会名下七保土名西峰庙山壹号,其山四至悉照老规,承佃锄种,开挖兴养花利,务要火地迁苗,叶密成林,一丈三栽。四年之内,务必佃人定接山主登山看苗,如苗不齐,务要补足。如违,扣除力垄。倘后出拼,主利二八照分。如会内乃为搭桥善事,佃人无得生端,恐后无凭,立此承佃约为据。

---

① 抄自《清道光二十八年三月十四日置产誊契簿之三十四》,刘伯山编著:《徽州文书》第4辑第2册,桂林:广西师范大学出版社,2011年,第482页。

光绪三十四年八月念九日立承佃约人　赵福生（押）（后略）①

赵福生等四人租种暑济桥会山业,开挖兴养花利。承佃约中约定了佃人的义务、种植方式,并且租期是四年。在这四年内,出租人有到山查看监督的权利。如果租人不按照约定的种植方式,要扣除所得。山业产出二八分成,也就是租息是总收益的 20%。同时约定,如果会内修建桥梁需要该山,承佃人不能阻拦。

二、路桥会的管理

桥会、路会在经营之外,最主要的活动便是自身的运行管理。而管理之中,最大的任务是桥道的兴修,后文将叙述桥会、路会如何应对桥道的兴修,在此不赘述。其他的管理事项中,以接受输捐和调整组织规范为主。

（一）接受输捐

接受输捐不是经营行为,桥会、路会只是这一行为的受益方。在地方志中,常见记载有输捐产业给桥会、路会的情况,输捐人通过捐赠行为表达乐善好施,实际是为当地的"公益"作贡献,是积善行德。如昌化县,"徐法连妻章氏,年二十八夫故,守节三十载,寿五十八岁,赠轿坑路会田八亩"。② 节妇章氏,守节三十年,除此之外,向轿坑路会输捐田产八亩。再如婺源县,"王廷元……性好善,凡遇荒年平粜修理桥梁、道路,以及亲邻无告者,无不量力佽助。婺城正北门桥会,租产微薄,元捐置田租以为之倡"。③ 王廷元见婺源正北门桥会租产微薄,于是带头输捐田租。

桥会、路会接受输捐虽不是经营行为,但对于自身而言,是增加资本的受益行为。其在接受捐赠以后,通过经营产业,能够继续维持自身的运作,应对修桥修路。

---

① 《清光绪三十四年八月赵福生等立承佃山约》,刘伯山主编:《徽州文书》第 1 辑第 9 册,桂林:广西师范大学出版社,2005 年,第 122 页。
② 民国《昌化县志》卷十三《人物志·贤媛》。
③ 民国《重修婺源县志》卷四十八《人物十二·质行九》。

(二)调整组织规范

桥会、路会在运行过程中,也会出现组织失范的情况,为了保障"会"组织能够继续完成共同目标,必须调整规范。来看一份桥会调整组织规范的"加禁合文":

立议加禁合文泽济桥会股分人等,缘身等祖父在于蒋村下首建立一桥,以济行人。伐石砥柱,荡平维木,功成各出资本立会,以为修葺之用。屡年在周王庙做会算账,历有年所。彼因人心歧出,一会分作二会,身等分会之后,取名泽济,定期十月初一照股挨阄轮做至今无异。近有以会变卖,每起争竞之端,妇女入吃,亦无男女之别,虽嘉庆十年批有簿据,而二者犹不免焉。是以合议加禁,务要以祖父之心为心,不得私自变卖,亦不得妇人入会同吃,倘股分内男人外出,照股熟物公存,自立合文之后,各股遵议,毋得再蹈前辙,如有此情,公议行罚,仍依此议为准。恐后无凭,立此加禁合文一样二拾纸,一纸存匣,各股收一纸,永远存照。

再批,陈惟英、源桥会壹股,于乾隆伍拾年欠利,未曾入会。今会内念其祖上具是同事之人,照本利入会。倘子孙有涉利之心另卖,不拘本姓他姓,具不得入会。其加禁合文以着存匣一纸,付伊为执,此照。

嘉庆十六年十月廿一日立议加禁泽济桥会人等

邱新法(花押)

邱积善(花押)

王钦余祀(花押)

邱新法(花押)

邱积善(花押)

陈璔公祀(花押)

吴国英(花押)

程献舟(花押)

程宽如(花押)

邱新法(花押)

程世经祀(花押)

盛子文(花押)

吴舜如（花押）

程纯一（花押）

陈有璔祀（花押）

程献舟（花押）

吴致叙（花押）

郑正增（花押）

陈世伦祀（花押）

王开一（押）

陈世熊（花押）[①]（后略）

从此"加禁合文"可知，桥会是祖辈所创，后因为人心不一，祖辈所立之会分作两会。"缘身等祖父在于蒋村下首建立一桥，以济行人。伐石砥柱，荡平维木，功成各出资本立会，以为修葺之用"。祖辈们修了桥后，为了长久的维修资金，所以各出资本立会。目前的"加禁合文"签名有21人，涉及邱、王、陈、吴、盛、程、郑七姓。其中有"王钦余祀""陈璔公祀""程世经祀""陈有璔祀""陈世伦祀"五个祀产或者祀会组织。出现几次"邱新法""邱积善"，经过祁门八都邱氏文书的前后比对，邱新法既是老户名称，也是祀会组织。这里能推知的是，有的宗族在桥会中占有多股，有的宗族成员合占一股。因为合同中说"一样二拾纸，存匣一纸"，签名有21人，说明邱新法、邱积善可能归并。此外再批部分将存匣一纸付于陈惟英、陈惟源，二人是共一股。在分析了立约人之后，发现不仅仅是一个人在集资建会修桥修路，其实有很多宗族组织在一起应对桥道兴修的公共工程。

再来看"加禁合文"约定的内容：一是不得变卖，即不能将桥会会股卖与他人，本姓同姓皆不可。这是因为在卖会股的过程中，常出现产权不明的争端。二是不准做会时妇女同吃。桥会在准备修桥修路时，有时也祭祀，如后文要提到的维护徽杭古道的祝三路会，每年下元节，先是进行蒙山施食仪式，祈求平安，这是一项祭祀活动。之后，召集路会成员上山

[①]《清嘉庆十六年十月泽济桥会股分人等立议加禁合文》，刘伯山主编：《徽州文书》第1辑第6册，桂林：广西师范大学出版社，2005年，第88页。

修整古道。修路活动结束当晚,轮值会首户宴请所有参加修路的人员。①泽济桥会禁止做会时妇女同吃,但也有说明"倘股分内男人外出,照股熟物公存",即表明不希望妇女参与活动,当然这是一种会股福利,不会少了每股的权利,会将用餐食品按股分公存。

由于"会"的公共性,所以一致行为很重要。经营的过程中,也会约定合同,调整会员的行为。来看祁门三四都一图小洲的一份桥会长养条约:

> □同心长养条约,众桥会人等,原因本□险,是以合众租到余坑大培山月形山二处蓄养□济洪水不时之用,已经数载,将成茂林,不幸山落幽僻,看守无人,是以屡遭内外人等左偷右窃,又不幸于前岁被野火烧烂,以致廖落稀疏如此也。今再合众同心插□加禁,俟后凡有内外人等偷窃竹笋□重罚。倘有强项不遵,鸣官理处□
> 一,当年首人四名,务须及时留心查察,当为己任,不得懈怠,如违议罚;
> 一,在会人等如有私自入山盗砍林树材薪,私挖春笋,犯者以一罚十;
> 一,倘有内外人偷窃者,知音拿获,赏钱一伯文。如容隐不报者,查出照窃人同罚;
> 一,会内有正事及有报偷窃者,务要合会齐到,如有一名不到者,罚钱二伯文入会。
> □年七月十四日合会人同□②

此份合同尽管残破不全,但能体会到桥会调整规范的用意。桥会本来租到山业兴种与蓄养林木,以备桥梁被洪水冲毁后的维修之用。本来已经成林,但是无人看守,被火、盗之事侵害,以致损失巨大。为了防止这种事情再次发生,桥会众人等再次立约,希望会首四人负责照看,同时会

---

① 马寅集、张孝进、樊嘉禄:《徽杭古道路会研究》,《黄山学院学报》2012 年第 4 期。
② 《清中后期众桥会人立同心长养条约》,刘伯山主编:《徽州文书》第 2 辑第 1 册,桂林:广西师范大学出版社,2006 年,第 157 页。

内之人要承担监管的义务,对于偷窃之人,要一起抵抗。

可以总结的是,桥会、路会是古代乡族人等为了应对交通公共需求而合议成立的一种组织。桥会是应对建桥修桥的组织,路会是应对辟路修路的组织。虽然二者名称不同,但基本需求是一致的。并且,桥会、路会在设立方式、组织形式、经管模式以及财产归属等方面相同。总体来说,桥会、路会既然是合意的组织,也就存在"离心"的可能,这就要求在运行之中,不断地调整内部规范,使得组织能够约束内部人员,一致行为才能将共同事业进行下去。

第四节　路桥会与桥道兴修

路桥会如何应对桥道兴修？讨论这一问题,可以更深入地了解民间力量应对公共工程的能力,以及感受这种自发秩序的魅力。

一、清代各地区的路桥会

桥会、路会在清代乡村基层社会广泛存在。桂东南的容县,人们在修津梁道路时,也会成立"会"组织,并通过"会"组织对桥道渡进行管理。如"平山渡","在藜木村,光绪初年,邑绅申锡三等倡立义会,醵金置产,并为每年修葺桥路诸费";杏香桥、全隆桥,"例贡杨树玮倡建,集有桥会";石岭桥路,"光绪五年,封职、封抡英倡修,并联会置租四千余斤,为每年修葺桥路之费"。①

在闽东地区,也有"桥会",对廊桥的维修与管理起到作用。这些桥会,有首事、总理、协缘等职务,在修桥和管桥的事务方面进行分工。最重要的是募集修桥资金,并与有关方签订"桥批"。为了以后桥梁永远有修桥资金作为保障,还设立桥产。②

---

① 光绪《容县志》卷之八《建置志二·津渡》。
② 李华珍：《闽东民间修护廊桥的社会原因探析》,《福建工程学院学报》2005 年第 4 期。

湖南平江县的西江洞村,有传统的路会。乾隆年间,会户们凑了一担茶油,作为修路基金,会户按班轮值经管。轮值会户每年需要组织村民负责维修路,有长老等监督者负责检查。为了犒劳修路辛苦,晚间到会首家吃顿丰盛的餐。① 在茶陵县,也有与路会、桥会相似的"渡会"。咸丰年间,有鳌溪义渡会,该会是较为成熟的"渡会",创设时有 75 人,后发展到 79 名会员,约定不能随意增减,若有"出顶承顶卖买者,必须以会谱及有管业字据方为有效,否则不得与会领胙"。会有田产,经管人三人,收租管理。经管会产可以"酌给辛资拾元",任期以一年至三年为限。②

广东增城县的金牛都石下村有"石下桥","前光绪年拟建石桥,阻于风水之说,改用木桥。村人赖宝堂积有桥会,烝息为常年修筑费。"③石下桥本是石桥,由于风水之说,便改作木桥。此桥由桥会经管,桥会的"烝息"作为常年修桥的费用。始兴县有"上桥","在文明门外河堤,架木为桥,以渡墨水,清同治间,邑绅商创立桥会,捐赀置产,以维永久"。④ 该桥是同治年间绅商创立的桥会,然后捐资购置产业,用来维修。广东地区行义之人,常倡立路桥会,如花县的宋锡珍,"字荫堂,佳锦山人,品行端方,孝友纯笃","在乡中倡设施茶会,拾字修桥修路会,共捐银七百元"。⑤

徽州地区,有通往杭州的徽杭古道,全长 25 千米,是古时徽浙联系的重要纽带。古道开辟于南宋时期。自开凿以来,沿途村民经常管理,自发兴修和维护。时间一久,便产生了维修道路的组织"路会"。据学者田野调查,徽杭古道在民国初还有三个路会,这三个路会活动到解放以后,分别是"祝三路会""黄茅培路会""绿景路会"。它们有各自的负责路段。⑥ 我们也能在县志中看到集会修桥路的信息,如民国《重修婺源县志》记载

---

① 李武、胡振鹏:《农民合作的一个博弈分析框架——西江洞村传统路会的个案分析》,《求索》2009 年第 1 期。
② 肖奔:《从清朝民国渡志看湖南义渡》,长沙:湖南师范大学硕士学位论文,2014 年,第 16—17 页。
③ 民国《增城县志》卷之十《交通·桥》。
④ 民国《始兴县》卷之六《建置略·梁津》。
⑤ 民国《花县志》卷九《人物志·人物》。
⑥ 参见马寅集、张孝进、樊嘉禄《徽州古道路会研究》,《黄山学院学报》2012 年第 4 期。

一些忠孝节义之人,"程英杰妻洪氏,名华秀,下港人,归双源,性淑慎,知书数,孝翁姑,和妯娌,夫业木姑苏,氏持家政井井有条",并且常慈善邻里,周济灾困,"又集会银修岭路"等等。① 再如,"金之鼎,字调卿,延村人,年十五父没金陵,奔扶榇归,竭力事母,推恩群从,族某流落德邑,携归与田宅",常助婚丧,捐义冢,"倡造思口渡船,立通济桥会,重新延川关帝庙"等等,多地"常有义声"。②

总体来说,清代各地区不乏民间为修桥修路成立的自治组织。只是这种组织可能因为南北地形差异,有些地区多,有些地区少,但基本上广泛存在于民间的乡村社会。

二、如何应对修桥修路

基本认识了各地桥会、路会后,再来看桥会、路会如何应对桥道兴修。修桥修路后,人们常立记作碑,这些记或碑文中叙述着修桥修路的大致过程,从中可以窥见桥会、路会与修桥、修路的关系。

(一) 路会与道路兴修

旌德县,清代属宁国府,毗邻徽州府的绩溪县、歙县。其西南有箬岭,通休宁、歙县。东北则有春岭,是去泾县通宣城的快捷道路。但此岭高峻峭拔,非攀援不可通过。尽管如此险阻,商旅为了路途简便,络绎不绝。为了便于行旅,乡民着手修筑了"春岭长生路"。《春岭长生路会记》有叙:

> 旌邑,在万山中,其西南区二十一都、二十二都,通休、歙孔道,有箬岭焉,峭堑间错,上下长三十余里。东北区十二都、十四都,有春岭焉,半修于箬,而高峻峭拔,非攀援不可登,则险窄过之。盖旌、泾之界山,而通宛郡之捷径也,岭跨玉屏山,高峰入云际,细路缘秋毫。自乔川循西麓盘纡嶙峋十余里,陵崆坱抵嶂刺,历巉岩削壁而上,至岭头北折入半腰、桃树湾,虽陿嶐崎岖而险未甚。自湾而下二三里,仰遍日月蔽亏之极巘,俯

---

① 民国《重修婺源县志》卷六十三《人物·列女八》。
② 民国《重修婺源县志》卷三十八《人物十一·义行二》。

涧龙蟠窟压之深溪,真杜子美所谓"踢步凌垠堮,侧身下烟霭"者。虽秦、陇九折之坂,同谷万丈之潭,不是过矣。加以寂历荒凉,邈无村落,每当寒冰裂肤,火云铄石,欲丐茶汤以解饥渴,绝不可得。又况凄风苦雨,丛薄翳荟之间,虎豹潜伏,剽掠窃发时或有之,诚畏途也。然而往来商旅不绝如织,盖贪捷径而轻走险,人情大都如此。自来父老心悉斯苦,数出输银以勤修筑,而迄无济于行李之困乏者,诚未立长生之资策也。今刘子孝元,约各乡耆英起一长生路会,总银若干,置田收租,以为永远修砌之资。又于岭北构屋买田,招人居住,设床席以利安宿,置灯笼蜡炬以备公务宵征之客。其岭头旧有小庵,重加修葺以为修路供给之所。于岭半增造凉亭,以避暴雨,观其筹划规则,洵属良法美意,真化畏途为坦道矣。往者箸岭,吾从祖乡先生捐金,筑大石板路,建茶庵,买茶田,行人至今赖之。故知一介之士存心爱物于人,必有所济,况诸耆英众志成城,合并为公计,深而虑远,其为仁人之利,岂不普哉?至若善后事宜,条例载之详矣,兹不复云。①

"路会记"中大略记录了"路会"与修路的关系。先是零散兴修,一旦遇到路有坏阻,就组织人员兴修。这种兴修,维修的乡民们屡屡受苦,多次出钱出力,只因没有长效机制作为保障。所以成立路会,兴立组织,集资若干,并购置田产收租,使负责道路维修的组织成为一个有财产和有人员的实体。如此,"路"便有长久的管理和维修资金。为了完善道路公用设施,又在岭北建屋,招人居住,设床为过路客旅临时居住之用,但房屋以及管理人员需要资金维系,又再买田作为资本。还在岭头、岭半建有庵和亭,让行人有休憩、避雨之地。这些设施维护的资金也由路会负担。

路会组织的主要功能是路的维护以及配套设施的兴建。所以对于民间修路而言,将路修建起来只是一方面,要让路能够久远使用,则需要实体组织作为保障。太平县的棠梨岭路会也是如此:

棠梨岭,县西南七十里,山之阳属太平,山之阴属黟县,亦徽宁要路

---

① 嘉庆《旌德县志》卷之九《艺文·记》。

也。陡峻崎岖,绵亘十五里。乾隆三十五年,林兆朋、焦发等,募金平治,又于岭半募建万福庵,召僧煮茗,以济行人。岭下林姓又醵金为路会义社二,其一社则于夏秋刈草,一社则于隆冬扫雪也。①

林兆朋、焦发等先是募集资金将路"平治",但要保证路能够畅通无阻,于是林姓族人又集资设立了路会两组,一组夏秋割草,一组冬天扫雪。

(二)桥会与桥梁兴修

万年县,清代属饶州府,距徽州婺源县不远。当时万年县的珠山是交通要道,但有大河横阻,不甚便利。嘉庆年间,为了便利行人,好善乐施者共同捐资,以襄义举,修筑了利济石桥,并且置有桥田产,作为修桥费。但是,桥会组织管理不善,导致桥会租额被侵吞。同治年间暴发山洪,将桥冲毁,需要重修。《重建珠山利济桥碑记》有载此事的过程:

> 珠山为饶广通衢,中横巨浸,向有木桥,然水涨辄坏。嘉庆戊辰,众善倡建石梁,捐赀共襄义举,所赢置租,为修桥费。前人之计久长如是,迄今阅六十年,日久弊生,责成无专任,桀骜者恣意侵渔,桥会租化为乌有。邻村啧有烦言,欲鸣官而未果。同治戊辰夏五月,洪水为灾,桥遂倾圮,买舟暂济,终不如石梁便。爰议踵前规,而人多以桥本有租,无意于乐助。好善者不忍坐视,乃商诸李、程二姓,及婺邑之有庄田于斯者,照粮按丁努力敛费,集腋成裘,买石计工,需用钱三百数十缗,阅半载告竣。第遭水后,诸形支绌而勉倾囊橐者,诚欲继先志也,若租不归会,终非远计,因鸣于邻近绅士,原田缴还,而完璧复归赵矣。旋赴县呈明,蒙批准存案给示,以杜侵渔。夫不惜重费,利济行人,而以租护桥,可以随时修理,其计固尽善尽美。今幸义举废而复兴,故备述缘由,勒石垂后,使守之者罔敢失坠,终不负前人盛心,斯则旵所深望也。是为记。②

该桥碑记叙了利济桥兴修的历史。这两次兴修,都是好善者先捐资兴建。只不过第二次捐资的过程中出现了困难,捐助者忌惮于前次桥会

---

① 嘉庆《太平县志》卷之二《形胜》。
② 同治《万年县志》卷之十《艺文志·文征·记下》。

租"公产"被侵吞,而不愿再捐。好不容易,李、程二姓族人加上在婺源有庄田的大户,按照人丁劝募,才积得修桥资金。为了保障桥梁仍有长久的修缮资金,桥会管理人投鸣乡绅,将原田索回。据县志记载,"向有利济会置田十八亩有奇"。① 同时,为杜绝先前桥会公业被侵占的现象,桥会管理人又寻求官方保障,将桥产呈明知县批准存案,告示民众。

从上两个例子可知,桥会、路会与桥道关系最密切的是保障桥道有固定的资产用于维护和修理。桥道多是好义者募集资金予以修建,建设桥道,一次融资、一次修建就可以完成,但桥道在长年累月的使用中,会破败毁坏,为了保证桥道能够永久使用,有固定的护桥护路组织和桥路产业是一种良善的应对方式。

总之,民间的桥会、路会是乡民应对桥道等公共工程兴修的自治组织。这种组织,由民众合意设立,订立管理规范,拥有财产,是一个人合和财合的实体。它们在桥道兴修事务中自我管理、自我服务,对于满足乡村秩序中的交通需要有着良好的应对机制。这些桥路会组织在运行之中,由于产业不断经营生息,财产积累逐渐增多,在交通等公益事务中发挥的作用也随之增大。路会可以完善道路配套设施,如与徽州毗连的建德县,"三里辛有亭,一在城东,清光绪五年方承洵等捐建,一在城西四十三里,清宣统□年,黄墈人由路会提资新建"。② 这里的亭,即是路会用会产出资兴修。桥会也可以再修建其他桥,如广丰县的"彩虹桥","在二十九都洋口,观音桥之上,观音桥会店租修理"。③ 彩虹桥毗邻观音桥,其有损坏,修缮费用使用的是观音桥会所置的店租。还有路会修桥的情况,如玉山县的"寿公桥","在廿八都,周家塽万历间建,积福路会修"。④ 这些都可以说明,路桥会在各自的运行中,如果管理完善,能够有效地应对路桥等公共交通设施的兴修事务。

---

① 同治《万年县志》卷之二《津梁》。
② 民国《建德县志》卷五《驿传志·亭址》。
③ 同治《广丰县志》卷一之六《津梁志》。
④ 同治《玉山县志》卷之十《杂志类·轶事附各志补遗》。

为了进一步的理解路会、桥会组织,我们需要对路会、桥会的财产归属及流转等方面作考察,以期认识路桥会组织与会员的关系。

第五节 路桥会财产的归属与流转

不同的路会、桥会,其成立方式或有不同,所以在看待路会、桥会财产归属与流转时,要区别对待。捐资兴立的路会、桥会,财产归属主体一般是路、桥本身,然而由于路、桥本身是物,不可以控制财产,所以捐资兴立的路会、桥会的财产真正归属是"公有"。集资兴立的路会、桥会,财产归属于成立路会、桥会的人,是会员按股共有的财产。

一、公有:捐资兴立的路桥会财产

捐资兴立的路桥会,捐资人输产以后,则放弃了对"会"财产的控制权利。这也好理解,捐资修桥、修路本是乐善好施,捐资人的目的是通过资金放贷生息,以便有资金长久维修桥道。另外,在长时间的运行中,桥会、路会的实际捐资人有多个,或者在捐资修桥、修路时,多余资产也会流入路桥会,产生财产混合的情况,此时难以辨认会内财产的份额。

目前难找到直接说明捐资兴立路桥会财产性质的资料,只能从地方志中关于路桥会的记载侧面说明。先来看瑞金县的罗溪桥:

> 罗溪桥,在县南五里,一名涝溪。元至正间,邑人尹叔清建。明成化间,知县郑翼葺理,后废,止存三墩。嘉靖间,省祭李簏募劝重修,丙辰大水冲圮。隆庆丁卯,邑人李铎加修马道、石墩。辛未,杨胜森捐赀重修木桥,旋毁。壬辰,杨胜森、赖学敬、刘仕甫增墩,四尺架木为梁,建屋,覆之。顺治辛卯,知县钱江乃清桥会银,复一新之。康熙壬子,中墩崩塌,邑人陈让又清会银,并劝募重修。雍正间,李常声首捐银三十两,同刘继美劝募重建石梁,工未竣,常声、继美俱故。常声之子岩,又捐银一百两,

同继美子曰楫,督理完工。①

罗溪桥从元至正年间创修,到清雍正年间重修,经历了近四百年,反反复复修建多次。文中提到顺治年间"知县钱江乃清桥会银",说明此桥有桥会作为支撑,桥会资产也在生息,但不清楚是何时何人而建。康熙年间维修时,邑人陈让又清会银,但不够维修之用,遂募集资金作为补充。而至雍正时,没有看到再用桥会银,可能是桥会银在康熙年间修桥已用尽,无有继续生息的资本了。从这些信息中,能推断出的是,桥会银并无专主,知县修桥可以用,邑人修桥也可以使用,只要使用在修建此桥之上皆可。

再来看铅山县吴光煜倡捐香邦桥会的事迹:

> 吴光煜,字子卿,十都芙蓉村人,廪贡生,试秋闱屡荐不售。性好善。村滨河,每山水暴涨,行人多病涉,煜倡捐香邦桥会,年久将隳,挺身独任,空蚀者赔垫,存余者认息,铢积寸累。凡十六年,广置田亩,迄今成利济焉。②

吴光煜自己倡捐了香邦桥会,但是运行年久后,基本快废弃。这主要是财产权属不清,导致有人侵吞会产,或者借钱不还本付息。于是吴氏再次挺身而出,自己独自经管桥会,负责会内的亏损。后来,侵吞会产之人和借钱不还之人有感于此举,才各自赔付和认息。这里能够得知的是,尽管香邦桥会是吴光煜捐资所倡,但也有其他人的捐款。这样,由于捐资和人数众多,桥会财产的归属不确定。在运营的过程中,无有专人对桥产进行控制,以致有侵吞桥会资金或借桥会资金不还本付息的情况发生。

罗溪桥会、香邦桥会的信息都可以说明,在捐资兴立的桥会中,桥会的财产名义上属于该桥,实际上是无有专主的公有状态。也因为这种无有专主的公有,桥会经营才会废坠,难以长久维系。

---

① 道光《瑞金县志》卷四《营建志下·桥渡》。
② 同治《铅山县志》卷十八《人物志·善举》。

二、按股共有：集资兴立的路桥会财产

集资兴立的路桥会财产一般为会员按股共有。前文看到的桥会成立合同中，要么等份出资，要么差额出资，但基本上按照出资额分有股分。路桥会对外是一个人合和财合的整体，对内则按份共有。除约定不可变卖会股外，桥会的股分可以流转。先来看祁门县的一份凑卖桥会契：

> 立出凑卖桥会契人黄胡氏同男正墅、正坚、正埜等，今将承父阄分桥会半股，今因年冬账目紧急，是以兄弟商议，自情愿托中将前桥会半股立契凑卖与正坚弟名下前去入会、搭桥、算账为业，三面言定，时值价九九大钱肆仟二百文正。其钱在手足讫，当日契价两明，其会未卖之先，并无重复交易，今欲有凭，立此卖契存照。
>
> 道光二拾壹年拾二月初六日立出凑卖桥会契人　黄胡氏（押）（后略）①

凑卖契是一种族内买卖的契约文书，即交易人之间有亲属身份关系。一般情况是，分家析产后，兄弟之间对财产有共业关系，但是长期的共业不便于财产的利用，于是通过买卖，"凑"成一整份。该凑卖桥会契，也是由于分家，黄胡氏与三子共有桥会会股半股，于是凑卖与正坚弟名下前去入会、搭桥、算账为业。

再来看两兄弟分别在咸丰、同治年间将本源桥会共有的一股分别出卖与族叔的情形：

> 立杜断卖桥会契人王森亭，今将承祖相助本源桥会壹股，相弟二人相共，该身内得半股，今因年冬正用紧急，自情愿托中将前桥会半股立契出卖与族叔祖炳盛名下为业，听凭前去入会、收谷、算账，三面定时值价九九典钱捌仟文正，其钱在手足讫，当日契价两明。未卖之先，并无重复

---

① 《清道光二十一年十二月黄胡氏同男正墅、正坚、正埜等立出凑卖桥会契》，刘伯山编著：《徽州文书》第4辑第2册，桂林：广西师范大学出版社，2011年，第415页。

交易。来历不明,卖人承当,不干买人之事。今恐无凭,立契出卖桥会存照。

  咸丰八年十二月初八日立杜断卖桥会契人 王森亭 押
        中见胞弟 王文质 押
        代笔 王象川 押①

  立杜断卖桥会契人王文只,今将承祖相助本源桥会一股,兄弟二人相共,该身内得半股,今因正用紧急,自情愿托中将前桥会半股立契出卖与族叔炳盛名下为业,听凭前去入会、收谷、算账,三面言定,时值价九九大钱八千文整。其钱在手足讫,当日契价两明,未卖之先,并无重复交易。来历不明,卖人承当,不干买人之事。今欲有凭,立此出卖桥会存照。

  同治三年七月初二日立杜断卖桥会契人 王文只 押
        依口代笔中 王魁大 押②

  王森亭与王文质是同胞兄弟,同治三年的卖契中写成了"王文只"。他们二人共有本源桥会的一股,应是父辈占有全股,分家之时,各占一半。半股的价格都是八仟文,都卖给族叔以后,族叔则占有本源桥会一全股。

  从三份卖契可知,集资兴立的桥会,财产归属是会员按股共有,股分可以流转。至于桥会、路会股分的这种流转有无身份限制,笔者未找到直接相关的买卖契约文书加以说明,但通过上文泽济桥会"加禁合文"中,"倘子孙有涉利之心另卖,不拘本姓他姓,具不得入会"之条款推测,有可能出现将会股卖给异姓的情况。因为在修桥修路的过程中,经常有多姓参与,出现异姓之间的买卖属于正常。只不过,有些宗族成立的桥会或路

---

① 《民国三十四年王从桢抄立〈誊契簿〉之二十六》,刘伯山编著:《徽州文书》第4辑第4册,桂林:广西师范大学出版社,2011年,第66页。
② 《民国三十四年王从桢抄立〈誊契簿〉之二十六》,刘伯山编著:《徽州文书》第4辑第4册,桂林:广西师范大学出版社,2011年,第66页。

会在长时间的运行中,其产业壮大后,也会参与宗族活动,与宗族的联系紧密,则可能限制出卖于外姓。

三、会股流转的内容

还要说明的是,会股在流转的过程中,有哪些权利和义务包含在内。仍以三份桥会卖契加以说明,第一份约定的权利义务是"凑卖与正堅弟名下前去入会、搭桥、算账为业",第二份、第三份约定的权利义务都是"听凭前去入会、收谷、算账"。可知,桥会会股的权利义务包括"入会、搭桥、收谷、算账"等。

入会,指的是成为桥会的一员。前文提到,有的桥会在修桥时有做会祭祀的活动,如泽济桥会,"屡年在周王庙做会算账"。入会成为成员以后,便可以参加。这是一种成员权,而做会这种形式,正好从外在上展现成员权。

收谷,指的是参与收取桥会田产的租谷。有的桥会经过多年的经营,会产丰厚,除了修桥支出外,其余可以分配给桥会会员,这对于桥会会员而言是一种收益。

算账,指的是参与桥会的现金收支经管。"会"在成立的合同中常言及"生息",其中就有贷借资金来获得利息,加上修桥或者做会有支出,这些现金账目需要计算收支。如有盈利,对于桥会会员来说也是一种收益。

搭桥,是一种义务,也是桥会成立的目的,桥会成员除了享有桥会会产所带来的权利外,最基本的是要承担修桥的义务。

收谷、算账,以及做会的聚餐等,是会的收益,也是一种权利,搭桥是一种义务。当然由于不同桥会有不同的管理模式,也有的桥会处在刚起步的发展阶段,会产不多,这时候谈不上分配会产收益。总体而言,会股的内容基本可以概括为"享有桥会的孳息收益"和"承担修桥义务"。如果桥会资产薄弱,主要是承担义务;如果桥会资产丰厚,则在承担修桥义务之外,还可以享有桥会带来的收益。

小结：路桥会与兴修公共工程秩序

清代，官方明确了自身修桥修路等公共交通的责任，并将桥道的兴修与监管当作地方官为政的考核项目。但在现实中，由于中央财政集权，地方财政无有专项划拨。而握有财政的朝廷，也无有专项财政能够满足所有的交通工程兴修，只能重点拨付省路要道。对于基层的交通需求，则鼓励地方官身体力行，领衔倡捐。即便如此，还是不能满足乡民的出行需要。

在寻求不到外力的帮助时，自生自发的合作可能更有效。人们通过商议、协调，用合同的方式将集体对于交通的需要确立下来，成立组织，出资、修建、管理，桥道得以修建。但时间一久，人心难免疏远，组织不得不再用合同的方式，去调整运行中的问题，再次申明和约束组织内的会员，以期桥会、路会能够继续运行。这一点，在其他"会"的运行中也能看到。

可能我们有时看到一个人出资修桥或者修路，捐资建立桥会、路会，路桥会的产业也就归属不定。但在路桥会的经管运行中，仍旧少不了合意，即需要路桥会的成员集体商议。当然，由于财产的归属不明晰，所以这种路桥会更加脆弱。

路桥会是完全脱离信仰和私人利益的自治组织，可以看作公共自治组织。类似的组织还有北方的渠社（会），各地的义仓、恤嫠会、救孤会、渡会，等等。拿山西洪洞的渠社组织来说，它有渠册和渠规，负载着有关水利事务的管理原则，并将水利规约立为碑刻，通过刊布的方式将水利规约晓示于众。有管理组织即渠社（会），自行组织，自行运转；有管理人员，即渠长、沟头、巡水、夫头等。这些都构成水利利用中的秩序。① 要思考的是，秩序是社会结构、生成方式的反映，常是若干规则的集合，在官方

---

① 邓小南：《追求用水秩序的努力——从前近代洪洞的水资源管理看"民间"与"官方"》，《暨南史学》2004年第1期。

或者国家秩序不及之处,自然会通过缔约等方式产生自身自发的秩序去对抗无序的纠纷,去应对生活的压力与挑战。

路桥会等公共自治组织产生,对于地方秩序的生成是有裨益的。它们出现在不同的公共领域,通过商议,产生一系列的规则。这些规则将多方的利益通过程序和价值明确,环环相扣,最后落实到秩序乃至制度层面。这一过程,实际是培育人们自己决定自己事务的过程。长此以往,协商与民主方式将在民众心里生根发芽,也会扩展到其他公共领域,这也就是在滋养社会自治的力量,最终将利于民主和人们权利的保障。

第五章 文会

婺源双杉王氏《雍正八年桃溪明经潘讳鸿翔文会记》云:

> 古者党有庠,郡有序,国有学,家有塾,所以教养人才者,上下各有专司。其为法特详三代后。京师郡县皆立学,此教之成于上者也,而成于下者,家塾而外,莫重于宗族之文会。然合一族之人而教养,使之成才者,其事甚不易,是必有怀德好施、强而有力者乃足以任此。①

作记人潘鸿翔想表达的是,京师郡县之学是"上学",而家塾、文会是"下学",上学、下学都是教养人才之所。文会的作用是,合一族之力,教养一族之人,使之成才。可见,潘氏将文会置于与官学相对的私学体系中,认为文会起到私学的作用。

"君子以文会友,以友辅仁",是文人聚会探讨学问的写照。学者们认为"文会"是古代知识分子探讨学问的团体,在发展的过程中,逐渐具有教育功能和应对科举的作用。② 若要讨论文会在基层社会中所发挥的教育功能,需先了解整个国家的教育体制,以及与教育体制相关的科举取士制度。在这一基础上,深入文会组织的内部,分析文会的组织运作机制

---

① 《双杉王氏支谱》卷之十七《文会总览》,张海瀛、武新立、林万青主编:《中华族谱集成》(第18册),成都:巴蜀书社,1995年,第862页。
② 葛庆华:《徽州文会初探》,《江淮论坛》1997年第4期;施兴和、李琳琦:《明清徽州的书屋、文会及其教育功能》,《华东师范大学学报(教育科学版)》2000年第4期;卞利:《明清时期徽州的会社初探》,《安徽大学学报》2001年第6期。

与功能,才能厘清文会与乡村教育秩序的关系。

第一节　明清的教育体系

一、明代的儒学与社学

明代的学校有两类:一是儒学,一是社学。儒学是纯官方性质,社学是半官方性质。这两类学校构成整个明代国家从中央到基层的教育体系。

(一) 儒学

《大明会典》曰:

> 国初,两京及中都,俱设国子监。天下府州县,俱设儒学。其后裁中都国子监。而各都司卫所亦有设学者。今具列在外儒学事例于后。而两京国子监事例,则各载于本衙门云。①

儒学在京城有国子监,府、州、县分别设有府学、州学、县学等。国子监、府学、州学、县学招收的学生是通过考试的生员,这些官方学校招收生员的名额有限:

> 洪武初,令在京府学生员六十人,在外府学四十人,州学三十人,县学二十人,日给廪膳,听于民间选补。仍免其家差徭二丁。②

生员的待遇是"日给廪膳":

> 洪武初,令师生廪食月米六斗。后复令日米一升。鱼肉盐醯之类,

---

① (明)李东阳:《大明会典》卷之七十八《学校·儒学》。
② (明)李东阳:《大明会典》卷之七十八《学校·选补生员》。

皆官给之。①

除了给予廪食,还可以免生员家户徭役二丁。儒学这类官学尽管有无忧的膳食和徭役免除,但有名额限制,加上科举考试也是在这群人里选拔,使得官学成为一种政治权利,并非普通民众可以享有。普通民众要费大气力,并通过考试才可以取得。

(二)社学

明政府在基层也有设立教育机构的指导规定,《大明会典》曰:

> 洪武八年,诏有司立社学。延师儒以教民间子弟。②

朱元璋的意思是,在县学以下设立社学,积极推行乡村教化政策,对基层社会实行文教软控制。规模上,《皇明经世实用编》说:"社学者,一社之学也。百又十户为里,里必有社,故学于里者名社学云。"③即一个里一百一十户左右,有社学一个。这个可能有些夸张。但是,有学者通过明清方志的普查与统计,仅洪武八年(1375),全国所建社学可考者达2155所之多。④

为了扩大社学的覆盖面,对于民间自主设立社学放开:

> 十六年,诏民间立社学,有司不得干预。其经断有过之人,不许为师。⑤

对于民间设立社学的放开,不是明政府的政策优待,而是在社学建设中,政府支出难以满足实际需要,不得不将社学的设立委托于民间。王兰荫先生对明代社学的经费来源有过统计,一般有四:一是义仓谷拨付或支

---

① (明)李东阳:《大明会典》卷之七十八《学校·廪馔》。
② (明)李东阳:《大明会典》卷之七十八《学校·社学》。
③ (明)冯应京:《皇明经世实用编》卷一七,台北:成文出版社,1967年。
④ 吴宣德:《中国教育制度通史》(第四卷),济南:山东教育出版社,1999年,第265页。
⑤ (明)李东阳:《大明会典》卷之七十八《学校·社学》。

付余息粮;二是学田学廛之租值;三是学生缴纳之费;四是官民捐助。①义仓是地方的粮食储备,用其支出,属于"地方财政"。学田的性质有官拨或民捐,但学田不可随意处置,这是官方认定的"教育专项"财政。学生纳费与官民捐助,带有更多的民间性。

就经费来源类别,我们看不到依托民间力量兴办社学的比重,但了解社学学田的来源是研究这一问题的一个角度。赵毅等对雍正《江西通志》中社学学田的来源作了统计:属性不详的6县,难以确定的9县,官方拨置的3县,官民捐置24县,多种并存6县,总计48县。② 相对而言,官民捐置占大比重。清初人黄六鸿对明代社学的描述,可以侧面说明官方设立社学普遍较少的情形:"然州县城区,四方欲使民子弟尽攻学业。即一乡论之,按里置学,多则百处,少亦数十处,虽悉捐官俸,不过置一二处止也,何能遍及哉。"③

尽管官方对社学兴建出资不多,可在控制上却没有放松。先是意识形态上的控制:

> 二十年,令民间子弟读《御制大诰》。又令为师者,率其徒能诵《大诰》者赴京。礼部较其所诵多寡,次第给赏。又令兼读律令。④

朱元璋将案例、令、训诫汇成法典《御制大诰》,试图以"当世事"来"警奸""惩奸"。另一面,希望臣与民能够从这些训诫里"格心从化",达到"趋民从教"的效果。内心之外,还有律令,可以起到警戒的作用。让社学之学生读《御制大诰》和律令,是想将官方的"纲常伦理""法规制度"通过文教的方式传递到社会基层。此外,明代社学的学习内容,以发蒙和儒家经学为主,阅读书目以《四书》等为主。这属启蒙读物,也是儒学经典。如果将《御制大诰》和"明律令"结合起来,可以说从社学开始就是贯

---

① 王兰荫:《明代之社学》,《师大月刊》1935年第25期。
② 赵毅、刘晓东:《明代"社学"之社会属性辨析——兼及"乡村教化"与社会软性控制》,《东北师大学报(哲学社会科学版)》2007年第1期。
③ (清)黄六鸿:《福惠全书》卷二十五《教养部》,扬州:广陵书社,2018年,第471页。
④ (明)李东阳:《大明会典》卷之七十八《学校·社学》。

穿"礼法"的。

除在学习内容上有规定外,又命提学、县官严督社学。这些监督涉及社师的延聘、学生的考核以及督课等。督课的内容也全面细致,从进学、学习内容、学生言谈举止、月课考试等各方面严加督察。① 同时,如果儒学童生出现缺额现象,成绩评优的社学学生,可进补为童生,进而递进为生员。这些举措,加深了基础教育与政府的关联。

> 成化元年,令民间子弟愿入社学者,听。其贫乏不愿者,勿强。
> 弘治十七年,令各府州县建立社学,访保明师。民间幼童年十五以下者,送入读书。讲习冠婚丧祭之礼。②

社学经费主要来源于民间,所以经费屡屡不够,致使乡间子弟入学需要交钱,"凡有子弟愿入学者,人各不过五十文,多则纱一匹,侑以羊酒。少则布一匹,侑以鹅酒",③这些钱、布看起来不多,但对于经济困难的家庭,也是不小的开支。所以,才有贫乏不愿入社学者不必强行要求的规定。弘治年间的政令则再次要求各府州县都要建立社学,并且规定了上学的年龄。

明代儒学是官学,社学是官方要求和管理、民间和官方一同创办的基层教育学校。它们一并属于明代的教育体制。

二、清代的官学与义学、社学

清代的教育体制多有沿袭明制,《清史稿》云:

> 有清学校,向沿明制。京师曰国学,并设八旗、宗室等官学。直省曰府、州、县学。④

---

① 王凯旋:《论明代社学与学校教育》,《广西师范学院学报》2005第4期。
② (明)李东阳:《大明会典》卷之七十八《学校·社学》。
③ 黄佐:《泰泉乡礼》卷三《乡校》。
④ 赵尔巽:《清史稿》(第12册),北京:中华书局,1977年,第3099页。

各省书院之设,辅学校所不及,初于省会设之。世祖颁给帑金,风励天下。厥后府、州、县次第建立,延聘经明行修之士为之长,秀异多出其中。高宗明诏奖劝,比于古者侯国之学。儒学浸衰,教官不举其职,所赖以造士者,独在书院。其裨益育才,非浅鲜也。

又有义学,社学。社学,乡置一区,择文行优者充社师,免其差徭,量给廪饩。凡近乡子弟十二岁以上令入学。义学,初由京师五城各立一所,后各省府、州、县多设立,教孤寒生童,或苗、蛮、黎、瑶子弟秀异者。规制简略,可无述也。①

这三段话,基本概括了清代从中央到地方的学校体系。如是,中央有国子监,以及针对皇室及八旗子弟的官学,即"宗学""觉罗学""景山官学""咸阳宫官学"等。地方有府、州、县学。它们都是官学。除此之外,在府、州、县官学不足的情况下,将各省书院纳入,作为补充,并有一定的官方财政支持。县以下是义学、社学,社学以一乡为单位设立一所,义学则根据需要,在化外之地以及贫困地区设立。

(一) 官学

所谓"官学",主要体现在学额限制、生员待遇、考课与奖惩、教学人员、教学内容等方面,其由官方主导,并有法律规定。

其一,学额。明清时期,科举取士必由学校,"入学"取得生员资格便是成为士子的第一步。"入学"需要通过考试,称作"童子试"。通过童子试以后,便是生员。身份上,位四民之首。可以说学额是政治性的权利,是身份性的"资源"。

顺治四年定,各省儒学,视人文多寡,分大中小学,取进童生。大学四十名,中学三十名,小学二十名。又定,直省各学廪膳生员,府学四十名,州学三十名,县学三十名,卫学十名,增广生员名数同。

十五年题准,直省取进童生,大州县二十名,大州县十五名,小学或四名,或五名。康熙九年题准,各直省取进童生,大府州县仍旧,中学十二

---

① 赵尔巽:《清史稿》(第12册),北京:中华书局,1977年,第3119页。

名,小学或八名,或七名。①

童生要取得入学资格,需要经过县试、府试、院试三级考试,之后,学政召集新生行簪花礼,留县者是县学生员,拨府者是府学生员。此外,还有通过捐输、恩赐等途径取得生员资格的。只有取得生员资格的学生,才能参加科举考试。

其二,生员的待遇。成为生员以后,不仅有参与科举的资格,待遇上也不同于普通民众。这体现在法律优待、廪膳以及丁粮差役的优免上。法律优待,指生员只受教官和学政的约束,地方官可以监督,但不可擅自责罚。生员有过错,地方官应向教官汇报,会同官学教官、学政议处。如果触犯刑律,须先报学政,革去生员资格,才能审拟治罪。廪膳,是朝廷每月给官学师生的廪食米,州县官学主要依靠学田。丁粮差役优免,即免除赋税劳役,也是学习前朝。这些待遇,对于生员的政治地位、经济来源都是保障,也是官学的好处。此外,官学没有肄业年限,生员的政治身份是终身性的。②

其三,考课与惩处。按月月课,四季季考,是地方官学的日常考试。考试内容最初为《四书文》一篇,后认为只测试文艺不考策论,难以体现为国家效力的能力。策论考察内容触及国家经济,期望为国家提供经世济用之才。雍正六年(1728)定:"嗣后应令该学政,严饬教官季考月课时,于书文一篇外,或试以论,务期切近时务,通达政治,分别优劣,以示劝惩。"③由于是日常考试,与功名关系不大,所以季考月课缺课现象严重。

其四,教学人员。官学有学政和教官。学政是朝廷派往各地掌管学务的代表,地位上与督抚平等,组织上,学政与督抚平行。学政不干涉地方政务,督抚不干预学务。但督抚负责考核学政。学政的职责是,代表朝廷主持地方岁科考试,并检查地方官学的办学情况,考核教官。④

教官是学生的管理人员,职责是:(1)朔望宣讲。内容主要是《训饬

---

① 《钦定大清会典事例》卷三百七十《礼部·学校学额》。
② 马镛:《中国教育制度通史》(第五卷),济南:山东教育出版社,1999年,第148—153页。
③ 《钦定学政全书》卷三四《季考月课》。
④ 马镛:《中国教育制度通史》(第五卷),济南:山东教育出版社,1999年,第135—142页。

士子文》《广训》《朋党论》以及卧碑条文。(2)遇节庆日带诸生行礼。(3)季考、月考。(4)讲解律例。(5)学政前来主持岁考时,举报优生、劣生。(6)发放学租给廪生和贫士。① 清代地方官学没有现代意义上的教学,生员在学校的活动,只是参加考试和听讲政治、法律,生员的文化知识基本是自学。

其五,课程与教材。由于文化知识多是自学,所以在教材上有规定。朝廷向各地学宫颁发书籍,目的是控制生员的学习内容,抵制当时泛滥的"琐语淫辞"和删节经书。

(二)义学、社学

义学、社学都是在官学之外,由官方提倡、民众主导修建的基层教育机构。康熙四十一年(1702),官方首次在京师设立义学,朝廷供给廪膳银。四十四年(1705),在贵州各府州县设立义学,对象是土司及苗民子弟。五十二年(1713),向全国推广义学。② 马镛先生对云南的义学有过考察,在云南23个府州县中,共设义学221所,其中知县等官办的182所,民与官合办的18所,其余的情况不明。说明义学以官办为主。③

义学以启蒙与化民为主。如浏阳县《新建义学碑记》曰:"我皇上重道崇儒,远迈千古,即课吏殿最之法,亦必以兴行教化为先,而留心吏治者,往往设立义学,择名师以董之,俾童子服习其中,以端厥蒙养,是犹行古之道也。"④义学的目的是兴教化,正风俗,让民众明道立德,最终利于官治。

义学大多设有较固定的组织机构,有的还置有学田。如梓潼县《捐设复兴场义学碑记》曰:"咸丰五年于复兴场之下坝,置田七十亩,捐五十亩入书院。每逢乡试,邑中士子入场者,咸次之。以二十亩就本场文庙立为义学,举公正绅粮董其事,每岁延请附近宿儒轮充馆师。"⑤这里,捐了五十亩入书院,又以二十亩作为学田,在文庙兴办义学,由公正之人管理,每

---

① 马镛:《中国教育制度通史》(第五卷),济南:山东教育出版社,1999年,第142页。
② 《钦定大清会典事例》卷三百九十六《礼部·各省义学》。
③ 马镛:《中国教育制度通史》(第五卷),济南:山东教育出版社,1999年,第281页。
④ 同治《浏阳县志》卷二十二《艺文二》。
⑤ 咸丰《重修梓潼县志》卷五。

年请馆师教导。

社学是清朝廷极力在乡间推行的基础教育机构。

> 顺治九年题准,每乡置社学一区,择其文义通晓,行谊谨厚者,补充社师,免其差役,量给廪饩养瞻,提学案临日,造姓名册申报查考。①

这条规定可以说明,清代沿袭明代的做法,鼓励兴办社学。也能看到,在鼓励的同时,希望将社学纳入官方控制,具体体现在社师由官府提供生活费,并受提学的管理。雍正元年(1723)又下谕:

> 州县设学,多在城市,乡民居住辽远,不能到学。照顺治九年例,州县于大乡巨堡,各置社学,择生员学优行端者,补充社师,免其差役,量给廪饩。凡近乡子弟,年十二以上,二十以内,有志学文者,俱令入学肄业,仍造名册,于学臣案临之日,申报查考。如社学中有能文进学者,将社师从优奖赏。如怠于教习,钻营充补,查出褫革,并该管官严加议处。②

这里重申了顺治朝的规定,并有所扩展,强调把社学办到乡村,而且确定了社学入学的年龄、社学与官学的衔接、社师的奖励标准等。进一步使得官方与社学办学的联系加深。

义学、社学属于最基础的教育,但社学较义学层次略高,因为社学的优秀学生,能够补充为"生员"。而义学,基本是起到普及教化的作用。要指出的是,由于义学和社学的性质相近,在很多地方,义学、社学不分。如广东番禺:"本邑书院、社学,其可考者肇自前明。至国朝文治丕洽,党塾乡序,错布乡堡,其间或称书院,或称义学,或称社学,名虽不同,而实则一。"③

义学、社学等尽管被纳入了官方教育体制,但与官学有区别,这种区别主要体现在"生员"资格上。官学的学生是"生员",不仅有象征生活费

---

① 《钦定大清会典事例》卷三百九十六《礼部·各省义学》。
② 《钦定大清会典事例》卷三百九十六《礼部·各省义学》。
③ 同治《番禺县志》卷十六。

的"廪膳",还有区别于"农工商"等民的身份性权利。而义学、社学的学生需要通过考试等程序才能取得官学"生员"资格,可以说,义学、社学是官学的前阶段。

三、明清的岁考与科考

贯穿整个明清教育体系的是科举考试制度。明清在不举行科举考试时,对官学生员有平时考察,明是"岁贡",清是"岁考"。岁考是平时考核官学生员的制度,科举则是生员入仕的最普遍方式。取得生员资格的官学生,可以通过科举进入仕途。

清代的岁科考试,是由学政主持的官学最高级考试。学政在三年中,巡回所属区域的学校,分别进行一次岁试和科试。对于童生来说,岁科试是入学考试。对于生员来说,岁试是升降级考试,而科试是科举前的资格考试,用以选拔参加科举考试的生员。①

考试内容上,与童试和季月课基本相同,基本是科举考试的翻版。雍正二年(1724)定:"嗣后学政岁考用四书文二篇,科考于四书文二篇外,加经文一篇。如遇冬月日短,则用四书文一篇,经文一篇。"②生员考试,成绩分六等。根据成绩的次第,决定生员的地位和待遇变化。

科试是乡试前的资格选拔考试。凡考取第一、二等,以及三等的前数名者,即取得了科举试的资格。学政按照本省的乡试定额,酌定一、二等名数,即录送乡试的人选。

之后便是科举考试的三试:乡试、会试、殿试。各省乡试,凡属于本省府、州、厅、县之生员与贡监生、荫生官员,经学政科考录科、录遗后,准予录送者皆可应考。其中,监生身份既可参加本省乡试,也可参加顺天府乡试。乡试在省城举行,一般是三场,于八月举行。录取比例上,清朝乡试按地区分配中额,一是按省份的贡赋多少、文化水平、报考人数,将各直省分为大省、中省、小省;二是按照情况的发展,不断调整。通过乡试的是举人。

---

① 马镛:《中国教育制度通史》(第五卷),济南:山东教育出版社,1999年,第171页。
② 《钦定大清会典事例》卷三百八十八《礼部·学校》。

清代举人在北京应进士之试是会试,取集中会考之意。会试一般在春季三月,也是三场,每场三日。会试选中名额无定,以当时应试的人数为参考,临时由礼部行文至公堂,查明入场举人数目,并上三科人数中数,题请钦定本科中额。① 中试后为贡士。

乡试、会试的考试内容:第一场四书制艺题三,五言八韵诗题一。第二场,五经制艺题各一。第三场策问。四书题,首考《论语》,次《中庸》,再是《孟子》。若第一题是《大学》,则第二题用《论语》,第三题仍用《孟子》。五经题,依次是《易经》《书经》《诗经》《春秋》《礼记》。②

清初的贡试并不复试,因康熙年间出现作弊代考事件,才启用复试。复试常在保和殿举行,题目为四书文一、五言八韵诗一,每名给官韵一本。即日交卷,第二日阅卷大臣在内评定分等,列一、二、三等者,准其参加殿试。

殿试是最高一级的科举考试,一般只排名,而不黜落。殿试由皇帝主持,内容是时务策一篇。对策书有统一的格式,评判标准有二,即对策的内容和书法。读卷官阅卷完毕后,拟定前10卷,呈皇帝钦定名次。前三名即一甲三名,第一甲第一名授翰林院修撰,第二名、第三名授职翰林院编修,即所谓的状元、榜眼、探花。后七名为二甲第几名,其名交内阁列入"金榜"。之后,举行隆重的仪式,皇帝升殿,正式公布名次,称传胪。真正的由科举走向仕途,是传胪后三日的朝考。朝考与功名无关,目的是选拔庶吉士和任命官职。

总体来说,明清在学校教育制度上,由中央国子监到地方府、州、县学构成了官学体系。在官学体系外,又以书院、社学、义学构成私学体系。这种私学体系并非完全与官方无关,它的兴办有官方的促进,同时官方在学校管理人、师资、教学内容等方面用行政指令控制。要注意的是,私学与官学的衔接是以学生获得科举身份为纽带的,私学的学生通过考试以后,才能取得官学资格,而拥有官学资格的"生员"才能进行科举考试。整个清代教育考试系统反映了学生如何向上流动的情况。

---

① 商衍鎏:《清代科举考试述录》,北京:故宫出版社,2014年,第130页。
② 马镛:《中国教育制度通史》(第五卷),济南:山东教育出版社,1999年,第379页。

文会应该处于最基层的教育体系中,属于私人教育体系。从明清的官方政策可知,官方提倡兴办社学、义学来推广文教,但真正出资运作的,多是地方民众。即使如此,地方的学校资源也是有限,不是任何人都可以有学上的。如何才能让子弟读书,通过层层科考变换身份,是明清宗族和乡民的切实所想。

第二节 文会的兴起:书院讲会之影响

书院制度源起于唐末五代,兴于宋,延于元,全面普及于明清。① 徽州地区历来重视文教,明代时徽州府有书院49所,②清代徽州书院已达到58所,③在整个安徽地区名列前茅。就性质而言,书院属于私学体系,但元以后开始有官学化的趋势,到清代,朝廷对书院的态度经历了从控制到纳入管理体系的过程,其在教育目的、内容、方法、经费、师长选聘、学生录取等各个环节对书院进行干预和控制,使之尽量向地方官学靠拢。

书院以讲为学,以会为学。讲会既是一种学术组织,又是书院固有的学术讨论活动。某种意义上说,讲会和书院之间的关系从组织形式上看,是并行又各自独立的。但实际上,由于"讲学"这一共同事业,以及"会讲"这一共用的讲学形式,书院和讲会两者往往共存。④

书院讲会始于南宋,盛行于明中叶以后,至清初仍很盛行。它是书院教学和学术研究、交流的重要形式,也是书院在教学方式和教学目的上不同于官学的地方。

---

① 邓洪波:《中国书院史(增订版)》,武汉:武汉大学出版社,2012年。
② 李琳琦、张晓婧:《明代安徽书院的数量、分布特征及其原因分析》,《华东师范大学学报(教育科学版)》2006年第4期。
③ 张晓婧:《清代安徽书院研究》,芜湖:安徽师范大学博士学位论文,2014年,第47页。
④ 邓洪波:《明代书院讲会研究》,长沙:湖南大学博士学位论文,2007年,第5页。

一、书院讲会：以徽州紫阳书院为例

嘉靖《徽州府志》记载：

> 紫阳书院，一在府治南五里紫阳山麓，中为堂，肖朱子像，傍为两斋，东曰求志，西曰怀德，其后为文会堂，又其后即凭虚故址，易重室为堂，肖韦斋先生像，复以崇正、仰高二坊树于从入之途，知府张芹以我徽国文公与父韦斋先生昔尝游此，乃改观为院，前祀文公，后祀韦斋先生。①

从紫阳书院的布置来看，中有"文会堂"。"文会堂"在婺源的明经书院、祁门的东山书院也可得见，只是名称换作"会讲之堂"或者"文会所"。书院设置文会堂，与"讲会"有关。

清人施璜《紫阳书院志》对讲会"会规"有作专门的汇集与解释。首先是介绍朱熹之"白鹿洞学规"，主要原因乃"国朝建立学校，遂以其意，播为卧碑之训"②，即从主旨上明确学生学习的规范。

其次是"紫阳讲堂会约"，有四则：崇正学，"宗尚周、程、张、朱子学"，谈论其他不正之学的，不得入会；敦实行，言行上"为乡党亲友所称许者，方延入会"；谨士趋，"渎乱人伦，不矜名节"的不许入会；严始进，入会需要会中老成之人介绍，并需会长与会宗考察；图晚节，凡有会友"为德不卒，败名丧检"，在会不遵仪注，散会夸夸其谈，不许复入。③ 这实际是强调"会"的讲学宗旨与入会的条件。

复次是"崇实会约"，其对紫阳书院讲会的运作作了详细说明。会有统，是说明整个会的组织结构及会宗、会长、会正各自的职责。会有期，即讲会的日期。会有仪，详细说明讲会过程中的礼节以及行进程序。会有图，是讲会座次。会有辅，指的是会友之间的相互谈道。会有录，是对每次所讲内容的记述。会有论，要求会正与会生共同宣讲，相互校订。会有程，即会后要作纪录，日程百余字。会有章，即熟读指定的书目。会有戒，

---

① 嘉靖《徽州府志》卷之九《学校志》。
② （清）施璜：《紫阳书院志》，合肥：黄山书社，2010 年，第 275 页。
③ （清）施璜：《紫阳书院志》，合肥：黄山书社，2010 年，第 275—277 页。

是指学习要注意的事项。①

　　最后是"紫阳规约"。一是敦伦之学,指出学习最重要的是"明伦";二是择善之方,即如何为"善";三是执礼之本,礼是规范自身的根本;四是存诚之功,即学者不可以自欺;五是寡过之法,即要知过知悔悟;六是崇俭之效,俭以养德。②

　　整体上看紫阳书院一系列的讲会会规,可以明确讲会是一种组织,这种组织在结合之时,有共同宗旨,有入会的标准。同时,组织在运行的过程中,有一套行为规范,而这些规范的最终目的是"以会为学"。

　　讲会制度在明代得到大力发展,成为一种学习方式。邓洪波先生认为,讲会制度成为明代书院的一种特色,这种特色还不仅限于书院,有的已经延伸到书院以外,已经是"随地举会,随缘结会"。还有区间轮会,即在一定的区域范围内,通过一定的机制,轮流作东举办讲会。也有联属大会,一般先在小范围内进行,待条件成熟后,逐渐扩大地域空间,由乡而县,由县而府,由府而省,甚至联省而动。③

　　讲会成为书院制度的一种学习形式后,给士人起到的影响是,学习需要"以讲为学""以会为学",共同学习成为一种范式。

二、讲会与文会的联系

《橙阳散志》之《聚星文社序》开篇便说:

> 夫会文于友,求同也。同类相求,同明相照,同业相砺,同美相成,胥会焉。是赖故会者萃也,非萃则离,离则孤甚矣。学不可以孤也。④

文会的创立目的,是求学之人互相学习,共同砥砺,以相成就。这虽言及文人聚会结社的目的和好处,但能看到书院之讲会制度对文会的兴

---

① (清)施璜:《紫阳书院志》,合肥:黄山书社,2010年,第278—285页。
② (清)施璜:《紫阳书院志》,合肥:黄山书社,2010年,第285—288页。
③ 邓洪波:《明代书院讲会组织形式的新特色》,《江西教育学院学报》2009年第1期。
④ 《橙阳散志》卷十一《艺文·序文》。

起有重要的影响。天启《衢州府志》"政事志"有《讲会》篇,内可见讲会与文会的某些关系。

> 学问之功,对圣贤于黄卷,则用在目;听师友之谈论,则用在耳。不经于目,耳之所得者为浮声;不入于耳,目之所得者为陈迹。耳与目交相赞助以成功,不可阙一者也。求得于目,则以独学胜;求得于耳,则以共讲胜。讲岂易言哉,士欲会讲,毋遽高树紫阳、姚江之旗鼓也。居恒以体认题旨,稍未洞彻者,日操觚记之,与十数友人约日立会,各出一题就讲,讲之不白,众各潜而思之,或负书于箧,取而考证。既透一题,再讲一题,盖一日而得十题旨矣。然后文会中,即以所讲之题,染毫而挥洒,其所讲既精而所作自有别调,不复取前人之查滓,而再入鼎俎也。十步一剑,千里不留行,毋至瞋目蟠腹弃甲而复矣,讲之功诚甚大也。而讲岂易言哉,众言殽乱几于聚讼,还须请主盟者为政,则郡邑名公宜坐皋比而临之,藉令政务纠纷不多暇日,则或月而二之,令多士自为会讲,或月而三之,其会文也。月而六之,士于一月之内,二日听公讲,三日听私讲,六日作文会,以十有一日立会,而十有九日读书,亦大愉快矣。①

讲会的益处,即"耳目并受",不仅可以过目,还可以入耳。十数好友,各出一题,集思广益,共同讨论,可以得到很多新观点、新启示,也可以快速增加学习机会,积累知识量。讲会之后,即是文会。这里提到的文会似一种"作文之会",将前日所讲内容,通过书写答题的方式予以表达。但从后面的计划中可以看到,讲会与文会是联系的,"月而六之,士于一月之内,二日听公讲,三日听私讲,六日作文会",通过讲会的学习,最后进行文会的写作。

由于科举的影响,很多书院在形成讲会之后,注重将科举考试训练纳入其中。如介休县《绵山书院碑记》云:"书院为谈经课士之地,与庠序相济为功。"②认为书院的讲会和科举并行不悖,应该相互作用。邓洪波先

---

① 天启《衢州府志》卷之十六《政事志》。
② 嘉庆《介休县志》卷十二《艺文》。

生认为,此系受王阳明、湛若水"圣学举业合一"之说的影响。① 如湛若水在大科书院《训规》中提到"诸生慎勿以举业、德业为二段事干,涵养吾德业,则发挥于文章,句句是实事","科举乃圣代之制,诸生若不遵习,即是生今反古,便非天理"。② 他的意思很明确,举业、德业是相互的,科举是历代定制,如果不研习,便是不合理。

此种思想盛行,以至于各书院及地方官都将科举训练放置在书院教学之中。如常熟虞山书院,"每月初三日,诸生会文于精舍、经房,儒学监会。会卷该房多备,听来者领用。卷面粘一浮签,听本生自书其名。文完,该学吏收齐,揭去浮签,于卷后角上实填本名,弥封用印。即日,儒学会同三纲孝廉入有本室闭阅。阅完,本县复阅,以三等发落。一等复试,亲阅"。③ 这种会文模式,如科举应试答题一般。邓洪波先生亦有将明代全国 16 所书院④"教学之会"进行归纳,它们尽管在名称上有会文、文会、会课等区分,但实际上是聚会诸生进行考试,渐渐形成一种书院教学活动。⑤

书院讲会与会文,成为书院教学相关的两个部分。这种模式,逐渐被读书人所接受,认为只要是学校,便应该有文人聚集成会,这种"会"一方面有讲学和共同探讨,一方面有作文考试之用。

官学或者书院等机构有会文、会课等形式,往往以文会命名。这种性质的文会带有官方性质,其是以书院学田或者官学学田为资本供养学生。当然,有的书院也是自我运作,成立文会,如江苏吴江"黎川学舍",本是郡守所创之义学,将旧废五显庙改建,里中义士见地方狭小,于是诸绅士发现一处新址,遂捐资复建:"以文会友,按月程课,来者颇众。余曰:此正

---

① 邓洪波:《明代书院的科举之会与科举之学》,《河北师范大学学报(教育科学版)》2009 年第 7 期。
② (明)湛若水:《湛甘泉先生文集》(卷之六),桂林:广西师范大学出版社,2014 年。
③ (明)孙慎行:《虞山书院志》(卷之四),赵所生、薛正兴主编:《中国历代书院志》(第八册),南京:江苏教育出版社,1995 年。
④ 主要是:杭州崇文书院、会稽证人书院、淳安瀛山书院、嘉兴仁文书院、常熟虞山书院、福州共学书院、星子白鹿洞书院、吉安白鹭洲书院、济南湖南书院、辉县百泉书院、德安濂溪书院、黄冈问津书院、文昌玉洋书院、定安尚友书院、西樵大科书院、三原弘道书院。
⑤ 邓洪波:《明代书院的科举之会与科举之学》,《河北师范大学学报(教育科学版)》2009 年第 7 期。

太守公所乐得而教育之也,请题其额曰'黎川学舍'。爰议三分储金,每岁所入息,取其一,以训蒙士;取其二,以育成材。"①黎川学舍虽是公学,但它的文会也是捐资所设,如民间文会一般,是靠储金利息。

第三节 文会的成立

在无有书院或者社学、义学之乡村,人们不忘设立文会。它是一种组织,有"会"的特征,也有"以文会友"或者练习科考的学习功效。有的文会,由三五学友集资创建,有的是宗族设立,有的是乐善好施之族人捐输,但共同的目的是促进读书事业,以便科考。

一、捐输设立文会

创设文会,兴文教,在乡间属于义行,所以有许多乐善好施之人愿意为之。如婺源人程綝,"七龄失怙,弱冠游庠,旋食饩以廪贡署安庆府教授,补江苏通州训导。勤月课,增学舍,资寒士膏火,通人士咸爱慕之。奉檄捕蝗,事办而民不扰,淮扬饥民数万过境,捐赀赈邮,存活无算。荐升常熟教谕,以母老乞归,兴文会,创祠宇,置祭田,重赀不惜"。②再如休宁汪允诚妻曹氏,"适西门,夫病笃,曹割股。及殁,抚继子宗泰。曹性尚义,尝新宗祠,饩廪文会。邑令李奖以秉贞从义"。③可以看到,无论致仕的官吏,还是孀妇,都认为捐资兴文会是善行,积极为之。

通常捐输方式有两种:一是捐资;一是输田租。如吴士英,"字佳三,中云人……为乡祭酒。英服贾,备隆孝养,事继母如所生,友爱异母弟,析产让丰。隆师课,后输资兴文会"。④这是捐资设立文会。再如郑可衿,

---

① 乾隆《吴江县志》卷之五十五《集文五》。
② 民国《重修婺源县志》卷二十四《人物五·宦绩》。
③ 道光《休宁县志》卷之十六《人物·列女一》。
④ 民国《重修婺源县志》卷三十七《人物十一·义行》。

"字子青,城西人……义行种种,常念幼遭寇乱,未获卒,事举业,爱隆师训子侄,输租创文会,资膏火,劝读书,捐厚赀助文庙。以故,侄瑜登贤书,子芬亦入郡庠"。① 此是输田租设立文会。若是捐资,也会通过经管方式,将会资产壮大,再购买田产,成为文会田。如绩溪城西周氏文会记载:"我族之有文会,我高祖士逞公暨二十三公捐赀置产而起也。"②

捐输人方面,尤以读书人为多。如婺源人王鸿巍,"字岐如,邑庠生,词源人……尤笃性颖,嗜学制艺,自成一家,为时矜式,尝创文会,延师励后进,多所造就"。③ 贵池人杜鳌,"由庠生入监,律身孝友,创族中文会,励后学"。④ 当然也有官吏,如婺源人王亢宗,字五如,杭籍庠贡,授州判改选州同,在父亲生病后,回家养父,并"教育子弟于乡西岭,兴讲堂,立文会,勤课读,人士云集"。⑤ 还有商人,如程世德,"字明友,溪头人。幼贫,长贸易江右,勤俭成家,见义不吝,祀厅被毁,慨输五百金襄成,族中创立文会,输租数十秤资助"。⑥ 读书人和官吏都知晓文会的重要性,直接受益或者曾经受益于文会,所以愿意大力支持,捐输资产,兴立文会。

二、族产输产设立文会

宗族为了"贴读训蒙",使族人有学习知识,参加科举的机会,多将部分族产输出,设立文会。如祁门磻溪陈氏文会,即陈景祀秩下子孙共同约定,将祀产田租壹号提出六年,作为文会会产。合同如下:

> 立合文约人陈景祀秩下孙经典、开广等,缘因书香教学之资,合众公议,将里村朱家丘晚田壹号,计租卅六秤,自今迭年议首人经收、出粜、放利,给约六年。合众公议贴读训蒙,迭年纸笔钱二伯文。日后发笔成文,迭年贴钱八伯文。应试县、府、院三考费用,给钱陆千文,读书成名入泮,

---

① 民国《重修婺源县志》卷三十八《人物十一·义行二》。
② 《清光绪绩溪城西周氏宗族文会规条》,卞利编著:《明清徽州族规家法选编》,合肥:黄山书社,2014年,第535页。
③ 民国《重修婺源县志》卷二十九《人物七·孝行二》。
④ 乾隆《贵池县志续编》卷六《人物》。
⑤ 民国《重修婺源县志》卷二十九《人物七·孝友二》。
⑥ 民国《重修婺源县志》卷四十一《人物十一·义行七》。

文会给干谷拾秤。自议之后,无得违约。如违,以不孝论。自成之后,永远为据。

内批,考武合众给县、府、院应试费用钱二千肆伯文,今后成名之日,给干谷肆秤。只此众面批。

又批,填入字一个;又填泮字一个,只此。

大清光绪七年岁次辛巳仲冬月初二日　　合祀立文约人

陈秉汉　（花押）

秉诗　（花押）侄代

经典　（花押）

经德　（花押）

经明　（花押）

开广　（花押）

经柏　（花押）

笃仁　（花押）

星仁　（花押）

经泮　书①

该合同表明,提出族产三十六秤,约定六年,共计二百一十六秤,输向文会,由首人:(1)经收,即收租;(2)出粜,即出卖;(3)放利,即放贷生息。在文会积累资本后,资助族人读书:(1)愿读书的每人每年二百文;(2)通过学习,能够成文的八百文;(3)参加县、府、院三考的,给考费六千文。要是中式后成为生员的,文会再奖励谷十秤。

宗族为了振兴文教,鼓励后进,在族产丰厚的情况下,提出将产业输向文会,之后拥有会产的文会也会自身运作,购置产业。如《清中后期济英文会输租清单》记载:

济英文会输租:

绮公输,江坑土名亚查坞,租八秤;

绰公输,土名里村顿坑,租叁秤六斤十四两;

---

① 《清光绪七年仲冬月陈景祀秩下孙经典、开广等立合文约》,刘伯山编著:《徽州文书》第5辑第2册,桂林:广西师范大学出版社,2015年,第354页。

　　　　土名雪坑汗巾坞租一秤五斤；
徽公输,七保土名里村塘坑,租六秤；
　　　　土名江坑蒲陶坞,租壹秤；
　　　　土名下坑金八坞,租六秤；
　　　　土名桥亭坑雷师丘,租八秤。
会内后买租数列后：
土名下雪坑梅树坞口,租一秤四斤；
　　　　又典一秤；
下坑金八坞,租八斤十二两；
里村石岭下,租一秤五斤；
潘家方板丘,租一秤六斤三两；
桥亭坑白沙丘,租二秤二斤半；
同处中坞里,租二秤；
方村汪家坞,租三秤；
下坑若坞口,租三秤二斤半；
四翼坞口,租二秤；
里村八十里,租二秤；
江坑萝林塝口,租叁(秤)二斤半；
　　　　又典二秤。
计共大小租二拾陆秤壹斤〇七两。①

　　济英文会先是接受了绮公、绰公、徽公三公的祀产,有了这些产业之后,文会成为一个经济实体,开始经营、购置产业,先后购置了11处产业,加上原有的族产输产,共计大小租二十六秤有余。

三、集资设立文会

　　在无人捐输产业,也无有族产输产的情况下,要设立文会,可以共同集资设立。《清雍正二年五月陈陈文、陈怀等立文会约》是一份文会成立

---

① 《清中后期济英文会输租清单》,刘伯山编著：《徽州文书》第5辑第2册,桂林：广西师范大学出版社,2015年,第400页。

合同,以其为例:

　　立文会约人陈际文、陈怀等,今因岁试□回□者开□□内未曾一人获售,□□□□太息之意,因□劝谕,兴立文会,每月做课□□以须。爱是各输饼银钱壹分,当年众友生放,以后编派首人,二人管值壹年,轮流生放,周年加叁行息,以为应□会文之需,其领银首人书租取当,递年五月十六日本利布心饼银一并付下首。首人毋得违期,如违期一日,每两外罚银壹钱。再日后会内进学之人,乐输考钱饼银五钱,掇科之人乐输考钱饼银壹两。自立会之后,各宜遵守,毋得梗顽废事,如有废事之人,听众会友鸣官究治,仍行逐出会外。今欲有凭,立此文书存照。

　　内批,编派首人七会搭壹会,第八搭二会,第九搭叁会,第十搭肆会,第十一搭五会,末会搭六会。

　　雍正二年五月十六日立文会约人　陈际文　证
　　　　　　会友陈怀　　肆(花押)　　陈际绍　叁(花押)
　　　　　　陈朝桦　拾壹(花押)　陈国定　壹(花押)
　　　　　　陈国产　伍(花押)　　陈嘉坤　捌(花押)
　　　　　　陈士璜　贰(花押)　　陈士瑜　陆(花押)
　　　　　　陈元深　拾(花押)　　陈士璧　柒(花押)
　　　　　　陈国佐　玖(花押)　　陈以德　拾贰(花押) ①

　　集资设立之文会,是通过合同的方式将诸会友联系起来,表明文会的成立含有会友间的合意。会友一致希望利用文会提高文化素质,应付岁科考试。从合同的内容看:

　　一是合同的成立目的,即成立文会,每月做课,应付岁科考试。二是文会的经管方式,采用首人经管,轮流生放生息。并在再批部分,将十二人编为六组。三是进官学与科考录取之会友,负有再次乐输的义务。四是罚则,主要是针对管理中的违期行为。

　　有的文会不排斥其他人员后续加入文会,如绩溪城西周氏文会,在言及会友入泮与补廪后的捐输问题时,对于未入会者的规定是:"如未入会,

---

① 《清雍正二年五月陈际交、陈怀等立文会约》,刘伯山编著:《徽州文书》第5辑第1册,桂林:广西师范大学出版社,2015年,第462页。

入泮后入会,必须加倍。"①当然,对于未入会者,是否可以参加会文活动,该文会也是开放的:"会文原为鼓吹休明,作兴后辈。在会内者,固不多言,即未入会者,亦准来会作文,只不得与祭颁胙。"②言下之意是,会文活动是开放的,目的是集思广益,共同进步。只是对于文会的物质收益,仅限于会员。

文会在清代的乡村是一种普遍的教育组织,如嘉庆《太平县志》所说:"一祠内大族多置义田,以备荒歉,置文会田以资士之课业,皆豫备与崇文之善物也。"③特别是在一些文教丰盛的地区,更是流行。如旌德:"旌俗,重诗书,勤课诵。多延请名师,以训子弟,又设文会,聚族之人士,每月有课,寒暑不辍,凡城乡大姓皆然。"④所以,无论是捐输设立文会,还是集资设立文会,最终目的是服务于乡村的文教。为了更清楚文会组织的功能,还需对文会的经管运行作进一步的分析。

第四节 文会的经管

文会为了壮大自身,会经营会产,而要实现与会文相关的一系列活动,又需良好的管理。下面以徽州文书中文会相关文书与族谱中文会的相关规定为依托,对文会的经管做一梳理。

一、文会的经营

同是"会"组织,文会在经营方式上与其他的"会"并无多少区别,存在着会产借贷、买卖、租佃、典当等形式。由于资料所限,仅找到多份向文

---

① 《清光绪绩溪城西周氏宗族文会规条》,卞利编著:《明清徽州族规家法选编》,合肥:黄山书社,第536页。
② 《清光绪绩溪城西周氏宗族文会规条》,卞利编著:《明清徽州族规家法选编》,合肥:黄山书社,第536页。
③ 嘉庆《太平县志》卷之三《风俗》。
④ 嘉庆《旌德县志》卷之一《疆域·风俗》。

会卖产业的卖契、当契。其他交易形式,只能侧面间接说明。

(一)买卖

祁门十三都一图凌氏《誊契簿》内有两份"文会买田契",征引如下:

文会买田契:

立出卖契人凌见梓,今将承祖买受得田租一号,坐落本都三保九百四十号,土名湘源坞,计原租二秤拾七斤八两;又一号,土名中合丘,计原租壹秤十斤。前田二号,共计原租肆秤七斤八两,今因无钱用度,自情愿托中立契出卖与塾学名下前去入田收租管业,当得价银叁两伍钱正,是身收。未卖之先,并无重互交易。来历不明,卖人自理,不干买人之事。所有税粮随契推扒,再不另立推单,立欲有凭,立此卖契存照。

嘉庆三年十二月廿四日立出卖契人　凌见梓

　　　　　　　代笔兄　见明

文会田契:

立出卖契人康田有,今将承接堂兄有孙名下田租壹备,坐落十三都三保,土名张坑,计原租陆秤正,又一号土名小隔丘,计原租二秤正,又一号南坑坞,计原租壹秤十六斤,又一号许家墓前,计原租壹秤十二斤。前田四号,共计原租拾壹秤○八斤,今因虚粮无措,自情愿托中尽数立契出卖与凌文会名下前去入田收租管业,三面言定,时值价纹银拾两零伍钱正,其银亲手面中收足,当日契价两明。未卖之先,并无重复交易,来历不明,卖人自理,不干买人之事。所有税粮照鳞册推扒。今恐无凭,立此卖契存照。

嘉庆陆年十二月念六日立出卖契人　康田有　号

　　　　　　　代笔族侄　　文蔚　号①

这两份买田契的交易形式与其他"会"的买田契没有区别,都是"会"在购置产业。但是值得注意的是契约中的购买主体,第一份是"自情愿托

---

① 《清嘉庆十二年丁卯正月立祁门十三都一图凌氏〈众誊契簿〉之十六》,刘伯山主编:《徽州文书》第3辑第9册,桂林:广西师范大学出版社,2009年,第154页。

中立契出卖与塾学名下",第二份是"立契出卖与凌文会名下"。可以知晓的是,在交易人的眼里文会与私塾地位相同,都是乡里的"学校",有教育的功能。

(二) 当

当,一般不交业,即出当人持有产业,以产业作为抵押向受当人取得资金。其实,类似抵押借贷。还是看一份祁门的文书,来自二十一都二图磻溪陈氏:

> 立当契人陈浩栢,今因无钱支用,自情愿将七保土名里村横路下晚田一号,共大租廿四秤五斤,本田典租四秤,分该本位得大租四秤五斤,立契出当与陈三公文会名下为业,当得厘钱五仟文正,在手足讫。未当之先,并无重互。来历不明,出当自理。今欲有凭,立此当契为据。
>
> 光绪八年六月初十日　立当契人　陈浩栢(花押)
> 　　　　　　　　　　　中见人　陈玉意(花押)①

陈浩栢出现经济拮据,无钱支用,将与人共业的大租晚田出当给陈三公文会作为抵押,当得厘钱数千文,以解燃眉之急。如果以后有钱偿还,可以向文会取赎。

(三) 贷借

再来看《畏斋日记》内的一段记录,里面有关于文会贷借的叙述:

> 子筹叔赎去原押树槐堂新文会一股,计原价九钱,契缴讫。原因三十六年又三月子筹叔挂纸误烧四房人家厝屋结讼,身同云骧兄代为调息,充去银一两有零,内借树槐堂会银九钱,云生伯代写新文会押,外身充去一钱一分。今子筹叔备价取赎,身已充者未还(其会向系本家饮酒;三十日果兄将前银移去三钱,仍存众六钱,身处充首,故不起利)。②

---

① 《清光绪八年六月陈浩栢立当田租契》,刘伯山编著:《徽州文书》第5辑第2册,桂林:广西师范大学出版社,2015年,第354页。

② (清)詹元相:《畏斋日记》,《清史资料》第四辑,北京:中华书局,1983年,第212页。

此段记录，出现了树槐堂新文会，说的是康熙三十六年（1697）文会会友之一的子筹叔，因故借了树槐堂文会银九钱，用文会会股抵押。康熙三十九年（1700）十二月二十九日子筹叔将欠款还清，予以取赎。再批里有两个信息，一个是文会会资使用，也就是会文之后的饮酒开支，本该詹元相家办酒，由于之前他帮子筹叔垫陪别人一钱一分，此次子筹叔没有还他，他也就不办酒了，以作抵充。还有一个信息，即第二天（三十日）文会会资出借三钱给果兄，这次出借是詹元相轮值会首。

文会有田地等产业后，还会将田地出租，由于未查找到直接相关召批或者承佃约，不再额外说明。但下文论述文会的管理时，在轮值管理与租息规定中都有说明，可以窥见一斑。

二、文会的管理

文会的管理涉及方方面面，会文是其核心，围绕着会文，也有组织运行过程中一些必需的规定。我们以婺源查氏正谊文会、婺源双杉王氏文会以及绩溪城西周氏文会的会规为基础，概括说明文会的管理规定。

（一）会文规定

会文是文会的核心功能。文会通过会文活动，提高会友及族人的文化素质，也通过会文模拟科举考试，提高生童的应试能力。一般的文会，对会文的规定是，每年定于何时何地，集中演练作文，并对优者进行奖励。比较完善的文会，则在出题、作文、阅卷、考务、奖励、惩罚等方面予以详细规定，下以雍正八年（1730）婺源双杉王氏《会文条例》为例进行说明。

会文条例

一、会文每逢正月八日，五月初七日，八月十七日，十二月十七日。黎明，举贡监生童各整衣冠，亲带笔砚纸墨油烛至院，照题分做，□□当日完卷，二艺不完及真草簿全，不给本季灯油，□□一书一经一诗不完者，不给灯油。

一、会文事务俱文生办理，照科分轮值。

一、会文先期，当值者贴字院墙通知，随具帖，敦请名儒出题，加封。

本日黎明至院,封门后,公拆,文成次早送阅,批发后,复至院,公拆,照卷分给本年灯油四股之一。

一、会文日,人齐后封门,生监以上编号坐中堂,童生编号坐东西两廊,其卷尾字号预先编定,候领卷时填本人名字于浮票,纳卷时各人揭去浮票,候发卷时比对,照次第书簿。

一、轮值者不作文艺,仍给灯油,便查关通、插卷、夹带、代作等弊。察出罚作弊者本季灯油,如不受查察及不受罚者,鸣众罚其本年灯油。轮值者失察,照罚本季灯油,如故意失察,罚本年灯油。左右同坐者,知情不举,一并同罚。

一、文字分别次第,以寓劝惩,有因名次在后,□犯阅卷者,日后不许入会。

一、拆题后,未进院者,不得入。已进院者,不得出。既入复出者,不得复入。违者罚本季灯油。

一、正理饭食、人工、器物,俱于未封门前备办,齐集封门后,不得拉自出人,违者罚轮值人本季灯油。

一、命题阅卷,每五卷奉笔资一钱,照数递加。如成数外,多一本作五本算,多六本作十本算。

一、肴馔饭食悉照清明席案,照名分给,定不设酒,每人计费三分,不得任意增减。

一、批首编笔举人六钱,恩拔副贡生四钱,贡监三钱,文生二钱,武生一钱五分,文童一钱,武童六分。必须五人以上方给,近有三人亦给。

一、灯油每年给文举人壹两六钱,武举人壹两二钱,恩拔副岁贡生一两二钱,贡监生壹两,文生八钱,武生六钱,文童四钱,武童三钱。即在四次会文分给,其文武兼考者,给文不给武。

一、乡间赴院会文者,无论文武生童,另给饭食钱一钱六分。

一、文武生员告致者,不给灯油。

一、凡会文轮值者,向祠首领费,支用多少,逐项登记,轮值底簿,其簿当即缴交掌院,以便核对。

一、四季会卷,掌院向祠首领价,预为做定,临会期,轮值者向掌院给领,用剩本数仍缴交掌院。①

王氏文会一年举行四次,基本是每季一次。参加者涵盖各阶层的学生,包括有功名的举、贡、监、生,也包括没有"入学"的童生。会文之前,出通知。

出题之人,请的是比较有名的儒者。为防止泄题,出题后"加封",考试时公拆。作文时,自备笔墨纸砚油烛,内容基本是科举考试的范围——书、经、诗。阅卷有辛苦费,按照试卷数量计费。

考务工作甚为细致。工作人员都是"文生"轮值办理。轮值的文生当次不作文,一并给"灯油"钱作为劳务费。他们的工作主要是组织考生考试和监考。考前,要准备饭食、人工等;进入考场后,要清齐人数,封门发卷;考试中,要防止作弊;考后,要清点试卷编号,并要写明轮值开支费用。

考试后是奖励。对于所有参与考试、完成试题者,发给本季"灯油"钱。灯油钱上,对各类生童予以分别规定。只要来参加考试并完成考试就有"灯油钱",这标准看起来很低,但能够鼓励族人参与会文,共同进步。重点是,对于考试取得优异成绩者,在发给"灯油"钱之外,再予以奖励。

为了严肃会文风气,有处罚规定。对于会文过程中作弊的,罚本季灯油,如果不认罚者,加重处罚,以致罚本年灯油。轮值者失察和左右不举报者,同罚。

(二)资助科举考费的规定

文会的另外一项重要功能是资助会友参加科举,即给予在会生童考费。如婺源双杉王氏文会的规定:

> 一、岁科考费,文生壹两二钱;武生壹两。文童八钱,武童六钱。其兼文武考者,给文不给武。

---

① 《双杉王氏支谱》卷之十七《文会总览》,张海瀛、武新立、林万青主编:《中华族谱集成》(第18册),成都:巴蜀书社,1995年,第863—864页。

一、贡监录科考费壹两二钱,贡监生员不录科而录遗者不给。

一、乡试盘费,恩拔副岁贡生八两,贡监文生六两,武生四两。凡考费向系如数送钱,自乾隆丁酉年议,自乡试会试俱照数敷送九七色银,余仍旧例。

一、会试盘费,文举廿四两,武举十八两。

一、大小考赴试者,问掌院报名,掌院向祠首领出盘费,照名分给。领费后不应者,掌院查察,责其退还。如不退出,将本人考费日后停止,其已经至郡至省至京,忽以事故不能入场者,不在此例。

一、凡遇恩科加额大小考者,一样照给。

一、生童向未至院会文,不给考费。①

这一资助考费的规定是按照生童科举考试的层级向上递增的,也就是每通过一级,向上进级一步,资助的费用将增加,依次是岁科—录科—乡试—会试。考试的支出有盘费(路费、住宿等)、册资(试卷费)、"火足"杂费等(主要是支出考试中的考务费用)。这些费用对于一般的家庭而言,是一笔不小的开支,文会的资助,能够满足读书人想读书进取而又无力的愿望。

考费资助带有一定的奖励性。如婺源查氏正谊文会光绪二年(1876)的新规定:"兹预定议,小试每名给卷费洋二员(元),乡试给程仪四(元),入泮贺仪洋十(元),中举贺仪洋二十员(元),北上贴公车费二十员(元),概由会内拨支公款。"②这里在乡试以后明显提高了资助费用,并改作"贺仪",有奖励性质。婺源王氏文会参加乡试也是资助八两,但会试资助提高到二十四两,翻了好几倍。

考费资助是提前预支。王氏文会规定:"大小考赴试者,问掌院报名,掌院向祠首领出盘费,照名分给。领费后不应者,掌院查察,责其退还。"考试前掌院向祠首领取考费,按照参加考试的人分发。如果领了钱不参

---

① 《双彬王氏支谱》卷之十七《文会总览》,张海瀛、武新立、林万青主编:《中华族谱集成》(第18册),成都:巴蜀书社,1995年,第864页。

② 《正谊文会序及原始规条》,卞利编:《明清徽州族规家法选编》,合肥:黄山书社,2014年,第535页。

加考试,则是要退还的。周氏文会也如此规定:"赴闱盘费,临期赍赠,毋许预支,不赴闱者不给。倘已领盘费,捏故不往者,将盘费追出,仍罚诣祖前跪香一炷。"①

文会的资助考费功能因会而异,会产充足的文会,对于大小考试都予以资助。刚成立不久的文会或者会产还未积累到一定程度的文会,需要先积累会产,只会少量或针对部分考试进行资助。如绩溪周氏文会所说:"三年所余,酌存数金,备送中举盘缠,仍照入闱者多寡分送。"②周氏文会是在积累三年之后,如果存有数金,才资助考生,而且,只是从乡试才开始资助。

(三)贺仪或入仕捐输规定

贺仪和入仕捐输是相对的。贺仪是获得生员资格或中式后的奖励,如王氏文会有专门的"贺仪条例",对中式与获得职衔都有贺资。中式包括"入学文生、武生""补廪""拔贡副榜优贡""恩贡""文举""武举""文甲进士""武甲进士",等等。其中,对于乡试的"解元"、会试的"会元"增加贺资;获得职衔包括"官学的训导、教谕""各项佐杂""内外品官"等,皆有贺资。贺仪算是文会对会员学有所成的鼓励,也激励后进会员努力学习,以期获得功名。

入仕捐输是获得职衔以后的回报。有的文会期望会员在获得功名之后,能够回报文会,使会产丰厚,便对入仕的会员要求其捐输。如查氏正谊文会所说:"至于进士、翰林,已入仕版,自当助赀入会生殖,方不负祖宗培养、阖村人望。"③

(四)祀典规定

文会有祭祀对象,常以文昌帝君为主神进行祭祀活动。文昌本星名,古时认为是主持文运的星宿。元仁宗时封为帝君,并与梓潼神合为一神。

---

① 《清光绪绩溪城西周氏宗族文会规条》,卞利编著:《明清徽州族规家法选编》,合肥:黄山书社,2014年,第537页。
② 《清光绪绩溪城西周氏宗族文会规条》,卞利编著:《明清徽州族规家法选编》,合肥:黄山书社,2014年,第537页。
③ 《正谊文会序及原始规条》,卞利编著:《明清徽州族规家法选编》,合肥:黄山书社,2014年,第535页。

经过国家祀典奉祀以及道教的推广,民间普遍认为文昌帝君掌管士人的功名禄位。为此,文会有祀典规定,对文昌帝君进行祭祀。

祭祀时间上,常以二月初三文昌帝君圣诞为期。如歙县溪川文会,"二月初三日动匣内银捌钱,付大圣堂办香烛素斋设醮"。① 也有文会举行多次,如绩溪城西周氏文会,"祭文昌帝君,每年二月初三日一次、八月初一日一次"。②

祭仪上,一般是置办香烛菜肴之类。资产雄厚的宗族比较丰盛,如周氏文会,"衣帽一副,红烛一对,官香一束,奠酒一壶,大杭箔二百,大光古二刀,大包一盘,豆腐一盘,三牲一副"。③

颁胙与散福。由于是祭祀活动,活动之后希望将福气传递给会友,则进行颁胙。从这一举动也可以看出文会的入会人员与股分情况。如周氏文会:

> 一、立会诸公名目并颁胙、散福条款列后:韩绍公,士述公,士选公,士遴公,士暹公,士迈公,栋公,必转公,鸣鹤公,宗昌公,谟公,调元公,调鼎公,调鼐公,靖公,邦公,祥公,宏都公,鼎佐公,弼公,瑞公,烽公,赐玠公,以上共二十三股,每祭祀各给包两对,计足秤一斤,散福一个,折钱三十五文,士选公外给猪胙一斤。

周氏文会初立时有十二人,后增加十一人,所以总共二十三人,也说明文会总共有二十三股。持有会股的后人共同享有文会的财产份额和身份权利。

文会的祀典规定从侧面说明,文会尽管是兴文重教的人的集合,但组织也依托神明祭祀将众人的意愿凝聚。这种方式还时常冲淡文会的性质,使文会由教育组织转向宗教组织。有文会组织对此进行批评:"郊里

---

① 《溪川文会簿》,转引自杨礼玉《明清时期徽州文会研究》,芜湖:安徽师范大学硕士学位论文,2011年,第30页。
② 《清光绪绩溪城西周氏宗族文会规条》,卞利编著:《明清徽州族规家法选编》,合肥:黄山书社,2014年,第537页。
③ 《清光绪绩溪城西周氏宗族文会规条》,卞利编著:《明清徽州族规家法选编》,合肥:黄山书社,2014年,第537页。

中文会甚多,大抵狃于习见,以之赛神演戏,分饼胙,张筵席而已,其于文章一事无闻焉。"①意思是,里中很多文会,变成了赛神演戏、分胙聚餐的组织,作文之事则基本不举行。

因此,有的文会并无祀典规定,专重会文,"今幸同志诸友动饩羊复古之思,别为敛赀生殖,鉴前人听命于神之失,专重春、秋会文,每年定于正月初六日、八月十六日,于孝义祠开课,凡族中内文者,咸集祠内,一体会课。"②婺源查氏的正谊文会更加务实,在批判前人的弊端的时候,再次明晰文会的主旨。

(五)轮值经理规定

文会与其他会在管理模式上相似,采用轮值经理的方式。前面提到,文会成立之时,就约定首人经管,轮流生放。首人即是轮值经理,也称司年。

司年的职责是总理会务,如银钱的出入、收取租谷、放贷生息、办祭、输粮等,其是一个文会运行所必需的。这些职责,可能因为会的发展阶段、会的事务有些差别。有的会刚兴起,会产不多,没有田产,也就不存在收取租谷、输粮等职责。有的会只是专司会文,不办理祀典,也就不存在办祭。

"司年不必专用读书人。"③文会是读书人的集结,所以司年基本都是会友,大家轮流充首。但是对于读书人而言,学习时间宝贵,在文会发展到一定阶段后,事务较多,难以将学业与会务兼顾,则需要一些专职管理人员。婺源查氏的正谊文会即是如此,不同的是,其使用的是已经获得功名之人(正途功名者二人、异途功名者四人)为值年,此在一定程度上给还未获得功名、又希望通过文会的活动进取的读书人提供了时间上的帮助。

---

① 《正谊文会序及原始规条》,卞利编著:《明清徽州族规家法选编》,合肥:黄山书社,2014年,第531页。
② 《正谊文会序及原始规条》,卞利编著:《明清徽州族规家法选编》,合肥:黄山书社,2014年,第532页。
③ 《正谊文会序及原始规条》,卞利编著:《明清徽州族规家法选编》,合肥:黄山书社,2014年,第535页。

司年有一定的报酬。司年事务繁多,有的文会会发"补贴"。如婺源查氏文会:"大祠公举殷实□实司理□□不给薪水,只给收租点心。今挨科轮值寒士居多,总不能给薪水,亦宜照例给点,以养□廉。递年算账交付明白后,应补给点心洋二元正。"①查氏文会一开始利用殷实之家为司年,但是这种方式不一定长久,随着参与文会贫寒之人增多,轮值寒士居多,不得不转变为发给补助,调动管理人的责任心。

(六)租息规定

田租与资金利息是会产的主要来源,文会也不例外。为此,文会会规对租息有专门的规定。

资金放贷生息在文会成立时便有规定,有的文会在会规部分补充说明。如婺源查氏正谊文会提到:"本会创始,每人每年敷出钱二百文,入会生殖,三年圆满……其钱长年二分加殖……递年正月初七日,在孝义祠公同算账,交付下首,不得过期。"②正谊文会强调了融资的方式,并确定了资金放贷的利息,以及每年结算的时间与地点。

有田租的文会,对田租也有规定。如婺源双杉王氏文会有"收租条例",条例首先规定了"外籍文生以及住居辽远者"由于不便办理文会事务,不得轮值司年,即对收租管理人提出了要求;其次,严管文会田租,不致荒废,"惟望坦坦留心,渐□紧手收让,慎重积弊";再是,写明了收租谷程序,即收谷的记载、监收人雇外姓(防止收谷中的舞弊)、晒谷与支付工钱、新谷的存储方式等;复是完纳钱粮;最后是欠租催取与租账核算。③

---

① 《双杉王氏支谱》卷之十七《文会总览》,张海瀛、武新立、林万青主编:《中华族谱集成》(第18册),成都:巴蜀书社,1995年,第866页。
② 《正谊文会序及原始规条》,卞利编著:《明清徽州族规家法选编》,合肥:黄山书社,2014年,第532—533页。
③ 《双杉王氏支谱》卷之十七《文会总览》,张海瀛、武新立、林万青主编:《中华族谱集成》(第18册),成都:巴蜀书社,1995年,第866页。

第五节 文会与教育体系的关系
——以徽州生员詹元相的乡村生活为例

在讲会已经"随地举会,随缘结会"后,文会逐渐突破书院模式的限制,开始在民间泛化。婺源双杉王氏将文会比作官学之下的私学,说明文会在乡间的普遍性。当然,这种普及仍旧是围绕着科举展开的。

《畏斋日记》①系婺源增生詹元相于康熙三十八年(1699)至康熙四十五年(1706)的生活记录,其中康熙四十年(1701)至四十二年(1703)基本上逐日记述。康熙三十八年、三十九年(1700)和四十三年(1704)有断续。《日记》内容包括生活中的各种琐事,但有一条线索,即詹元相几次参加科举的情况。如果将科举与学习的相关内容联系起来,可以大致窥见清代生员如何应对科举,也能直观地感受"文会"在基层教育中的作用。

一、第一次乡试:南京赶考犯病

《日记》开篇是康熙三十八年詹元相去南京赶考乡试的情形,记载了沿途经过,并有游历杭州西湖、苏州虎丘,以及丹阳、句容等地的所见所闻。他考试当天的情况并不好:

> 是科也,予进一场,场内即发病,勉强了事。趁□□即出,后病渐成疟,二、三场遂坚不应焉。候诸友考毕,十七日出江东门,寓宁以舅公碾坊内。二十日,予去银雇轿回家,约正费并路上杂赏共写定银三两二钱,亦不得已也。中叔公、法叔同归,步行。

詹元相开考第一场便发病,以致第二、三场都没有坚持下来,最后只

---

① (清)詹元相:《畏斋日记》,《清史资料》第四辑,北京:中华书局,1983年,第184—274页。后引用此书,不再注。

有雇轿回家。但他还是很关心考试的结果,了解到"本科解元方苞,安庆人"。这种关心持续到本次考试的会试、殿试。康熙三十九年二月十六,他记载道:

> 本科会元王露,河南人。状元汪绎,休宁人,常熟籍;榜眼王露;探花季愈。

对考试结果的关心,是一个读书人期望功名的表现,也反映了他内心的失落与羡慕。

二、童试

之后的四月,他又开始了科考的准备。段莘公铎舅到访,一起游玩赋诗了几日,其后他差人送给詹元相《易经说统》一副,代访《周易宗义》一副。这些书对科考有一定的参考作用。

六月十八,早晨到庙里烧香,并出贴禁止杀生。这是童生赶考参加童试的日子。詹元相是村里的塾师,所以才有此举动,希望讨个吉利。不多久的二十一日,童试开考:

> 本日邑考童生,已冠题"此之谓絜矩之道";未冠题"此之谓自慊"。

他提到了考试的考题,后面却没有再记录此次童试的情况。下面记录的信息便与"文会"有关了。

七月的时候,十八日公铎舅又来送书,"代收访《公》《穀传》四本"。

> 二十六,天晴。晚会文酒,身充首。同会:仪一叔、文赞叔、高百兄。

这次文会,是詹元相任首事。接下来的记载只要是涉及学习的,基本与会文有关:

(八月)二十,天晴。晚扰高百兄会文酒。

(十月)二十,天晴。同仪一、文赞、含章、高百在答保舅家饮会文酒。

此外,当天,公铎舅又送《国语》二本,还将《春秋说约》换去《春秋析义》。

(十一月)初六,天晴。会文酒。

八月的"会文"是高百兄做首,九月没有记载,十月是在答保舅家,十一月也有会文,但没有提及是在何人之家。会文的频率基本是一月一次。从文会轮首制度联想可知,应该每次在不同人之家轮值。之后的十七、十八日则是府考童生:

十七,天晴。府考。
十八,天雨。江孟交叔十四日起共裁衣五工。府考童生首题"衣锦",论题"不测"。

前一次的是县考童生,此次是府考童生,詹元相也关注了考题内容。前文提到,童生考试要经过三关,先是县试,再是府试,接着是院试。当然,若县试因故未考,补考一场亦准府试。如果府试未考,也可以补考一场,再参加院试。县试的名额较多,一般会取四五十名。排名前列者直接进入府试,后列人员则要进行"招复"考试。府试也是如此。院试比较正规,一般由当地学政主持,被录取者,则成为地方官学的生员。清初的童试还比较简单,从县考和府考童生的出题来看,都出自《四书文》。乾隆二十五年(1760)后,科举考试增加了五言六韵诗,童试也改为一书、一经、一诗。后又因乡试、会试考《五经》,都可出题。童试也就正试《四书》题二道,诗一道,复试《四书》题一,经题一,并默写《圣谕广训》一条。①

---

① 《钦定礼部则例》卷六十《童试事例》。

接下来是:"二十八日,天雨。晚饮仪一叔会文酒。"

这次的会文是仪一叔充首。从前面的信息可以推知,詹元相所在的文会除自己外,应有仪一、高百、文赞等人。到十二月二十九日,记录了上文所引"子筹叔借还文会钱之事",从中能够看到文会借贷经营的一方面。

三、正月里的家族会文

康熙四十年(1701)的正月,前三日詹元相忙着过年、拜年、上祖坟。这些之后:

> 初四,天晴。惇叙堂会文,晚饮孔彰叔辅仁会酒。
> 初六,天晴。本门会文。晚文和叔接谢中酒。

先是祠堂会文,再是詹元相本门的文会会文。上文提到的新文会,也就是本门文会,称新文会应是区别于惇叙堂文会。这两次会文都类似科举考试,我们可以用康熙四十一年(1702)正月的记载辅证:

> 初四,天晴。祠中会文,已冠题:"人之言曰"一节、"诸侯能荐人于天子"四句;未冠题:"君子和而不同";小学论:"亲贤如就芝兰"。
> 初六,天晴。本门会文,已冠题:"居敬而行简"一段、"君子之守修其身"一节;未冠题:"吾之于人也";小学论:"敬胜怠者吉"。

从题目内容看,两次考试命题不一,但是试题的形式是差不多的。超过二十岁的答冠题,不足的答未冠题。相比之下,未冠题较冠题在难度上稍小。这种命题方式,与当时朝廷定例是相联系的:"康熙三十六年议准:考试童生,出四书题一,令作时文《小学》题一,令作论,通行直省,一体遵行。"①

当然,从这些命题来看,侧面说明文会在乡村发挥着童生考试模拟的

---

① (清)素尔讷等纂修:《钦定学政全书校注》,武汉:武汉大学出版社,2009年,第55页。

作用。之后的初八,本门的新文会祭祀祖先。文会祭祀是普遍现象,有的"会"在成立的时候便有共同的祭祀对象。

四、岁考

> 二月初一,天晴。祝保舅代带去学中总督观风卷,付册资三分。鸭子一钱银四十五介。

清沿明制,初在各直省设提学道。这里提到的学中总督,即提学道学政。清代学政在考试生童前,有"观风"试,主要是观风察俗,以观风俗之得失,查政刑之滥苛。这个观风试也是生员岁考前的"预考"。詹元相让祝保舅代交试卷,并给了试卷钱和跑路费。

三月就快要岁考了,初一日先是给县学门斗送去岁考"火足"三分,初三日又给府学门斗"火足二分半"。这些都是岁考的支出,"火"是灯火,"足"是跑腿之意,连在一起指代考试过程中的杂费支出。

三月初七那天:"天晴。收官保舅送考,圆眼一斤。收细婆弟圆眼一斤、糕一包。收泳姊圆眼一斤、鸡子十介。"

知道詹元相要去参加岁试,亲朋都来慰问送考,并送来桂圆、鸡蛋等补品。五天后:

> 十二,天雨。往郡岁试,大人轿送。同仪一叔、孔彰叔合担,朱贵祥挑。敏文舅、枝弟同行,本家饭。

詹元相与同村赶考之人在自家吃过饭后,一起出发。他的父亲还为其备了轿子,雇了挑夫挑行李。

十八日,学政"文宗"到。十九日,"文宗拈香解书"。这是学政必须做的事情。院试开考前一日,谒文庙,朝服于大成殿阼阶下,行三跪九叩礼,礼毕之后,到明伦堂。明伦堂左,刊立着顺治七年(1650)所颁晓示生员的《卧碑文》,学政站在碑前约三尺地方,设矮垫,面向碑坐下,由教官读《卧碑文》和《圣谕广训》,诸生肃立环听。这个仪式,生员须要全到,还要各讲《大清律例》三条。后来改为《四书》一章。①

　　二十日,天晴。开场,考府、歙、婺、祁、绩生员。府题:"中庸其至矣乎,民鲜能久矣""易其田畴"。婺源:"吾未见能见其过而内自讼者也""食之以时"。

　　见府学二师,每斋果仪一钱(各小包二分,册资二分半,管□门斗计二分半),正斋毛老师,偏斋余老师。见县学二师,每斋果仪一钱(小包大叔一分,门斗一分,册资三分),正斋何老师,偏斋胡老师。

　　八天后,生员岁考开始,徽州府学和婺源县学都是两题。府学第一题出自《中庸》,第二题是《孟子》;婺源县学之题也是出自《论语》与《孟子》。这后来在雍正年间作为定例:"嗣后,岁考用书文二篇;科考则用书文二篇,加经文一篇。"②考过试后,詹元相分别拜见了府学、县学的教官。雍正以后,这些教官的称呼,府学称教授、训导,县学称教谕、训导。府学的教授品级在正七品,县学教谕则为正八品。③ 这里称正斋、偏斋,区分了掌印官,也说明府学、县学教官数量。前文提到,官学的教官职责不是上课,主要活动是季考和月课,还有宣读皇帝文诰和刑律。

　　其间,还提到一些各斋果仪以及册资之类,这些是考试试卷及办事书吏的饭食、杂费等。这一陋例当时应该普遍存在,雍正十一年(1733)开始整顿,雍正的做法是,将这些费用一并改为定价三分,所有卷价、办事人等杂费都包含在内,不准多收。④

　　但这并没有改变安徽的情况。乾隆二年(1737)再次就安徽的情况下谕:"着将童生交纳卷价一事,永行禁止。毋使不肖官员及吏胥人等,借名苛索,致滋扰累。"⑤乾隆则直截了当地取消交纳卷价一事,不准借名索

---

① 商衍鎏:《清代科举考试述录》,北京:故宫出版社,2014年,第15页。
② (清)素尔讷等纂修:《钦定学政全书校注》,武汉:武汉大学出版社,2009年,第55页。
③ 马镛:《中国教育制度通史》(第五卷),济南:山东教育出版社,1999年,第145—146页。
④ (清)素尔讷等纂修:《钦定学政全书校注》,武汉:武汉大学出版社,2009年,第52页。
⑤ (清)素尔讷等纂修:《钦定学政全书校注》,武汉:武汉大学出版社,2009年,第52页。

要。从这种情况可以推知,当时徽州由于考试产生的费用,不是一笔小数,对于一些读书人而言,应该有一定的压力。接着,经过了县试、府试的童生,马上要经历院试了。

> 二十六,天晴。考婺源童生,书题:"子张问十世可知也";小学论:"不以动其心"。
> 二十八日,天晴。发童生案,本村希震叔公、楚良弟入县泮,世模兄入府泮。共县学二十、府学本县五名。本日考武生员及童生。

学政之岁、科两考,先考生员(廪、增、附生),次考童生。生员、童生的考期,分为若干日,间日轮排。大县人多,则每县一场;小县人少,则合数县为一场。二十日考的是生员,二十六日考的是婺源童生,说明婺源童生数量多。但是发案迅速,通常是第一日考,第二日出案,第三日复试。此次考试童生,詹元相的村子有喜讯,有两人入县学,一人入府学。入泮是入官学的意思,古代学宫前有泮水,故称学校为泮宫。

四月的月头,詹元相的岁考成绩出来了:

> 初一,天晴。发岁考案,汪闲国兄县学批首;游锦兄府学批首。身二等二十五,村中俱三等。

此次考试,詹元相还不错。虽然没有获得一等,但是次居二等,比其他优秀的不及,可与全村其他人比,则是有余的。顺治九年(1652)定例是,一等文理平通;二等文理亦通;三等文理略通;四等文理有疵;五等文理荒谬;六等文理不通。每等都有不同的对待。称为"六等黜陟法"。①生员的地位有廪生、增生、附生、青衣和发社生员五种。起初为附生,学校内最高为廪生,最低为发社。

如此,各人的地位都不固定,岁考则是评判的方式。只有考上或保持廪生、增生地位者,才可获得朝廷的廪膳。考第四等者,则要受到"扑

---

① (清)素尔讷等纂修:《钦定学政全书校注》,武汉:武汉大学出版社,2009年,第67页。

责",列五、六等的降级或黜为民。此外,生员地位的上升,不仅根据考试成绩,还要根据该学校的廪膳名额。名额有空缺,可由低一级的生员升级。詹元相列二等,说明"文理亦通"。

对于考一等、二等以及三等前十名者,是有奖赏的。"至发落先一日,牌出,提调官备绢纱、绒花、纸、墨、笔,以为一、二等生员奖赏;纸、笔、纸花,以为三等前十名奖赏。并造册开明丈尺、价值,于各项下仍将前次督学赏格附开册后,以凭查酌,当日送进。"①詹元相也受到了奖励。初四、初五学政忙于武考与发案。

> 初六,天晴。上午文宗发放岁试生员,一、二等赏花一对、红䌷一条;新进童生谒见。下午起马按临池州,身寄手禀送。发案日亦有手禀至挂号房投谢,挂号钱十文。手禀样式:"案下江南徽州府婺源县儒学沐恩岁试优取　等第　名生员詹　。"

詹元相得到赏花一对、红䌷一条。之后学政到池州府巡考去了。但从记录中还能看到答谢的手禀等说法,这可能又是当时兴起的一些陋规。发案的那天,詹元相就花了十文挂号送答谢手禀。

詹元相对学政有一些描述,说到学政叫张泰交,当时是太仆寺少卿,为人"清廉","不听一情,不爱一钱",对待学生则"外严内宽"。主要是在徽州府没有判定第六等,也就是没有人会被黜罚。再批里补充道,后来"张宗师升大理寺正卿"。

回到住处,东家请"新进诸客",詹元相作陪。第二天,他去结账,给了东家尔尚兄文银四分,还记了五天的饭账,总共是色银二钱。批注里写到后来让人送还。初八到家后,又处理了一些考试用账。

得知詹元相考试回来并取得不错的成绩,亲朋都来送茶,当然自己也作了回礼。接着是村中表彰"新秀"。这些举动都能看出,人们对于科举考试的重视。

---

① (清)素尔讷等纂修:《钦定学政全书校注》,武汉:武汉大学出版社,2009年,第67页。

五、科考：乡试前的资格试

五月和六月，没有文会的相关记录，多是催粮、求雨之事。七月的时候，有一处文会信息如下：

> 十三，午后大雨一阵，晚雨。振斯叔借去籼米半大斗，连前共一斗半，大（坐还盛文会谷一秤半讫）。

这时正是青黄不接的时候，前面初十日，振斯叔已经借过籼米一斗（八分半），今天再借了半大斗。括号中的补充信息说明，是詹元相代表文会出借的，后来用"谷一秤半"作偿还。言外之意，詹元相此时是文会的首事或者管理人。

接下来是八月的信息：

> 二十，天晴。邑中科考童生，奉旨新例各县俱此日考，以防冒籍。已冠题："子路无宿诺"；未冠题："斯为美"；小学论："成之于思"、"守之于为"。

科考是乡试前的资格选拔考试，童生也可以参加，这一定例在明代就有。童生在科举考试之年，可以参考乡试前的科考，如果三场都通过的话，就可以和官学生员一起参加乡试，如果中式则是举人，不中的话就等待官学岁试，合格就是官学生员。

一个月后，县考的名次出来了："十三，天晴。报县名，邑中张文星案首。"七天后，又进行了童生科考的"府考"。接下来的十、十一、十二月都是生活中的杂事，并没有学习方面的内容。

到康熙四十一年（1702），正月初四、初六依旧是祠中会文和本门会文。前文已提及，兹不赘述。不多日，还未出正月，詹元相便前往旌德科试，这是乡试前的资格考试。

> 二十五，天雨。往旌德科试，同仪一叔、鸿安兄、高百兄合担，倩洪

长挑。

由于清代康熙元年(1662),江南省设提督学政一人。康熙六年(1667)分省,但仍旧设学政一人,管江苏、安徽两省学务,学政驻地常在江苏。雍正后才增设安徽学政,驻太平府,咸丰后又驻宁国府,同治再改驻太平府。不管如何变动,应离旌德不远。可以猜测,当时学政科考是选在了旌德。正月二十九的时候,詹元相一行已经到了旌阳,住在上市桥王士元兄宅,并预定了饭账。

二月初五的下午,学政"宗师"到。初六,学政先是在官学的"明伦堂"解书,宗师自解"行己有耻"一章、"圣人百世之师"一章。此与岁考相同,都是定例中规定的事项,是学政的职责所在。第二天,他又去拜见正斋、偏斋的学师,并按照惯例备了"果仪一钱,外小包四分、册资三分"。

初八,天晴。考徽州七学:府学"仰之弥高"二句;婺源"博我以文"一句。

生员的科考开始了,"考徽州七学",即徽州府、祁门、歙县、婺源、绩溪、休宁、黟县"一府六邑"之官学。参加了县科考、府考的童生还要参加一次考试,于是:

十二,天阴。考婺源童生:首题为"宫室之美,妻妾之奉"二句,次小学论"厩无良马,衣不薰香"。

这次的童生考题明显较之前的难度大。但是很快,就出科举案了。

十四,天晴。出科举案,县学王煜文兄案首,身三等。

按照规定,当时乡试前的科考只取第一、二等及三等的前数名。詹元相列三等,且排名不靠前,说明考得不好。但,还有补救的办法,即录科、录遗和大收。录科,就是科试没有被录取者,或因故未考者,以及在籍之监生、荫生、贡生,名不列于学宫,不经科试者,均须通过由学政主持的录科考试,录取者也可参加乡试。录科之后,未被录取者,或因故未能参加科试、录科考试者,还可参加录遗考试,录取者也有乡试资格。如果录遗之后,仍有迟到且符合报考之人,即举行大收考试,被大收录取,亦可入乡试。① 詹元相使用的是录遗的方式。

六、录遗:补考

之后的三、四、五月,都没有学习的内容,到六月二十七,出现了詹元相"买答保舅《通鉴目》一副,言定二两一钱,常,现付八钱,仍欠一两三钱(又付四钱,又付二钱,又付七钱,外加色五分,书银俱清讫)"。这次的买书开支不小,欠账分期付款才偿清,说明詹元相想赶在录遗前搏一把。

接下来是闰六月,中间有缺。二十五的时候,已经是"澄若叔、志曾叔、蔚林兄、楚良弟钱行。晚靖烟弟钱行"。这是启程考试前的亲朋相送。第二天:

> 二十六,天晴。同仪一叔、文赞叔启行。身与仪一叔合担,朱贵祥挑。

接下来,从溪口到屯溪,再从屯溪到杭州,都是搭船。在杭州的时候,还游历了西湖盛景。这就已经到了七月初八。翌日,又到北新关搭船至苏州。到苏州住了一日,再叫船至丹阳,经丹阳至句容县。这天是七月十五,住的人家姓王,费用是三分半一日,包食宿。

> 十九,支银二钱四分,见二学师。支一钱二分,学书王旦华上册资。

这是考试的前一天,先得拜见官学老师,支出考试费用等项。第二天:

> 二十,考遗才。首题"由知德者鲜矣";次题"孟子之滕"一章。

---

① 马镛:《中国教育制度通史》(第五卷),济南:山东教育出版社,1999年,第176页。

> 二十四,出遗才案,尽录,身第十一名。

尽管前次科考,詹元相没有被录取,但是这次录遗考试,詹元相没有失望。终于可以去参加乡试了。由于乡试的时间在八月,地点在南京,于是詹元相和仪一叔、文赞叔直接赶往南京。

七、二次前往南京乡试

到了南京后,先是在城外暂住,后同仪一叔、文赞叔以及后到的希震叔祖四人租住在贡院附近。接下来的记载都与乡试有关:

> 初四,支文(银)二钱五分,买三场卷。
> 初五,支银四钱,付王旦怀买烛、投卷、写卷头、刷卷尾各项杂费。
> 初七,收江霖瞻姑父盒四个,送身及文赞叔。收舍辉弟笔一帖、扇二把。

这是考试前的准备工作,先是买三场试卷,然后又付给学书王旦华买烛、投卷、写卷头、刷卷尾等各项费用。乡试每场的时间较长,准许续烛。投卷,即由考生向布政司衙门投卷,但是卷面由士子填写姓名、籍贯、经书,以及三代已仕、未仕、存殁之履历,出继者兼填本生三代。卷尾盖用印卷官治中衔名,卷面及接缝处钤印。① 投卷、写卷头、刷卷尾这些杂事就交给了学书,当然,詹元相支出了一些费用。除了试卷外,其他的文具如盒、笔、扇则有亲友相送,算是减少了一笔开支。

> 初八,进头场。题目:"知者动"四句、"天下莫能载焉"、"为巨室"至"能胜其任也";经题:"天行健"二句、"民说无疆"、"德言盛礼言恭"、"既济定也"。
> 十一,进次场。……
> 十四,进三场。策五道。共三场皆天晴,惟首场初九夜下雨。

---

① 商衍鎏:《清代科举考试述录》,北京:故宫出版社,2014年,第56页。

首场应该是在场内过的,他记载了考试夜下雨的情况。"知者动"四句来自《论语》,"天下莫能载焉"来自《中庸》,"为巨室"至"能胜其任也"出自《孟子》。这是按照顺治二年(1645)的定例,用《论语》《大学》《中庸》《孟子》分出三题。

第二场按规定是经文五篇。"天行健"二句、"民说无疆"、"德言盛礼言恭"、"既济定也"都来自《易》。这里将经题记在头场,可能是记述有误。因为第二场后作者没有记录考试内容。

第三场,是策问五道。题问经史、时务、政治。

九月初四:

> 天晴。南京发榜,解元吴楚奇,凤阳府人。本县李坑李茂材兄中第三。大共上江二十名,下江六十三名。

等到九月,乡试放榜,詹元相并没有等到好消息。乡试的解元是凤阳人吴楚奇,婺源有一人名列第三。一共中举83名。

到这里,我们对生员詹元相的科举生活有了大致了解,也能看到文会的部分活动情况。在康熙三十九年(1700)的时候,常见詹元相与朋友会文饮酒,基本一月一次,且每次饮酒都是不同人做首。如果只是看到饮酒,可能普遍认为这是一次聚会。但是我们要想到他们在饮酒时的交谈。几个文人在一起,可以将平时看书学习所得互相探讨,切磋出新论。毕竟科举取仕的作文制度,是对传统经典的反复解释,这也造就了文人之间只有互相碰撞才能更新解释的思路。

光有讨论不练习也是不行的,我们看到在岁、科考试前,祠中文会、本门文会都开始使用"模拟考试"的方式来训练族人或者文会的会友。这种方式,可以让没有参加过考试的人熟悉考试的形式,也能让即将参加考试的人提前热身,进入状态。其间,还有文会的一些借贷经营活动,说明文会在进行资本运作,为文会的会文活动提供有效的支撑。

从詹元相的记录可知,参加科举的开销不小,基本是处处都有使费,这对于一般的家庭而言,不是一件容易的事情。所以,才有很多文会在资本丰厚之时,约定给参加科考的子弟支助。

第六节　文会与乡村纠纷调处

模拟或者预备科举考试是文会功能之一，文会也可以发挥"乡评"的民间调处功能。歙县人方士庹在《新安竹枝词》中说："是非曲直有乡评，不投保长投文会。"这是文会参与乡村纠纷调处的写照。

明代的"状投"和里老人决断是诉讼的法定程序，即户婚、田土、钱债等"细事"类诉讼需要经过里老人处理才可以呈诉州县官。"细事"类案件的纠纷当事人多是要一个"说法"，与重情案件的"有罪"观念不同。要一个说法，首先是要求"辨明是非"，还意味着最好在利益和责任分配上给出某种判定，同时"潜台词"是在经济利益上可以让步，暗示可以不计较对方的刑事责任。① 不过，明中期以后，里老人素质下降，徇私枉法的现象增多，造成司法公信力下降，百姓渐渐对其失去了信心，乡民越诉上告普遍，里老人理诉制度逐渐废弛。另一面，里老人的调处功能逐渐被乡约、保甲以及宗族、文会等取代。②

清代州县官常依靠乡约、保甲以及宗族调查案件，或者委托调解，即"官批民调"。他们成为调处人的依据不一：宗族尊长是国家认可的纠纷调处人，《户部则例》有族正察举良莠之说，并有地方官采用官方文书，赋予族长解纷的权力；保甲则是因为有调查户口、维护治安的职能，所以衍生出调解的功能；乡约主教化，约正一般选德高望重之人，能够训导过失；又徽州地区乡约往往以宗族为基础，也就自然受到乡民的信任。③

再看文会，成员中既有士子，也有致仕回乡的官吏，可以说是由地方

---

① 俞江：《明清州县细故案件审理的法律史重构》，《历史研究》2014 年第 2 期。
② 卞利：《明清徽州社会研究》，合肥：安徽大学出版社，2004 年，第 236 页；刘道胜：《明清徽州的民间调处及其演变——以文书资料为中心的考察》，《安徽师范大学学报（人文社会科学版）》2008 年第 4 期。
③ 俞江：《论清代"细事"类案件的投鸣与乡里调处——以新出徽州投状文书为线索》，《法学》2013 年第 6 期。

乡绅组成的社会团体。参与文会的士人在地方一般有较高的声望和信誉,纠纷当事人看重这种威望,让其调处。官方有时也支持文会的调处:"比经文会公论者,而官藉以得其款要过半矣。故其讼易解。"①即支持文会的调处结果。

当然,纠纷当事人,可以自主选择调处主持人,以及是否接受调处结果等。下面笔者将利用文书资料,简要叙述文会的调处功能。

一、接受投鸣的文会

投鸣,即民人请求乡里调处,有口头的"鸣",也有书面的"投",合称"投鸣"。② 来看《光绪三十一年张大森投状》:

> 具状人张大森,投为蓻中欺匿,势不容生,恳公排解事。
> 被人:张承椿
> 证:缘身命运多舛,生辰不顺,四岁丧父。八岁母醮,随母而去,至十五岁回宗。荷蒙三伯父薄产,面嘱于身耕种,料可足食。其时势兄承椿在宁生理,椿嫂在家,维持家计。椿宁返里,劝身与伊同居共爨,身任家,伊任外,家外两全,庶可兴家创业。身虽年轻,略识时务,听劝相从,早起夜眠,耕种为是。身于廿八岁择配娶室,卅二岁分居。身一字不识,所有契据均存伊处。年来看椿行事屡有不端,身向取契,谎言饰抵。浼中向取,初则允中归完,继则蓻中抗契不耳。欺逼太甚,屡懦难安。若不将契等据返完于身,诚恐后生巨测。为此秉公以保迫契据而保全家,感德无涯。是祷。
> 伏乞文会老先生施行。
> 光绪三十一年月日具③

张大森的投状有两份,一份是投祠长,这一份是投文会先生。投鸣人

---

① 许承尧:《歙事闲谭》,合肥:黄山书社,2001年,第602页。
② 俞江:《明清州县细故案件审理的法律史重构》,《历史研究》2014年第2期。
③ 《光绪三十一年张大森投状》,俞江藏。

是张大森,被告是张承椿,投到人是"文会先生""祠长"。证词说到承椿在外生理,后与大森同居共财,让大森帮助照顾家内。大森结婚成家后,两兄弟分家。由于大森不识字,产业契据放承椿处保管。现今大森想索回,但是承椿借故推托不给,于是大森投鸣,找人"评理"。

投到人接受投鸣后,"事情"则处于争议阶段,相对应的产业或者利益也就处于不确定地位,一般不能随便处理交易争议的"标的"。如婺源庆源的一件投鸣事,在光绪四年(1878)八月二十八日投到文会、乡约先生后,九月便出了"具贴":

> 具贴,身父步青云存堂祀租四十秤,以备安亲葬祖使费,今因不肖支丁詹榜魁将土名乌杉树骨租十三秤盗当溪递汪新接、新友兄弟,现投约族申明追究,惟愿族内仁人君子,俯念人各有祖,祖各有祀,切勿受其之愚,后如有私当私受,该契概当废纸,不准行用,特贴通知。①

这里意思是,如果被告处理争议标的,其他人接受的话是无效的。

二、调处纠纷的文会

文会在接受投鸣后,一般是将投鸣人、被告找来,也会找乡约、族长、房长、中人等,因为这些人要么是在地方有职役,要么是在事务中有媒介或者作证的作用。如果出现诉讼到县衙的情况,他们基本上会协助县官调查。我们也看到,有的投状"一事多投",即投乡约、保长,又投族长、文会,实际上是想当地社会有"权力"说话的调处人全部介入,争取调解的话语权和公信力。

来看一份文会批字,也出自婺源庆源詹氏。

> 立批字文会、约、中兆汉等,原因新甫与伊侄良栲向共万邑庄屋,事情争端。兹经愚等解释相劝,新甫移出大钱拾捌千文正,付与良栲之父

---

① 《清光绪四年仲秋月立〈各件凭据录底〉》,刘伯山主编:《徽州文书》第2辑第4册,桂林:广西师范大学出版社,2006年,第221页。

丧费急需应用。倘若日后兄弟顺手，照数付还，无得异说。恐口无凭，立此批字存照。

  同治元年腊月十二月立此批字人文会　　兆汉　押

              月如　押

          约　　子仪　押

          中　　邦瑞　押

              凤山　押

              祝山　押 ①

  这份批字很有意思，本来是"新甫"与侄子"良栲"因庄屋发生争执，要求文会、乡约等调解，但是最后新甫从文会借到钱"拾捌千文"给了侄儿用作葬父之费。可以推测的是，新甫应该是"理亏"，但是又无钱，调处的过程中，文会、乡约、中人等出面解释相劝，还借钱给新甫，才算调息。

  实际上，接受调处的双方当事人会立一份合同或者"被告"出具甘结文书，用来表示争议的事情告一段落，或者达到最终和解。如廖銮与弟媳方氏互控一案，蒙族中出为调处，互相订立了甘结文书。廖銮的甘结："具遵依人廖銮即廖经銮同子生员廖朝阶，今于与遵依是实，依得缘身与弟媳方氏互控一案。今蒙族中职员廖茂如等，出为调处，身等心亦甘服，不愿构讼，所具遵依是实。"②

  出具了甘结或者双方签订了调处合同，争议就算调解解决，如果当事人不服，再诉到县官处，县官看到有调解，一般会支持调解的结果，如上文所说"官藉以得其款要过半矣"。

三、与其他调处方式以及官方诉讼的联系

  在清代，投鸣文会，与投鸣乡约、保甲、族长的处理方式并未有实质上的区分，他们都是"投到人"。这也是明代里老人理诉崩解后的结果，清

---

 ①　《清光绪四年仲秋月立〈各件凭据录底〉》，刘伯山主编：《徽州文书》第 2 辑第 4 册，桂林：广西师范大学出版社，2006 年，第 228 页。

 ②　《光绪三十年十二月廖銮甘结》，俞江藏。

代并没有明确民间调解是必要的一级,投鸣人可以选择调解人,也可以不接受调解的结果,还可以选择不调解直接上诉至县官。而对于"细事",乡约、保甲以及族长可能更了解情况,在诉讼调查的过程中也常需要依仗,所以在"官批民调"的背景中,他们还是可以作为调解人参与到民间纠纷的处理中。

俞江先生通过对不同投状的研究,发现乡甲职役作为乡里纠纷的主持人在清代民人的心目中认同度较高,也即投到保长、甲长等处的投状较多,投到文会的相对较少。① 但是文会作为调处方,有其自身的优势。

还是以婺源庆源詹氏的投状为例,詹廷栢在证词部分说到:

> ……迫经本家知事向理,糊言吓制,再投申明理论,恃横不遵,非但埋意霸收,而且胆敢将乌杉树田租十三秤魆行盗当溪递汪新接、新友兄弟,仍余祀租,复行觊意盗当盗卖……先行霸收,继续想当卖尽费,不得不扣转呈追究保祀安葬。
>
> 文会、乡约先生尊前施行,各一张。(后略日期和抄粘祀祖佃人情况)②

可以看到,詹廷栢先是向"本家知事"投鸣,请求调处,但是遭到"糊言吓制",也就是本家知事没有处理,反倒批评了詹廷栢一番。于是他继续向文会、乡约先生投鸣,希望他们能够处理,并表示打算去县衙"告状"。侧面说明,文会在当地的威望以及公信力比较高。再如《歙县风俗礼教考》中所说:"乡有争竞,始则鸣族,不能决则诉于文会,听约束焉。"③ 意思是,发生纠纷后,先投鸣族中,不能解决的话,再投文会。这些都能反映文会的纠纷处理公信力。

文会有如此的公信力,主要是"文化权力"的作用。徽州地区有庞大

---

① 俞江:《论清代"细事"类案件的投鸣与乡里调处——以新出徽州投状文书为线索》,《法学》2013 年第 6 期。

② 《清光绪四年仲秋月立〈各件凭据录底〉》,刘伯山主编:《徽州文书》第 2 辑第 4 册,桂林:广西师范大学出版社,2006 年,第 220 页。

③ 许承尧:《歙事闲谭》,合肥:黄山书社,2001 年,第 602 页。

士绅群体,他们是人们生活中的"文化媒介"。如交易时,需要书写契据甚至撮合交易;祭祀中,负责讲解和指导祭祀规则;参与诉讼活动,甚至指导诉讼,争取利益。此外,编写族谱、地方志等,都有他们的声影。当然,他们也广泛交接官宦,参与商务,在经济和权力支撑上都有一定的影响。可以说,士绅群体是乡民生活离不开的一分子。

由于这些读书人清楚道德和法律,所以一般容易辨明是非,也能恰当地给纠纷双方一个"说法",这也正是人们愿意找文会评理的根本原因。

小结:文会与乡村教育秩序

明清,官学与社学(义学)是从上到下的教育体系。县、州、府学及以上为官学,县学以下,官方提倡、民间合设的为社学(义学)。官学有官置学田,学生需要通过考试才能取得资格,这种资格是一种政治身份。社学、义学虽是官方要求,但是实际中由于财政有限,多由民间自行筹资兴办。

有学者对徽州的官学田作过统计,徽州府学可支配的资金仅有银十二两四厘、钱一千七百五十二文、米七十斗。婺源县学,官府赐拨和官民捐输学田计325亩9分9毫、另租34秤;休宁县学,学田350亩2分9厘1毫3丝6忽;歙县县学,学田390亩3分6厘1微1丝1毫;绩溪县学,有学田37亩4分5厘,地90步。此外,还有征收问题,"征收折色,租少价轻",基本上入不敷出。在这种情况下,徽州官学在不同程度上将募集来的经费纳入商业化的经营模式,置办店铺经营。① 官学都如此拮据,自谋生路,何况社学、义学?

为此,期盼科举改变命运或者希望后人"光耀门楣"的乡族人等则自办教育。有资产的宗族开办私塾乃至书院,没有财力的宗族或者村庄则集资兴办文会,模仿书院的交流学习方式,以促进学习。

中国的教育从来都有功利性的一面,科举时代就已经展现。围绕着

---

① 李琳琦:《徽州教育》,合肥:安徽人民出版社,2005年,第225页。

科举,有的宗族文会,发挥着考试练习、资助考试费(路费、册资)的作用,并约定会员取得功名后须回馈文会,以有源源不断的资产用于砥砺族人。

我们也看到类似詹元相三五好友组成的文会,他们有的已经取得功名(生员资格),但是官学并没有经常给他们教育,只在岁科考试前例行讲解学规和法律,基本上没有发挥学校的功能。詹元相还是参加宗族文会和自己创办的文会。特别是在自己创办的文会,他们几人通常会文、饮酒,互相促进,以达到启发的目的。这些都是在为科考作准备,当然,也丰富了自己的学习生活。

要注意的是,文会都是由乡间士绅组成,他们掌握文化知识,通晓国家礼制和法律,是民间生活的文化媒介,人们的生活时常需要他们的穿针引线,如此,文会也就在人们的心中形成一种公信力,大家有纠纷就会找文会评理或者调解。换一个角度看,这是士绅参与乡村纠纷秩序的一种方式。

整体上看,明清士绅在地方社会的教育、公益、商业以及官民政治连接等方面发挥着不同的作用,并因此获取在地方社会中的"支配权"。他们之间交往频繁,文会即是他们交流的一种结社。此外,绅与商一体化形成精英群落,他们广泛参与地方事务。可以说他们自身是一种秩序,对应或者参与国家现有的秩序。文会参与纠纷调解,是在官方解纷出现了压力(积案)或者说出现了"漏洞"后的弥补。

总之,文会在清代乡村社会,可大可小,在于组织者的发挥和应用。读书人是乡间的精英,共同聚会和讲学,有自我认同的作用。并且,文会的讲会,使读书人能够互相砥砺,沟通信息。作为一种组织,文会又通过调处介入乡里秩序,对于乡村秩序的生成或调适都不可忽视。

第六章　钱会

钱会,是以融资为目的而邀亲朋出资的"会"。会员按照会书约定比例出资、参会和付息。一般是一人邀会,他人轮会。起会时制定会规,书于会书,依次序,一直写到末会。每人轮会时间或者得会方式在会规中都有规定。会书是会员享有钱会权利和义务的证书,也是邀会人和与会人之间就出资立会等内容达成的合意。

钱会作为一种金融组织在乡村广泛存在,体现了金融自治秩序。乡族人等创造和运用融资方式应对经济生活。本章在前人的研究基础上,研究钱会与乡村金融秩序的相关问题。

中国借贷起源甚早,周朝时便有贷物与贷款之分,有官贷与私贷之别。汉代出现常平仓,以便农业再生产。隋唐有"公廨本钱制",目的是解决政府财政困难。宋还有"青苗法"和"社仓法",外加专营借贷的机构——检校库、市易库和抵当库。发展至明清,官贷未出仓廪制度的窠臼,只是变换了很多形式。明代,自先而后,有预备仓、济农仓、义役仓、社仓、义仓、常平仓等。分布上,府州县有预备仓、济农仓、常平仓,乡村设社仓,镇店有义仓。然而,这些仓廪不久便"十处九空";济农仓创于宣德年间,也因吸储难而废弃,最后只得复兴社仓、义仓、常平仓。① 清袭明制,却迟至康熙年间才开始提建社义仓制。尽管克服了前代将社仓建在城镇的弊端,设在近民之处。可管理上依旧有很多问题:一是借还难,有力之

---

① 洪璞:《试论明代苏州地方仓廪的社会调控功能》,《中国农史》1997 年第 4 期。

家不愿借谷,贫苦之家愿借但无力偿还。二是任人难,社长虽是民选品行端正、家道殷实者为之,这种规定很难真正达到要求,况且社长职责重大,出现差错或者借谷不还者,需赔付,也就造成任人难。三是劝捐难,民日加多,地不加广,富裕之人不多,官府劝捐实际是强制征收。① 诸多因素,使得仓廪这种官方借贷系统逐渐荒废,发挥不了作用。

然而,明清民间借贷得到了发展,兴起了钱庄、银号、票号等专营货币业务或者借贷的机构。钱庄,产生于货币兑换。宋元使用纸币,官民都有纸币与铜钱、金银兑换的机构。到了明代,发行"大明宝钞",颁布了钞法,禁止用银。但宝钞贬值,禁银之策被废。正德年间,正式废钞,到嘉靖年初,货币制度已由钱钞兼行改变为银钱兼行。在经济生活中,所用的钱,又各朝并行,但比值不等,需要折兑。此外,农民缴纳赋税时,需要用钱兑换银两。官俸兵饷,银钱兼给,也需要兑换。银两成为主要流通货币后,银两的成色和形状也需要固定。这些都使得两种货币兑换成为必然,产生了银钱兑换商。② 可是,明代钱法混乱,钱商一直停留在"钱桌"的发展阶段。也就是"摆摊子"兑换钱。

钱桌发展到钱庄阶段,是在清代雍正乾隆之际。钱庄的货币兑换业务,是用银两买进铜钱,再以铜钱兑出,收进银两。铜钱一进一出,同商品一样,是贱买贵卖。钱庄的这种经营行为,衡量的是铜钱和银两的比值。

银号的发展规模先于钱庄,对各级官府而言,赋税征收和上解,需要银号铸造元宝。银号为客户兑换、保管、铸造元宝,又收取手续费或铸造费。到乾嘉时期,发展成为签发银两凭条(银票)和代办捐纳入库银两与领照业务的机构。③

商品经济的刺激,让钱庄、银号的货币兑换业务得到发展。但大额交易时,货币收付不便,银两货币和铜钱货币还是不能完全适应交易需求。于是信用货币形式银钱票产生。钱庄、银号为客户保管货币,又担负货币收支的登记工作,并用钱票、银票代替现钱、现银支付。南方稍有区别,签

---

① 黄鸿山、王卫平:《清代社仓的兴废及其原因——以江南地区为中心的考察》,《学海》2004年第1期。
② 黄鉴晖:《中国钱庄史》,太原:山西经济出版社,2005年,第1—12页。
③ 黄鉴晖:《中国钱庄史》,太原:山西经济出版社,2005年,第45—51页。

发即期和远期两种庄票。

当钱庄、银号的信用被社会认可后,收进银两、铜钱可以签发银钱票和庄票。如此,钱庄、银号凭借社会信用,在没有收进银两、铜钱的情况下,也可签发银钱票和庄票,用于放账生利。大约在道光咸丰年间,部分钱庄在京城、上海、宁波等地开始为个人放贷。太平天国运动后,山西、山东的钱庄向旗人放贷,彼此融通,票号渐渐形成。①

总体来说,借贷之官民两个系统,大抵为历代所延续,只是在形式上因时而异,各有其发展。在官府方面,普遍实施仓廪赈贷,以济助贫困或受灾农户外,各朝出现了一些金融机构,但作用有限。官府在借贷上所扮演的角色,相较民间失色。官府在灾荒或物价大幅度波动时的开仓赈贷,也只是消极的事后补救,并非积极的防御或者有制度性的机制。政府在融通资金上,显然未能恪尽其职。

即使是民间借贷,也受到货币政策等的影响。明代的货币体系不稳定,造成经营借贷的机构迟至清中期才出现。当然,我们不能夸大钱庄、票号的借贷作用,毕竟其服务的范围是城市或大商业资本,它们的普遍性并不强,难以辐射到广大民众生活的乡间。在乡间,个人、宗族、会组织借贷发挥作用。正因为如此,了解乡间的借贷概况与自治金融组织的运作模式,是有裨益的。

第一节　清代乡村的家庭收支与借贷

一、清代乡村的家庭收支

李伯重、方行等提出或论证了清代江南普通农户经营规模,是"人耕

---

① 黄鉴晖:《中国钱庄史》,太原:山西经济出版社,2005年,第71—79页。

十亩",亩产稻谷在4.6石左右。① 在明末1620年前后,大约每户平均有耕地14.5亩,1850年时则每户约有8.5亩。也就是说,清代中后期"户耕十亩"是平均情况。李先生考察的户是五口之家,有两对夫妻,"男耕女织"的模式,有两个劳动力耕作。如清人薛福保所说:"往时江南无尺寸隙地,民力田,佃十五亩者称上农,家饶裕矣,次仅五六亩,次三四亩,佐以杂作,非凶岁亦可无饥,何者?男耕于外,妇人蚕织于内,五口之家,人人自食其力,不仰给于一人也。"②平均来看,江南农户每年种田的收入在46石左右。一般的家庭需要耕织并施,才能满足一年之需。

方行还考察了清代江南农民的消费情况。③ 基本情况如下(见表6.1):

表6.1:清代江南农民的生存消费支出情况

	粮食	副食	衣服	居屋	燃料	合计
清前期	18两	7两	3两	1.6两	3两	32.6两
清后期	31.5两	16.6两	3.1两	1.6两	5.4两	58.2两

张研则以"户耕十亩""亩产4.6石"为据,结合方行的江南农民生存消费支出研究,认为清代农家经济收入与生存消费存在差距。如果农户的农田年收入是46石,扣除晾晒损耗2.3石、税赋1.84石、种子0.8石,余41.06石,折为米20.6石,折为银20.6两。清后期,折为钱32960文。与生存消费支出比较,清前期缺额银12两,清后期缺额银上升为37.71两。④

这些差额,还未算上婚丧、祭祀、教育等文化消费支出,如若计算,缺口更甚。徐浩对清代华北农民的生活消费进行了考察,提到多种文化性支出,特别是婚丧支出对家庭的影响,"农家在这些项目上的消费往往是

---

① 李伯重:《明清江南种稻农户生产能力初探——明清江南农业经济发展特点探讨之四》,《中国农史》1986年第3期;《"人耕十亩"与明清江南农民的经营规模——明清江南农业经济发展特点探讨之五》,《中国农史》1996年第1期。方行:《清代农民经济扩大再生产的形式》,《中国经济史研究》1996年第1期。
② 转引自方行《清代农民经济扩大再生产的形式》,《中国经济史研究》1996年第1期。
③ 方行:《清代江南农民的消费》,《中国经济史研究》1996年第3期。
④ 张研:《18世纪前后清代农家生计收入的研究》,《古今农业》2006年第1期。

尽其所有,不少人家甚至于超过自己所能够承受的极限,从而使本来很有限的家庭收入超负荷支出"。① 这些消费性支出在江南地区同样存在。② 但是,薛福保的描述也给了一些启示,在田地不够的情况下,农户是耕桑并作的。

张研还提到"复合经营型"农户。一是"桑稻兼种农家":田地六亩得银12.3两;治桑两亩等于养蚕20筐,得银46两。总收入为58.3两。二是"棉稻兼种农家":种稻2.5亩,得银5.15两;植棉5亩,籽棉每亩收入1.68两,共8.4两,年产布匹60匹,得银36两。总收入为49.55两。③

如此看来,家庭收入与生存消费支出的差距不大。但是,即使是桑耕并施的家庭,也只能和生存消费持平,若是加上婚丧等大额支出,一般的农户家庭负债是极其可能的。在这种情况下,若将生产资料土地抵押出去,进行借贷,无论是交租或者交利,只会减少田地的产出。并且,每户平均拥有土地10亩,少则三五亩,抵押土地进行借贷,大部分借贷资金又用于消费性支出,普通家庭不能通过借贷获得生活增进,反而会走进贫困。

二、借贷的类型

从契约文书看,徽州地区的融资有借、典、当、抵、押五种形式。

(一)借

"借"的本意与利息收益关系不大。附有利息的借贷,即以获取利息为目的借贷称为"出举"。所谓"举",则是借贷附有利息的钱或粟之类的替代物。④ 关于借,《说文解字·人部》"借,假也。从人,昔声。"朱骏声曰:"即藉字之转注。古只作藉。"借又有借进与借出之意。表示借进,如《晋书·阮裕传》:"借无不给。"表示借出,如《论语·卫灵公》"有马者,借人乘之",《韩非子·内储说下》"权势不可以借人"。借表示物主将物的占有、使用权让渡与他人使用,他人一段时间内需要归还。

---

① 徐浩:《清代华北农民生活消费的考察》,《中国社会经济史研究》1999年第1期。
② 张研:《18世纪前后清代农家生活消费的研究》,《古今农业》2005年第4期。
③ 张研:《18世纪前后清代农家生计收入的研究》,《古今农业》2006年第1期。
④ [日]仁井田陞:《中国法制史》,牟发松译,上海:上海古籍出版社,2011年,第248页。

至唐代,大体上,人们需要返还原物的使用借贷,惯以"借"来指称;称呼消费借贷,以"贷"字为用。在服、物、器方面用"借",粟、麦、钱、绢用"贷"。① 使用借贷一般是无偿使用,返还原物;消费借贷,是偿还等价物或附息。但是,"借"字已经开始向有偿转变。如田宅方面,唐律之《杂律》"得宿藏物隐而不送"问答:"官田宅,私家借得,令人佃食;或私田宅,有人借得,亦令人佃作,人于中得宿藏,各合若为分财。"官私借得的田地,指令人佃作,肯定是有收益的,不是无偿使用。此外,雇佣也是有偿使用人力,如"宪宗末,天下营田皆雇民或借庸以耕"。② 这种借田与借佣,实际是借田耕种与借人力,田有产出,人有消耗,分成有偿实属正当。

罗彤华还指出,唐律的"贷"泛指消费借贷,"出举"特指附息者。律文中,被严格归属于使用借贷的假、借不算太多。从官方事务看,唐人已不作区分地将"借"字广泛用于消费借贷。有些时候,借贷还连用。③ 唐政府对于民间借贷采用"任凭私契,官不为理"的放任态度。这也说明,在唐代,对于借物还物的观念已经发生转变,人们注意到物的使用价值,即使将物让渡与他人使用,也有时间、损耗等价值。

到清代,借仍有借物还物、不需要利息、无偿借贷的意思。如袁枚《黄生借书说》:"书非借不能读也。"黄生允修到随园主人处借书,随园主人勉励他说借书要还,所以有压迫感,借来的书才能抓紧阅读。现在看到留存的借约文书,基本是有偿借贷,以取利为主。通常是"借钱字",内容简单,只有借人与贷人姓名、借钱数额、利息标准等信息,但完全表明了借贷关系。此种借字,一般金额不大,借款时间不长,且发生在比较熟悉的乡族人等之间,借贷双方要么是同一宗族,或有亲属关系,要么是同一村庄,有地缘关系,长期交往中,产生信用保障,不必担心不能偿还。

无论借物还物的无偿借贷,还是借钱取息的有偿借贷,"信用"保证是借贷关系成立的根本。物的权利人将物的占有、使用让与受让人占有使用,权利人与受让人之间形成债权债务关系,债权人有请求债务人返还的权利。债权人在将物借与债务人时,对债务人的资信情况会有了解,能

---

① 罗彤华:《唐代民间借贷之研究》,北京:北京大学出版社,2009年,第23页。
② 《新唐书》卷五三《食货三》。
③ 罗彤华:《唐代民间借贷之研究》,北京:北京大学出版社,2009年,第28—30页。

够判断债务人是否有偿还的能力。但这一判断,是基于债权人在经济生活中对债务人的了解。债务人在其他的交易中反映出的资信能力、履约能力都是"信用"的体现。这种依靠"信用"为保证的借贷,我们也称作"信用借贷"。

(二)典

唐以前,"典"不含有与财产交易有关的意思,但其动词意思有掌管、使用、管理的含义。如《管子·侈靡》"法制度量,王者典器也",《史记·季布栾布列传》"季布以勇显于楚,身屡典军"。大约在唐中期,在"典"字的掌管、使用、管理等意思的基础上,民间习惯以"典"用于财产交易,表示对财产的占有、掌管、使用等。如白居易《杜陵叟》:"典桑卖地纳官租,明年衣食将何如?"①老人在苦恼,靠典桑园、出卖田地来缴纳官府规定的租税,明年的衣食将怎么办?

两宋时期,典逐渐成为国家正式法律制度中的称谓。"典"的制度内涵是:"典买人支付典价,在约定的期限内,对出典人的土地加以使用和收益,而不必支付租金。在约定的使用期满后,出典人以原典价赎回土地,而不必支付利息。出典人也可不回赎土地,而典买人可以将土地转典给他人。"②明清延续此制。戴建国认为,典的盛行源于内在的经济动因,"(典)是一种解决融资问题的有效运作方式,可一次性典得一笔钱财,这对于贫困户的生活和生产有着积极意义"。③

此外,清代典交易方式的扩大,还与国家契税制度密切相关。明代法律规定典卖田宅须纳税、过割。如《大明律·户律》"典卖田宅"条:"凡典卖田宅不税契者,笞五十。仍追田宅价钱一半入官。"④这实际是防止经济生活中,人们采用"典"的形式买卖田宅,造成土地的产权分立。清代为了减少民间因"典"发生的纠纷,取消了出典田宅纳税的规定。《大清律例·户律·田宅》规定:"活契典当田房,一概免其纳税。其一切卖契,

---

① 郭建:《中国财产法史稿》,北京:中国政法大学出版社,2005年,第78—80页。
② 戴建国:《宋代的民田典卖与"一田两主制"》,《历史研究》2011年第6期。
③ 戴建国:《宋代的民田典卖与"一田两主制"》,《历史研究》2011年第6期。
④ 《大明律》,怀效锋点校,北京:法律出版社,1999年,第55页。

无论是否杜绝,俱令纳税。"①这就将典与卖区别开来。

但是,法律的规定调整后,民间习惯需要一定时间进行适应,"典"也就存在"典卖"之"典"和"典当"之"典"的分别。

(三)当

"当"作为抵押借贷是在宋以后形成。《说文解字·田部》:"当,田相值也。从田,尚声。"段玉裁注"值者,持也,田与田相持也。"引申为"对等""相当"之意。正因此意,"当"较早用于表示抵押,人或物都可以作为抵押品。如《左传·哀公八年》"以王子姑曹当之而后止","当"字表示提供人质。唐宋时期常用典、质表示抵押,当字很少和典、质混用。宋代以官办的抵当所与民间质库竞争,取质放债,"当"字的字义逐渐与"典""质"的意义靠近。元代,民间已经普遍混用典、当二字。② 明律中,典、当已经连称。《大明律》"违禁取利条例":"凡私放钱债及典当财物,每月取利并不得过三分,年月虽多,不过一本一利。"③

明清国家律典中没有关于"当"的具体规定,但在明清徽州契约文书中,典、当两个概念在契式上往往同时使用,内容上并无实质差别。甚至在同一契约中,存有典和当混用、连用的现象。

(四)抵

现在我们常将"抵""押"二字连用,但二字各有其意。《说文解字·手部》"抵,挤也。从手氏声。"《小广雅·广言》"抵,当也。"《吕氏春秋·分职》"受赏者无德,而抵诛者无怨",高诱注:"抵,当也。"《汉书·高帝纪》约法三章之"伤人及盗抵罪",颜师古注:"抵,当也。"可见,在秦汉时期,"抵"的意思接近"当"字之义,有相当、抵偿、抵销的含义。但是与"当"不同,"抵"一般用于表现后果较为消极的、被动的场合,即表示以财产来抵偿未清偿的债务。

另一种形式,"抵"可以是借钱抵物,也可以是借物抵物。这与"当"是有区别的,"当"基本是抵物借钱。

---

① 吴坤修等编撰:《大清律例根源》,上海:上海辞书出版社,2012年,第445页。
② 郭建:《中国财产法史稿》,北京:中国政法大学出版社,2005年,第80—81页。
③ 《大明律》,怀效锋点校,北京:法律出版社,1999年,第384页。

(五) 押

"押"本义为在公文、契约上署名或画记号，以做凭信。引申为控制、管理之意。"押"以人的保证作为债务清偿的凭证。只要人肯定了此项债务的存在，不管何时何种情况，都要清偿。大约在元明时期逐渐成为民间惯例，在签字画押的同时，还附有财产，与原来的"典""当"混用。

借贷类型或者契约名称有借、典、当、抵、押等形式。若以有无抵押来分，又可分为"信用借贷"与"抵押借贷"两种。典、当、抵、押发展到清代，时常混用，表示有抵押的借贷。

如徽州的黟县，"典当"之典，一般使用"当"和"押"表示；休宁除典、当契外，还有抵契；歙县则有典、当、抵押三种契式。陈云朝通过考察徽州六县的典、当、抵、押，发现四种形式的融资方式不过是称谓上的差异，交易中呈现的基本规则是：通过转移业权、交纳租谷或货币支付当价利息的方式，业主以业权为担保获得融资。① 这也说明，此时的抵押借贷，核心是业权担保，至于偿付金钱利息、租谷、债权人使用担保物等，只是借贷关系实现形式的多样化。

三、乡村家庭的借贷概况

吴秉坤的《清至民国徽州民间借贷利率资料汇编及研究》②对2574件借贷契约进行了整理，以当契（约）、借约（字、票）、押契为主，列明年月、县名、抵押物、利率、货币、借款额、贷方、借方等项。其中，清代1750件，分别是顺治朝2件、康熙朝29件、雍正朝32件、乾隆朝148件、嘉庆朝162件、道光朝394件、咸丰朝281件、同治朝128件、光绪朝506件、宣统朝68件。这些归纳史料，对于认识清代徽州的借贷很有帮助。

（一）信用借贷

在吴秉坤整理的资料中，能发现一个现象，即使用典、当、抵、押等契

---

① 陈云朝：《清至民国徽州"一田两主"习惯的分县研究》，武汉：华中科技大学博士学位论文，2015年，第82—87页。

② 吴秉坤：《清至民国徽州民间借贷利率资料汇编及研究》，上海：上海交通大学出版社，2015年。

式的借贷契约,基本上都是抵押借贷,仅有两份无抵押:(1)康熙四十五年(1706)十一月杨四元立当约,其借纹银1.25两,约定"其银每年交谷利五十斤";①(2)同治四年(1865)十二月郑一珠公祠立转当契,其借钱10千文,约定"其利原将志佩当契利谷十一斗交纳"。② 这说明,在清人的眼里,典当抵押反映的就是抵押借贷,需要以物作为担保,作为借贷的保证。另外,我们也发现,使用"借约"契式的并非全是信用借贷,还有采用抵押的情况。为此,笔者将含有借贷期限与抵押情况的"借约"信息予以归纳,如下(见表6.2):

表6.2:借字、借约、借票所反映的借贷信息

	一年左右		三年至十年	十年以上	不定期	
	有抵押	无抵押			有抵押	无抵押
顺治	—	1	1	—	—	—
康熙	—	5	—	—	1	2
雍正	—	11	—	—	—	4
乾隆	2	4	—	—	7	5
嘉庆	1	4	—	—	8	5
道光	5	11	—	—	20	17
咸丰	2	3	—	—	18	8
同治	2	4	—	1	7	7
光绪	16	13	2	—	60	28
宣统	4	6	—	—	7	3
合计	32	62	3	1	128	79

借约的借贷期限,以短期的一年借贷与不定期借贷为主,三年以上及十年左右的份数较少。一年左右或者几个月的借贷里,又以无抵押借贷

---

① 吴秉坤:《清至民国徽州民间借贷利率资料汇编及研究》,上海:上海交通大学出版社,2015年,第4页。

② 吴秉坤:《清至民国徽州民间借贷利率资料汇编及研究》,上海:上海交通大学出版社,2015年,第106页。

为主。有趣的是,在雍正前,一年左右的借约基本上是无抵押,而从乾隆以后,开始出现有抵押的情况。反之,在不定期借贷方面,则以有抵押为主,且在乾隆后,这种趋势更加明显。

此种情况说明:(1)借贷关系里,使用"借约"表明是短期借贷或者不定期借贷。一定程度上表示债权债务关系的短时性、变动性。短期借贷,可以及时归还;不定期借贷,也含有随时归还的意思。(2)不定期借贷,由于存在一定的变动性,也就需要财产抵押作为补充。(3)经过生活中的运用,借约与典、当契式发生联系,在借贷形式上,借约与当契在抵押上基本趋同。

结合有抵押的借约来看,基本有"交利"的约定,约定每年或每月交利息,这与"当契交利"的借贷方式基本相同。可见,"借约"在有抵押的情况下,有向"当契"过渡的趋势。我们也发现,为了避免借约与当契混淆,出现了一种新的表述形式,即"抵借字",如乾隆五十四年(1789)十二月潘永庆立抵借字,借钱4000文,以小买田抵押,约定:"每年秋收交纳白谷利五斗。"①将抵押与借直接联系起来。

可以说,清代,"借"含有借物还物的无偿借贷,以及无需抵押的信用借贷的观念。但随着时间的推移,商品的使用价值货币化,加上防止债务人履行不能,造成债权人损失,在借的借贷形式上发生了改变,开始向取息和抵押变化。

(二) 抵押借贷

典、当、抵、押作为抵押借贷更多是名称上的区别,抵押借贷在民间人们的观念里有另外的区分。民国徽州手抄本《契文格式杂录》将当契分为三种:"当契包利式""当契包租式"和"当契交业式"。②《契文格式杂录》属于民间日用类书,这种有地域特色的日用类书,是处理民众经济生活的"标本"。"当"是抵押借贷的基本形式,它的不同格式能反映人们更

---

① 吴秉坤:《清至民国徽州民间借贷利率资料汇编及研究》,上海:上海交通大学出版社,2015年,第20页。

② 黄山学院徽州文书资料中心收藏,尺幅202mm×118mm,征集时间:2006年12月5日,征集地点:屯溪,未编号。转引自吴秉坤:《清至民国徽州田宅典当契约探析——兼与郑力民先生商榷》,《中国经济史研究》2009年第1期。

关注"业"在债权债务人不同方的问题。

1. 当契包利式

当契包利式,直接注明借款的利率,一般情况下,按年计利,如"每年二分起息",是为十分之二,即20%;按月记利者,如"每月二分起息",是为每月百分之二,每年合计24%。

实例,《清光绪十九年九月俞社桂立抵押小买田契》:

> 立抵押小买田契人俞社桂,今因欠少使用,自情愿将承祖分受小买田壹业,计田税壹亩二分,计田壹大丘,土名期丘,四至照明,所有前塍后塝一应杂木在内,自情愿凭中出押与本族俞冬狗名下为业。三面言定,得受时值出抵押英洋二拾元正。其洋当即收足,其利照年二分起息。系身自愿,准于玖月本利一并归还。不干欠少,倘有欠少,听凭管业作种,无得生端拦阻,不得异说。倘有亲房内外人等,俱系出押人亦应承担,不干受业人之事,今恐口无凭,立此抵押小买田契,永远存照。
>
> 光绪拾九年玖月日立抵押田契人　俞社桂(押)(下略)①

这是一份抵押契,俞社桂将小买田出押给本族俞冬狗名下,收到英洋二十元,这笔钱以年利二分起息,并约定了归还时间。如果出现欠少现象,小买田将由俞冬狗管业。这份抵押契与当契包利完全相同,如《雍正十年又五月初一日张五富立出当契》,张五富将房屋抵押给陈姓名下,贷得纹银一两,约定:"其银照依乡例每两每月三分行息,约至今冬将本利一并取契取约。"②这里是按月行息,利率比按年行息稍高。当契包利式借贷的特点是,产业不用交给贷款人使用,仍由借款人保有,只是在借款人不能按时还款付息的情况下,才发生过割管业。

---

① 《清光绪十九年九月俞社桂立抵押小买田契》,刘伯山主编:《徽州文书》第3辑第1册,桂林:广西师范大学出版社,2009年,第367页。

② 吴秉坤:《清至民国徽州民间借贷利率资料汇编及研究》,上海:上海交通大学出版社,2015年,第8页。

2. 当契包租式

当契包租式,是以租代息,注明借款每年的利租收益,如"按年利谷三十六秤"。

实例,《清康熙四十二年六月张积全立当佃田约》:

> 立当约人张积全,今为无银支用,自情愿将佃田一处,土名干田,计客租九砠,出当与舒　名下,当得印纹银一两正。三面议定,递年硬交利谷三砠,送门交纳,不致短少。如为短少,即听管业耕种,不得执阻。立此当约存照。①

这是一份田皮当契,属于"当契包租式"。张积全因为无钱用度,将田皮一处,计客租九砠,当得价银一两。出当人未将田皮业权交与受当人管业,受当人只是每年获得利谷三砠。换言之,田皮出当后,原业权人(出当人)继续佃耕田皮,向受当人交纳与当价利息相当的"租利"。如果利谷有短少的情况,受当人可以实现抵押,收回田皮,自种或召人耕种。

3. 当契交业式

当契交业式,就是通说的"典",即将田地房屋交付给受典人使用,以替代利息。

实例,歙县二十八都六图潘村潘氏的当屋契:

> 立当屋契人潘恭照,今因正用,自愿将祖遗分受土名后山自住楼屋内,后进靠西边地房壹间,门窗户扇俱全,前后堂前大门道路共同出入,央中出当与房弟恭杰名下为业,三面言明,得受当价计足大钱拾陆千文正,其钱当即收足,其房听凭管业居住,言定听凭原价早晚取赎。倘有亲房内外人等异言,俱系出当人一并承当理值,不涉受业人之事,此系两相情愿。恐口无凭,立此当契存照。
>
> 道光叁拾年十二月日立当屋契人　潘恭照(花押)(下略)②

---

① 《清康熙四十二年六月张积全立当佃田约》,刘伯山主编:《徽州文书》第1辑第5册,桂林:广西师范大学出版社,2005年,第349页。

② 《清道光三十年十二月潘恭照立当屋契》,刘伯山主编:《徽州文书》第5辑第4册,桂林:广西师范大学出版社,2015年,第174页。

这里，潘恭照因需要"钱"，用分家分得的楼屋作为抵押，出当与房弟潘恭杰名下。潘恭照当得大钱十六千文，房弟潘恭杰获得楼屋的"管业居住权"。如果潘恭照将钱还给潘恭杰，将赎回房屋的"管业居住权"。

彭凯祥对吴秉坤整理之借贷资料按照信用方式作了统计，无抵押者为信用借款；以茶叶、木材、牲口等商品为抵押的算作动产抵押；不动产抵押包括田地、田面等地权及地基、房屋的抵押；资产抵押则以会股、水碓、店铺等为主。援引表格如下（见表6.3）：

表6.3：各信用方式下的借款规模（单位：百斤谷）①

统计指标	信用	动产抵押	不动产抵押	资产抵押	合计
最小值	0.2	0.22	0.17	0.35	0.17
最大值	334.67	30.3	606.06	191.57	606.06
均值	14.74	7.96	8.75	20.62	9.47
中位数	5.39	4.7	4.9	7.41	4.96
标准差	38.32	7.71	18.29	35.78	21.00
样本量	191	50	2248	61	2550

彭凯祥选择的总样本时间跨度为1656—1949年，共2550件。又将银两的金钱借贷折算成了谷物。吴氏的资料中，清代有1750件，笔者经过统计，只有160件未提及抵押。这与彭氏的191件（含民国时期的数据）相差不大，说明信用借贷占整个借贷的小部分。在抵押借贷中，不动产抵押又占绝大多数。这有两方面的因素，一是土地是乡村最主要的财产类型；二是土地的收益对于借贷双方而言都有好处。在当契交利和当契包租的借贷中，土地能够给贷方提供利租；在当契交业的借贷中，土地可以给贷方提供产业利用。这些都使得不动产特别是田房成为主要抵押财产。

彭凯翔也指出，小额贷款占了多数，中位数小于均值，在500斤左右，

---

① 吴秉坤：《清至民国徽州民间借贷利率资料汇编及研究》，上海：上海交通大学出版社，2015年，第3—4页。

大约相当于成年男子一年的粮食,可以说以消费借贷为主。通过数据可知,不考虑口头约定的互助性借贷,在大额和长期借贷上,以抵押借贷为主。

民国时期的农村调查也可以补充说明。李金铮对 1934 年中央农业实验所编《农情报告》的记载作了整理,数据涵盖江苏、浙江、安徽、江西、湖南、湖北等省份,以个人信用(无抵押、无保证人)、保证信用(有保证人)、抵押信用三类统计,个人信用为 25.9%,保证信用为 29.9%,抵押信用为 44.2%。① 总的来说,抵押借贷是乡村借贷的主要形式。虽说保证信用与个人信用相加,比值超过抵押信用,但保证信用是以保证人连带责任为条件的,所以无抵押、无保证的纯个人信用借贷仍旧占少数。

(三)贷方与借方的主体

了解贷方与借方的信息,可以清楚哪些人借了钱,哪些人贷了钱,以及哪类形式是主要贷款来源。笔者以吴秉坤的《清至民国徽州民间借贷利率资料汇编及研究》为基础,将贷方、借方的信息进行归类,按照"个人"、"宗族"、"铺店"、"会"进行分类②,汇表如下(见表6.4):

表 6.4:贷借双方的主体身份情况

	贷方				借方			
	个人	宗族	铺店	会	个人	宗族	铺店	会
顺治	2	—	—	—	2	—	—	—
康熙	21	6	—	2	29	—	—	—
雍正	18	14	—	—	32	—	—	—
乾隆	137	5	—	4	147	1	—	—
嘉庆	138	14	—	10	155	7	—	—
道光	331	16	4	30	388	5	—	—

---

① 李金铮:《民国乡村私人、店铺借贷的信用方式——以长江中下游地区为中心》,《中国社会经济史研究》2002 年第 4 期。

② 由于吴氏整理的资料中仅列借方与贷方的名称,所以在统计数据时可能存有误差。如有的宗族或者祀产组织,在参与借贷时并不写明某祀或某某公,仍旧使用祖先的尊名,所以计算时可能将部分宗族借贷包括在内。但这种情况不是普遍现象,误差在可容忍的范围内。

续表

	贷方				借方			
	个人	宗族	铺店	会	个人	宗族	铺店	会
咸丰	227	21	1	19	275	5	—	1
同治	92	14	3	13	126	2	—	—
光绪	413	24	7	43	500	4	—	1
宣统	54	5	1	8	66	1	—	—
合计	1433	119	16	129	1720	25	—	2

资料说明：1.贷方不明：乾隆朝1件；嘉庆朝3件；道光朝13件；咸丰朝13件；同治朝6件；光绪朝19件；宣统朝4件。借方不明：道光朝1件，系当契草契，未写借款人；光绪朝1件，系借字，未写借款人；宣统朝1件，系押契，未写借款人。2.个人，指借贷的个体，实质上多是家庭。宗族，指具有血缘关系的家庭组合，以房、支、族为类。如方时公支下、姚润泽堂、本祠、本族、泰九公祠等。铺店，指经营性店铺和钱庄之类，如同宝新号、苏怡隆宝号、李义恒店。会，主要指神会、祀会等，如太子神会、关帝会祀、汪公会、文泽公清明会、应龙公会、黄善护公祀、祭会之类。

清代徽州地区，参与借贷的双方中，个人借贷仍占主要地位，即发生在家庭之间的借贷是主流。贷方比借方多元，个人、家族、铺店、会发挥着大小不同的作用。

总体上，以个人与组织区分，个人贷款约85%，家族、铺店、会等组织贷款约15%。① 但要注意一个趋势，清后期与清前中期比较，徽州地区的组织借贷数略有上升。笔者以乾隆、嘉庆、道光为前中期，组织贷款占总贷款的12%，以同治、光绪、宣统为清后期，组织贷款占总贷款的17.5%。② 原因在于，组织的成长需要时间，比如前面谈到的神会、祀会等组织，需要时间经营与发展，才能壮大自身，拥有可观的产业，从而成为借贷中的力量。此外，组织的模式是逐渐推广的，在广大民众认识到"会"组织的功用后，可能自由结社，增设组织数量。

---

① 数据统计说明：清代的资料共1750件，剔除未写明贷方的数据，共1691件。
② 数据统计说明：一是，将乾隆、嘉庆、道光三朝借贷数据合并，剔除未写明贷方的数据，共687件，三朝宗族、铺店、会的数据共83件。二是，将同治、光绪、宣统三朝的借贷数据合并，剔除未写明贷方的数据，共673件，三朝宗族、铺店、会的数据共118件。

贷方与借方的主体身份,都以亲属或者宗族关系为主。即在借款人或贷款人的名称前有亲属称谓,如堂兄、叔、族叔、房叔、侄、族侄、族兄、族弟,等等。即使是"会"组织,也多是乡族人等的结合,借贷关系仍旧是亲属或者宗族关系。又据民国时的调查,1935年安徽、江西、湖北三省的情况是,亲戚、朋友占农民借贷来源的82.9%,族人占5.9%。① 这与清代乡村社会的血缘、地缘性质分不开,血缘、情感是维系人群社会关系的重要纽带,借贷双方可能因为这种血缘与情感关系,不至于违约背信。血缘和情感关系一定程度上增强了有关成员自身的信誉,从而减少了抵押的可能性。

(四)借贷利率

利率一直是学界关注的问题。学界常认为古代高利贷盘剥厉害,农民生活在水深火热之中,借贷无法成为借款人状况改善的手段。但彭凯翔等人对徽州、闽南、台湾以及四川巴县的研究表明,对利率最有解释力的因素是借贷规模,不是借贷双方的身份变量。② 换句话说,利率高是借贷规模小,交易成本高所致。

明清法律都有规定"违禁取利","每月取利,并不得过三分","年月虽多,不过一本一利"。意思是,民间借款与典当的利息,月利不能超过3%,年利不超过36%,并且利息所得不能超过本金。这明确了放贷取息的合法性,也限定了利息的最高额度。

我们在徽州文书里看到的借约、当契等,常有的规定的是:"每月二分行息",即月利2%,年利24%;或"每年二分起息",即年利20%。彭凯翔利用吴秉坤整理的借贷资料,按照契面利率与折算利率进行了归纳统计③,援引如下(见表6.5):

---

① 应廉耕:《农佃问题与农村借贷》,《农林新报》1936年第19期。
② 彭凯翔、陈志武、袁为鹏:《近代中国农村借贷市场的机制》,《经济研究》2008年第5期。
③ 契面利率:当契面表明利率及本金与利息为同一货币或物品时,利率直接可从契面获得;折算利率:若本金与利息为不同货币或物品时,需以粮价或货币兑换价格折算。

表 6.5：不同形态利率的分期统计

统计指标	契面利率						折算利率					
	1750以前	1750–1800	1800–1850	1850–1900	1900–1937	1937以后	1750以前	1750–1800	1800–1850	1850–1900	1900–1937	1937以后
最小值	10	5	8.3	5	0	10	6.22	6.29	2.27	2.37	0.76	3.89
最大值	40	36	40	36	36	540	40	48.48	64.02	132.5	346.13	656.56
均值	21.35	21.21	20.49	21.06	18.97	58.37	17.77	21.39	22.12	25.35	20.34	61.37
中位数	24	24	20	20	20	20	16.64	19.93	21.07	22.35	16.56	43.65
标准差	6.87	5.54	4.57	3.82	3.74	80.7	6.98	9.12	8.93	12.93	23.02	80.58
样本量	45	60	185	448	632	90	39	95	342	300	243	96

说明：1.资料来源于吴秉坤《清至民国徽州民间借贷利率资料汇编及研究》，上海：上海交通大学出版社，2015年，第2页。2.利率单位%，样本量单位为件。

彭凯翔将民国以后的数据也计算在内。从表中可以看到,利率均值除了1937年以后发生通货膨胀,大幅波动外,基本在20%左右,与所谓的"二分"乡例基本吻合。

"二分"的利率水平的实现与明清法律的调控不无关系。《大明律》《大清律例》都有"违禁取利"条。明弘治年间又颁布《问刑条例》对《大明律》中"典卖田宅"予以界定,区分典、卖,对官员势豪放债也有规制。而清雍正年间对典当与买卖作了新的解释,即典当不用纳税。乾隆后对典当回赎作了说明。这些措施明确了典当与买卖的差别,一定程度上影响着利率。① 另外,地方政府在利率控制上也发挥着作用,刘秋根先生对福建省例、湖南省例、浙江省例以及一些地方告示考察发现,对于典当利率,地方政府或官员经常进行法律上的调整,要求典商在一定幅度内降低利率或者立法降低典利。② 这些行政或立法能够起到抑制利率的作用。

所以,利率为20%是长期乡村经济运行的结果,也是国家和地方政府控制的结果。

四、借贷之问题

清代乡村的借贷,有借、典、当、抵、押多种形式,在没有正规金融机构的环境下,它们是人们借贷融资的不同选择。但是,归纳起来,仅信用借贷与抵押借贷二种。换句话说,这些选择主要依靠的是信用约束和抵押保证。此外,在大额与长期借贷融资上,抵押借贷是基本形式。此种状况,对于满足和提高人们的经济生活水平和扩大再生产而言,存在效率上的欠缺。笔者将从信用、抵押、利率及投资收益等角度思考清代乡村借贷的效率问题,从而利于比对钱会融资的特征。

(一)信用与道德约束

无偿借贷与无抵押信用借贷,都是以个人信用作为保证。这种保证建立在熟人社会的人与人相互交往的基础上。债权人对债务人的身份、

---

① 卞利:《明清典当和借贷法律规范的调整与乡村社会的稳定》,《中国农史》2005年第4期。
② 刘秋根:《清代典当业的法律调整》,《中国经济史研究》2012年第3期。

财产以及履约信誉都有足够的了解,才能放心将资财贷借与债务人。同时,债务人承诺按期履约,并且在违约的情况下承担应有的责任。在个人信用的基础上,债权债务关系予以建立。能理解的是,信用如一条约束线,联系着债权人与债务人。如果发生违约的情况,债务人的信誉会受损,以致影响他个人在乡村社会的人格,甚至被债权人"投鸣约保"。但是,现实的情况往往更复杂,债权人在债务人不履约的情况下,实现债权存在困难。《安徽宪政调查局编呈民事习惯及答案》关于债权违约是否赔偿的问题有记载:

> 第八问 债户若逾限尚不履行契约,债主因以受损,得使债户赔偿否?
>
> 答:
>
> 多数习惯
>
> 债户逾限尚不履行契约,理宜赔偿损失,但债户多系无力,若加强制,徒滋讼端。皖南北大抵皆然。
>
> 少数习惯
>
> 损失如属轻微,债主亦须让步,不能概责令如数赔偿,如皖南徽州府之婺源,皖北颍州府之霍邱。①

安徽的多数习惯是,在债务人不履行契约的情况下,债权人不能要求债务人承担违约责任和要求赔偿。理由是,债务人无力偿还,如果强制赔偿的话,会产生一些事端。第十五问谈到"不付利息"问题时,也提到:

> 第十五问 债户若逾限不付利息,债主因以受损,债主得使债户赔偿否?
>
> 答:
>
> 多数习惯
>
> 债户逾限不付利息,债主只能催索,并无赔偿损害之习惯,且此时债

---

① 俞江、尹华蓉整理:《安徽宪政调查局编呈民事习惯及答案》,《近代法研究》第一辑,北京:北京大学出版社,2007年,第191页。

户或系无力,本利且不可保,遑论赔偿。皖南北各属皆然。

少数习惯

无。①

即使不付利息,债权人也不能要求赔偿,因为"本"都可能保不住,岂能谈不付利息的赔偿。

这两问虽是述及"债务违约赔偿"与"不付利息赔偿"的问题,侧面说明,在清代乡村借贷,缺乏保证与偿还困难是破坏信用借贷的根源。歙县许村胡有明户道光年间的借账情况可以反映这一问题。

胡氏道光年间共借出 36 笔账,明确收利的只有 10 笔,只有大额款项才收利。余下的 26 笔都是邻里互助。这些借贷的用途多是生活支出,只有两项(买茶苗和水路运输)是为生意而借。还贷的方式有现金支付和实物折价,或者现金与实物结合。借款月利率比"二分"稍低,分别为 1.8% 和 1.7%。即使如此,从两项借账可以看到信用借贷的风险。一是城里许姓,在道光二十一年(1841)向胡氏借账,约定以谷折钱的方式偿还,本应次年还清,但许姓仍是分了两年,还最后欠了 200 文,胡氏不得已,只好让利,算是结清。再有刘姓的借账:"原道光三年十二月许用和自己代刘姓转借元银十两。至廿七年三月取讨,讨来讨去还洋一元,还要作本无利,再言到十二月还一元,以作本利。"②一笔账,欠了二十四年,多次催讨,还洋一元,只是作本不作利。足见实现债权的艰难。

可以说,在以信用作为借贷保证的乡村社会,信用只是一种道德约束。能够在一定程度上约束债务人履行契约,但这种约束是不牢靠的。特别是在大额借贷上,信用保证变得更加脆弱。这种脆弱使得借方难以借到钱,贷方也不愿意仅凭信用出借。

(二) 抵押成本及其限制

抵押借贷相比信用借贷而言,具有保证性。这种保证性,是以财产作

---

① 俞江、尹华蓉整理:《安徽宪政调查局编呈民事习惯及答案》,《近代法研究》第一辑,北京:北京大学出版社,2007 年,第 193 页。
② 许骥:《徽州传统村落社会——许村》,上海:复旦大学出版社,2013 年,第 202—204 页。

为担保而补强的。然而,正是用财产补强信用的做法,在借贷中对于需要资金之人可能造成限制。此限制主要来自于借贷的用途与抵押财产的类型。

借贷的用途,如果是用于消费,家庭的支出上会加重负担,严重的会造成收不抵支,而偿还债务又会导致雪上加霜的情况。如果用于生产,生产的收益率要高于借贷的利率才是有益借贷。反之,则可能影响生产。

李金铮利用1920年代的调研数据,对长江中下游地区的借贷用途有过归纳,彼时去清代不远,且还未发生抗战和土地革命,资料可以作为参考。① 笔者利用整理结果,再以生产用途与非生产用途为区分,汇表如下(见表6.6):

表6.6:民国二三十年江苏、浙江、江西地区乡村借贷用途情况

	生产用途		非生产用途		备注
江苏	购买与典租田地	5.5%	应付天灾	24.7%	其他0.4%;不明用途者0.9%。
	经商亏空	2.8%	日常家用	23.1%	
	农事亏空	0.9%	病与丧	18.1%	
	购买牲畜、农具	0.6%	偿债	12.7%	
	购买种子	0.2%	婚嫁喜事	8.1%	
	借作畜本	0.3%	兵匪讼事	1.6%	
			缴纳税捐	0.2%	
合计		10.3%		88.5%	1.3%
浙江	购地田房	9.8%	家用	44.4%	其他7.6%。
	种子	2.6%	婚丧	19.7%	
	肥料	6.8%	赌博	3.3%	
	农具	5.8%			
合计		25%		67.4%	7.6%

---

① 李金铮:《旧中国高利贷与农家关系新解——以长江中下游乡村为中心》,《浙江学刊》2002年第6期。

续表

	生产用途		非生产用途		备注
江西	购买与典租田地	5.5%	日常家用	43%	其他0.9%；不明0.6%。
	购买牲畜、农具	3%	病与丧	17.5%	
	经商亏空	1.6%	婚嫁喜事	8.9%	
	借作商本	0.3%	应付天灾	8.4%	
	购买肥料、种子	0.1%	偿债	7.5%	
	农事亏空	0.1%	兵匪讼事	1.5	
			缴纳税捐	0.2%	
合计		10.6%		87%	1.5%

说明：江苏、江西的数据来自《江苏省农业金融与地权异动之关系》《江西农业金融与地权异动之关系》，载萧铮主编《民国二十年代中国大陆土地问题资料》，第45972—47973页；浙江的数据来自冯和法《中国农村经济资料》，上海：黎明书局，1933年，第601页。

从表中可知，江苏、浙江、江西三地的借贷中，非生产用途的借贷占主要地位，包括日常家用、婚丧、疾病、应付灾荒、税赋等方面，在江苏和浙江的资料中还能看到"借新债偿还旧债"的情况。应廉耕在1935年对安徽、江西、湖北地区部分农家借款的用途进行了调查，结果显示：用于伙食、婚嫁、丧葬、纳税、诉讼等非生产者用途，安徽占94%，湖北占90.7%，江西占93.6%；其他用于掘沟筑堤、修造农舍、购买牲畜农具、支付工资等生产用途，安徽占6%，湖北占9.3%，江西占6.4%。①

这些调查资料，由于地区差异和统计误差，可能存在差别，但基本上能够反映，非生产用途的借贷是乡村借贷的主要形态。这种借贷为了生活消费，看似必须，但是以消耗家庭收入为目的，持续下去，可能入不敷出，影响家庭生活生产，陷入贫困。

另一面，抵押财产的类型。清代乡村的抵押借贷中，抵押财产的类型多是田房等不动产，这些财产是农民的基本生产生活资料。如果抵押出

---

① 应廉耕：《农佃问题与农村借贷》，《农林新报》1936年第19期。

去,在家庭产业有限的情况下,都可能对债务人的生产造成影响。

(三)利率与借贷投资收益率

利率对于借贷双方都有影响。借方担心利率过高,借钱后难以偿还。贷方关心钱贷出去的收益,或者说如果将钱投资它业,是否比借贷的投资回报高。

清代徽州,普通的乡里借贷,年利率控制在20%左右。如若是大额借贷,借贷利率可能稍低。汪崇筼曾对清代徽州土地和商业投资的收益进行研究:购买水田投资的年收益率仅为6.67%;乾隆年间徽商广丰号投资布业的资金年收益率为12%;明代晚期专门从事典业的程虚宇家族,资金收益率为10%;道光年间汪氏家族从事盐典业,资金年收益为9%;黟县用和质铺的年收益率为18%。他的研究显示,收益最高的为交租式的土地典当,年收益率可达25%以上,月利率相当于2.14%。① 这些数据基本反映了清代徽州商业投资的收益水平。其中,典当业是投资收益最高的,为25%,其他商业投资的年收益都在10%左右。

年平均借贷利率"20%"相对于法定利率"36%"而言,不算高利贷,但对于经营商业和购买田地的人们来说,投资收益率只有借贷利率的一半,如果需要通过借贷来投资,得不偿失。而对于需要借钱来满足生活支出的农户,则更是一种压力。

总的来说,清代乡村的传统借贷,以信用借贷和抵押借贷为主。借贷双方都是生活在乡里熟人社会里,有个人借贷,也有家族、会社借贷。个人借款占主要方面,用途是以生活消费为主。然而,以信用和抵押为主要方式的借贷在当时的情况下,并不能很好地起到融资改变生产生活的作用。在看似牢靠的熟人社会,信用成本在生活交往中获得,它是一种道德约束。当借贷金额过高时,这种道德约束就会变得脆弱。

大量的抵押借贷契约说明,大额和长时间的借贷还是以抵押为主。但是,抵押借贷也因为借贷用途和田房等不动产有限而限制着借款人。农户如果将本来就稀缺的土地抵押出去,在生产中将由于交利或交租甚至是交业而变得收入减损,陷入更贫苦的境地。而将借贷金额用于投资,

---

① 汪崇筼:《清代徽州土地与商业投资回报率的比较》,《清史研究》2006年1期。

比如商业投资或者购买田地,由于利率比投资收益率高,用借贷融资转变为投资,可能投资收益不尽如人意。

这里,可能有理论推测,实际生活中又千差万别,但人们作为理性经济人,其每一步都是经过理性推算的。如何来降低利率?或者说,通过何种方式能够应对大额支出?这应该一直是乡民在思索和考虑的。

第二节　钱会的运作规则

传统借贷,存在信用借贷的额度限制,抵押借贷存在成本限制以及利率过高等问题。若要从根本上回应信用借贷与抵押借贷的缺陷,需先了解钱会的运作规则,然后思考钱会的利率、收益率、信用保障等。

一、钱会的类型
(一)按得会方式的划分

钱会,传统认为大致有三:一是轮会;二是摇会;三是标会。

[轮会]采用坐次轮收的方式运行,即每次会的收会人按照预定的次序轮流收会。组织如下:

1.轮会由会首发起。

2.会首邀集亲朋数人为会员,一般称会友或会脚。

3.入会的人员一起制定会规,载明集会目的、时间、某人于某时间得会额或应缴纳会金。

4.首期会金由会首收取,第二会及以后的收会,次序在首次集会时协商。

5.会期通常是每年一次,或者十月一次,可以约定。轮会之会友,人数不一,多则十人(算会首十一人),少则五人(算会首六人)。一般以七人会和十一人会最流行。

6.会友得会的会期,不须缴纳会金,由会首代纳。

轮会有无息和有息之分。轮会的兴起应是无息,会友出资相等,只是按照各自需要资金的时间,约定好得会时间。但笔者收集的徽州资料中,并无得见。俞如先在研究中提及闽西部分地方的流转轮会,"轮会每人均缴纳同等数量的会谷,每人均是在各期次缴纳同等数量的会股,并通过某次的接会一次性全额取回。"并引《光绪十二年十二月曾康田抵谷会约字》为例。① 这种无息轮会,纯粹是乡邻之间的互助融资,各自按照需要用钱的时间,排定得会顺序,轮流坐收。若是有息轮会,由于会额、会金的变化,处于不同的接会顺序,会员则盈亏不一。

[摇会]通过分期拈阄或抽签方式确定得会人选的钱会。与轮会最大的不同是,得会的顺序未知。首期的会额由会首坐收,第二期及以后的顺序由拈阄、摇彩等射幸方式产生,被抽中出资会友或者摇骰子点数最多者为得会人。组织如下:

1. 发起人为会首,其他人是会友。

2. 首期由会首收取会额,第二会及以后各会,各会友依拈阄、摇彩的方法,产生得会人。

3. 各期应缴纳之会金,在定会规时已算定,写明于会规。各友按照中彩对应会次,缴纳会金。

4. 得会之人确定得会次序后,不得再参与拈阄、摇彩。最后得会之人系自然得会。

[标会]会首得首会后,会脚得会顺序是通过"标金"(相当于利率)竞标产生的。会脚中,集会时,标金出得高者得本期会。标会会数与会额无定数,利息为贴现式。首期一般由会首坐得,从第二期始,采用投标竞争之法,以标数最大者为得会人,下期仍照原会金缴纳,不加利息。

曹竞辉介绍投标的方法有二:

1. 会脚以愿负担之利息而投标者。采此制者,以负担最高利息之人为得标。此项利息称为拔头、买头钱、标贴或划银。

2. 会脚以所受领会额而投标者。采此制者,以投最少额之人为得

---

① 俞如先:《清至民国闽西乡村民间借贷研究》,天津:天津古籍出版社,2010年,第345页。

标。①

[其他会式]在轮会、摇会、标会之外,也有一些其他会式。只不过,流行程度不够,是专为某种目的而设。如胡中生先生在文中提到余英培兄弟的"独会"。余英培经营碗店和布店,由于其他合伙人撤资,其收购了全部股份,但是资本不足,周转困难,于是通过兄长帮助,成立独会,融资500金。每年还100两,6年还清。② 实际算是集资以后,一次收会,分期偿还,多支出的100两是利息。

来看《清道光元年二月吴振茂立会券》:

> 立会券人吴振茂,盖因自祖两相关顾,昔向有之,今蒙秉文叔念在同堂叔侄帮扶,身独股会壹个,计九四平献元银二拾五两正,其银当日收领生息,嗣后照本归还,断不亏负,其银归清之日,□□缴还,今恐无凭,立此会券存照。
>
> 道光元年二月日立会券人　吴振茂(花押)
> 　　　　凭中　吴顺发(押)
> 　　　　　　　叶辅成(花押)
> 　　　　　　　叶馨远(花押)
> 　　　　　　　叶体仁(花押)
> 　　　　代笔　叶涵远(花押)③

这便是独会的会券,里面只写有会额是25两,并且是照本归还,没有提到利息,也没有提及还款方式,想必民间独会的形式大家应该是熟悉的。

(二)按会金、会额变化划分

一般认为堆积会、缩金会是摇会的子类。如王宗培在摇会类型里说到:"(一)堆积会之会首,大抵按期还本,不加利息;而缩金会,则按期加

---

① 曹竞辉:《合会制度之研究》,台北:联经出版事业公司,1980年版,第19页。
② 胡中生:《融资与互助:民间钱会功能研究——以徽州为中心》,《中国社会经济史研究》2011年第1期。
③ 《清道光元年二月吴振茂立会券》,刘伯山主编:《徽州文书》第3辑第1册,桂林:广西师范大学出版社,2009年,第120页。

揿利息若干。(二)堆积会之利息,系重会逐期加纳,故其会额陆续增高;而缩金会则由轻会按期扣除,会额始终为规定之数目。故堆积会之会脚,其得会前所揿之会金,数目前后相同,而缩金会之轻会会金,则逐期缩小。盖前者之利息,于收会时一次凭收。后者则逐期扣现也。且也,缩金会之轻会,至相当之时期,不特免揿会金,且有余利可分;即各重会,亦可减揿若干,但其优待,有规定仅总外各会始能享受也。"① 王宗培的意思是,堆积会会金固定,会额陆续增高,会首还本不还息,得会会脚逐期付出利息。缩金会,会金递减,会额固定,会首还本付息,得会者利息逐期扣除。

杨西孟也认为:"会额不变之摇会","因缴纳之会金逐期减少,故称缩金会";"会额递加之摇会","因会额逐期增加,故名堆积会"。② 他的意思是,缩金会之"金"是指会金之"金",堆积会之"积"是会额之"积"。这种划分是关注会金、会额的变动情况,核心是落实到各会友的利率收益或负担上。其与得会次序的产生方法并不矛盾。如果仅认为只有摇会内有会金、会额变动,是不全面的。

轮会与摇会的分类标准是会序的固定与否,即轮会是得会顺序固定,在齐会时已经按照协商确定了自己的次序。次序确定,各人的出资会金也就确定。如果轮会按照堆积和缩金办法,安排好了次序和出资会金,大家协商,按照自己的急需来认领自己的位置,这也完全有可能。

(三)关于分类的看法

笔者认为,按照得会方式的划分,主要关注的是得会次序,不涉及会金、会额、会利等问题,大抵不错。按照会金、会额变化的划分,有一定的风险,即如果不能穷尽所有的钱会得会方式与收益方式,很难下定义。因此,下文仍以轮会、摇会、标会为大类,各大类之下,采取会金、会额变化描述的方式予以再分,不考虑会金是否有规律地减少,还是会额有规律地变化。因为,有很多会,会金或者会额不规律,只是有一个大致的升降变化。

---

① 王宗培:《中国之合会》,南京:中国合作学社,1935年,第23页。
② 杨西孟:《中国合会之研究》,上海:商务印书馆,1935年,第8—9页。

二、轮会的运作规则

王宗培谈及轮会类型时说:此会以会金之前伸后缩,故又称曰伸缩会;并以发源于徽州、浙西(即浙江省旧杭、嘉、湖三府属)一带,通称曰"新安"会或"徽"式会。还举了旧式和新式之别。

旧式:"如会首每期揿款,等于该期收会会脚应揿之会金时,因会首揿还之总数,不过还本,而享有免纳利息之优待。故会首为报酬起见,按期设席款待诸会脚。"①

新式:"如会首每期揿款,前后一律,而等于二会所揿之会金。此种情形,会首于还本之外,加揿相当之利息。故酒席按期归收会人办理之。"②

(一)旧式:会金不变、等会额之轮会

实例,《道光二十八年十二月吴奕杓立会书》:

(封面)金兰和气
　　道光廿八年十二月立
　　尝闻朋友相资,金兰侠义,古今之所同焉。予因急需,偶乏阿堵,荷蒙亲友十位,玉成一会,而名曰认会。夫是会者,预定填应,共集四底钱五十千文之数,付首会收领。首会递期原照位数卸出,后收者亦照认数而填定。以会终填清,始末如一,并无余利,亦无伸缩。至期之日,风雨无阻,须要现资,不押不欠,亦无得会外账目牵入纠缠,务祈克始全终,幸勿中道而止,则叨惠甚矣!谨启。

道光廿八年十二月日,首会吴奕杓具。

谨将会规于左:

一,会期,定以十个月一卸,至期十日前,首会通知会友预备会物,庶免临期创卒推诿。应会须要大钱,其洋深市米价。

一,会酌,每次首会备办,聊申谢意。

谨将诸友认定位数、填应于左:

一会吴步高叔,认应钱七千二百五十文。

---

① 王宗培:《中国之合会》,南京:中国合作学社,1935年,第16页。
② 王宗培:《中国之合会》,南京:中国合作学社,1935年,第17页。

二会吴岂凡叔,认应钱六千七百五十文。

三会吴承六叔,认应钱六千二百五十文。

四会吴于庭叔公,认应钱五千七百五十文。

五会吴怀清叔,认应钱五千二百五十文。

六会吴文光叔,认应钱四千七百五十文。

七会吴天叔,认应钱四千二百五十文。

八会洪卓如表叔,认应钱三千七百五十文。

九会吴岂凡叔,认应钱三千二百五十文。

十会吴载兴、吴永庆合,认应钱二千七百五十文。①

该会是会首吴奕杓发起。会书由会序、会规、会友认定与"填应"顺序构成。序言开头先表明设立钱会的主旨:"朋友相资,金兰侠义,古今之所同。"钱会是互助性的,是用于朋友之间的帮忙,是传统伦理"义"的体现,过去和现在都如一。

会书里又说道:"以会终填清,始末如一,并无余利,亦无伸缩。"表明此种会式,每次每位会友出资相等,得会相等,始终如一,收益不存在前多后少,出资也不存在补利的情况。

会首的责任是,十个月组织一次聚会,聚会前十天通知各会友,备办酒席,款待出资会友。在首期之后,每期按照自己的预定金额缴纳会款。"首会递期原照位数卸出","卸"说明会首在首会开会时得到的会款是大家一起凑集的,如同一个整体,之后的会期中,会首按照预定金额将完整的"会款"分给各期会友,即将整体分作部分。

会友的责任是,按照预定好的出资合同规则,轮流至自己接会时,认领会款。该自己出资时,每次自己交出已经确定的会金。下用简表6.7表述此会:

---

① 《道光二十八年十二月吴奕杓立会书》,俞江藏。

表6.7:吴奕构轮会出资与收益表(单位:千文)

	首期	一期	二期	三期	四期	五期	六期	七期	八期	九期	十期
首会	+50	−7.25	−6.75	−6.25	−5.75	−5.25	−4.75	−4.25	−3.75	−3.25	−2.75
一会	−7.25	+50	−7.25	−7.25	−7.25	−7.25	−7.25	−7.25	−7.25	−7.25	−7.25
二会	−6.75	−6.75	+50	−6.75	−6.75	−6.75	−6.75	−6.75	−6.75	−6.75	−6.75
三会	−6.25	−6.25	−6.25	+50	−6.25	−6.25	−6.25	−6.25	−6.25	−6.25	−6.25
四会	−5.75	−5.75	−5.75	−5.75	+50	−5.75	−5.75	−5.75	−5.75	−5.75	−5.75
五会	−5.25	−5.25	−5.25	−5.25	−5.25	+50	−5.25	−5.25	−5.25	−5.25	−5.25
六会	−4.75	−4.75	−4.75	−4.75	−4.75	−4.75	+50	−4.75	−4.75	−4.75	−4.75
七会	−4.25	−4.25	−4.25	−4.25	−4.25	−4.25	−4.25	+50	−4.25	−4.25	−4.25
八会	−3.75	−3.75	−3.75	−3.75	−3.75	−3.75	−3.75	−3.75	+50	−3.75	−3.75
九会	−3.25	−3.25	−3.25	−3.25	−3.25	−3.25	−3.25	−3.25	−3.25	+50	−3.25
十会	−2.75	−2.75	−2.75	−2.75	−2.75	−2.75	−2.75	−2.75	−2.75	−2.75	+50

说明:+表示得会,−表示出资。

[首期]首期会款钱归首会得。首期得会后,会首按照预先时间,每期组织聚会。当每期得会会友认领该期得会时,会首则替其交付该期应填的会款。会首的收益支出如下:

$$+50-7.25-6.75-6.25-5.75-5.25-4.75-4.25-3.75-3.25-2.75=0$$

会首的收益与出资相等,没有多出钱。首会的好处是,利用这笔会钱完成起会融资的目的。但聚会十次,每次都置办酒席,也是一笔不小的开支。这也可以看作是支付"利息"。

[第一期]由一会得会。本期他不出资。会首交出7.25千文。一会收益支出如下:

$$-7.25+50-7.25-7.25-7.25-7.25-7.25-7.25-7.25-7.25=-22.5$$

一会在得完会后,收支相抵,为−22.5千文,此是多出的资金。接下来的二至五期,都是负数,但每期损失以5千文的基数递减。

[第二期]由二会得会。其不出资。会首交出6.75千文。二会收益支出如下:

−6.75−6.75+50−6.75−6.75−6.75−6.75−6.75−6.75−6.75=−17.5

二会在得完会后,收支相抵,为−17.5 千文。

[第三期]由三会得会。其不出资。会首交出 6.25 千文。三会收益支出如下:

−6.25−6.25−6.25+50−6.25−6.25−6.25−6.25−6.25−6.25=−12.5

三会在得完会后,收支相抵,为−12.5 千文。

[第四期]由四会得会。其不出资。会首交出 5.75 千文。四会收益支出如下:

−5.75−5.75−5.75−5.75+50−5.75−5.75−5.75−5.75−5.75−5.75=−7.5

四会在得完会后,收支相抵,为−7.5 千文。

[第五期]由五会得会。其不出资。会首交出 5.25 千文。五会收益支出如下:

−5.25−5.25−5.25−5.25−5.25+50−5.25−5.25−5.25−5.25−5.25=−2.5

五会在得完会后,收支相抵,为−2.5 千文。

[第六期]由六会得会。其不出资。会首交出 4.75 千文。六会收益支出如下:

−4.75−4.75−4.75−4.75−4.75−4.75+50−4.75−4.75−4.75−4.75=2.5

六会在得完会后,收支相抵,为 2.5 千文。此是多收的资金。

[第七期]由七会得会。其不出资。会首交出 4.25 千文。七会收益支出如下:

−4.25−4.25−4.25−4.25−4.25−4.25−4.25+50−4.25−4.25−4.25=7.5

七会在完会后,收支相抵,为 7.5 千文。此是多收的资金。

[第八期]由八会得会。其不出资。会首交出 3.75 千文。八会收益支出如下:

−3.75−3.75−3.75−3.75−3.75−3.75−3.75−3.75+50−3.75−3.75=12.5

八会在完会后,收支相抵,为 12.5 千文。此是多收的资金。

[第九期]由九会得会。其不出资。会首交出 3.25 千文。九会收益支出如下:

−3.25−3.25−3.25−3.25−3.25−3.25−3.25−3.25−3.25+50−3.25=17.5

九会在完会后,收支相抵,为 17.5 千文。此是多收的资金。

[第十期]由十会得会。其不出资。会首交出 2.75 千文。十会收益支出如下：

−2.75−2.75−2.75−2.75−2.75−2.75−2.75−2.75−2.75−2.75+50＝22.5

十会在完会后，本次轮会会满结束。收支相抵，为 22.5 千文。此是多收的资金。

整体上看，本会明显的特征是，各期会额不变，每位会友会金出资不变，唯有会首会金出现"前伸后缩"的态势。

本次轮会，会首算是借贷后分期偿还，无利息。但是每次组织与置办酒席相当于"以酒席代息"。一会至五会，先是存款，在得会后，开始分期偿本付息。六会至九会，先是存款，在得会后，开始分期偿还，并逐期扣除不平衡的利息收益。十会基本是分期存款，得会是零存整取，收本收息。从最后的收支相抵来看，本轮会得会次序越靠后收益越高。

关于借贷利率。首会收支在账面上是相抵消的，不予考虑。第一会，在存款 7.25 千文后，得会金 50 千文，实际上获得 42.75 千文。以 42.75 千文为本金，利息为 22.5 千文，分期 90 个月，月利率是 0.6%，年平均利率约为 7%。第一至五会可以依此类推，汇表（表 6.8）如下：

表 6.8：吴奕构轮会一至五会借款利率

	一会	二会	三会	四会	五会
月利率	0.6%	0.6%	0.57%	0.46%	0.2%
年利率	7%	7%	6.8%	5.6%	2.5%

第六会，存款共 28.5 千文，得会 50 千文，扣除存款，实际得会 21.5 千文。然后分 4 期偿付，共付 19 千文，余利 2.5 千文。用余利除以存款，存款时间是 60 个月，平均月利率为 0.15%，年利率为 1.8%。六至十会依此类推，汇表（表 6.9）如下：

表 6.9：吴奕构轮会六至十会贷款利率

	六会	七会	八会	九会	十会
月利率	0.15%	0.36%	0.52%	0.66%	0.82%
年利率	1.8%	4.3%	6.3%	8%	9.8%

就利率而言，借款最有利的是第六会，年利率为 1.8%；贷款最有利的为第十会，年利率为 9.8%。整体而言，相比乡间通行之例，无论借款与贷款，都相差很大。

（二）新式：会金不变、会额递增之轮会

实例，《光绪十三年四月邱方甫立会书》：

(图画封面)吴恒隆号
　　　　　苏会
　　　　　聚宝盆
　　　　　恒隆

(封面)仁昌姆收执　二八会
　　年　月　敬邀戚友，玉成苏会一局。既蒙厚情，千金而一诺，宜重厥事，善始以全终。兹议定会规，开明于后：
　　一议，会期十个月一轮，闰月照算，惟接会之年不付金；
　　一议，接会每会如期付金，至尾会为止。
　　付数：
　　二会，付首会钱二千九百文；
　　三会，付首会钱二千七百文；
　　四会，付首会钱二千五百文；
　　五会：付首会钱二千叁百文；
　　六会：付首会钱二千壹百文；
　　七会：付首会钱壹千九百文；
　　八会：付首会钱壹千七百文；
　　九会：付首会钱壹千五百文；
　　十会：付首会钱壹千叁百文；

末会：付首会钱壹千壹百文。

以上共成钱二拾千文正，付首会领，日后已接、未接俱系照于首会原额贴数付接会之人，实领钱二千九百文，首会每次贴金，贴至末会。

同会芳名及接金数目先后年月列于左：

二会：仁昌姆，位于戊子年四月廿日接，实有钱二拾千文；

三会：二梅姑姑，位于己丑年四月廿日接，实有钱二拾千〇二百文；

四会：三梅姑姑，位于庚寅年四月廿日接，实有钱二拾千零肆百文；

五会：傅芯，位于辛卯年四月廿日接，实有钱二拾千零陆百文；

六会：三梅姑姑，位于壬辰年四月廿日接，实有钱二拾千零捌百文；

七会：二梅姑姑，位于癸巳年四月廿日接，实有钱二拾壹千文；

八会：仁昌姆，位于甲午年四月廿日接，实有钱二拾壹千二百文；

九会：祥源婶，位于乙未年四月廿日接，实有钱二拾壹千肆百文；

十会：洪秋俚姑丈，位于丙申年四月廿日接，实有钱二拾壹千陆百文；

末会：傅芯，位于丁酉年四月廿日接，实有钱二拾壹千捌佰文。

（批）一议，会期至，凭限十日交清，逾期加三行息；会终之日，此书不缴，已为毁纸。（批完）

二末议酒，费钱，于会议酒费钱，共议钱二百文。

光绪十三丁亥年四月廿日，首会邱方甫具。①

该会书属于印刷底版，封面图片有"财神"和"聚宝盆"，财神右手托着"苏会"二字，说明此会式是"苏州会"会式。会书的序言、会规、会序、付首会、接会、实有等信息乃是印刷字体。这些信息都告诉我们，这种会式在民间的流行程度。会书序言和会规很简单，但基本上说明了大家合意成立钱会的意图，要"既蒙厚情，千金而一诺，宜重厥事，善始以全终"，即希望有始有终，共同守约。会期是十月一次，但下文的聚会时间都是每年的"四月廿日"，可以说实际上是一年一次。"接会之年不付金"，说明得会的当期不用出资。

会金出资上，从二会开始，每会以200文是数量递减；得会的会额上，

---

① 《光绪十三年四月邱方甫立会书》，俞江藏。

首会到末会是依次递增的,除二会外,其余的会以 200 文的额度递增。对于首会得会后的会金出资也有说明,以 2.9 千文的数量贴至末会。

下用简表 6.10 表述此会:

表 6.10:邱方甫轮会的出资与收益(单位:千文)

	首期	二期	三期	四期	五期	六期	七期	八期	九期	十期	末期
首会	+20	-2.9	-2.9	-2.9	-2.9	-2.9	-2.9	-2.9	-2.9	-2.9	-2.9
二会	-2.9	+20	-2.9	-2.9	-2.9	-2.9	-2.9	-2.9	-2.9	-2.9	-2.9
三会	-2.7	-2.7	+20.2	-2.7	2.7	2.7	2.7	2.7	2.7	2.7	2.7
四会	-2.5	-2.5	-2.5	+20.4	-2.5	-2.5	-2.5	-2.5	-2.5	-2.5	-2.5
五会	-2.3	-2.3	-2.3	-2.3	+20.6	-2.3	-2.3	-2.3	-2.3	-2.3	-2.3
六会	-2.1	-2.1	-2.1	-2.1	-2.1	+20.8	-2.1	-2.1	-2.1	-2.1	-2.1
七会	-1.9	-1.9	-1.9	-1.9	-1.9	-1.9	+21	-1.9	-1.9	-1.9	-1.9
八会	-1.7	-1.7	-1.7	-1.7	-1.7	-1.7	-1.7	+21.2	-1.7	-1.7	-1.7
九会	-1.5	-1.5	-1.5	-1.5	-1.5	-1.5	-1.5	-1.5	+21.4	-1.5	-1.5
十会	-1.3	-1.3	-1.3	-1.3	-1.3	-1.3	-1.3	-1.3	-1.3	+21.6	-1.3
末会	-1.1	-1.1	-1.1	-1.1	-1.1	-1.1	-1.1	-1.1	-1.1	-1.1	+21.8

说明:+表示得会,-表示出资。

[首期]首会得会 20 千文,分十期分期偿本付息,每期付 2.9 千文,共支出 29 千文,扣除得会额,多付 9 千文,此乃利息,总利率是 45%。尽管会规中写明"十个月一轮",但该会每次得会都是每年的"四月廿日",可以看出,是一年一轮。因此,年利率是 4.5%。

[二期]二会得会 20 千文,扣除存款 2.9 千文,实得 17.1 千文。分九期偿本付息,每期付 2.9 千文,共支出 26.1 千文,扣除实得会额,多付 6.1 千文,总利率是 36%,平均到 9 年里,年利率为 4%。

[三期]三会得会 20.2 千文,扣除存款 5.4 千文,实得 14.8 千文。分八期偿本付息,每期付 2.7 千文,共支出 21.6 千文,扣除实得会额,多付 6.8 千文,总利率是约为 46%,平均到 8 年里,年利率约为 5.8%。

[四期]四会得会 20.4 千文,扣除存款 7.5 千文,实得 12.9 千文。分七期偿本付息,每期付 2.5 千文,共支出 17.5 千文,扣除实得会额,多付 4.6 千文。总利率约为 36%,平均到 7 年里,年利率约为 5.1%。

[五期]五会得会 20.6 千文,扣除存款 9.2 千文,实得 11.4 千文。分六期偿本付息,每期付 2.3 千文,共支出 13.8 千文,扣除实得会额,多付 2.4 千文。总利率约为 21.1%,平均到 6 年里,年利率约为 3.5%。

[六期]六会得会 20.8 千文,扣除存款 10.5 千文,实得 10.3 千文。分五期偿本付息,每期付 2.1 千文,共支出 10.5 千文,扣除实得会额,多付 0.2 千文。总利率约为 1.9%,平均到 5 年里,年利率约为 0.4%。

[七期]七会得会 21 千文,扣除存款 11.4 千文,实得 9.6 千文。分四期平衡利息收益,每期付 1.9 千文,共支出 7.6 千文,扣除实得会额,收 2 千文,此为利息收益,存款总利率为 17.5%,平均到 6 年里,年利率约为 2.9%。

[八期]八会得会 21.2 千文,扣除存款 11.9 千文,实得 9.3 千文。分三期平衡利息收益,每期付 1.7 千文,共支出 5.1 千文,扣除实得会额,收 4.2 千文。存款总利率约为 35%,平均到 7 年里,年利率为 5%。

[九期]九会得会 21.4 千文,扣除存款 12 千文,实得 9.4 千文。分二期平衡利息收益,每期付 1.5 千文,共支出 3 千文,扣除实得会额,收 6.4 千文。存款总利率 53%,平均到 8 年里,年利率约为 6.7%。

[十期]十会得会 21.6 千文,扣除存款 11.7 千文,实得 9.9 千文。分一期平衡利息收益,付 1.3 千文。最终收 8.6 千文。存款总利率约为 74%,平均到 9 年里,年利率约为 8.2%。

[末期]末会得 21.8 千文,扣除存款 11 千文,实得 10.8 千文。存款总利率是 98%,平均到 10 年里,年平均利率为 9.8%。

整体看,本会每会会金不变,会额递增。又以固定次序轮流坐收,符合轮会的标准。此会书类型与《光绪二十年二月唐恒丰立会书》同,该会书序言里说:

> 兹集至公会,各照会式填付,共成英洋贰拾元正,交付首会收领。其会议以挨定位次,派定洋数,自始至终,不增不减。以拾个月轮行一次,

闰月在算。首会一月前具帖通知,逢期首会一手收齐,不挂不欠。当期后三日交付清白,不致有误。①

从名字上看,本类型的轮会也叫"至公会",其重点是注意各会之间的收益与支出平衡,至正公平。

一般认为,上述两种形式的轮会:前者是首会只是偿本不付息,但负责酒席费用;后者是首会偿本付息,酒席另算。如果从利率的角度而言,第二种轮会的利率,特别是借方利率平均低于第一种轮会。

三、摇会的运作规则

杨西孟谈及摇会时说:"各期得会的人全凭当时摇骰的机会决定。各会脚得会的次第既然事先不知道,便无从规定某人会金应该多,某人会金应该少,所以未得会的各脚只好纳相等的会金额。这是摇会的特色,也是必要的条件。"②这一总结相当准确。

将收集的摇会会书进行会金、会额规律比较时,发现有三种类型:

(一)会金前缩后伸、会额不变之摇会

实例,《咸丰七年七月张殿英立会书》:

(封面)宗蕃

盖闻咸友有通财之义,经营有襄助之情,是以义而成会,情洽以通财,虽会息之无几,要而必行于始终。几承雅爱,务相同志,无逾期日。敬邀咸友六位,玉成壹会。每位请出九九大钱伍仟文整,共成制钱叁拾仟文正,付首会收领,至会期首会前三日具帖邀请。每次填钱已、未得者,开列于后。面议照首会拈阄摇定各得。会期之日,各预备现钱,付得会人收领。倘若纹银洋钱,照市作价算,会外账不能在会内除算。会终之后,会书不作行用。

诸翁台甫列左:

---

① 《光绪二十年二月唐恒丰立会书》,俞江藏。
② 杨西孟:《中国合会之研究》,上海:商务印书馆,1935年,第29页。

郑宗蕃亲台,壹股,得末会;

郑宗茂亲台,壹股,得六会收;

许佩如亲台,壹股,得肆会;

张禹馨贤弟,壹股,得二会;

张廷庆婶母、许就表姐共朋股,得叁会;

张健南贤弟、张盛林李氏共朋股,得五会;

各布钱列后:

贰会,首会应付出钱陆千文,未得各填钱肆千捌伯文;

叁会,首、二会各应出钱陆千文,未得各填钱肆千五伯文;

肆会,首、二、叁会各应出钱陆千文,未得各填钱肆千文;

五会,首、二、叁、四会各应出钱陆千文,未得各填钱叁千文;

六会,首、二、三、四、五会各应出钱陆千文,末会不填;

末会,首、二、叁、四、五、六会各应出钱陆千文,仍余利钱六千文。

各分余利:

三会分得钱肆伯文;

四会分得钱捌伯文;

五会分得钱壹仟二伯文;

六会分得钱壹仟陆伯文;

末会分得钱贰仟文。

咸丰柒年柒月初壹日立会书人　张殿英(花押)①

本会序言也说到钱会互助通财,会是因"义"起。并强调"会息之无几",将钱会的功能并非贷款取息表达明白。从"诸翁台甫"内容上看,会友名字事先写定,得会的顺序系摇骰子之后再填上的。

在会友名单中,我们还能够看到:"张廷庆婶母、许就表姐共朋股,得叁会;张健南贤弟、张盛林李氏共朋股,得五会。"也就是三会、五会都是"朋股",即由两人共钱会之一股。在出资中,会金是两人先将自己的钱对半平分凑齐,再以一股的形式投入会中。在收会时,会额也由两人平分取得。

---

① 《咸丰七年七月张殿英立会书》,俞江藏。

会书末会是分利的情况。说明该会运行至末会,在30千文的收益之外,还存有多余6千文,这部分钱最后分利补给了三会至末会。

下以简表6.11表述此会:

表6.11:张殿英摇会出资与收益表(单位:千文)

	首期	二期	三期	四期	五期	六期	末期	分利
首会	+30	-6	-6	-6	-6	-6	-6	—
二会	-5	+30	-6	-6	-6	-6	-6	—
三会	-5	-4.8	+30	-6	-6	-6	-6	+0.4
四会	-5	-4.8	-4.5	+30	-6	-6	-6	+0.8
五会	-5	-4.8	-4.5	-4	+30	-6	-6	+1.2
六会	-5	-4.8	-4.5	-4	-3	+30	-6	+1.6
末会	-5	-4.8	-4.5	-4	-3	—	+30	+2
余利	0	0	0	0	0	0	+6	6

说明:+表示得会,-表示出资。

[首期]首会得会额30千文。后分六期偿还,每期6千文,共36千文。收支相抵,为-6千文。借款利率为20%。平均每次3.33%。

[二期]二会得会额30千文。扣除首期存款5千文,实得25千文。分五期偿还,每期6千文,共30千文。收支相抵,为-5千文。借款利率为20%。平均每次4%。

[三期]三会得会额30千文。扣除首、二期存款9.8千文,实得20.2千文。分四期偿还,每期6千文,共24千文。收支相抵,为-3.8千文。借款利率为18.81%。平均每次4.7%。

[四期]四会得会额30千文。扣除首至三期存款,实得15.7千文。分三期偿还,每期6千文,共18千文。收支相抵,为-2.3千文。借款利率为14.6%。平均每次4.9%。

[五期]五会得会额30千文。扣除首至四期存款,实得11.7千文。分二期偿还,每期6千文,共12千文。收支相抵,为-0.3千文。借款利率

为2.6%。平均每次1.3%。

［六期］六会得会额30千文。扣除首至五期存款,实得8.7千文。分一期偿还6千文。收支相抵,为2.7千文。贷款利率为12.6%。平均每次2.53%。

［末期］七会得会额30千文。扣除首至五期存款,六期未出,实得8.7千文。贷款利率为40.8%。平均每次5.8%。

综合看各会的利率,三会、四会的借款利率最高,五会还处于借款的地位。如果将分利加在三会至末会实际所得部分,则三至末会的利率会发生变化。三会、四会的借款利率下降。五会的地位由借款转为贷款。六会、七会则贷款利率上升。分利对于平衡各会的盈亏局面起到了相当作用。

(二) 会金前缩后伸、会额递增之摇会

实例,歙县鲍氏文书之《清咸丰五年十一月郑维新立会书》：

> 立会书人郑维新,今邀到亲友十位,联成一局,其会友各付出大钱四千文,共成大钱四拾千文,交付首会收去生息,应付其期以一周年一轮,会期前五日奉请,齐拈阄举摇,点大者得会,会同准先,三同打散重摇。倘遇叙跷落色不算。诸会友各带现钱上桌,不押不欠,未收者以多押少,会外账目不得入会内扣算,今立会书十本,各执一本为据。会终之日,会书缴还首。倘有未缴,日后检出,以作废纸无用。此照。
>
> 一议,钱色照典加□色；
>
> 一议,会酌每会扣钱壹千二百文；
>
> 一议,收末会者贴出鸭子捌拾八个无异。
>
> 咸丰五年十一月初五日立会书人　郑维新
>
> 诸友台甫列左：
>
> 郑正仁弟　壹股
>
> 大理叔　壹股
>
> 大宇叔　壹股
>
> 正炎弟　壹股

正得兄　壹股

正渭弟　壹股

大钧叔　壹股

可湧侄　壹股

桂金侄女、维记　合壹股

程发生哥　壹股

二会,首会付出大钱八千文,未收者各付出大钱叁千二百;

三会,首、二各付出大钱八千文,未收者各付出大钱二千六百六十六文;

四会,首、二、三会各付出大钱八千文,未收者各付出大钱二千文;

五会,首、二、三、四会各付出大钱八千文,未收者各付出大钱一千一百四十三文;

六会,首、二、三、四、五会各付出大钱八千文,未收者不付;

七会,首至六各付出大钱八千文,余利八千文,贴四会三千二百、五会四千八百;

八会,首会不付,二至七各付出大钱八千文,余利八千文,贴二会二千四百、三会四千六百、六会壹千文;

九会,首、二不付,三至八各付出大钱八千文,余利八千文,贴四会二千四百、五会二千四百、六会三千二百;

十会,首、二、三不付,四至九各付出大钱八千文,余利八千文,贴七会四千四百、八会三千六百。

末会,首、二、三、四不付,五至十各出大钱八千文,余利八千文,贴六会一千六百、七会四百文、九会二千八百、十会二千文、末会一千二百。①

郑维新摇会的会序讲述了摇会摇骰子的情形,"应付其期以一周年一轮,会期前五日奉请,齐拈阄举摇,点大者得会,会同准先,三同打散重摇。倘遇叙跷落色不算。"会期是一周年一次,会期前五日会首去请各会友,大家带钱聚会,按照会规交钱,然后举行摇骰子仪式。每人可以摇一次,由

---

① 《清咸丰五年十一月郑维新立会书》,刘伯山主编:《徽州文书》第5辑第3册,桂林:广西师范大学出版社,2015年,第159—161页。

未得会者参加。选取点大者为中彩人。如果出现同点,选择先摇该点之人。如果出现骰子跌落、叠加等非正常状态,打散重摇。

本会的每次聚会聚餐费用由当次得会之人从会款中扣除,末会除了扣算聚餐费用以外,还要贴出鸭蛋 88 个。

值得注意是,本会的补利与上会不同,是会中补利,从七会开始,至末会。

下用简表 6.12、6.13 表述此会:

表 6.12:郑维新摇会出资与收益表(单位:千文)

	首期	二期	三期	四期	五期	六期	七期	八期	九期	十期	末期
首会	+40	−8	−8	−8	−8	−8	−8	—	—	—	—
二会	−4	+36.8	−8	−8	−8	−8	−8	−8	—	—	—
三会	−4	−3.2	+37.328	−8	−8	−8	−8	−8	−8	—	—
四会	−4	−3.2	−2.666	+38	−8	−8	−8	−8	−8	−8	—
五会	−4	−3.2	−2.666	−2	+38.858	−8	−8	−8	−8	−8	−8
六会	−4	−3.2	−2.666	−2	−1.143	+40	−8	−8	−8	−8	−8
七会	−4	−3.2	−2.666	−2	−1.143	—	+48	−8	−8	−8	−8
八会	−4	−3.2	−2.666	−2	−1.143	—	—	+48	−8	−8	−8
九会	−4	−3.2	−2.666	−2	−1.143	—	—	—	+48	−8	−8
十会	−4	−3.2	−2.666	−2	−1.143	—	—	—	—	+48	−8
末会	−4	−3.2	−2.666	−2	−1.143	—	—	—	—	—	+48
欠利/余利	0	−3.2	−2.672	−2	−1.142	0	+8	+8	+8	+8	+8

说明:+表示得会,−表示出资。

表 6.13:郑维新摇会补利表(单位:千文)

	余利	补利				
七期	8	四会:3.2	五会:4.8	—	—	—
八期	8	二会:2.4	三会:4.6	六会:1	—	—
九期	8	四会:2.4	五会:2.4	六会:3.2	—	—

续表

	余利	补利				
十期	8	七会:4.4	八会:3.6	—	—	—
末期	8	六会:1.6	七会:0.4	九会:2.8	十会:2	末会:1.2

最直观的观察是,首会至六会,会额在 40 千文左右浮动。七会至末会,会额均为 48 千文。为了平衡,从第七会开始,将多余的 8 千文用来补利。

[首期]首会得 40 千文,从二期起,至七期,偿本付息,每期 8 千文。收支相抵,为-8 千文,此为利息。

[二期]二会得 36.8 千文,扣除存款 4 千文,实得 32.8 千文。分六期偿本付息,共支出 48 千文。收支相抵,为-15.2 千文。

[三期]三会得 37.328 千文,扣除存款 7.2 千文,实得 30.128 千文。分六期偿付本息,共支出 48 千文。收支相抵,为-17.872 千文。

[四期]四会得 38 千文,扣除存款 9.866 千文,实得 28.134 千文。分六期偿本付息,共支出 48 千文。收支相抵,为-19.866 千文。

[五期]五会得 38.858 千文,扣除存款 11.866 千文,实得 26.992 千文。分六期偿本付息,共支出 48 千文。收支相抵,为-21.008 千文。

[六期]六会得 40 千文,扣除存款 13.009 千文,实得 26.991 千文。分五期偿本付息,共支出 40 千文。收支相抵,为-13.009 千文。

[七期]七会得 48 千文,扣除存款 13.009 千文,分利 8 千文,实得 26.991 千文。分四期偿本付息,共支出 32 千文。收支相抵,为-5.009 千文。

[八期]八会得 48 千文,扣除存款 13.009 千文,分利 8 千文,实得 26.991 千文。分三期平衡利息,共支出 24 千文。收支相抵,为 2.991 千文。

[九期]九会得 48 千文,扣除存款 13.009 千文,分利 8 千文,实得 26.991 千文。分二期平衡利息,共支出 16 千文。收支相抵,为 10.991 千文。

[十期]十会得 48 千文,扣除存款 13.009 千文,分利 8 千文,实得

26.991 千文。分一期平衡利息,共支出 8 千文。收支相抵,为 18.991 千文。

[末期]末会得 48 千文,扣除存款 13.009 千文,分利 8 千文,实得 26.991 千文。收支相抵,为 26.991 千文。

再来看补利的情况:

第七期开始补利,补四会 3.2 千文、五会 4.8 千文。据上表可知,最后四、五两会最重。第七期以后,四会还要支付三期 8 千文,五会还要支付四期 8 千文。所以先补利给这两会,且五会多于四会。

第八期补利,补二会 2.4 千文、三会 4.6 千文、六会 1 千文。上表中,二、三、六会在负担上次之。这里,二会已经支付了六期 8 千文,三会支付了五期 8 千文,六会支付了三期,还要继续支付三期。所以,此次选择补偿二、三、六会。由于二会存款少于三会,六会目前支付比三会少。于是,三会的补利高于其他。

第九期补利,继续补四、五、六会。主要是因为四、五两会仍是重会,补利不够,六会上次补利本就少之,所以继续补。

第十期补利,补的意义有两个,一是平衡七会多偿付的利息,二是平衡八会少得到的利息。

最后的补利,是最终平衡六、七、九、十、末会之间的支出与收益。

将补利后的数字重新规整,各会的支出与收益如下(见表 6.14):

表 6.14:郑维新摇会补利后收支情况(单位:千文)

	首会	二会	三会	四会	五会	六会	七会	八会	九会	十会	末会
实得	40	35.2	34.728	33.734	34.192	32.791	31.791	30.591	29.791	28.991	28.191
收支相抵	-8	-12.8	-13.272	-14.266	-13.808	-7.209	-0.209	6.591	13.791	20.991	28.191

收支相抵中,负数为借款,正数为贷款。借款方的利率应该是:借款数(收支相抵之负数)/实得会款。贷款方的利率应该是:实际收益(收支相抵之正数)/存款数。经过计算,并且平均到支付与收益年限中,借贷利率分别如下:

首至七会的借款年利率分别为：首会 3.33%；二会 6%；三会 6.4%；四会 7%；五会 6.7%；六会 4.4%；七会 0.2%。

八至末会的贷款年利率分别为：八会 7.2%；九会 13.3%；十会 16.1%；末会 21.7%。

借款中七会的利率最低，贷款中末会的收益最高，基本是一本万利。但是我们也注意到会规中的补充条文，末会需要交出 88 个鸭蛋以平衡自己过多的收益。

（三）会金前缩后不等、会额递减之摇会

实例，《道光三十年四月戴艳文立会书》：

(封面)会书

敬邀诸公俯襄成一会，会则九五五色实平元银壹百两正，越匪岁以举期，届七年而告竣，得虽分多寡，利实遍乎始终。既蒙金诺于斯时，更藉玉成于异日，谨订。

会友芳名：

胡伯銮兄、杰夫弟共；礼为弟；润庭侄；

胡彰美兄、首会共；顺昭侄；祯祥侄。

首会：得银壹伯两正，六友各交银拾六两六钱六分六。

二会：得银伍拾两正，首交银卅两正，后五友各交银四两。

三会：得银伍拾两正，首交银卅两正，二交银十二两，后四友各交银二两。

四会：得银伍拾两正，首交银卅两正，二交银十二两，三交银八两正。

五会：得银伍拾两正，首交银卅两，二交银十一两，三交银六两，四交银三两。

六会：得银伍拾两正，二交银十四两正，三交银十二两五钱，四交银十二两五钱，五交银拾一两正。

七会：得银四拾五正，三交银十三两一钱，四交银十三两正，五交银八两正，六交银十两〇九钱。

道光三十年四月日立会书人戴艳文(印章)。①

该会由会首戴艳文发起,共有七人,以七年为满,即每年举行一次。从各会得银的数量看,首会最多,为100两,二至六会为50两,七会为45两。在会额收益上,前多后少。序言中也强调:"得虽分多寡,利实遍乎始终。"得会之后,分期付出也很多,首末多占一点薄利。下用简表6.15表述此会:

表6.15:戴艳文轮会出资与收益(单位:两)

	首期	二期	三期	四期	五期	六期	七期
首会	+100	-30	-30	-30	-30	—	—
二会	-16.666	+50	-12	-12	-11	-14	—
三会	-16.666	-4	+50	-8	-6	-12.5	-13.1
四会	-16.666	-4	-2	+50	-3	-12.5	-13
五会	-16.666	-4	-2	—	+50	-1	-8
六会	-16.666	-4	-2	—	—	+50	-10.9
七会	-16.666	-4	-2	—	—	—	+45

说明:+表示得会,-表示出资。

[首期]会首得金约等于100两,实际是99.996两。分四次偿本付息,共支出120两。首会所付利息是20两,利率是20%,平均到4年里,利率为5%。

[二期]二会得金50两。扣除之前存款16.666两,实际约得33.3两。分四次偿本付息,共支出49两。二会所付利息是15.7两,利率是47.1%,平均到4年里,约为12%。

[三期]三会得金50两。扣除存款20.666两,实际约得29.3两。分四次偿本付息,共支出39.6两。三会所付利息是10.3两,利率是35%,平均到4年里,约为8.8%。

---

① 《道光三十年四月戴艳文立会书》,俞江藏。

[四期]四会得金50两,扣除存款22.666两,实际约得27.3两。分三次偿本付息,共支出28.5两。四会所付利息是1.2两,利率是4.4%,平均到3年里,约为1.5%。

[五期]五会得金50两,扣除存款22.666两,实际约得27.3两。分两次扣除多余利息收益,共支出9两。五会收利息18.3两,利率是80.7%,平均到存款的5年里,约为16.1%。

[六期]六会得金50两,扣除存款22.666两,实际约得27.3两。一次口扣除多余利息收益,支出10.9两。六会收利息17.3两,利率是76%,平均到存款的6年里,约为12.6%。

[七期]七会得金45两,扣除存款22.666两,实际约得22.334两,不再扣除,即为利息收益。七会的利率是99%,平均到存款的7年里,约为14%。

从收益和支出相抵上看,首会至四会属于借,五会至七会属于贷。在借方中,四会的利率最低,年利率为1.5%;二会最高,年利率为12%。在贷方中,五会的利率最高,年利率为16.1%,六会最低,为12.6%。而从实际得金额上来说,首会无疑是最多,约为100金。次是二会、三会,最少是七会。

我们在表格中能够看到不规则的出资形式,如首会在第六期、第七期不用再出资,五会在第四期轮空一期,等等。这种设计是为了平衡收益和亏损。

综上,摇会的优点是通过射幸确定得会次序,如此,未得会之前的出资需要固定,能够变动的是会额和得会后的各会友会金。上面的三种情况即是会额、会金调整的模式。

四、标会的运作规则

目前收集到的徽州文书资料中,没有查到关于标会运作的资料。但标会是钱会的一个重要类型,它的特点是会友可以通过出资竞标的方式得会,比轮会协商位次效率高,比摇会通过完全的射幸运气有更多的自主性。标会应该是钱会的高级别。为了行文的完整,有说明的必要。

王宗培说:"标会有夺标之意,而行折现竞争之法。又曰写会,或称划会,票盖会等,以广东省为最盛行。"①《民事习惯调查报告录》记载的东北、山西等地之"拔会",河南、陕西等地之"画会",以及江苏之"标会"、福建之"义会"等均属于此类。②

依照学界的分类,投标当期扣除标额的为内标制,即得会当期内扣除标额;投标后,下期开始补加标额的为外标制,即得会后的出资为会金加标额。

(一) 内标制

来看《民事习惯调查报告录》提到的西安县"拔会":

> 该会亦名请钱会,由会首组织而成。假如甲请一百元之会,甲会首邀集乙、丙等十人,皆为会友,共十一人,第一次各会友各出洋十元,共一百元,交于该会首拔去。过十日或二十日或若干日,再拔第二次之会,除会首已拔不计外,乙、丙等人各密写认利若干之纸条,一纸卷成小团,置于碗内,然后当众同时将条揭开,以认利最多者得会。如乙写认利六角,丙、丁以下只写五角、三角不等,此会即应归乙拔去,计乙实得洋九十四元六角,即为一百元(因乙既认利六角,则丙、丁等九人只应各出洋九元四角,共八十四元六角,又加首会甲应出洋十元,计得此数)。③

这只是一个举例式的说明,为了将此例补充完整。我们模拟三期及之后的九人投标情况,并将该会的运作演示。基本情况如下:

首期,会首得会,不出资。各会友出资 10 元,共 100 元付给会首。会首从第二期开始,每期付 10 元,至末期,共支出 100 元。收支相抵为 0 元。属于还本不付息。

二期,乙出标认利 0.6 元,得会。各会友出资 9.4 元,加上首会的出

---

① 王宗培:《中国之合会》,南京:中国合作学社,1935 年,第 60 页。
② 前南京国民政府司法行政部编:《民事习惯调查报告录》,北京:中国政法大学出版社,2005 年,第 355、360、364、399、515、521、575、578 页。
③ 前南京国民政府司法行政部编:《民事习惯调查报告录》,北京:中国政法大学出版社,2005 年,第 355 页。

资,乙收入为 94.6 元。从第三期开始,每期付 10 元,至末期,加上首期 10 元,共付出 100 元。收支相抵为-6.4 元。

假设,之后未得会的会友中标期数与数额如下(见表 6.16、6.17):

表 6.16:西安县拔会标额表(单位:元)

会员	会首	乙	丙	甲	丁	辛	己	庚	癸	壬	戊
标额	0	0.6	0.5	0.7	0.4	0.4	0.5	0.3	0.2	0.1	0
会期	首期	二期	三期	四期	五期	六期	七期	八期	九期	十期	末期

表 6.17:西安县拔会出资与收益情况表(单位:元)

	首期	二期	三期	四期	五期	六期	七期	八期	九期	十期	末期	盈亏
首	+100	-10	-10	-10	-10	-10	-10	-10	-10	-10	-10	0
乙	-10	+94.6	-10	-10	-10	-10	-10	-10	-10	-10	-10	-6.4
丙	-10	-9.4	96	-10	-10	-10	-10	-10	-10	-10	-10	-3.4
甲	-10	-9.4	-9.5	95.1	-10	-10	-10	-10	-10	-10	-10	-3.8
丁	-10	-9.4	-9.5	-9.3	97.6	-10	-10	-10	-10	-10	-10	-0.6
辛	-10	-9.4	-9.5	-9.3	-9.6	98	-10	-10	-10	-10	-10	0.2
己	-10	-9.4	-9.5	-9.3	-9.6	-9.6	98	-10	-10	-10	-10	0.6
庚	-10	-9.4	-9.5	-9.3	-9.6	-9.6	-9.5	99.1	-10	-10	-10	2.2
癸	-10	-9.4	-9.5	-9.3	-9.6	-9.6	-9.5	-9.7	99.6	-10	-10	3
壬	-10	-9.4	-9.5	-9.3	-9.6	-9.6	-9.5	-9.7	-9.8	99.9	-10	3.5
戊	-10	-9.4	-9.5	-9.3	-9.6	-9.6	-9.5	-9.7	-9.8	-9.9	100	3.7
标额	0	0.6	0.5	0.7	0.4	0.4	0.5	0.3	0.2	0.1	0	

说明:+表示得会,-表示出资。

笔者不再逐一计算各会的盈亏与利率。一个很直观的看法是,内标制除了首期和末期能够拿到全额会额以外,由于扣除投标额,其他各会友都在 100 元之下。这也很正常,首会、末会都不用竞标,所以不用扣除。

在竞标的各会友中,标额决定了自己得会额的多寡。如第四期,甲认利0.7元,是所有会期中的最高标额,所以他的得会额相对较少。亏损程度仅次于多认利的乙。

(二)外标制

标会在现代也很流行,来看一个现代标会的案例。浙江温州苍南县的丁岙村,人们大多姓郑。会首郑法良的家境一般,儿子已经成年,打算于2002年底娶妻结婚。于是,他邀请了自己的兄弟、堂兄弟、叔侄等14人组织了一个标会。其中,有一个会友认两会。算起来,是15人。参会者每两月聚会一次,所以整个会持续了30个月。① 具体的运作是:

首期,首会得会,不出资。各会友出资1000元,共15000元,付给会首。会首从第一期开始,每期付1000元,付15期。收支相抵为0元,属于还本不付息。

一期,A出标180元,得会,其余14人仍出资1000元,加上会首1000元,共15000元,付于A。A本期不出资。因为A出标180元,从二期开始至末期,每期都付1180元。会终后,A付出=1180×14+1000(首期),扣除得会额,亏2520元。

其它期依次类推。会友O是末期,不用出标,可以坐收每位会友的1000元以及所有会友支付的当期标金,共计17183元。为了便于查看,特汇表格(见表6.18)如下:

---

① 陈德付、戴志敏:《标会的投融资效率研究——来自温州市苍南县的一个案例分析》,《财经研究》2005年第9期。

表6.18：浙江丁岙村标会出资与收益表（单位：元）

	首期	一期	二期	三期	四期	五期	六期	七期	八期	九期	十期	十一	十二	十三	十四	末期	盈亏
首	15000	-1000	-1000	-1000	-1000	-1000	-1000	-1000	-1000	-1000	-1000	-1000	-1000	-1000	-1000	-1000	0
A	-1000	15000	-1180	-1180	-1180	-1180	-1180	-1180	-1180	-1180	-1180	-1180	-1180	-1180	-1180	-1180	-2520
B	-1000	-1000	15180	-1160	-1160	-1160	-1160	-1160	-1160	-1160	-1160	-1160	-1160	-1160	-1160	-1160	-1900
C	-1000	-1000	-1000	15340	-1172	-1172	-1172	-1172	-1172	-1172	-1172	-1172	-1172	-1172	-1172	-1172	-1724
D	-1000	-1000	-1000	-1000	15512	-1178	-1178	-1178	-1178	-1178	-1178	-1178	-1178	-1178	-1178	-1178	-1446
E	-1000	-1000	-1000	-1000	-1000	15690	-1180	-1180	-1180	-1180	-1180	-1180	-1180	-1180	-1180	-1180	-1110
F	-1000	-1000	-1000	-1000	-1000	-1000	15870	-1172	-1172	-1172	-1172	-1172	-1172	-1172	-1172	-1172	-678
G	-1000	-1000	-1000	-1000	-1000	-1000	-1000	16042	-1175	-1175	-1175	-1175	-1175	-1175	-1175	-1175	-358
H	-1000	-1000	-1000	-1000	-1000	-1000	-1000	-1000	16217	-1165	-1165	-1165	-1165	-1165	-1165	-1165	62
I	-1000	-1000	-1000	-1000	-1000	-1000	-1000	-1000	-1000	16382	-1160	-1160	-1160	-1160	-1160	-1160	422
J	-1000	-1000	-1000	-1000	-1000	-1000	-1000	-1000	-1000	-1000	16542	-1158	-1158	-1158	-1158	-1158	752
K	-1000	-1000	-1000	-1000	-1000	-1000	-1000	-1000	-1000	-1000	-1000	16700	-1155	-1155	-1155	-1155	1080
L	-1000	-1000	-1000	-1000	-1000	-1000	-1000	-1000	-1000	-1000	-1000	-1000	16855	-1150	-1150	-1150	1450
M	-1000	-1000	-1000	-1000	-1000	-1000	-1000	-1000	-1000	-1000	-1000	-1000	-1000	17005	-1118	-1118	1769
N	-1000	-1000	-1000	-1000	-1000	-1000	-1000	-1000	-1000	-1000	-1000	-1000	-1000	-1000	17123	-1060	2063
O	-1000	-1000	-1000	-1000	-1000	-1000	-1000	-1000	-1000	-1000	-1000	-1000	-1000	-1000	-1000	17183	2183
标	0	180	160	172	178	180	172	175	165	160	158	155	150	118	60	0	

说明：+表示得会，-表示出资。

外标制的特点是,得会前各会友的出资相同,得会后出资需要加上标额。能够从盈亏里看到,不同的标额也决定了自己的收益与亏损程度。

外标制与内标制不同的是:内标制是自己让利,让其他会友少交"标额",实际是当期从"应得会额"中扣除所让的"标额×未得会者人数"。外标制更复杂,首会偿本不付息。A 会是自己让利,即"标额×未得会者人数"。B 会至 N 会则是"未得会者让利之和-自己让利"。末会是"得会者的让利之和"。外标制与内标制各有优势。外标制得到的外在款额多,利于将大额资金用于投资或事业。内标制的偿还压力小。

要强调的是,标额是标会的关键所在。它决定了各会的盈亏大小,也就决定了借贷利率。所以,标额应该有一定的上限,这个上限应该低于市场利率,才利于参会者,否则,标会机制不能长久地运行。

总的来说,对钱会之轮会、摇会、标会的运作规则有过研究后,能看到各自的特点。轮会的最大优势是次序由各会友之间协商确定,这对于每个会友计算好自己的用钱时间来认领会序非常有帮助。但是,有时候也可能发生几个会友同时需要用钱的情况,此时,较好的办法就是采取公平竞争的方式。于是,摇会应运而生。即便如此,在会友之间,也有可能出现有人非常急需钱,但是运气较差,通过摇骰子的方式难以在需要的时候获得会金的情况。标会可解决这一问题。如果某人愿意多支出利息,可采取标出利息的方式来竞争。当然,利息有一定的额度,如果超过了市场借贷利率,参加钱会的会友就可能不会选择钱会,因此,投标的利率一般在市场平均借贷利率之下。

第三节　钱会的制度关系

在梳理了轮会、摇会及标会的运作规则后,大致对钱会组织有了直观上的了解。钱会作为一种习惯,有制度性的因素长期存在于民间经济生活中。如要清楚清代钱会的性质,还需对钱会的参与主体、行为以及内外部关系有讨论。

一、会首与会友

（一）会首

作为发起人，会首负有"组织"之责。第一，需要邀集参会之会友，这些会友的信用情况，会首要进行评定，同时会友之间的关系建立，也需要会首的穿针引线。

第二，对于会规的商定起到推介作用。成立何种形式的会，收益与支出方式如何，都是会的关键。会首在邀请会友之时，需要对其他人讲清楚"会"的规则情况。只有各会友清楚了"会"的运作方式，才能合意参"会"。

第三，负责每次聚会的通知与联络。每次开会前，会首都要通知各会友，希望会友能够按照规定时间、规定地点、带好会金来参会。这一点，也正好能够体现各会友是以会首为联络点的。

第四，记录会账。每期参会，谁已得会，谁接或得会，谁未得会，以及会账的收入与给付情况，会首都有责任——记录。

第五，置办酒席。在首会只还本不付息的会中，置办酒席算是"利息"，以答谢会友对他的信任和支持。即使是那些每期从得会者手中扣除"酒席费"的会，会首在家里置办也是要"费时费事"的。

钱会总是由特定筹款人——会首发起，因此结会规模和会金总额由其确定，首期得主也是此人。如此，邀会之人自然与其他会友不同，处于"中心"位置。从会首的角度来说，他开始组织邀会是为了获得急需的款项，可以说，邀会是获得贷款的一种手段。这种手段不同于传统的借贷。它有互助性质，会首与会友以及会友与会友之间关系是扭结的。

（二）会友

会友是应会首的邀请而参加合会的人。会友参加的目的，可能一开始是答应会首的邀请，比如会首告诉他需要其凑份子帮忙。但是，这种应会的举动，对于会友自己而言，也可能是为婚丧嫁娶做准备，或者是为了获利。

会友在得会前,需按照各期要求缴纳会金。得会时,领取当期会额。得会后,又按照各期要求缴纳会金。会规的要求如同计划一般,需要会友遵守规则,如期履行。

可以说,会首和会友是钱会组织的不同组成部分。在这个组织中,会首是所有会友关系建立的连接点,处于中心的位置。会首由于负担组织领导责任,在会的运行中起到保证的功能。

二、与会人员的行为

会书中,经常会用到付、填、应、交、接、收领、得、贴等字词。这些字词对应着会首与会友的行为,反映着会员对于钱会的权利义务观念。

付,给付之意,一般指的是会友将会金付给首会。如"首会:众友各敷出本洋贰拾元,共计洋壹百贰拾元正,付首会得"。① 会友在每次开会时,将钱交给首会收领,这是会友的义务。

填,指的是每人在会书合同中的固定会金,需要按照约定的数额,交出当期会金。会额是由各会友之会金组成,每人的会金都是"一块",按要求"填上空缺"才能有会额产生,缺一不可。在摇会中,有"大填""小填"之说。如"第二会,小填付钱二千四伯六十五文……第十会,大填付钱三千三伯六十文"。② 这里,小填、大填是相对的。相对于已得会者,未得会会脚所缴纳的会金为"小填";相对于"小填","大填"是会首和已得会者所缴纳的固定额。

应,经常与填、认、该连用,为"填应""认应""该应",后面接的是会金。如"谨将诸友认定位数、填应于左:一会吴步高叔,认应钱七千二百五十文"。③ 可见,"应"表明承诺出资会金的负担义务。

交,有时写成"浇"。常有"交出""浇出"等,后面接会金。如"乙卯年一会:首会浇出七四大钱叁两肆钱伍分,一、二、三、四、五各会友,每浇

---

① 《光绪元年九月吴继发立会书》,俞江藏。
② 《同治五年五月何昌炽立会书》,俞江藏。
③ 《道光二十八年吴奕构立会书》,俞江藏。

出壹两陆钱壹分,共成拾壹两伍钱"。① "交"的指向性不如"付"明确,但能表示钱会的集资性,即大家都拿出一部分资金。

接,承接、接续之意。轮会中,经常提到"轮流交接""接会"。如"日后已接、未接俱系照于首会,原额贴数付接会之人","二会:仁昌姆,位于戊子年四月廿日接,实有钱二拾千文"。② "会"需要大家齐心协力,才能轮流运转,接会是一种责任,有权利也有义务在内,权利是取得当期会额,义务是保障会继续运行。

收领,接受、领取之意。一般是会友集资后,将会额付首会收领,再由首会转交得会者。如"每名出粮钱六千六百六十六文,共成本钱四拾千文之数,付首会收领"。③ 首会的责任是收取每期会金,保管会金。

得,指的是得会,取得会额。其比"收领"的意思强烈,含有拥有、所有的意义。

贴,一般用在贴利的情况下。如前文摇会中的分利情况,贴"鸭子"的情况,都是因为各会盈亏不平衡,需要通过补贴的方式予以平衡。言外之意,大家知道会里面有不平衡存在,而且也难以做到平衡,只能通过多贴少补来弥补这种缺陷。

总言之,钱会会员承担付、填、应、交的义务性责任,又享有接会、得会、收会、获得补贴等权利。它们共同表现出债权债务关系。

三、钱会法律关系的几种说法

(一)消费借贷说

一般的理解是:(1)钱会已得会者,收领会款时,即负有它日缴纳会金之义务;未得会者,缴纳的会款属于贷款性质。(2)得会者以缴纳会金之方法,清偿金钱或物品等消耗物,符合消费借贷合同的客体。(3)得会时,先得会的一组多支出的会款数属于借款利息,后得会的一组多收入的会款数则是贷款利息。

---

① 《咸丰四年五月心稽立会书》,俞江藏。
② 《光绪十三年四月邱方甫立会书》,俞江藏。
③ 《光绪十六年四月李仁昌立会书》,俞江藏。

此说的不合理之处是:(1)对于未得会之会友,在得会前为什么要先存款,即借款为何要先存款,难以确定。(2)得会会友与其他会友分别成立数个独立之消费借贷,还是与全体其他会友成立单一之消费借贷,难以确定。

(二)合伙说

合伙说认为,钱会是数人采取合意定约,各自提出一定的金钱汇集在一起,以排序、抽签、投标等方法,使所有会员逐次享受财产上利益的合同。与民法上合伙的多数人合意出资,以经营共同事业的构成要件相符。民法所谓经营共同事业的范围广泛,法律上别无限制,不问是否营利事业、公益事业、娱乐事业,只要不违背公序良俗,都可以界定为合伙。合伙说还认为:(1)钱会合同系债权契约、双务契约,各当事人之间发生契约关系。(2)会员的出资属于全体会员之共有。(3)会员一人或数人执行业务,由其他会员委任。

此说也存在疑问:(1)合伙是两人或两人以上参与,也有多方合同关系,但合伙是按照入伙的份额确定参伙人的权利义务,各个合伙人的份额是确定的,合伙人按份额承担义务和享受权利。而钱会的每期得会人与其他人之间,权利义务关系经常变动,存在不对等的关系。(2)关于经营共同事业,合伙共同事业应该关乎合伙人的共同利益,而钱会会员之间,由于位次不一,盈亏不等,会员之间利害关系为对立状态。又合伙组织应该有对外对内关系,对外经营产生的风险,由合伙人相互承担连带责任。钱会不同,只是钱会会友之间提供融资的平台,资本只在开会时短暂存在,即刻转移给得会者,钱会本身没有任何财产。并且,如果得会人无力偿还利息,或者投资失败,带来损失,均由自己负责,与其他会友无关。

(三)无名契约说

此说着眼钱会的特殊性。由于不符合典型合同,是为无名合同。即,钱会会员相互之间,除受自身意思表示约束外,并不发生法律规定的任何权利义务关系。此说是我国台湾地区所谓"民法债篇"修订前的通说。这一说的优势是,法律上认为钱会是一种契约。不能定位于金融组织或方式。

但在实际的运作中有很多问题,也就是如果发生"倒会"或者钱会无法继续运行的情况,如何认定钱会中的"事实",即钱会究竟是"合伙"还是"消费借贷",其利率是否属于高利贷,等等,需要按照发生纠纷的钱会事实来解释。这一定程度上不利于规范钱会运行,甚至不能保护钱会发挥互助融资的优势。

(四)典型合同之"合会合同"

在无名契约之说上,为了将钱会纳入法律保护之内,1999 年我国台湾地区所谓"民法债编"增加"合会",将钱会合同纳入有名契约中。其中,合会的定义不仅明确了会首与会友之间的法律关系,也指出会友之间的法律关系。它要求书面契约载有会首、会友的地址及联系信息、会规等,"对诸如订立会单、记载事项、保存方式、标会方法、合会金的归属、会首及会员交付会款的期限、会首及会员转让权利的限制以及如何处理倒会等合会操作规程问题都做了详细规定"。①

这一做法,实际上是回应之前几种说法的缺陷。一开始大家想借用现有的法律体系,将钱会的解释纳入在内,比较了借贷,又比较了合伙,发现都不能周密地解释。后又承认其特殊性,希望用"债"的大原则规范,但操作起来也有效率问题,甚至出现很多借用钱会牟利的非法手段。但承认了钱会是债,明确其特殊性,本身是进步:既承认钱会是合同,又承认钱会合同的特殊性。

(五)复式的民间借贷合同

陈荣文认为,钱会是民间借贷合同。钱会本身并无独立或相对独立的名称、财产、意志、行为,也不是法律上的主体。合会的基本属性是合同关系,参会者限于有限的会友,具有特定性。可将其类型化,进而法典化,使钱会关系有法可依,并通过法律规制消解其隐藏的风险。②该观点符合钱会的基本原则。

俞江教授也认为,钱会是复式的借贷合同。民间借贷合同,是指由贷款人为借款人提供借款,借款人定期或不定期返还借款,并约定利息的合同。钱会关系分为两类:一是会首和得会位次靠前的会脚,向其他会友借

---

① 萧芍芳:《台湾合会经验及其对中国大陆的启示》,《中国农村经济》2005 年第 8 期。
② 陈荣文:《"合会"的法律性质》,《甘肃社会科学》2005 年第 3 期。

款,并在得会期满后逐期偿还本利,二是得会位次靠后的会脚,向会首和得会靠前的会脚分期贷款,在得会时逐期收回本利。第一类属于还本付息,第二类属于零存整取。支付利息的比例,按会规事先约定,先得者多付,后得者递减支付。收取利息的比例,同样按会规事先约定,先得会者少得,后得会者递增。故未得会者向得会者支付会金乃一种借出,末会收领会额后无需再支付利息,是因他在最后收回本利。与普通的民间借贷不同的是,钱会合同是多人约定相互借贷的组合,可视为复式的民间借贷关系。①

四、钱会的性质

钱会一般围绕着会书的会规运行,会书是会员之间合意的约定,属于合同。一般情况是,会首得到的是分期偿还的无息贷款,其他会友则可以依据其得会先后分为两种情况。一种是较早得会的一组,类似有息借贷;一种是较晚和最后得会的一组,类似"零存整取"的储户。"储户"位置会友的利息,来自之前较早得会的一组。

如《光绪二年十二月胡观顺立押会书》所说:

> 立会书纠首人胡观顺,窃思管鲍有分金之谊,朋友有周济之交,是以邀集拾会友玉成一会。先收者以利而填本,尤为收多付少,后收者有本亦有利,自知积少成多。凡我同盟之人,不致勤始怠终,是为序。②

这段话,对先收会和后收会的两组有清楚的认识。但是,会首与诸会友之间并非简单的债权与债务关系。最初为债权人的会友,一旦得会,即相对于其他未得会之会友又变成债务人。可以说,在钱会的运作中,每个人与另一个人之间的债权债务关系是处在相对变化之中的。这种变动不居的相对性,表现出内部关系复杂的一面,也是钱会的显著特点。

然而,如有会友不能按时交纳会金,依习惯,会首代为交纳,但若会首

---

① 俞江:《清代的合同》,桂林:广西师范大学出版社,2022年,第232—236页。
② 《光绪二年十二月胡观顺立押会书》,俞江藏。

也无力交纳,则出现"倒会"的局面。此时,未得会之人(债权人)并不向其他已得会之会友(相对债务人)求偿,而只是向会首主张权利。

这种做法很好理解,"会"是会首纠集,会首自然要以"保证人"的身份来维护钱会的正常运转。并且,以当时的规则而论,将如此复杂的关系予以简单化,是古代民事处理方式的常态。

又,会首一般最先享有利益,他得到第一笔款项,如果发生他人不支付的情况,其自然应该用其最先得利的"优势"担负责任。换言之,会首的利益与风险是一致的。

还有,在古代社会,任何钱会都不只是利益团体,它们同时也是关系团体,会首就处在其中心。在多数情况下,邀会者直接向亲朋好友发出邀约,参会者皆是认识和信任会首的,既然会友之间的利益关系是因为对会首的个人信赖而发生,会首自然就承担起担保之责任。从另一面看,邀会之人因为婚丧嫁娶、投资、债务需要等原因而请求帮助,随会者既是其亲友,其行为未尝不是具有友爱互助的性质,这时,即使会首得利较多,也不意味着会中的利益分配上的失衡,因为得利较多者同时亏欠了较多的人情。从理论上说,这笔人情债迟早需要用这样或那样的方式偿还。①

但,钱会在运行的过程中,也出现押会的形式,即所有参会成员,都将抵押产业写在会书中。前所引的胡观顺押会书便是:

> 立押契人胡观顺,今因收到足大钱伍拾千文正,自愿将土名村头大小买水田二秤,又斋台庙后大小买水田叁丘计壹亩二秤,内还大买租四秤。以上四处四至照依原形流水立契,尽行出押与拾会友名下。付会不得过期,如有误期,听凭管业变易。拾会圆满,此契不作行用。今欲有凭,立此押契为用。②

押契说得很清楚,"尽行出押与拾会友名下。付会不得过期,如有误期,听凭管业变易"。之后还有其他得会者的押契,不再援引。我们能够

---

① 梁治平:《清代习惯法》,桂林:广西师范大学出版社,2015年,第117—119页。
② 《光绪二年十二月胡观顺立押会书》,俞江藏。

看到的是,大家已经认识到钱会规则会出现漏洞,导致败会。可是,人们并没有否定这种融资形式,而是通过财产抵押的方式来补强钱会的运行。

这里,我不认为抵押保障是"钱会"最好的维系方式,但能给我们的启发是,钱会本来就是民间合意融资,是契约自由与自治的方式,在民间契约自由有漏洞和运行可能出现问题时,人们会想办法弥补规则的漏洞。我们不应该否定契约自由的有益性,然而,契约自由与自治在民间失范之时,国家应该通过法律来补强漏洞,规范契约不能规范之处。

总体来看,钱会是合同关系,这种合同关系的内容是借贷。虽然,会首与会友因得会次序不一,债权债务关系不定,但从钱会会书的规则可知,每份钱会合同都有两组,即处于借款与贷款位置的会友各为一组,这两组是复式的借贷关系。在较为复杂的会式之中,也有扣除利息或者补充利息之法。对于会首而言,他含有"保证"的责任,这种责任会因为"人保"的保证性低,而逐渐转向抵押财产的"财保","押会契"也由此生成。

第四节　钱会的功能、特征及倒会

钱会在民间融资上发挥着不小的作用,清代全国甚为流行,它最主要的功能是"聚少成多""分期偿付"。清人傅崇矩在《成都通览》中提到了四川的钱会(请会),说钱会是"集资筹款也":"成都人筹款有请会一法,系约合亲友,集资为众,出资多少,以名次先后定之。"[①]这种集资的形式,对于需要大额用度的人们来说,无疑是最好的办法。

我们再从钱会的立会人员、融资额度、用途、利率等方面入手,比较其他传统借贷,讨论钱会的显著特征以及"倒会",进而考察钱会在乡村金融秩序中的作用。

---

① (清)傅崇矩:《成都通览》(上册),成都:巴蜀书社,1987年,第267—268页。

一、钱会的立会人员、融资额度及用途

会书能够反映钱会的融资额度,也有部分会书能够看到钱会集资的用途,笔者将《徽州文书》第 1-5 辑中收录的清代会书进行整理(参阅表 6.19),大致了解清代徽州钱会的融资功能。尽管只有 32 件,但基本可以说明。

表 6.19：《徽州文书》(1-5 辑) 钱会会书基本情况表

序号	会书名	会书形制与会名	类型	会额	会期	会股与人数	会友身份	说明	出处
1	《清光绪十一年七月合会书》	1.宝文堂（印版）；2.至公会。	摇会	10 两	月应一次。	会友 10 人。	1.有黄、汪、张、项、吴、程等姓，名字后加"字"；2.推测非族亲关系。	此三件文书都是黟县四都汪佛松氏文书，有两件是汪佛松为会首。从该汪佛松书看，汪氏经营猪苗生意。尽管我们不能明确看到钱会的资金用途，但会经营频繁的钱会经常运用，可以联系到生意经营。	《徽州文书》第 1 辑第 2 册，第 363-366 页。
2	《清光绪十四年六月汪佛松会书》	同上。	摇会	10 两	—	10 股，14 人，有两股 2 人合。	1.有汪、程、项、孙等姓；2.合的两股都是女性，名字后有"嫂"字；3.推测是非族亲关系。		《徽州文书》第 1 辑第 2 册，第 381-385 页。
3	《清光绪十五年四月汪佛松会书》	同上。	摇会	10 两	—	10 股，14 人，有两股 2 人合。	1.有汪、程、项、周、孙、金等姓；2.名字后加"兄"字。		《徽州文书》第 1 辑第 2 册，第 387-391 页。
4	《清咸丰四年六月胡禹功等立会书》	1.手写；2.七贤会。	摇会	100 两	每年六月初一。	6 股，实 7 人，两人半股。	1.以胡、吴两姓为主；2.从称呼看，吴姓系胡姓姻亲。	—	《徽州文书》第 1 辑第 3 册，第 505 页。

续表

序号	会书名	会书形制与会名	类型	会额	会期	会股与人数	会友身份	说明	出处
5	《清同治七年首人胡永青会书》	版印。	摇会	70千文	—	14人。	谢、周、叶、程、汪、江、凌、胡等姓。	—	《徽州文书》第2辑第1册,第167页。
6	《清同治八年十一月立首会人汪廷懋订会书》	版印。	摇会	60千文	每年五月初一。	10人。	以汪姓姻亲谢氏居多。	—	《徽州文书》第2辑第1册,第168页。
7	《清同治十一年二月立邀会人汪凤山会券》	使用版印摇会。	轮会	100千文	每年四月廿日。	10人。	叶、谢、胡三姓。	此会书用版印摇会会券,但会友次序、出资已定。	《徽州文书》第2辑第1册,第169页。
8	《清同治十二年二月立邀会人汪五九会书》	版印。	摇会	20元	每年五月十五、十月十五,一年两次。	10人。	1.谢、余、胡、潘、汪、左、朱等姓;2.其中谢、胡为亲戚,其他是朋友。	—	《徽州文书》第2辑第1册,第170页。
9	《清同治十四年二月立邀会人叶凤山会券》	版印。	摇会	40元	每年五月廿六、十月廿六,一年两次。	20人。	1.谢、余、汪、方、胡等姓;2.多是亲族人等,有一个"同义会"。	—	《徽州文书》第2辑第1册,第171页。

续表

序号	会书名	会书形制与会名	类型	会额	会期	会股与人数	会友身份	说明	出处
10	《清光绪元年二月首会谢廷辉会券》	使用版印摇会。	轮会	60	每年五月初十。	10人。	谢姓为主。	此会书用版印会券,但会友次序、出资已定。	《徽州文书》第2辑第1册,第172页。
11	《清光绪元年二月立邀会人汪社九具会书》	版印。	摇会	30元	五月十五、十一月初十。	10股,11人,其中有一股两人共。	1.谢、胡、方、潘、黄、冯等姓;2.称呼上看,亲戚多数。	—	《徽州文书》第2辑第1册,第173页。
12	《清光绪五年会首人汪均盛订会书》	版印。	摇会	40千文	五月初一、十一月初一。	10股,14人,其中有两股系2人共。	1.谢、余、程、王、叶等姓;2.有亲有友。	—	《徽州文书》第2辑第1册,第175页。
13	《清光绪八年四月首会大发祀下经手锦泉等会书》	使用版印摇会。	轮会	100两	每年五月初六一轮。	10股,20人。	—	该会有神会、祀会等组织加入,是为大发祀等款。	《徽州文书》第2辑第1册,第176页。
14	《清光绪十三年首会谢昭靖订会书》	使用版印摇会。	轮会	60元	每年五月初一。	10股,11人,二会两人共。	1.章、余、吴、马等姓;2.以友为主。	此会书用版印会券,但会友次序、出资已定。	《徽州文书》第2辑第1册,第176页。

续表

序号	会书名	会书形制与会名	类型	会额	会期	会股与人数	会友身份	说明	出处
15	《清光绪十八年正月立邀会人胡重梁会书》	版印。	摇会	30元	五月廿日,十一月廿日。	10人。	1.胡、汪两姓为主,另加谢汪两人;2.系亲戚。	—	《徽州文书》第2辑第1册,第178页。
16	《清光绪十八年十一月首会弟继周会书》	版印。	摇会	30元	每年五月初六、十一月初六。	10人。	谢姓为主,多是亲族。	—	《徽州文书》第2辑第1册,第179页。
17	《清光绪二十三年六月首会继周会书周订会券》	使用版印摇会。	轮会	60元	每年五月初十一轮。	10人。	谢姓为主,多是亲族	此会书用版印会券,但会友次序出资已定。	《徽州文书》第2辑第1册,第180页。
18	《清光绪二十五年春月首会谢宗奖订会书》	使用版印摇会。	轮会	60元	每年五月十六月一轮。	10人。	吴、江、邱、谢、胡、周、余、方等姓,多是朋友	此会书用版印会券,但会友次序出资已定。	《徽州文书》第2辑第1册,第181页。
19	《清光绪口口年三月立首会汪君茂订会书》	版印。	摇会	50元	每年五月廿日、十一月廿日。	8人。	谢、程、王、潘、胡等姓,多是朋友。	—	《徽州文书》第2辑第1册,第182页。

续表

序号	会书名	会书形制与会名	类型	会额	会期	会股与人数	会友身份	说明	出处
20	《清宣统三年秋月首弟谢履亨订会券》	版印。	摇会	50元	每年五月廿日、十一月廿日。	10人。	方、汪两姓,以汪姓姻亲为主。	—	《徽州文书》第2辑第1册,第183页。
21	《清光绪十六年三月会书》	1.版印; 2.至公会。	摇会	30元	每年三月一次。	10人,实11人,有一股由两人共。	称呼未看,以任、嫂、兄、妹等亲戚为主。	—	《徽州文书》第2辑第6册,第177页。
22	《清光绪二十年十一月会书》	同上版。	摇会	40元	未填写。	10人,有两股12人,分别由两人共。	汪、余两姓为主,亲友为主。	该三会系黟县十都宏村汪氏文书。三会使用的会书版式相同,但会员的出资循上面的会书要求出资、收会,筹资照等额出资,而是按额度高于版印会书10两。	《徽州文书》第2辑第6册,第190页。
23	《清光绪二十一年四月会书》	同上版。	摇会	30元	每年四月一次。	10人,无共股。	称呼上看,以汪姓族人为主。		《徽州文书》第2辑第6册,第190页。

续表

序号	会书名	会书形制与会名	类型	会额	会期	会股与人数	会友身份	说明	出处
24	《清嘉庆二十年腊月立首会硕南会书》	1.版印；2.五总会。	摇会	100两	六个月一次。	会股15股，实14人，其中有人占双股。	称呼上姑、叔、侄居多，亲戚为主。	该会系摇会的变型。本来摇会的次序不定，但任五总会中，五个总会首的会序是可以确定的。一会付首总领，二会付二总领，五会付四总领，七会付四总领，九会付五总领，其他公摇。	《徽州文书》第2辑第10册，第14—19页。
25	《清嘉庆十九年江天然抄会书》	手写。	摇会	100两	五月初一、十一月初一。	会股15股，实13人，其中有人占双股。	1.有姚、黄、汪、程、朱等姓；2.多用先生称呼。朋友居多。	—	《徽州文书》第3辑第6册，第252—256页。
26	《清同治九年四月首会人吴天顺立会书》	手写。	轮会	50千文	十月一转。	10股，实14人，有四会共两人共。	吴姓11人，亲族为主。	序言明钱会主旨，提到阮籍创钱会以义为利。	《徽州文书》第4辑第8册，第476页。

续表

序号	会书名	会书形制与会名	类型	会额	会期	会股与人数	会友身份	说明	出处
27	《清同治十二年二月首会立人吴大富立会书》	手写。	轮会	50千文	十月一转。	10股，实13人，有共股。	吴姓10人。	有一股有吴德四与汪上明共，可推知，此股系吴德四与会首关系密切。	《徽州文书》第4辑第8册，第480页。
28	《清末民初首会元坤会书》	手写。	轮会	30元	—	11人。	会友名字前无姓，推测是吴姓族人。	该会书极其简单，无序言，只有会友名称，次序，出资。	《徽州文书》第4辑第9册，第427页。
29	《清咸丰九年六月陈海棠立邀会书》	手写。	摇会	20千文	一年一摇。	10人。	会友全是陈姓，内有4个祀产组织。	每次收会，在会友名字上方再批得会时间。	《徽州文书》第5辑第2册，第302页。
30	《清道光二十五年江利明立会书》	手写。	摇会	20千文	一年一摇。	10人。	郑、江、汪、朱、许等姓，还有一僧。其中郑姓稍多，应是亲友为主。	—	《徽州文书》第5辑第3册，第154-156页。

续表

序号	会书名	会书形制与会名	类型	会额	会期	会股与人数	会友身份	说明	出处
31	《清咸丰五年十一月郑惟新立会书》	手写。	摇会	40千文	一周年一轮。	10股,11人,有一股两人合。	1.会友名字后基本有叔、侄、哥、弟称呼;2.除一人程姓,皆姓郑。	—	《徽州文书》第5辑第3册,第159—161页。
32	《清光绪十九年江秋元立会书》	手写。	摇会	40千文	周年一摇。	10人。	1.郑、程、叶、许姓;2.称呼上叶姓、程姓、郑姓与会首有姻亲关系。	—	《徽州文书》第5辑第3册,第165—167页。

[立会人员]从身份关系上看,以亲、族、友、邻里为主。上面的会书中,最多的是亲戚、同姓,也有亲友参半的。完全是朋友的相对较少。我们也能看到,有些会的会股是共股,这有两种可能:一是负担的问题。两人或多人共股,出资压力相对较少。二是,共股其中一人与会首关系不错,另一人只是被该会友拉上或引荐。这种情况,可在吴大富会书中见到。

从主体上看,不仅有个人,还有组织。有的会书中,能够看到祀产、祀会、神会等组织参加。可以说明,钱会的融资集资功能对于团体组织也是有帮助的。它们平日可能需要放贷经营,通过钱会的运作,能达到储蓄的目的。另外,有些会组织遇到大型祭祀活动或者修建祭祀场所,如祠堂、神庙等,钱会融资是一种好手段。

总言之,钱会的参会人员基本是乡村生活的熟人,与借贷圈子差别不大。在一个人有困难的时候,首先想到向自己的亲人寻求帮助,要么是父亲这边的族人,要么是母亲那边的姻亲。根据自己的需要,盘算需要几个人加入,然后开始起会。如果自己的亲戚不够,这时候又会想到左邻右舍,或者朋友。凑足十来人,便可将"会"做成,募集到想要的资金。

参会的人也不全是为了帮别人,自己也有小算盘。有正好借这个机会,筹划着来年或者某一年的大事,比如儿子结婚或者置产。

[会额]会额的单位有三:两、元、千文。光绪十六年铸造"龙洋"系列的银元获得成功,所以"两元并行"。"两"与"元"属于相等币值。"文"是铜钱的单位,1贯铜钱等于1000文,又可换作1两白银。所以,两、元、千文,实际是相等的币值。将表6.19中32件会书的会额予以归纳:会额10的有3件;会额20的有3件,会额24的有1件;会额30的有6件;会额40的有5件;会额50的有3件;会额60的有5件;会额70的有1件;会额100有5件。

从数量上看,30—60的会额居多。要注意一个细节,即会期。有的"会"半年一期,以会额20、30、40为主。会友相同的情况下(基本上是十友),这些"会"比一年一轮的出资频率翻倍,可以说会额实际与一年一次的相同。

[会的融资用途]很少有会书直接提及钱会的融资用途。那么,10两

或者10元在清代能做什么？

王家范先生对清代江南的年消费有考察：每年每户（一家五口）口粮为15—18石，又1石米=银1两，口粮约需银15—18两；副食之类，约7两，主要是油盐荤菜蔬之类；衣物支出3两；燃料3两。共约银30余两。① 如果米、菜自给，消费要少很多。前文提到，加上生产消费支出，可能需要50余两。这还是未加上婚丧消费支出的情况。

有人对清代婚礼消费做过研究：一是彩礼与妆奁。富者百金，贫者也需数十金。二是婚宴消费，富户数千金，一般的数百金。三是仪仗、服饰支出。上海地区约3千文。四是谢媒开支。② 这些研究都是大概，可能有夸大的成分。但再怎么省，婚姻对于彼时的乡民而言都是一笔大的开支。

丧葬支出也是大笔。许骥的《许村》有介绍清代的丧葬习俗，并且利用账簿等材料对丧葬费进行说明。一是棺材寿衣。富裕之家，如歙县吴氏之《养真山馆寿衣棺材支出》（光绪二十五年四月立）记载：棺材需25.0756元；寿衣需35.0267元。一般家庭，如前溪胡氏《支用账》（道光十九年立）之"寿衣账"，合计为11.4元。其主要差别在寿衣的材质和做工。二是报丧戴孝。需要挂白幡，请和尚做法事，家人披麻戴孝。三是入殓、设灵堂。入殓需要"左手金，右手银"，"金口钱"，有的是象征性的替代品。还有"通衣""开明眼""盖棺"等程序，每一步仪式都有物品和金钱消耗。布置灵堂也是，要搭建灵堂，也要请和尚念经做法事，样样都有开支。四是"做七"。祁德馨堂民国十七年（1928）《丧务账》有记载："首七，元月初九，开路经和尚四人；二七，元月十四，自请；三七，元月十九，家祭十人；四七，元月廿三，自请；五七，元月廿七，解结破血湖；六七，二月初五，拜忏；七七满，二月十二日，家祭十人。"五是"回呼"。正呼的白天，家人要在家门口的场子焚烧纸扎的日用品给亡人，有床、桌、凳、箱、马桶、火熜、被褥、衣裤等。祁德馨堂纸扎所用的各色彩纸支出三元一角，锡箔、爆

---

① 王家范：《明清江南消费风气与消费结构描述——明清江南消费经济探测之一》，《华东师范大学学报》1988年第2期。
② 宋立中：《试论明清江南婚礼消费及其特点》，《苏州大学学报》2005年第1期；吴正东、姚伟钧：《清代湖南婚姻礼仪消费及其特点》，《江西社会科学》2012年第2期。

竹支出六元,纸扎工钱一元六角,各项应酬四元二角,共计14.9元。六是出殡。有偷丧、寻丧、爬丧、发丧、祭丧等程序仪式,也有各种支出。七是点主。棺材出了水口,孝子即请族长或地方绅士给牌位的"主"字点色。进行一段法事后,神主入祠堂。

民国十九年(1930)祁德馨堂的《丧务账》对入殓到出殡过程的账目有记载,一共是134.837元。祁德馨堂民国时期经营盐务,为富裕之家,所以在各项支出上的用度和材质应该是最好的。即使如此,一般家庭的棺材、寿衣、各种仪式的开支加起来也不会少于数十元。

再来看投资。《清咸丰五年九月高为先等商业合同》可以作参考:

> 立合议高为先同侄观和,缘身于嘉庆廿一年在扬州创开京货店业,受尽辛苦,皆系外面张罗,家内并无分文店本。至道光十二年,侄观和抵扬,在身店内做生意。其人随身近十载,颇以勤俭持躬,谦恭待物。身因家事无人料理,兼造宗祠、轿路、亭舍,非身亲办,恐难善始善终。因于道光廿二年,将店业全盘交侄观和执管,各谱及外往来项,亦交观和经手,并无外欠,辞店回家。自道光廿二年至咸丰三年,观和各事均守规矩,交身银洋,以作官利。乃因咸丰三年二月,扬州突遭兵祸,观和将店货搬到盐城,约钱一千有零,作对外间欠项,仍余作为支本。续于八月迁到邵伯,刻下邵伯新开店业。扬州老店,兵退之后观和亦勉力撑持,颇受风霜之苦。但身还有锡货、礶子、家伙全副,亦是身手上所办。迩来派下各侄皆有争夺店业及礶子之意,不思扬州一物一钱,皆是身一人辛苦而致,并非大众之物。因凭亲友集议,将扬州押租店本散财,作足钱壹百千,邵伯押租散财,较扬州作价壹伯,礶子亦作钱壹伯千,尽行交与观和执管。每项递年包子金廿四千,共成七十二千,历年不得短少。倘各胞侄欲想此业,不妨各认各业。凭公另行出据,与身归本包利,无所不可。若本利两空,悬争此业,身在日,有身支当,与观和无事。身故后,观和不妨即以占夺欺争,呈公理论。或此后又遭兵祸,不在此议。若托天福,侄辈能在扬州常做生意,议内之钱,固尔不得短少。倘兴隆有日,不忘木本水源,亦思另行儹财奉敬。两无异言,立此议据,一样两纸,各执一纸,永远大发存照。

咸丰五年菊月日立合议　高为先(花押)①

高为先于嘉庆二十一年(1816)只身到扬州开创京货店,当时家内并没有提供什么支持。到道光十二年(1832),他的侄儿观和来到扬州帮忙打下手。侄儿跟随高为先十多年,人谦恭勤俭。由于高为先徽州老家有事要处理,道光二十二年(1842)便将店业交给侄儿打理。这之间,观和一如既往,各事均守规矩,并按时给高为先交银洋官利。但是,咸丰三年(1853)发生了洪杨兵燹,扬州的店业不能继续经营,只能搬到盐城,当时余钱也就一千(文)有零。后来,又辗转邵伯。待扬州兵退以后。观和再回扬州老店,艰难经营。于今是咸丰五年(1855),高为先的其他亲房惦记这点产业,想插手分利。高为先作出了说明,扬州的店押租店本100千文,邵伯的店也作100千文,其他家伙亦作100千文。此三项,如果有其他侄儿想经营,每年每项的租金是24千文,共是72千文,可以各自认领。我们不再深究高为先的家庭纠纷,要注意的是每店每年的租金,即24千文,这可以说明当时投资的一个大概。

尽管我们不能够直观知晓钱会融资的去向,但通过比较家庭生活支出、婚丧等大事的费用,以及小本投资的额度,基本上能够体会到钱会融资的功用。可以说,钱会从10两(千文)到100两(千文)的融资幅度,对于家庭大事支出以及经商投资非常有帮助。

二、钱会的显著特征:利率、分期、效率

借钱还钱的负担,不仅是本,还有利。如果利太高,对于借者而言,则会压力大,甚至难以承受。钱会最大的优势,是将利率通过分期的形式予以平分,以至于在每期利率上低于市场利率。

前文经过轮会、摇会、标会的案例推演,基本能够判定,无论是哪种会式,钱会的各会友不管是借或者贷,通常年利率在10%以内。利率低于市场20%的年利率,这是此种融资模式在民间长期存在的关键。如果利用

---

① 《清咸丰五年九月高为先等商业合同》,俞江主编:《徽州合同文书汇编(点校本)》,桂林:广西师范大学出版社,2020年,第1412页。

钱会筹款 100 元,每次还 20 元,六次还清。看起来最后还了 120 元,多出 20 元的利息,利率是 20%,但平均到六年里,就只有 3.33% 了。这对于要购买不可分割的大额消费品(婚丧支出算在内)或者投资而言,确实是不错的融资方式。

分期是钱会很重要的一环。一般的情况是,如果一家要购买不可分割大宗消费品或者投资,无外两种方式:一是利用之前的存款、积蓄。这些积蓄也是一年一年积攒下来的。俗有"攒老婆本",取媳妇也要自己存款、积蓄。二是向有闲置资金的家庭借款。这两种方式一个需要利用时间积累,即有时间成本,一个需要承担相对高的利息,即付出利息成本。在提高效率和平抑利率的情况下完成融资,是钱会的优势。

钱会的效率在首会的取得会额方面体现得最为明显,会首有优先使用的权利。当然,这也是他发起钱会的功劳。会首在短时间内融资到自己需要的资金,不用长时间积蓄。另外,通过分期还款的方式,降低了利息率。有的会首还不支付利息,则更为划算。

这里还有会式的问题要交代,正因为轮会的次序固定,所以对于有些会友而言,由于自己突如其来的变故,可能要用钱,但又不能即刻得到,如此除非调换顺序,没有别的办法。然而,次序与出资是相关的,调整也要相应改变。相比而言,摇会要比轮会在协商成本上更有利、更公平。但总的来说,摇会还是不能主观决定得会次序,假如自己想用钱,在钱会里不一定能及时得到回应。如是,便有标会的产生。标会则可以利用"投标"自我决定得会次序。当然,未得会者由于等待的时间,利息收益可能更高。

有研究者通过研究现代标会与金融机构、民间借贷之间的融资效率,得出标会是一种比农村信用合作社、民间借贷更有效的融资方式。其援引的是七人标会(算会首八人),除了会首和第一位会脚以外,其他会脚的利率都低于商业银行、信用合作社和民间借贷。[①]

轮会较传统的借贷,已经在效率和利率上有改变,摇会及标会则在钱

---

① 陈德付、戴志敏:《标会的投融资效率研究——来自温州市苍南县的一个案例分析》,《财经研究》2005 年第 9 期。

会自身效率上做出了调整,这些都是钱会的显著特征。

三、倒会

"倒会",即会员不继续出资,以致"会"延续不下去的情况。这种情况,不仅是现代人们对钱会所担心的,在清代钱会的会书中,也能够见到要求"有始有终"或者寄望"言而有信"的字眼,甚至出现了首会或者得会者将财产抵押在会内的押会契。

然而,清代乡村社会,发生倒会的案例并不多见。所以,难以判断倒会的原因。倒是现在倒会的案件常有。对比而言,如果能够清楚现在倒会的缘由,也就能反观清代为何倒会发生的概率小了。

一般认为,现在钱会倒会的原因有四①:

(一)资金用途异化。主要是将资金用于赌博或者放高利贷。如此,一部分人无法按时收回,就只好借新债还旧债,尤其是有些人再次参加其他的会,"以会养会"或者"以会抬会",这样实际上是自身亏空,却创造出资金链。若无法按期交纳会款,资金链就会断裂。

(二)利率水平偏高,还款压力大。我们知道钱会是通过分期来降低利息的,但是在福建、浙江等地的钱会中,出现了"十日会""五日会""日日会",这样一来,本来通过钱会筹集的资金,在会期较短的时间内很难投资运作,也就不能产生新的收益,加上还款周期的改变,利率自然上升。

(三)资金规模的无度扩展。会额攀升是现在倒会的一个重要原因,也就是集资形成的会额超过了农民手中闲置资金的承受能力。如浙江宁海出现百万会额的会,加之开会的周期越来越短,资金链紧张,出现周转不灵的情况。

(四)人员流动性大,有时存在欺诈或者恶意违约。现代社会人员流动性大,已经打破"熟人社会"的圈子。如此一来,有些参会人员在得到会款后,选择逃跑式的恶意违约或者有些人本来就是想通过这种方式欺诈集资。

---

① 冯兴元、李莉莉、何广文:《钱会》,北京:经济科学出版社,2012年,第96—99页。

综观四种原因:第一种情况,清代和现在都可能出现。在清代的会书中能见到一人参加此会又参加彼会的情况,这种以"以会养会""以会抬会"可能导致资金链复杂化。

第二种情况,是现代将会的模式进行了改变,重要的是改变了会期。清代的会期,最短的是一个月一次,这种情况很少。一般是一年一次,以轮会为主。摇会,常是半年一次。这种会期利于会友通过其他方式积累会金,从而平衡每期的资金输出。

第三种情况,资金规模上,清代的会金基本在100两以内,较多的在20—60两,相比一年的收入(35—50两),不算过高。一般的家庭可以承担。

第四种情况,是最主要的改变,即人文环境发生了变化。钱会的运作,重在会友的选择。清代的会基本上在亲友之间,常是两方亲戚,父方或者母方的亲属,他们是组建"会"的主力,大家彼此了解,信息基本对称,在组织"会"的时候已经衡量了各自的能力。即使是朋友,也都是乡村邻里,经常在走动,不会因为拿了会钱,而落一个弃家不顾的名声。

那么,清代有没有倒会,如何处理?这种情况是有的,《畏斋日记》中便有一段记录:

> 十八,天晴。午后平含章兄原打九子会。其会今年第五会,众议不成会,只将前领过者照例交出,付未领者均分,三面以前会账俱扣算清。本年身与润可叔、文赞叔、庭树兄、含章兄俱各该领去银三两。身扣欠载尚二次小股本利,又含章兄四会小股本利,并坐今年小股,净找来银一两八钱四分,系怀仁叔交出者。以后俱系领过者交出,作五股均分,至乙酉年满。其会酒肴三钱(五股敷银各六分),酒每人一轮。①

詹元相他们本来成立九人的"九子会",会已经到了第五期,但是大家"众议不成会",不知何因不继续下去了。会没有进行完,如何处理?"只将前领过者照例交出,付未领者均分",并且算清账目。乡村的习惯

---

① (清)詹元相:《畏斋日记》,《清史资料》第四辑,北京:中华书局,1983年,第226页。

很清楚,如果钱会没有进行完或者败了,钱哪里来便回哪里去,领了会额的照例交出算账,让未领的一起参与结算,互不相欠。

可以说,钱会的成长环境是熟人社会,大家互相了解,如果出现倒会的情况,基本上是照规矩,钱哪里来回哪里去。这种处理方式,是建立在信任约束机制上的,如果有人打破这种约束机制,其不仅在钱会这种融资模式里难以存在,其他的生产生活也会受到影响。这是古代钱会与现代钱会最大的区别。

但是,即使如此,我们不能否认钱会的融资效率和功能,如果出台相关法律,将钱会的副作用——如会期短、利率高、会抬会、会员的基本信用等情况纳入法律监管体系之内,是可以引导钱会向有利的方向运行的。我国台湾地区所谓"民法"的做法便是在尊重私契的基础上,用法律规避契约自由带来的不利,这是值得我们学习的。

小结:钱会与乡村金融秩序

金融也是一种秩序,在钱庄、票号还不能满足需要的乡村社会,个人与亲朋、宗族、会社之间的信用借贷与抵押借贷是常见方式。但是,在需要大额消费开支或者投资时,信用借贷和抵押借贷有自身的限制和缺陷,不能及时地满足人们的需要。如此,钱会应运而生。

钱会是一种合意的融资方式,会书是会首与会友之间的合同。这种"合同"很难等同今天的规范合同,难以说是单向、双向的关系。会首和会友或者会友之间的关系扭结,不便分清方向,这也就导致他们之间的债权债务关系变动不居。当然,我们能够从会书里面看到借款组和贷款组的不同位置。对于清代乡民而言,他们不担心这种复式的借贷关系复杂,会友之间彼此熟悉,如果会继续不下去,钱从哪里来,就回到哪里去。

钱会有轮会、摇会、标会三种类型,这是依据得会方式而进行的划分。当然这些类型还可以根据出资的情况再进行细分。轮会的次序自我认定,摇会则是通过射幸行为确定,标会是按照自我认"利"的方式确定。它们的出现,是人们按照"公平得会"的原则而不断改变的结果,也是人们利用"会"进行自主融资的逐渐改变。

钱会最大的优势是利率分期和大额融资的效率。一个家庭的收入有限,如何能够融资到大额资金,又如何能够将利率平降下去,是他们碰到经济问题时不断所想的。

通过钱会的研究,我们看到乡民自我应对资金融通的秩序。但是,这种秩序不一定就是牢靠的,由于合意关系的松散,会友之间的保障可能因为信用破裂或者资金链断裂而失败。现在的钱会常常出现这样的问题。这也就需要法律的介入,将其进行规范。既然这种关系已在社会存在,并持续运行,那么,我们应该将其纳入法律的范围,如果现有的民法体系不能调整或者难以规定,应正视它的特殊性,在大原则下(比如认定它是合同关系),规范它的弊端,让其有序发展。

第七章 "会"习惯的机理——比较的视角

在明清时期,"会"已经具有组织的概念形式,表达的是一群人因为某种事业而结合的共同体。本章之目的,是在前面研究的基础上,比较祀会、神会、路桥会、文会、钱会等"会"组织,阐明各"会"的区别与联系,进而讨论清代结"会"习惯的机理。

第一节 各会之间的区别

清代基层社会,"会"组织名目繁多,如要认识"会"习惯的机理,或者说找到共性,剖析"会"的差异是必不可少的步骤。这些"会"因不同的目的而立,其组成人员有无区别,以及"会"是因人还是因财产而立,都值得细致思考。

一、立会目的

立会目的一般有二:一是因致力于某事业而立;二是为进行事业而牟利。

(一)第一目的:因致力于某事业而立

祀会因祭祀共同祖先而立。祭祖是人们满足信仰的一种方式。人们相信,祖先虽然去世了,但还跟自己生活在一起,子孙们为了不使祖先冻馁,在固定的时节结"会"致祭,安抚祖先的灵魂。祖先享受后人的祭祀,赐给后人福胙,让后人们发富发贵,子孙绵长。

神会因祀神迎神而立。举头三尺有神明,这是也是传统中国人信仰的一部分。在神会中,人们通过参与迎神赛会活动,从中体验和分享共同的信仰,强化内在的认同,摒弃心中的不确定,相信神祇可以给自己以及家庭带来好运。这些是神会会员在成立神会时所期盼的。

路桥会因修桥修路而立。桥道津梁本是公共工程,乃政府之责,在州县官的考核中可见一斑。但在政府职能所不能及之时,人们只能自我为之。建桥修路,对于成立路桥会的人们而言,有利己也有利人的一面。

文会因兴文应试而立。在儒家看来,教民是君主的职责,不教而杀谓之虐。科举取仕是为朝廷服务,文教应该由政府兴办。但在官方教育缺乏的乡村,文会起到了弥补作用。立文会,对于立会之人而言,直接目的是应试科举。另一面,通过学习与讨论,也接受了官方价值的教化。

钱会因融资互助而立。钱会的经济目的最为强烈,立会之人为筹措资金或者累积利息,直接受益的是钱会的会首与会友,不涉及会外之人。钱会是农业社会金融缺乏的补助机制,最大的优势是利率分期和快速取得大额融资的效率。

由此可知,立会目的不同,则成立之会的名目也不同。这种因某事业而成立会的目的,是会设立的第一目的。这种目的,可以定性"会"的种类。

(二) 第二目的:牟利

"会"有第二种目的——牟利。在"会"的成立合同中,经常能见到"放贷生息"或者"续置恒产",也就是采取经营的方式,让"会"牟利,以致"会"可以长期存在。"会"的第二目的是为第一目的服务的,因为有了第一目的,大家才聚会结会。

这里也要意识到,立会目的不同,在于第一目的不同,即"会"为某种事业的不同。会之第二目则是相同的,即通过经营的方式取得财产。钱会运营的方式尽管有别于其他的会,但仍旧是以"多人结合""互助取利"为目的。所以,钱会具有"会"的牟利性是当然的。

在讨论了立会目的之后,能够清楚的是,"会"的种类因立"会"的第一目的而决定。人们也习惯于将第一目的与"会"的命名联系,称作"某会"。立会之第二目的是第一目的派生出来的,不决定"会"的类型,但可以决定"会"的稳定性。

二、人员构成

"会"虽是人们按照自由意志的结合,但"会"的人员构成上不尽相同。要补充说明的是,"会"的人员构成,并非单个的自然人,在清代,家庭是民事生活中的主体,合同或者契约上签署的是一个自然人的名字,但实际上权利义务的归属是一个家庭。

在"会"的文书中,我们能看到有许多神会、路桥会、文会、钱会等"会"存在于家族内部,[①]系同一姓氏所立(祀会系家族内成立的"会",自不用说),然而这些会并非限于家族内部。特别是神会、路桥会、钱会,组成人员已突破家族或者血缘联系,在乡村社会中自由结合。

清代,里社之制已经泛化,人们祭祀的神祇多样,但这些神祇是公共的。祭祀对象既然是公共神祇,则没有哪个家族或乡村可以垄断祭祀资格,故神会以自愿加入为原则,不限于本族本村。路桥会,应对的是公共交通秩序,直接受益人是道路桥梁附近的乡民,但由于交通设施的公共性特征,最终的受益方是不特定的多数人,可以说是"公益"。正因为交通设施的公共性,又由于地缘的关系,组织路桥会的人员构成不会拘泥于家族内部。不过,在清代家族聚族而居的情形下,大的家族发挥的作用可能更为明显。钱会本身就是一种借贷形式,不会有身份限制或者地缘限制,它唯一的立会基础是信用。

文会可能稍微特殊,主要是成立文会的人要求有一定的文化水平。这种门槛将许多人阻挡在外。如此,能够成立文会的人员相对较少,对于自由形成组织而言有一定的限制。常有的情形是,很多家族祠堂在新年或者岁考之前组织会文。这说明,在某些成立文会有困难的乡村,家族之

[①] 胡中生:《徽州的族会与宗族建设》,《徽学》第5卷,2008年。

族产起到了作用。文会与学田之制一样,是因为读书人力量有限,不能成立文教自治组织,需要其他公共资产资助。当然,族产相对于官产而言是"私产",但对于家族内部的家产而言是"公产"。这里,我们不能否认文会的自由结合性。只是说,乡村的文会由于结会人数的缘故,在组建上呈现出家族、族产支持的特性。当读书人走出乡村,到书院等地求学,研文结会,这种文会就自然地突破家族限制了。

较为不同的是祀会,它因祭祀共同祖先而立,在身份上、血缘上自然有要求。即使如此,也不能否认祀会的合意设立性。无论是分家设立还是众子孙集资设立,都是该祖先下的子孙合意行为。可以说,祀会与其他会不同的是,其是家族内部具有身份性、血缘性家庭的集合。

三、实体与虚体:财产的作用

在笔者看来,"会"有实体与虚体之别。这种实、虚之分在于"会"的财产。神会、祀会、路桥会、文会创建之初,常是人们集资,并将资产用于放贷,如此,"会"的财产长期积累在"会"组织之下,"会"因为有财产的支撑,可以经常参与民事生活,可以看作实体;钱会则有别,其财产是开会之时才聚集到会首处,又经过不同的得会方式后,"会"的财产(会额)瞬间移转给得会之人,实际上,"会"本身无有财产,是虚体。

钱会的虚体性,能够将其与其他实体会区别开来。这种区别的本源是财产作用造成的。一个组织赖以存在和稳定的,不仅仅是人们的合意,财产是赋予合意的实在的保障。

但我们不能忽视,"会"最早的形态就是人们之间的聚集会合,并不涉及财产的固定。人们即使是聚会参加活动,也是"凑份子"。如唐代《拾伍人结社社条》规定:"春秋二社旧规,逐根原亦须饮宴,所要食味多少,计饭料各自税之。"①可见唐代的春秋二社,大家在进行活动时才共同集资,不像清代的"会",是集资后,将财产置于"会"内,轮值经管,以供"会"兴办事业使用。所以,"会"的实体与虚体可能导致"会"的种类不

---

① 转引自孟宪实《敦煌民间结社研究》,北京:北京大学出版社,2009年,第98—99页。

同,但不会否定"会"的本质,即人群通过合意聚合,形成集体的意识形态。

总的来说,"会"在成立目的、人员构成、实体与虚体上有差别。但"会"作为清代人群的集合形式,有其自身的共性。继续讨论"会"之间的联系,可以更清楚"会"的内涵。

第二节 各会之间的联系

一、合同设立或合同管理

合同,是两个以上的平等主体或者多个平等主体之间就某项事业共同形成的协定。在中国古代,合同经过了历史生活的历练,清代时已经形成"不能由一方当事人签名""签名方各执一份"的缔约规则。这亦是区别于"单契"的明显特征。[①] 合同需要"合"且"同",也就是订约各方当事人的意识是相向的。而买卖、典当等契,立约人的地位不平等,当事人的意识是对向的。一方负担义务,一方享有权利。合同意识的相向性,利于将个体意识扭结、汇集成团体意识。

前面章节已经陈述,"会"的成立基本是采取订立合同的方式。即便是分家设立的祀会,也离不开分家合同。钱会之会书,也是会友之间约定出资与得会顺序的合同。当然,有些批产或者捐产设立的"会",更多的体现是用合同进行管理。最终的表达是,个体通过合同合意规范共同的秩序。

这些"会"的合同的订约人,可以是一个家族中的若干小家庭,也可以是不同族姓的小家庭。"会"合同是"会"成立的约定,它是个体集合成团体的形式要件。其功能是将个体相向性的意识汇集成团体意识,形成团体规约。这种团体规约,基于一定利益而成立,订约人立约后归属于某

[①] 俞江:《"契约"与"合同"之辨——以清代契约文书为出发点》,《中国社会科学》2003年第6期。

个私团体,以团体名义共同筹划内部利益分配和外部行动。

从会合同的立会目的来看,这些团体规约不仅是为了私益。如路桥会,建桥修路本是义举,服务的是不特定的多数人。这种类型的会还有很多,如明清社会的慈善组织"善会""善堂""丧葬会""保婴会",等等。① 此类"会"组织的主要目标,不是追求自身利益的最大化,而是为其成员或者他人谋求一定的社会机会,具有"互益"或"公益"的目的,旨在增进群体利益和社会整体利益。但作为立有会合同的"会"而言,约束力及于合同当事人,没有超越出私约的范畴。

总体来说,合同设立是"会"组织成立的关键,其能将个人的意识进行扭结,使零散的个人组织化。在人群还是聚会形态时,只是松散的个人汇集,并不一定形成团体意识。当这些零散的个人将共同的意识落实在合同形式里,合同就对立约之个体形成约束,将松散的人群固定下来,从而组织化。

二、会的经管方式

"会"组织要长久的存在,需要财产作为支撑,这就需要经营与管理。钱会正是因为无有自身的财产,所以只是停留在聚会履约阶段,等到会次轮流完毕,就自动解散,未有发展到实体组织的形态。当然,这里不是否认钱会的"会"本质,"会"本来就是人群聚合,财产只是起到增强其组织化、实体化的作用。前文已述,钱会与其他会不同的是其虚体性。这种虚体性是立会时当事人合同约定的结果,钱会之会额在会员之间转移,无需对外经营,这种运行模式已经使会员互益,也就起到了聚会立约之作用。

相反,其他"会",在成立时,会员便将财产注入其内,轮流生放,续置恒产。可以理解,如若祀会、神会、文会、路桥会不将财产用于放贷生息,或者买田置地,则每次会活动都需要会员继续出资赞助,这无形中对于会员而言造成经济压力。因此,立约聚会,创设会产,是良善之举。"会"有了财产后,便可以利用财产参与市场经济。此时的"会",不仅是依靠合

---

① 陈宝良:《中国的社与会(增订本)》,北京:中国人民大学出版社,2011年,第172—230页。

同约束的人员结合,也是财产的联合。在约束力上,增加了一层。

有组织实体的"会",如祀会、神会、文会、路桥会,在"会"的经管方式上大同小异。经营上,基本是放贷取息、购置田产用于收取租息;管理上,一般是轮值经管。

(一)经营方式

在集资设立会的初始时期,"会"的财产较少,基本上是通过放贷的方式,将会产出借,收取利息,进行会产累积。在立会合同中,经常看到"生放""生贩"等词,民间文书中也有向"会"借款的借约字据,这些都反映了"会"组织贷借取息积累资产的状况。待会产累积到一定程度后,"会"则购置田地等固定资产,通过租佃来经营。

有的"会"在成立时便有田地等产业,如祀会,分家时留存产业或者子孙商议将某处田地批在会内。此时,"会"可以直接采取租佃的方式经营。

放贷取息、购置田产、租佃田产都是"会"的受益性经营行为。由于"会"参与经济生活,可能发生收支不抵的情况。于是,"会"也进行一些损益性的经营行为,如卖、典当等。

(二)管理方式

"会"的管理方式常是轮值经管,即会员之间轮流充首,管理之人也称"值年人"。这种方式有时也发生一些变动,如二人一班,挨班轮次。采取"二人为公"的方式,目的是防止一人容易在经管的过程中舞弊。实质上还是轮值经管。

但是,"会"在经营的过程中,"会"组织逐渐壮大,如休宁的祝圣会,该会由明末至民国,存续几百年,随着"房"的繁衍、分家等情况,设立人已经支脉繁盛,"会股"的权利享有人可能增加,若还是依据会员共同行事,基本上不可能。如此,便会产生代理经管问题,神会的经管人与权利的享有人可能"脱离",产生专职经管人,如司年、经理等。

三、会的财产性质

"会"是会员与财产的集合,就存在整体与部分之分。到底会产是归于整体的"会",还是归于会员,认识这一问题,可以厘清会产的性质。在这里须引入两个概念,以利于讨论。

一是"业",即清代传统习惯中的财产权利表达。它的外延比现代法律上的"所有权"丰富,一般包含有物权、债权、继承权在内。权利载体包括田、地、房、山、塘等不动产,以及附着在不动产上的典、当、抵、押,还有物质权利的上层权利,如股分、投资收益等。其特点是,"业"权不强调对"物"的占有、处分,重在对财产权利的利用与收益。

二是"股",又称"股分"。与现代的"股份"不同,应作"股分",其"分"字表示对产业享有的管业资格,仍与"业"权联系紧密。而现代法上的"股份"则表示份额,没有表示资格的意思,这也是经营权与所有权分离的结果。

"会"是由多个会员结合而成,会产向内面对多个权利主体。按照现代民法的理解,"两个或两个以上的的权利主体就同一项财产共同享有所有权的法律制度,抑或复数的个人就同一标的物共同享有同一所有权的法律状态",是共有。① 然而,会产对于会员而言,对应的权利是"会股",是物质权利的上层权利,与所有权的概念有区别。如果用"共有"来描述会的财产性质,总有一些不贴切。

这里继续用传统"业"的概念,可能更好。况且,在清代权利话语里,有"共业"一说,如分家的"众存产业"对于兄弟而言,是共业;合伙购买田地山场,也可以形成共业。共业,即两个以上的权利主体共同享有同一产业管业权利的状态。

"会"的财产有两部分:一是会员出资形成的会本,二是会经营过程中的收益累积。这两部分之和才是会产整体。判断这个财产整体与会员的对应关系,需要一个媒介,这一媒介便是"会股"。又,整体的会产是否可以析分,则涉及"共业"与"公业"的区别。

(一) 会股

会股是会员对会享有份额管业的资格与权利。在会的设立合同中,经常能见到邀股的说辞,如太子神会的"今邀八股"、汪新月祀会的"四人

---

① 陈华彬:《物权法原理》,北京:国家行政学院出版社,1998年,第469页。

同心协力,助出会一股",等等,都说明"股"这一概念已经融入了"会"的事务中。又因"会"的第一目的是谋事业,第二目的才是营利。会股所包含的内容也就有两部分:一是资格,即坐会的权利;二是财产,即对应的财产份额。会的成立合同中,常有的说法是"按股出资",待会资周转盈利,自身壮大,再"按股颁胙"。

祀会是族内子孙以祭祀共同祖先为目的而形成的组织,在组成人员上较其他会复杂。换言之,祀会的形成要求有共同祖先,并以祭祀共同祖先为目的。这就规定了成立祀会之人的身份性。黟县查村江氏的一件凭字可以说明这种严格的身份限制。清乾隆十六年(1751),江姓芳公子孙就义男连生①入祠入会的资格进行约定:"立凭字芳公经手裔江子清等,今为连生入祠入会,批租拾砠并典首日后入祠祭祖,各家子孙不得生端异说。"②连生是"义男",也就是"螟蛉之子",非同姓同宗,所以芳公会才如此慎重,集结立约,要求其批租入会,算是认祖。祀会的身份性限制,也给祀会的财产流转带来限制。如果以复杂的祀会为例说明,可能更好理解"会股"。

直观上认识会股,会股的交易文书是首选。祀会会股在交易时,名称有"会股""会户""会胙"等,有时直接称"会""胙""户"等。而在流转形式上有卖、当、顶等,以卖为常见。笔者以出业方、受业方、会的名称、交易内容、价值为项,整理了15件祀会会股交易契(参阅表7.1)。

---

① 关于义男连生的身份,可参见《清乾隆十六年正月江阿胡立遗嘱》,刘伯山主编:《徽州文书》第1辑第2册,桂林:广西师范大学出版社,2005年,第9页。江阿胡氏在这个遗嘱中,除将产业分给侄儿以外,"其阿夫新置田业内,取拾砠批送芳公会",正好是"凭字"中所说的每年交谷租拾砠的数量。连生还得到"除批过仍存前后三间新屋一所,并田园等业,尽行与义男连生管业,日后永无异说"。

② 《清乾隆十六年正月芳公等立凭字》,刘伯山主编:《徽州文书》第1辑第2册,桂林:广西师范大学出版社,2005年,第7页。

表 7.1：祀会股流转表

序号	文书名	出业方	受业方	会名称及会股份额	交易内容	价值	文献来源
1	清道光十一年二月潘树娈等立出便清明会股契约（歙县潘氏）	潘树娈	兆兰公坐	子珍公清明会；买自序煌名下，一股。	标祀，饮胙。	价钱叁伯伍正。	《徽州文书》第 5 辑第 6 册，第 206 页。
2	道光十八年九月汪裕法立卖会股契（歙县汪氏）	汪裕法	堂侄馥庭	辅公灯会；承祖分授，合身十六股之一。	其会听凭收租，做头、坐会，管业。	大钱捌仟四伯文。	《徽州文书》第 3 辑第 4 册，第 245 页。
3	光绪二十四年胡善聚当新灯会股契（歙县胡氏）	胡善聚	胡应招公会	胡新灯会；合股十二股之一。	会内银钱，田地，账目。	大钱二仟肆百文。	俞江藏。
4	清乾隆五十年七月应炎立断骨绝卖宗实公清明会户契（婺源应氏）	应炎	闰弟名下	宗实公清明会；承父，一户。	自今卖后，一听买人前去轮流充首，收租，领胙。	价银三两正。	《徽州文书》第 3 辑第 7 册，第 358 页。
5	清乾隆五十九年二月李俞氏立出卖温如公清明会契（婺源李氏）	李俞氏	叔名下	温如公清明会；承夫，二户。	自今卖后，一听买人前去换名、领胙、轮首、收租，充首。	价街元银一两四钱。	《徽州文书》第 3 辑第 7 册，第 359 页。

续表

序号	文书名	出业方	受业方	会名称及会股份额	交易内容	价值	文献来源
6	清乾隆八年正月程元烈兄弟立卖胙契（祁门程氏）	程元烈兄弟	程之怀名下	老一阴会；会胙半主。	其胙听自买人为首管业。	价银一钱七分正。	《徽州文书》第1辑第7册，第54页。
7	民国二十七年十月鲍秋喜嫂立卖元宵会字契（歙县鲍氏）	鲍秋喜嫂	鲍连寿名下	元宵会；一股。	租遗下轮流元宵会一股；出卖与鲍连寿名下承办。	价洋二元正。	《徽州文书》第3辑第1册，第352页。
8	清乾隆十九年三月程起冲立卖胙契（祁门程氏）	程起冲	程元玑名下	新一阴会；会胙壹主。	出卖与程元玑名下为业。	价纹银伍钱肆分。	《徽州文书》第1辑第7册，第90页。
9	清乾隆三十四年三月程世杰立卖胙契（祁门程氏）	程世杰	程加灿名下	杰公祀；承祖，祀胙壹主。	出卖与程加灿名下为业。再批，其胙来年听自买人收合做头。	价银二两六钱整。	《徽州文书》第1辑第7册，第145页。
10	清乾隆三十七年十一月程元叙立卖胙契（祁门程氏）	程元叙	房侄加灿名下	老一阴会；承祖，会胙壹主。	出卖与房侄加灿名下管为业。	价钱叁百陆拾文整。	《徽州文书》第1辑第7册，第191页。

续表

序号	文书名	出业方	受业方	会名称及会股份额	交易内容	价值	文献来源
11	清嘉庆二十年十二月程世英立卖胙契（祁门程氏）	程世英	程永昌名下	老一阳会，新一阳会；承祖，会胙各壹主，共二主。	所有会内六、七、八保田租、地租并浮银祭器。	价钱壹仟六百五十文。	《徽州文书》第1辑第8册，第192页。
12	清道光二十三年十一月程端鏵立卖新一阳会契（祁门程氏）	程端鏵	叔彭祀名下	新一阳会；承父闽分，一主。	所有六、七、八保租钱数。	价钱六百正。	《徽州文书》第1辑第8册，第433页。
13	清光绪十三年后四月金春灵等立卖冬祭会契（祁门金氏）	金春灵	族兄祖保名下	冬至会；承祖、冬至会共廿七名，分得本位壹名。	会内各项祭仪、瓷器。	价洋肆元。	《徽州文书》第1辑第10册，第323页。
14	清光绪二十四年腊月金新保立卖春祭会契（祁门金氏）	金新保	金祖保名下	春祭会；承祖手置，共肆拾名，分得本位一名。	各项田租祭器。	价洋肆元六角。	《徽州文书》第1辑第10册，第342页。
15	清宣统三年八月金义文立卖会契（祁门金氏）	金义文	房兄移枝	春祭会；承祖手置，共四十名，分得本身得一名。	立契出卖与房兄移枝名下为业。	价英洋拾三元正。	《徽州文书》第1辑第10册，第562页。

综合来看,会股的出业方与受业方是交易主体,即权利主体;交易内容是会股所承载的权利与义务,是客体。具体如下:

1. 交易主体

会股的出业方,是有祀会份额的家庭或房等。这种财产占有份额,一开始以等份出资或者分家时共业(存众产业)为基础,每家或每房都是均等享有份额。之后,在分家析产中,可能出现全股分授或者等份分授的情况。如道光十八年(1838)汪裕法卖辅公灯会会股,全会共有十六股,其承祖分授一股,即分到全股。也有分到半股,如乾隆八年(1743)程元烈兄弟卖胙契,二人共卖老一阳会会胙半主。说明老一阳会在几次析分之后,程元烈兄弟只是共有半股。

会股的受业方,是具有共同祖先的族人。在祀会会股的交易契中,受业人名前常有亲属称谓,如"堂侄馥庭""闰弟""族叔祖保"等。这说明祀会会股的交易对象有身份限制,也就是需以有共同祖先为前提。这容易理解,成立祀会是为了祭祀共同祖先,如果不是同祖族人,受业加入祀会祭祀他人祖先,实属不通。

2. 交易内容

祀会会股的交易内容应是祀会会股所包含的权利,即出业方将所享有的祀会某些权利转让给受业方。在交易文书中,会股权利包含的内容:有概括说明,只是说出卖与某人名下为业,如乾隆十年(1745)程起冲立卖胙契,将新一阳会会胙一主"出卖与程元玑名下为业";①也有的详细说明,如乾隆五十九年(1794)李俞氏卖温如公清明会契,即将承夫温如公清明会二户出卖与其叔名下,"自今卖后,一听买人前去换名、领胙、轮首收租、充首"。② 这种说明会股包含权利内容的情况,不仅见于祀会会股

---

① 《清乾隆十九年三月程起冲立卖胙契》,刘伯山主编:《徽州文书》第 1 辑第 7 册,桂林:广西师范大学出版社,2005 年,第 79 页。
② 《清乾隆五十九年二月李俞氏立出卖温如公清明会契》,刘伯山主编:《徽州文书》第 3 辑第 7 册,桂林:广西师范大学出版社,2009 年,第 359 页。

的交易契，其他会的会股交易契中也如是。①

通过对会股交易文书的梳理，将会股包含的权利事项予以归纳，如下：

其一，轮流充首。在没有设立固定经管人的祀会中，"轮流充首"是一项权利，也带有义务。职责主要是经管会产、收租、办会。经管会产指的是会的账目、银钱管理以及产业经营；收租，指的是会的田地、山塘、房屋等产业的租息收取；办会，则是每年节庆祭祀祖先时，首人要准备祭祀物质、祭仪及会餐分胙等。首人按照会规要求处理这些事项虽有义务性，但在有的祀会经管中，有一定的报酬。如祁门磻溪陈氏在"存祀办祭文约"中规定："一，迭年三月拾捌标祭，其祀钱除外，存钱五千文正付当年首事收领，至次年会期加二付出，将本付下首人，收其利带至浮邑墓所，付新首二人、旧首二人均分。倘不到与祭者，不得争论。"②这里五千文付当年首事收领，首事可以将钱放贷生息，到来年办会时，将本交下首二人，并将利息让新旧首人四人均分，算作酬劳。

其二，坐会。坐会是会户不"做头""充首"时参加祀会活动的说法，表明有参加祀会祭祀、会饮等活动的资格。如婺源李氏《清明簿》会规写道："一议，迭年清明节后五日，每公位下轮一人至李坑祭扫，多则三人，吾公股孙，每人给路用钱壹百文。"参加祭祀虽是义务，但"路用钱"是参加祭祀的"福利"，也可看作一种收益。又"一议清明酒，比如三月初一清明，初六下李坑，初八夜办做清明，货物起首酌定，每股一人至席领引"。③清明酒是祭祀后的会饮聚餐，这里约定每股一人入席，可以看到聚餐资格是按股确定的。由于有路费福利、聚餐等，坐会不仅是资格，也能带来收益。

---

① 如一份关帝会会股出顶约："立出顶约人邱光仁，今因身父病故，缺少丧费、棺木、钱粮外，欠一切等项无措，自情愿托中将承祖关帝会一股，凭中立约出顶与同会人建普、建水、光岩、光镛、光赐、宗有六人名下前去收租，办理敬神做会管业。"可见，关帝会会股包含的权利是"收租、办理敬神做会"，即收取关帝会之会产租息，迎神做会。参见《清道光二十二年五月邱光仁立出顶关帝会股份约》，刘伯山主编：《徽州文书》第1辑第6册，2005年，第145页。

② 《清乾隆五十五年三月祁西陈遐公秩下人等立存祀办祭文约抄白》，刘伯山主编：《徽州文书》第5辑第2册，桂林：广西师范大学出版社，2015年，第183页。

③ 《清光绪三十年九月立婺源李氏〈清明簿〉》，刘伯山主编：《徽州文书》第3辑第9册，桂林：广西师范大学出版社，2009年，第295页。

其三,领胙。"胙"本是指祭祀用的牲肉,在祖先或神明享用后,祭祀人食用,可以得到赐福。后逐渐演变为祭祀使用的祭仪都可认为是"胙"。有些祀会在准备牺牲之外,还有饼、清明粿等,以备颁胙。如黟县北乡程氏约定:"寒食之日,设办祭费或饼。"①祁门吴氏学崇公秩下人等也在祭祀合同中提到:"递年清明前四日,照丁标拜,学崇公坟茔发粿颁胙。"②这些饼、粿都可以说是会胙。

要指出的是,祀会会胙与祀会会产分不开。有些祀会在成立之时,由于祭资有限,约定"日后会内兴隆,再行颁胙"。③

会股交易文书内提到的轮流充首(收租、办会)、坐会以及领胙等,只是会户在祀会里因身份资格所享有的一些权利,这些权利并非会股的全部价值。从表7.1内会股的交易价值可见,祀会会股的价值不等,有的是"价银三两",有的是"价纹银伍钱四分"。这种不同,源自祀会会产的总额和会股数量。如果某会的会产丰厚,会股数量不多的话,平均到每股的价值就较多。可以说,会股的流转不仅是将身份出替与受业人,也是将该身份所占有的祀会财产份额流转给受业人。

从会股的交易与内容来看,会产在会员的心中,是按份共业的,即两个以上的家庭,对会产按照确定的份额,享有使用、管理、收益的权利并承担相应义务。

(二)会产的析分

清楚了会股的内容后,对会产是否能够析分要作说明。毕竟合会后,各会户之产已经是一个相对的整体,在此整体上进行经营收益,产生累积,壮大会产。对于会户而言,会产虽说是按份共业,但会户并不能够单独运作与支配所享有的会股。

《畏斋日记》中有关帝会会员户借关帝会会钱之事,可以说明整体会

---

① 《清乾隆五十七年二月程元露等立合议墨》,刘伯山主编:《徽州文书》第2辑第10册,桂林:广西师范大学出版社,2006年,第323页。
② 《清光绪三十三年三月吴学崇公秩下经手人德伏等立束心合文约》,刘伯山主编:《徽州文书》第2辑第2册,桂林:广西师范大学出版社,2006年,第172页。
③ 《清同治十二年二月如渭公支下嗣孙首事人华生、华铎等经管祀会合同》,俞江主编:《徽州合同文书汇编(点校本)》,桂林:广西师范大学出版社,2020年,第1445页。

产对于会户的意义:"三十,天雨。原新关帝会存银二两八分,常,今怀仁叔借去五钱六分,写西充坞田租一秤九斤押,契冠六收;冠六借去六钱,写禾良坑田租一秤半押,契身收;身借九钱,写东边段田租二秤零五斤押,契怀仁收(四十二年正月十四,三人俱还银讫)。"① 怀仁叔、冠六、詹元相是关帝会的会员户,他们都有向新关帝会借钱。为了防止各自谋私利不还或者因偿还困难赖账,三人都用田租作为抵押。有意思的是,借据互相存放于他人处。这里告诉我们的是,关帝会之产对于三人而言,是"公业",这里的"公"是集体之"公",与个人之"私"相对。

祀会是自愿、合意设立的,所以在祀会运转不周或者出现问题时,会户之间可能出现分析祀会的情况。在已有的祀会分析合同中(参阅表7.2),分会原因一般有二:一是经营原因,"会内子孙所欠资本累积渐多,不能还",或是变卖会租。这种情况,往往会导致祀会会产亏损,难以维持运作。二是祀会组成之族人人心不一。这主要是家族"枝大叶繁",房支众多,人心不古,希图瓜分,导致祀会难以管理与维系。

表 7.2:祀会析分表

序号	文书名	会名	析分人	析分原因	析分方式	文献来源
1	清康熙四十六年三月江神赐等立议墨分单抄白	—	神赐、春九、宗洪等32人。	1.会内子孙所欠资本累积渐多,不能还; 2. 累年争竞,恐生讼端。	1.将各人名下所欠资本各分玖钱,仍多者补出不欠会资者; 2.将会内散田作价抵与均分; 3.仍存田租、豆租为会内标祀之需。	《徽州文书》第1辑第2册,第6页。

---

① (清)詹元相:《畏斋日记》,《清史资料》第4辑,北京:中华书局,1983年,第241页。

续表

序号	文书名	会名	析分人	析分原因	析分方式	文献来源
2	清咸丰元年十一月双公祀会支丁定添等立分单	双公会	双公会支丁定添等8人。	今有支丁向会内移借祀租变卖，恐后效尤，祀会必败，祖宗馁。	1.将祀租四股公分（后有分析详情）；2.其钱粮各股照租推纳；3.祖宗时节祭祀各股支丁祭拜。	《徽州文书》第1辑第5册，第462页。
3	清康熙五十五年九月程兆相等立合同文约	上七会	程兆相、璋盛、元茂、起声。	因起声自愿出会。	起声愿要两处租，共四秤。	《徽州文书》第1辑第6册，第491页。
4	清乾隆五十七年十一月济阳江族庞村派福寿公支裔江上峰等立合墨	冬至会	卓公支下福寿公支裔、寅简公支裔。	希图瓜分。	各族所输银两、兼权子母，共计若干数，原璧而归之，从此分离。	《徽州文书》第1辑第5册，第101页。
5	清光绪二十一年正月吕日高定立契簿	良密公会	良密公支下文长、文佳二公支下人等。	原是四房人等七股均做，至今人心不古。	1.三房文佳公七股之二，股抽出自做，又长房文长公合派半房七股之一；2.三股合身，新立祀会。	《徽州文书》第3辑第4册，第214页。

祀会的分析有一定的原则,总结如下:

1.依形成祀会的份额析分

祀会一般是按份出资设立,或以分家时留有众存产业设立,或批产设立(这种批产设立延续到后代,也成为共业祀产)。分家留存产业设立祀会与批产设立祀会的会产,基本上是同一祖先下的每房或每家都有份额。等份出资设立祀会,由于等份出资有自愿性,可能共同祖先下子孙并非全部出资。这在祀会分析时能够看到差别。如光绪二十七年(1901)一份合同记录了良密公会分析的情况,良密公秩下有四房人等兴立的良密公会,四房人等分作七股,历年均做会。由于"人心不古",于是"三房文佳公七股之二,股抽出自做。又因长房文长公合派半房七股之一,二房合议,合身三股,历年均做……新立祀会"。① 可见,四房人等的股分并不是平均的,长房只有半房参加,占七股之一。并且长、三两房人等在成立新祀会时,也不是平均出资,长房出一股,三房出两股。因此,如果是按份出资的祀会,在分离时也是按份分析。这不同于祀产按房分配的特点。

2.会股含有会本与经营盈亏

会股交易时,拥有祀会会股的会户可以轮值充首、坐会与领胙。这是会户作为祀会成员的权利,是一种身份资格。即便说轮值充首有工资,坐会与领胙能够享受聚餐和分祭仪的权利,但是这些收益只是身份资格的一种外在形式。具体到会股的财产权利,则应该是会股占有会总资产的份额。

由于会成立时是会户共同出资,会产即各会户资产的加总。各会户的原始出资是会本,待会经营发展到一定程度,会的总资产增加,增加的部分即盈利。在分会时,会股的价值是会本与盈利的和。如济阳江族在复兴冬至会的合同中,对乾隆五十五年(1790)分会的表述是:"各族所输银两,兼权子母,共计若干数,原璧而归之,从此分离。"②此话简洁,但指出了祀会分析时会股所包含的财产是有"子母"之分的,"母"即会户的原

---

① 《清光绪二十一年正月吕日高定立契簿之二十》,刘伯山主编:《徽州文书》第3辑第4册,桂林:广西师范大学出版社,2009年,第214页。
② 《清乾隆五十七年十一月济阳江族庞村派福寿公支裔江上峰等立合墨》,刘伯山主编:《徽州文书》第1辑第5册,桂林:广西师范大学出版社,2005年,第101页。

始出资,"子"是会的盈利。最后的分配是:会股＝会总资产(母＋子)/会股份数。

对于经营亏损的会,会与会户都有可能承担责任。如康熙四十六年(1707)的祀会分单,会内子孙借祀会钱,久久不还,导致"累年争竞",有败会的可能。此情之下,大家合议祀会"将各人名下所欠资本各分玖钱,仍多者补出不欠会资者","将会内散田作价抵与均分"。① 可见,处理规则是:一,祀会减少总资本,变现部分股分均分;二,将股分与会户债务相抵;三,不足抵债者将多出部分补足,平衡不欠会资者。

祀会借贷的资金收不回,可以说是"死账",实是祀会的"亏损"。祀会则减少总资本,将部分资本变现成股分,抵消会户债务,也是祀会自身在减债,亦可看作祀会运用会产承担责任。换一角度而言,会户之间欠债者与不欠债者的关系等份有限,不足者补足,平衡不欠者,正好符合会股等份责任的情况。

通过会股与会产析分的研究,我们可以稍作总结的是:会是会员与会产的集合体,并以其财产与乡村其他主体发生着交易联系。会产整体而言是"公业",但若析分,又以股分比例对应会户,系按份共业。

(三)财产的特殊性:会的高级阶段

郑振满先生对明清福建家族组织的研究,提到合同式宗族,与祀会颇为相似。郑先生以陈其南先生的研究为基础,②结合《台湾私法附录参考书》,对台湾移民宗族进行了考察。

台中彰化肖氏的宗族组织,一般是由当时移居台湾的族人集资组成,即先按"丁份"组成奉祀近祖的"丁仔会",再由各"丁仔会"按股集资,组成奉祀远祖的"祖公会"。无论是"丁仔会"或"祖公会",都是以自愿认股为原则,并非所有的派下子孙都参加,各支派持有的股分也不尽相同。③该组织采取按"丁份"的组织形式,其丁份可以陆续加入,具有相对的开

---

① 《清康熙四十六年江神赐等立议墨分单抄白》,刘伯山主编:《徽州文书》第1辑第2册,桂林:广西师范大学出版社,2005年,第6页。
② 陈其南:《台湾的传统中国社会》,台北:允晨文化,1987年。
③ 郑振满:《明清福建家族组织与社会变迁》,北京:中国人民大学出版社,2009年,第157页。

放性。郑先生也说,这种组织形式与福建按牌位组成的散居宗族类似。

台湾的这种宗族组织经过长年的传承,不断吸收新的成员,其丁份扩充相当可观。肖氏的原有丁数是355,至清末的日占时期则有675,扩充了近一倍。其中龙潭边一支,先后16次增丁。

也有一些移民宗族变为"土著"宗族后,采取合同式宗族的形式。如苗栗汤氏"始祖尝"。汤氏原籍广东,始祖为元代迁居台湾当地的"四十七郎"。乾隆五十三年(1788)汤氏族人《始祖尝簿序》记载:"因思木本水源,敛尝立簿,永为享祀……鹏等复念少游海外,追远犹存,更约叔侄一百有奇,各拈花边银一员,积累生放,为始祖祭祀之需。"可见,苗栗汤氏一百多族人,在当地按份集资,组成以奉祀始祖为标志的合同式宗族。该组织创建之初,由每位成员各捐资一元,统一放贷生息,每三年举行一次祭祖活动。至乾隆五十三年,其"尝份"已经增值为每份八元,并规定"放生务要殷实并田契文约为凭"。①

这种"始祖尝",与本文研究的祀会基本属同,类似始祖会。表现为,合同设立,按份集资,成立祭祖组织,放贷生息,陆续增置产业。但稍微不同是,这种祀会组织通过长时间的经管,已经支丁繁盛,资产雄厚,其组织形式及社会功能日益复杂。

道光年间,苗栗汤氏的合同祭祀组织开始创建祖祠,并设立"新规":

> 道光十七年八月六日祭祠,当众公议,尝内叔侄有往郡考试者,每人众帮盘费银叁元;若仅赴厅、县考试者,不得向众言帮。
>
> 道光廿年庚子岁三月廿四日,当众合议,本尝老规,有拆顶尝份者每份准拆佛银捌元。于甲午年合建祖祠经始,至丙申八月落成升龛,依照尝份编次缮写牌名,以垂永久,获福无疆……兹叔侄议立章程,嗣后既写牌名者,永不准拆割并生借等情。纵有贫富不均及不肖裔孙要拆割祖父尝名者,其银准拆佛银捌元,其牌名不能刮去。承受者只得顶名领胙,其拆割者亦不得以牌名仍在,照份均分祀典。至承买人要上牌名者,每份

---

① 郑振满:《明清福建家族组织与社会变迁》,北京:中国人民大学出版社,2009年,第158—159页。

须帮出祠宇牌礼银拾陆元,依众酌议,另立新牌,以享禋祀……

光绪元年九月初九日祭祠,合族到场酌议,重立新簿四本一样,并公戳一颗,分作四孔随簿,公举诚实四人收执。如遇尝内有公务,无论单凭约据,必须四孔合成盖印方为凭准。至应祀之日,各执簿、戳者须献出公看,其应祀费用算结,至次日登(簿),众过明讫,每年盖一印记为凭,后各领回……

一议,佃人要赎田耕者,须向执簿、戳之人通知,传同祠内老成叔侄,商酌租粟、碛地,立约为据,不得擅专。至每年小租粟,系佃人仓贮,如若出粜,执簿、戳人传同祠内老成叔侄,到祖堂公议,定计妥当而行,不得私相授受……

一议,尝内名之裔孙,永不许拆散会份,当念祖先致意津敛之尝祀。纵有不听苦劝愿拆者,必须向公众公顶,无论祀内外人不许承顶。如有私行拆顶者,不得过簿……

一议,上规议定三年一次应会,兹议新规,每年定八月初一为期,牲醴厚簿从中酌量,以应故事,不失祭祀之仪……

一议,祠内叔侄倘有进泮者,抑登明经者,或荐贤书者,公帮花红,俟后公议定规,逐列簿据,立规。①

道光以后,该组织也开始奉祀"开台祖",并赞助族人参加科举考试。这里我们要注意的是有关"尝产拆顶"规定的变化。

成立之时,是准许"拆顶"的,即出卖或者退出,价值是"每份佛银捌元",相当于股分的价值。但是甲午年合建祖祠以后,祖宗的牌位按照"尝份编次"写就,并重新订立了章程"永不准拆割并生借"。即使有"不肖裔孙要拆割祖父尝名",仍旧是"佛银捌元",受业方只能顶名领胙,但拆割者已经对尝产不享有"均分祀典"的权利。如果受业方要上牌名,需"帮出祠宇牌礼银拾陆元"。可见,顶名不立牌的继受,只是享有尝产的收益,不享有入会资格,只有增交"祠宇牌礼银"后,才算是完全享有尝组织的"名分"。

---

① 《台湾私法附录参考书》(第一卷)下,第279—281页。转引自郑振满《明清福建家族组织与社会变迁》,北京:中国人民大学出版社,2009年,第159—160页。

光绪年间,"尝"组织继续发展,组织规定又重修,此次的规定涉及"管理组织"。我们知道,一般的祀会在成立时是"轮值经管",即各会员轮流充首。但该组织已经转变为"专职经管人员":"重立新簿四本一样,并公戳一颗,分作四孔随簿,公举诚实四人收执。"四人收执账簿,还有一戳,关键是此戳有四孔(四份),需四人同时使用。我们看到,"应祀费用"与"田产租佃、收租"都需要四人同时出面,并要求"祀内老成叔侄"到场。这老成叔侄也应是品德在族中有口皆碑、公推公举之人。此时的祭祀组织经营权与财产所有人权利已经分离。

光绪年间的"尝产"又发生了变化,"尝内名之裔孙,永不许拆散会份,当念祖先致意津敛之尝祀。纵有不听苦劝者,必须向公众公顶,无论祀内外人不许承顶",这已经是限制了尝产份额的自由处分。

此时,该组织已是合同立祀会的高级阶段。可能有人要说,这是"尝"组织,不是祀会。笔者以为,这只是名称上的差别,在该组织成立之初,它的设立形式和经营模式与祀会并无二致。但到了高级阶段时,我们发现了与初级阶段不同的财产性质和管理模式。

财产性质方面,股分的处分限制性逐渐强烈,不可随意流转。会产作为整体"公业"的形态逐渐加强。

管理模式方面,不再是会员轮值经管,而是出现了经理阶层。这也促使财产所有人与经营人分离。

总的来说,财产性质与管理模式上的变化,使得高级阶段的"会"组织更像一个法人团体。

四、会的内外部关系

"会"是由会户通过合意形成的组织,是会户的集合体。那么,"会"存在两种关系:一是"会"的内部关系,即会户与会户之间的关系。二是"会"的外部关系,即"会"整体与其他主体的关系。

(一)内部:合同关系

"会"一般由合同设立或者通过合同管理,这也就决定了"会"的内部关系以合同关系为主。合同的最大优点是将不同主体之间的意思进行同向扭结,形成集体合意。这种合同关系体现在经济生活中以共同行为与共同责任为特征。

1.共同行为

共同行为,指的是会户之间在经营与管理方面,应该是集体合意行事。会户之间如果无共同行为,即是对"会"合意的违反,也就破坏了"会"组织。

具体而言,在管理上,常能见到会户再次合意调整管理规范。如前文所引《道光九年三月关帝君会经管合同》,即是共同商议如何调整"租种管业"之事;《道光十五年三月姚宗聘公支下人等经管祀会合同》,为设立德禄公祀会,三房约定,把各房名下未分割的存众产业尽入祀会,实际是对祀会产业及股分的重新调整;《清中后期众桥会人立同心长养条约》,桥会合众租到余坑大培山月形山两处蓄养,但是看守无人,屡遭内外人等左偷右窃,所以订立长养条约,以便更好地看管。

经营上,以买卖、租佃、典当等交易方式为主。要注意的是,"会"在进行出卖、出典等损益性行为时,通常是有份额的会户一起行事。如《清嘉庆八年二月五股关王会立杜断卖豆坦契》:

> 立杜断卖契五股关王会,今因不便,自情愿将会内豆坦一处,土名清湖山顶系经理露字号,计豆租拾伍斤正,计山税三分正。其坦新立四至,东至,西至,南至,北至,四至内凭中尽行立契出卖与撒日亮名下为业,当三面言定,时值价九九银叁两正,其银当日收足,其坦即听收租管业无阻。未卖之先,并无重复交易,以及内外人声说等情,尽身之当,不干买人之事。自成之后,两各无悔,今欲有凭,立此杜断卖契久远存照。
>
> 嘉庆八年二月日立五股　关王会(花押)
> 　　　　　　　　　同　兆朋(花押)
> 　　　　　　　　　　　兆敬(花押)
> 　　　　　　　　　　　日同(花押)
> 　　　　　　　　　　　长照(花押)
> 　　　　　　代笔中见　兴佑(花押)

上件契价银当日收足无欠,再批契领。(花押)①

此份卖契,是五股关王会(关帝会)将会产内一处豆坦卖于撒日亮名下为业。我们看它的签名花押,会发现"五股关王会"后,同有四人"兆朋、兆敬、日同、长照"。卖会产,是损益性行为,应该得到会内有份额人的一致同意。类似的有嘉庆十三年(1808)的程姓关帝会退田契,开头便是"立退契人程关帝会加灿、起霁、元祝、加财、加佶",签名处是"加灿、起霁、元祝兄弟、加财、加佶",里面"元祝兄弟"共一股。②

另一面,在进行放贷、召租、购置产业等收益性行为时,基本由经首人(经手人)来完成。如《清嘉庆元年二月老社会经手人方家升等立召山场田地批》:

> 立召批人老社会,今将土名里高盈山场田地一业,其四至,上至尖,下至垄门,里至凹,外至大垮坑。四至之内,合身分法出召吴社、吴象、吴法名下前去耕种五禾。每长年三面议定,计租豆二斗正。其租逐年秋冬交还,不至欠少升合。如若欠少,听凭管业耕种,不得阻执。恐口无凭,立此召批存照。
>
> 再批,业内现有杂色果木、茶科,尽行管业。吴家升。
>
> 大清嘉庆元年二月日立召批人　老社会
> 　　　　　　　　　　　　经手人　方家昇
> 　　　　　　　　　　　　　　　　夏学清(花押)
> 　　　　　　　　　　　　　　　　江永惟
> 　　　　　　　　　　　　依书　　吴家升③

此是"老社会"出租山场给吴姓三人,是有收益的经营行为,三位轮

---

① 《清嘉庆八年二月五股关王会立杜断卖豆坦契》,刘伯山主编:《徽州文书》第1辑第3册,桂林:广西师范大学出版社,2005年,第7页。
② 《清嘉庆十三年十月程关帝会加灿等立退田契抄白》,刘伯山主编:《徽州文书》第1辑第8册,桂林:广西师范大学出版社,2005年,第127页。
③ 《清嘉庆元年二月老社会经手人方家升等立召山场田地批》,刘伯山主编:《徽州文书》第3辑第4册,桂林:广西师范大学出版社,2009年,第95页。

值经手人同意便可。还有一种最常见的经首人代为行事的情况，即"会"的放贷行为（出借会资）。我们在"会"的设立合同中常见"经首人生放起息"或"归付值年人生放起息"，这种收益性经营行为，一般由经首人完成。如康熙四十四年（1705）王正裕借约，系王正裕借"清明会"纹银二两，契约中只有出借会资的会名、借额、利率、借款人等信息。[①] 不会出现会户的信息，也不会强调"合众商议"。

当然，"损益性行为"需要全体会户共同行事与"收益性行为"可以经首人代为行事并非绝对。如同治年间，祀会"邱冬至会"出卖产业给同族新法祀，"因修坟正月，秩丁商议……出卖与新法祀名下……所有税粮在本户户丁的名冬至会名下收割供纳，毋词，再不另立推单"，即是新法房、新富房、新有房三房经手人代为行事。[②] 这里是处分冬至会的产业，只有几房经手人代表签字。要注意的是"秩丁商议"四字，说明经手人在代为行事之前，经过了会内人等的协商一致，他们的处分不是自己做主。再如，《清光绪七年十月方克厚公会祀长社乃等立收字》："缘厅门前土名前塘田一块，并右边罗围厝署，共计田租二砠正，系昔年振泮公立契当用会内……今支丁得隆之子庆元交洋二元正，向会内赎取契回，其契因被寇扰遗失，无从捡出，因此会长司事人同支丁商议，立收字为据。听从变脱，倘后捡出契字，不作为用。"[③]这里社乃作为司事人，也是同支丁商议之后，写下字据。

概言之，无论是会内会户共同行事，还是经首人代为行事，站在所有会户的角度，会众都是希望参与"会"的经管的，这也注定了"会"是以共同行为为根本，以经首人代为行事为补充，目的是兼顾效率和公平，保障所有有权利份额会户的利益。

---

① 《清康熙四十四年十二月王正裕立借字》，刘伯山主编：《徽州文书》第2辑第1册，桂林：广西师范大学出版社，2006年，第25页。

② 《清同治十二年十一月邱冬至会经手人光镰等立杜卖田租皮契》，刘伯山主编：《徽州文书》第1辑第6册，桂林：广西师范大学出版社，2005年，第162页。

③ 《清光绪七年十月方克厚公会祀长社乃等立收字》，刘伯山主编：《徽州文书》第1辑第5册，桂林：广西师范大学出版社，2005年，第235页。

2.共同责任

会户共同行为的背后含义是责任并非某一个会户可以承担,应该是所有会户共同承担,也就是共同责任。共同责任又有分担责任和连带责任之说。就内部关系而言,既然是共同行事,并且是有份额的人一致同意,说明观念上是按份分担责任。这种责任的来源依据是"会"成立时的"按份出资"或者"按股出资"。

日本学者土肥武雄对中国传统的合伙股东责任有过研究,其认为,关于合伙债务,合伙人仅按照合伙契约规定的损失负担的成数或合伙人的出资比例负担责任。关于其他无资力合伙人的负担部分,有的不负担任何责任,损失转嫁给债权人负担,并无债权担保的观念;有的只有按照合伙契约上规定的损失负担的成数或股东的出资额,去分配其他无力负担合伙人所应负担的部分。① 他的这项研究是依据上海工商业习惯以及民国大理院的解释得来的。可以将此习惯归纳为"按股分担制"。

也有学者对四川巴县档案中的工商业合伙作了研究,巴县采取的是"赚折均认"习惯,也就是在盈利上,按股平均收益,在损失上,按股平均损失。当然,在实际判例中,有一些变通。如"美利祥"山货铺合伙一案,李铭山、杨纯一、景绍春三人合伙开山货店铺,李铭山外借银四百七十余后,携款逃匿,债权人要求李母李吴氏代为偿还,李吴氏辩称,该债务属于合伙所欠,应依照约定按三股均认(赚折均认),不应由其子单独偿还。知县的处理是,李姓未有归案,不能认定债务是李姓自己或合伙所欠,要求李母李吴氏先代其子偿还一股之一半,剩余债务待李姓归案查清后再偿还。② 这里母代子偿一股之一半,看似变通,笔者以为知县仍是站在"赚折均认"的基础之上,毕竟其他两名合伙人没有过错,所以知县未要求其他两人先代为赔付,而是要求李母代为赔付,即使如此,也没有让李母赔全一股,只是承担一半的责任。

总的来说,会户的共同责任不是连带责任,其是建立在股份出资的基

---

① [日]土肥武雄:《合伙股东责任之研究》,北京:中国政法大学出版社,2004 年,第 33—37 页。

② 谢晶:《没有法律的秩序:晚清巴县工商业合伙研究》,北京:中央民族大学硕士学位论文,2012 年,第 18 页。

础之上,采取的是"按股分担"的方式,这种观念与传统的中国合伙是相同的。

(二) 外部:视作整体

外部关系上,涉及民间其他主体和官方如何看待"会"的问题。这一问题,可从"会"的交易和活动(即会与民间其他主体的关系)以及户名和赋税(即会与官方的关系)的角度去认识。

在与会的交易中,交易人常视"会"为一个整体组织。如邱玉镇等人杜卖田租给神会,列明土名、四至、租之后,"出卖与里门关帝会内名下前去入田收租管业"。表达的意思是,将自己的产业卖给"里门关帝会"这一组织去经管。① 再如,《清道光二十八年正月支丁灶荣立典田契》:"今因无钱正用无措……将祖遗土名黄墩社田壹丘……出典与宗明祀会名下。"②宗明祀会,即宗明公祀会,支丁灶荣是将田产出典与祀会名下,亦是突出祀会组织受业经管。

这里,"会"相对于交易人而言是一个整体,同其他主体一样,能进行产业交易。在通常情况下,一个交易主体只有知道交易相对人具体是谁时,才会放心交易。这是因为,交易所产生的后果必须有一个主体去承担,当主体不明时,交易的安全性自然得不到保障,最终也难以促成交易。但是,在一个人与一群人进行交易时,实际上也存在交易主体不明的情况。假如没有一个团体人格作为支撑,交易就可能陷入危机。不然,交易者就需要弄清楚这个团体内每个成员的具体情况,再来决定是否进行交易,这一行为必然导致交易成本上升。

在面对官方的赋役上,会也可以作为户名,承接税粮。如《清道光十八年邱启裕户里门路会收田入册清单》:

　　八都三图五甲邱启裕户
　　新立里门路会:

---

① 《清嘉庆八年三月邱玉镇等立杜卖田租契》,刘伯山主编:《徽州文书》第1辑第6册,桂林:广西师范大学出版社,2005年,第80页。
② 《清道光二十八年正月支丁灶荣立典田契》,刘伯山主编:《徽州文书》第2辑第9册,桂林:广西师范大学出版社,2006年,第197页。

收田六分三厘(钤印),土名青山头,计田一丘,计原租七秤(钤印)。收本户辉祯扒入。

又,收田一分八厘(钤印),土名枫树下计田一丘,计原租四秤,内取二秤,并皮在内(钤印)。收本户辉祯扒入。

又,收田一分七厘五毫(钤印),土名枫树底,俗名塘坞口,计田一丘,计原租七秤内,取卅五斤(钤印)。收本户茂盛扒入。

道光十八年入册(钤印)①

这是册里(册书或里书)在实征册上进行过户登记。结合祁门八都邱氏文书,前面有辉祯等卖田到里门路会,此处正是册里将辉祯、茂盛等户丁的产业扒入新立的"里门路会"户丁中。他们同属于总户"邱启裕户"。路会有了产业,加上登记为户丁,便在官方那里有了合法地位,可以承应税粮。这一功能在本书《祀会》一章有提及,很多子孙为了保存老户,依靠祖先名称立一祀会,称"某某公会",应对钱粮门户。

给"会"立户头是受赋役制度影响的必然结果。如果"会"没有户头,"会"置办的产业缴纳钱粮则需要代纳,如《清嘉庆十一年十月李万椿经手人李永续立收领条》:"立收领人黟邑李万椿户,今收到邱清明会名下土名桂树培王坑口本年边粮,是身收去,代纳完官,不误,此据。"②造成这种情况,是因为"会"没有户头,难以推收过户,将税寄存在他人的户头之上。

"会"作为一个整体也参与乡村的各种活动。如乾隆二年(1737),邱姓关帝会"今为学院考事,众人商议出少盘费",将一处产业出卖与新法公祀内。③再如,乡间的纠纷调处,文会可以接受"投鸣",如婺源庆源詹

---

① 《清道光十八年邱启裕户里门路会收田入册清单》,刘伯山主编:《徽州文书》第1辑第6册,桂林:广西师范大学出版社,2005年,第143页。

② 《清嘉庆十一年十月李万椿经手人李永续立收领条》,刘伯山主编:《徽州文书》第1辑第6册,桂林:广西师范大学出版社,2005年,第82页。

③ 《清乾隆二年二月邱关帝会玉麟等立卖田契》,刘伯山主编:《徽州文书》第1辑第6册,桂林:广西师范大学出版社,2005年,第21页。

氏因"安葬"之事投文会、乡约。① 也有"会"自身投鸣乡保的。② 这些都说明在纠纷调处程序中,"会"可以作为主体参与。可见,在乡村生活中,"会"作为主体参与纠纷调处是常见现象。这也是我们一直着重研究的一个角度。这里适当小结:

"会"是个体(家庭)走向团体的表象。个体之间的连接,凭借的是"合同"。合同的功能在此起到了将个体意识进行同向扭结,形成集体意识。但这只是一个松散的结合。结"会"的个体为了使"会"长期有效地服务于需要应对的秩序,又把财产输入,并运用这些财产经营营利。有了财产之后的"会",可以如主体一般,参与乡村的各种活动。对于结"会"的个体(会户)而言,"会"是合同关系,会户之间存在共同行为,需要共同承担责任,当然,受益也是共同的。这种共同并非不可分,它是建立在合同"按份"约定之上的。对于外在于"会"的其他主体或者官方,"会"是一个团体,有人和财产的集合,在交易的过程中,"会"被视作一个整体,这样利于提高交易的效率。又由于"会"按份约定的特征,在"会"处分财产时,作为第三人而言,也了解此种观念,一般是有份额的会户同意之后,才具有完全效力。

"会"在合同关系和组织形态上与现代的合伙很相似,但与现代合伙的"连带责任"有所区别。此外,由于"会"可能发展至大型的组织团体,它的性质也会相应变化。若要进一步理解"会",看待其在乡村秩序中的功能,还需要与现代的合伙、法人等制度作比较。

第三节 "会"与现代法律制度的关联

"会"的团体性质,可以与现代民法中合伙、法人等制度作比较。笔

---

① 《清光绪四年仲秋月立〈各件凭据录底〉之二》,刘伯山主编:《徽州文书》第2辑第4册,桂林:广西师范大学出版社,2006年,第220页。
② 《清咸丰十年六月本都本图许荫祠、文会具投状》,刘伯山主编:《徽州文书》第3辑第1册,桂林:广西师范大学出版社,2005年,第231页。

者在此的论证,是想用现代的制度去衡量古代制度,进而对"会"习惯的外延作一考量,试图回答"会"习惯与现代法律制度有多大的距离,能否关联。

这里可能有人质疑,古今有别,岂能相比? 然而,任何一个私法制度不是平白无故地存在于当今社会的,它是社会实在的反映,而这些社会实在是历史积淀的产物。况且,合伙不论中外,有千年的历史;法人虽是近代民法的产物,但若没有公司以及团体等实在制度,如何推动其孕生?

一、会与合伙

合伙(partnership)这种经营方式是商品经济发展促生的。现代民法上的合伙,始于罗马法。罗马法规定,合伙是指二人以上互约合资经营共同事业,共同分配损益的契约。合伙为合意契约的一种,以当事人的合伙意思为要素,无合伙意思,即使实际上承担损失和利益,亦不成为合伙。[1]

中世纪,一种称为康孟达(commender)的有限合伙出现在地中海沿岸的城市里。康孟达之内,有一部分合伙人为有限合伙人,他们是以金钱或实物投资,交给另一方(也就是一般合伙人)经营。而一般合伙人,又以自己的名义独立经营,但是以全部合伙财产和个人财产对合伙债权人承担无限责任。"有限合伙人"既不是合伙财产的所有者,也不是合伙财产的经营者,它仅以投资为合伙承担经营风险,并取得分享利润的权利。[2] 人们认为,这种形式产生了投资者与经营者分离的情况,有公司制的影子。

合伙作为一项法律制度,经过了上千年发展。我们至今对合伙的概念、性质、特点仍然没有统一的看法。

(一)合伙是契约关系

《德国民法典》将"合伙"规定在第二编"债务关系法"中,第705条规定:"因合伙合同,合伙人相互有义务以该合同所规定的方式促进共同目

---

[1] 黄风:《罗马法》(第二版),北京:中国人民大学出版社,2014年,第170—171页。
[2] 罗玉珍:《民事主体论》,北京:中国政法大学出版社,1992年,第115页。

的的达到,特别是提供所约定的出资。"①这里将合伙看作一种契约关系。要注意的是,在第一章"人"之下有两节:一节是"自然人、消费者、经营者";一节是"法人"。关于"消费者",指的是"既非以其营利活动为目的,亦非以其独立的职业活动为目的而缔结法律行为的任何自然人"(第13条);"经营者","指在缔结法律行为时,在从事其营利活动或独立的职业活动中实施行为的自然人或法人或有权利能力的合伙",并对有权利能力的合伙进行解释,"是指具有取得权利和负担债务的能力的合伙"(第14条)。这两条是2000年以后加入的,目的是适应欧盟的立法。②

陈卫佐在第14条的"合伙"一词下加了很长的脚注:

> 在德国法上,合伙(personengesellschaft)包括普通商事合伙(OHG)、有限商事合伙(KG)、民事合伙(也叫德国民法典上的合伙,BGB-Gesellschaft)、隐名合伙(stille Gesellschaft)和自由职业的合伙(Partnerschaffsgesellschaft)等。他们的共同特点是,合伙人一般对合伙债务承担个人的无限责任(但在有限商事合伙中,有限合伙人的责任仅限于出资)。依德国法,合伙一般没有自己的法律人格;合伙的财产归各合伙人合手共有(也叫共同共有)。根据德国《商法典》第124条第1款和第161条第2款,普通商事合伙和有限商事合伙在很大程度上被与法人同等对待:它们可以在其商号之下取得权利(特别是所有权)和负担债务,在法院起诉和被诉。③

---

① 《德国民法典》(第3版),陈卫佐译,北京:法律出版社,2010年,第279页。
② 杜景林、卢谌解释:"在欧洲联盟法的要求之下,消费者保护已经成为德国民法的一个实质性保护原则。在与企业者的关系上,消费者典型地处于劣势地位,故需要通过大量的法律规定和措施予以保护。""作为'消费者'概念的对称,'企业者'概念也是在欧洲联盟法的背景之下引入的。其在消费者法上,取代了商人概念,同时取代了营利事业经营的概念。企业者为任何的自然人或者法人,只要其在市场上有计划并且继续性地有偿提供给付即可。自由职业者、手工业者和农场主,为企业者;未在商事登记簿上登记的小营利事业经营者,同样为企业者。企业的承担者也可以是有权利能力的合伙。这特别是指普通合伙、有限合伙、自由职业者合伙、欧洲经济利益集团以及同样具有部分权利能力的民法典合伙。"参见杜景林、卢谌《德国民法典评注:总则·债法·物权》,北京:法律出版社,2011年,第9—10页。
③ 《德国民法典》(第3版),陈卫佐译,北京:法律出版社,2010年,第9页。

德国民法在"人"的构造下应该只有"自然人"和"法人"两种民事主体。2000年以前,合伙被看作契约关系。只在商法中为了诉讼行为中的便利,将普通商事合伙和有限商事合伙视作法人。现在的民法典,添加了一个"经营者"的概念到"自然人"一列,并覆盖到"有权利人的合伙",可以说,这一类型的合伙与自然人和法人相当,也是权利主体。

《日本民法典》亦将"合伙"规定在第三编"债权"之"契约"中。总则中只有"人"(自然人)与"法人"。但在日本商法中,合伙被称为无限公司,有限合伙被称为两合公司。它们同有限责任公司、股份有限公司一样被视作"法人",其共同性质为营利社团。无限公司与两合公司由于重视社员的个人条件,故又称为人合公司。①

德国民法和日本民法的做法,规定的是合伙契约,是以规定合伙形成基础为目的的,与作为整体而言的合伙组织没有多少关联。他们的重点是商法中的修正,即将两合公司、无限公司等合伙形式认定为有主体资格。②

这一点,我国台湾相关"民事条例"也如此,第667条规定:"称合伙者,谓二人以上互约出资以经营共同事业之契约。"同时规定:"前项出资,得为金钱或他物,或劳务代之。"黄立的解释是,合伙系指合伙契约。可以以营利(如商业行为)或非营利(如学术、宗教、交谊性俱乐部)为其事业之共同目的。合伙无独立之法人格。为诉讼行为时,须以全体合伙人为原告或被告。公司于设立前,其在法律上之地位,也属于合伙关系。③ 黄氏的解释否认了合伙的独立法人资格,并强调参加诉讼时,需要全体合伙人为原告或被告。即将合伙的契约性质彰显得更加厉害。还补充强调,公司在设立(法律承认)前,也是合伙关系。言外之意,合伙与法人的差别就是法律认定。

总之,这些国家和地区普遍认为合伙是一种契约,合伙是基于合伙人之协议而产生,"成立合伙之意思"为合伙成立的要素和必要条件,正因为如此,合伙被理所当然地作为契约的一种而规定在债编中。但是,我们

---

① 罗玉珍:《民事主体论》,北京:中国政法大学出版社,1992年,第124页。
② 蒋学跃:《法人制度法理研究》,北京:法律出版社,2007年,第104页。
③ 黄立主编:《"民法"债编各论》(下),台北:元照出版有限公司,2004年,第387页。

也看到德国和日本给"合伙"的法人地位上留了口子,如果符合经济需要,有些合伙可以认定为权利主体。

(二)合伙是法人

《法国民法典》第 1832 条规定:"公司为二人或数人同意将若干财产共集一处,而分配其经营所得利益为目的的契约。"又 1978 年的《法国民国典》第 1842 条规定:"除共同风险外,公司自登记之日起即享有法律人格。"

罗结珍在翻译新订《法国民法典》时,对第九编"公司"一词也作了脚注:法语中 Société 一词是一个多义词,通常有社会、社团、公司之意。《法国公司法典》将民法典的这一编收为首编,称为对"公司"的"一般规定"……与此同时,《法国公司法典》将公司分为"商事公司""民事公司"(民事合伙)与其他公司等几大类型。所谓"民事公司"(民事合伙)主要包括:建筑师公司、律师公司、会计监察公司、法律顾问公司、专利顾问公司、公证人公司、商事法院书记员公司等,这些公司的合伙性质是显而易见的,但并不都是"合伙"。在法国法律中"合伙"只是"公司"的一种形式,就此而言,并无"合伙"这一独立概念。①

实际上,法国民法在民事主体结构上只有自然人与法人,而法人以"公司"代替,但"公司"的范围很大,包括合伙、有限合伙、股份有限合伙、有限责任公司、股份有限公司这五种形式,属于商业性质。隐名合伙单作一章,仍旧置于第九编"公司"之下。第 1842 条可知,只要合伙性质的公司注册登记,都可以取得法人资格,均视为法人。但是,"在公司注册登记之前,股东之间的关系由公司契约以及适用于契约和债的法律一般原则调整"。这也说明,在法国没有登记的合伙性质公司,是契约关系,但一经登记,就具有法人资格。所以,合伙的法人资格的认定较为宽松。

类似的还有《意大利民法典》,其在第二章"法人"总则中强调:"社团、财团及其他有私法性格的各种制度,依以政会被给予认可而取得法人资格";"对于在县的范围内实行活动的一些种类的团体,政府得对县长授予以其命令将其认可的权能"(第 12 条)。此外,在第三节直接立有

---

① 《法国民法典》,罗结珍译,北京:北京大学出版社,2010 年,第 423 页。

"未被认可的社团及委员会",说明如果这些社团或者委员会未被认可,依照内部协议调整,但具有进行诉讼的人格。①

法国和意大利的做法,实际上是倾向于充分赋予合伙的人格地位,只要合伙符合规定,能够取得法人资格,便赋予其人格地位。如果未被认可,也赋予其诉讼地位,视为权利主体。而不像我国台湾相关"民事条例"所说的,需要全体合伙人一同参加诉讼。

(三)合伙是第三种民事主体

我国以前的民法,将合伙单独认为是一种民事主体,与自然人、法人并列。学者认为,"自然人作为唯一的民事主体曾经被认为是像几何公理一样可靠,但法人的出现则使民事主体由个人本位演变为自然人与法人并举"。② 意思是,法人可以被创造,合伙当然也可以被创造。

但也有学者批评道:"表面上看第三种民事主体的观点很有说服力,但是这一观点的提出很难说有什么创造性,在法律实践中也将被证明没有丝毫价值。这是因为在民事法律逻辑上,传统民法基于民事主体必须是人的理论前提,民事主体的构建都是'人格化'的过程,自然人有这一过程,'法人'也是经过了这一过程。"民事主体的二元性建立在主体的属性上,即生物属性和非生物属性的两种基础主体。"凯尔森也曾说过类似的话,所有民事主体都是法律上的'人',也就是在法学家眼里民事主体就是单一的'人'。那么由此,一项民事主体要么是自然人,要么是'法人'。"③

蒋学跃的评判很准确,如果承认合伙是一种民事主体,则还会出现第四种、第五种民事主体。既然用法律确认了团体或者组织的"人格",那么这种被法律确认人格的团体和组织就是"法人",如果承认"合伙"的"人格",合伙也就是法人,无需再单列。

现今,《中华人民共和国民法典》将"合伙"置于合同编,第二十七章为"合伙合同",也就是说,我国民法典吸取了"合伙"是一种契约的立法方式。

---

① 《意大利民法典》,陈国柱译,北京:中国人民大学出版社,2010年,第8—12页。
② 王利明、郭明瑞、方流芳:《民法新论》,北京:中国政法大学出版社,1988年,第319页。
③ 蒋学跃:《法人制度法理研究》,北京:法律出版社,2007年,第105页。

(四)合伙特征与"会"特征的比较

关于合伙的三种认识,并非不可调和,我们也看到德国、日本即使将合伙放置在债编中规定,但对于合伙组织,如果需要应对诉讼或者参与商业活动,是承认其主体资格的。可见,无论认为合伙是一种契约,还是法人,抑或被看作一种民事主体,都看重的是合伙的"组织"形态。

我们对合伙稍作总结。合伙由"合伙合同"和"合伙组织"两个不可分离的部分构成,前者是对合伙人有约束力的内部关系,后者是全体合伙人作为整体与第三人产生法律关系的外部形式,两者结合起来才能构成完整的合伙概念。① 具体的特征为:

第一,合伙依契约而成立。合伙个人在自愿与平等的基础上,签订协议而成立合伙。合伙组织内部是平等的契约关系。

第二,合伙是一个组织。它是自然人联合起来的组织体或团体,组织性和团体性是其外在表现。

第三,合伙承担无限连带责任。这主要体现在债务清偿上。当合伙组织清偿合伙之债时,先以合伙财产清偿。当债务额少于合伙财产时,清偿并不涉及合伙人的个人财产。这点区别于个人债务的清偿。但是,当合伙财产不足以清偿时,合伙成员得以个人财产承担清偿责任。此外,债权人可以向合伙中任何一个合伙人要求清偿,负责偿还的合伙人可以请求其他合伙人负担多余之债。这种规定,是为了保证债权人的利益而设,连带责任的法定性比约定性更加明显。

第四,合伙财产归合伙人共有。这需要分两部分看待。一部分是合伙人因出资而直接构成的共有财产;一部分是合伙经营中积累的共有财产。当然,合伙财产尽管由直接投资的财产和积累的财产两部分构成,但要把它们看作一个整体。此外,合伙财产同合伙人的个人财产是分开的。

"会"的特征前文已有归纳。"会"依合同②成立,也是各会员在自愿、平等的基础上签订的,组织内部是平等的合同关系;"会"是一个组织,是会员的组织体,其他民事主体视"会"为一个整体;"会"的财产包括出资

---

① 方流芳:《合伙的法律地位及其比较法分析》,《中国法学》1986年第1期。
② 此处不再区分"契约"与"合同",按照现在的概念认识进行论述。

和积累两部分,属于会员共有。

唯一不同的是连带责任。"会"的结合属于中国传统的合伙,与传统的合伙观念有联系。

合伙不是完全属于罗马法、属于西方的事物。刘秋根先生从经济史的角度对中国古代合伙制有过系统研究。刘先生认为,中国古代的合伙制在春秋战国时代已经萌芽,如管仲与鲍叔牙经商、郑国贩牛商人弦高与奚施都有可能是合伙经营。初步发展是在秦汉乃至魏晋隋唐时期。合伙制大体上有两种类型:一是资金拥有者之间的合伙;二是资金拥有者与经营者之间的合伙。① 接着,刘先生论述了中国古代各种前合伙制关系,主要有四:一是劳动合作关系,即农耕社会的劳动分工协作;二是财产共有关系,常见的是家庭及家族的"同居共财";三是租佃关系,即"伙种",共同在一块土地上取利;四是合会关系,即本书谈及的结会、结社。但多关注经济互助合会。② 从后文介绍明清工商业及高利贷中的合伙制(第四章)、明清农业中的合伙制(第五章)(主要是山林合股以及土地、水利开发合股等)以及古代矿业中的合伙制来看,刘先生的立意是在传统的社会里找寻现代商业合伙的形态。这一看法还可以从论著的结论章节得到启示,其第七章"明清合伙制的变迁"的副标题是"中国股份有限公司制度因素的萌芽"。这里,刘先生是想说我们传统的商业合伙制已经孕育着公司制的影子。

暂不评论这一结论的正确与否。由于刘先生的研究旨趣是经济史,所以重在经济模式的变化。从法律史角度而言,合伙不仅包括商业性的,还有民事合伙。比如大家聚会,合伙出资购买商品。对于商家而言,其面对的是一个购买团体,但商家不用一个一个去询问你愿意购买与否的问题。当然,如果商家将商品交给团体的购买代表,商家即对整个团体享有请求支付对价的债权。但是,在发生团体不支付债务的情况下,商家是否可以向合伙中的每一人行使债权?这一问题,即是传统合伙与现代合伙的差别所在。

---

① 刘秋根:《中国古代合伙制初探》,北京:人民出版社,2007年,第58页。
② 参见刘秋根《中国古代合伙制初探》第二章"中国古代各种前合伙制关系概述"。

据前文所引土肥武雄的研究，中国传统的合伙责任属于"按股分担"，不同于现代合伙的"连带责任"。也就是，在产生合伙责任时，传统的合伙人按照所持有的股分分别承担责任。关于传统合伙与现代合伙"责任"的冲突，在近代修律时已有彰显，《大清民律草案》在合伙责任上基本抄袭日本，债权编第828条规定："合伙财产不足偿还合伙之债务者，各合伙人须依分配损失之成数，担负其不足额。前项情形，合伙人中有无力完纳其担负额者，须由其他合伙人平均分任其担负额。"此即是要求合伙人之间承担连带责任。这种规定明显不符合传统合伙的要求，民初大理院在定判例时，仍旧按照习惯进行处理，采取"按股分担"的方式。正是由于这种思想的促使，1925年修订民律二草时，摒弃了日本民法关于合伙人的连带责任规定，二草即对其他无资力合伙人所应承担部分由"平均分担"改为"按股分担"。第686条规定："合伙财产不敷清偿合伙债务者，由各合伙人按照分配损失之成数，负担其不足额。前项情形，合伙人中有不能缴纳其负担额者，其他合伙人应分担之成数，无特别订定者，以各自出资额之比例定之。前项分担者有求偿权。"而到了1930年出台民国民法典时，又改为"合伙财产不足清偿合伙之债务时，各合伙人对于不足之额，连带负其责任。"实际上明确了合伙连带责任。其意旨是强化交易信用，保护债权人的利益。但是此修改，也遭到各地商人的非议，他们借助商会力陈合伙人承担连带责任的种种弊端，呈请政府修改。①

合伙连带责任之渊源，可追溯至罗马优帝一世时代对共犯处理的规定，"债权人对共同债务人中的一人诉讼时，如果未能够满足，仍可以对其他债务人追偿，且在同一诉讼中列各个债务人为共同被告"。② 看得出，连带责任的法定意味比较浓厚，并非自然产生。土肥武雄也有解释，他以日本奈良正仓院文书中借据"生死同心"的约款为参照，"起先约定生死同心之债务，第一，先就各自的负担部分任履行责任；第二，如有他债务人未能履行其责任者，则就其未纳部分代为履行其责任"，认为连带性的制

---

① ［日］土肥武雄：《合伙股东责任之研究》，北京：中国政法大学出版社，2004年，第33—36页。
② 李永军：《论连带责任的性质》，《中国政法大学学报》2011年第2期。

度有保证债权的意味,以担保的观念为基础。① 但,此是借贷关系,类似"人保",与合伙还不能同等对待。

因此,站在合伙连带责任的法定性立场而言,我们不能因中国传统合伙没有连带责任而否认其不是"合伙",只是说古代的合伙与现代的合伙有责任承担上的区别。这种区别是习惯使然。

所以,就合伙而论,中国历史上早已出现。发展到明清,有民事合伙也有商业合伙,有持续性合伙也有偶然性合伙。"会"具有合伙的特征,可以等同于合伙。但是,尚有问题不能回避。

1.大型的"会"如何认定

"神会"章节里我们提到过休宁的"祝圣会",从明末经营到民国,资产雄厚,人员众多。而且在经管的过程中,不断有人通过捐献的方式注入会产。这种类型的"会"如何认定,是一个问题。

2.批产设立的"会"如何认定

祀会的形成,除了子孙自愿结合以外,还有分家设立和批产设立的形式存在。举一个批产设立的例子。在前文所引《清道光十二年二月程兆成立批田皮契》中,姐、丈俱已亡故,程兆成担心无人祭祀,于是将产业批于姐夫的亲属方,期望他们能够成立清明会(祀会),备办祭仪。这种批产设立"会"该如何认定,也值得思考。

以上这两个问题:一个是"会"的组织形态发生了变化;另一个是"会"的成立方式突破了合同形式。这两者,都有可能造成出资人与经营人的分离。因此,我们不能说"会"的性质就是"合伙"。其实,联系祠产与祀产,也能发现这种现象的存在。

二、会与法人

鉴于"会"的出资人与经营人可能发生分离的情况,很容易联想到近代产生的法律制度——法人。那么,有些不能定性为"合伙"的"会",是否符合法人的特征,可进一步深究。

---

① [日]土肥武雄:《合伙股东责任之研究》,北京:中国政法大学出版社,2004年,第31—32页。

谈及"法人",容易想到"公司"。然而,公司制较"法人"概念而言悠久,但是法人人格或者说团体人格的观念较公司制早生。我们看待法人,常是关注法人的团体人格观念与有限责任。

(一)团体人格观念

彭梵得的《罗马法教科书》说:"在古典语言中,没有一个集合名词既指真正的私人的团体,又包括政治行政性机构,只是在优士丁尼法编纂者的语言中,按照古典用法只指市民或自治城集合体的 universitas,才作为一般术语。"①

在罗马法里,有公共团体:国家,享有至高无上的权力,看作独立的权利主体;自治市,罗马境内的居民共同体,在私法领域享有一定的权利能力,如实行占有实效取得、解放奴隶、接受遗产与遗赠、负消费之债、作为诉讼主体等;殖民区,通常是将罗马征服或占领的地方作为居民共同体,也是一个独立的权利主体。有私人社团,主要是为了宗教、职业、相互帮助等目的而由个人组成的集体,可以独立行使权利和承担义务。财产性实体,主要是在基督教精神的影响下,出现的慈善团体,如养育院、孤儿院、医院等。此外,还有国库和尚未继承的遗产。② 这些制度里,都孕育着团体人格的观念。

到了中世纪,日耳曼文明与罗马文明交汇,它们的效果使得"总有团"③的适用范围逐步进入商业之中。"例如,基尔特之土地、会馆、共同储藏所、共同工场、共同贩卖所之类,皆属于团体自身所有。于公簿上亦得以基尔特之名义登记。基尔特并各有其独立之名称、印章、旗帜等人格之标识,并有独立之住所及审判籍。"④李宜琛的此段描述是为说明,登记与名称等是财产权乃至人格的公示作用,这一举动促使团体与成员的距

---

① [意]彼德罗·彭梵得:《罗马法教科书》,黄风译,北京:中国政法大学出版社,1992年,第51页。
② 黄风:《罗马私法导论》,北京:中国政法大学出版社,2003年,第111—116页。
③ 所谓总有,系将所有权之内容,依团体内部之规约,加以分割,其管理、处分等支配的权能属于团体,而使用、收益等利用的权能,则分属于其构成成员;此等团体全体的权利,与其构成成员之个别的权利,为团体规约所综合统一,所有权之完全内容始从而实现者也。参见李宜琛《日耳曼法概说》,北京:中国政法大学出版社,2003年,第75—76页。
④ 李宜琛:《日耳曼法概说》,北京:中国政法大学出版社,2003年,第38页。

离拉开,而团体与财产的距离拉近。即使如此,内部上,这些财产还是构成成员的"总有"。

由于日耳曼人先天的团体主义倾向,他们把团体看成是人的自然结合,而这种自然联合所形成的共同力量应当有特别的或者不同于单个人的权力。① 在日耳曼法的团体主义观念之下,家庭、氏族或者村庄都被认为是一种所有成员均分享的集体人格,集体的财产是他们共有的财产,成员对集体的债务承担共同责任。② 这一观念为后来的法人实在说做了铺垫。

教会法也对法人理论的形成有贡献。教会法规定:"任何具有必要机构和必要目的的人的集团——例如一所救济院、一所医院、一个学生组织或者一个主教管区乃至整个教会——都构成一个社团。"③ 在伯尔曼看来,教会的财产常属于教会企业,这些教会企业的经理人,是教会条例下为企业牟利的代理人,这一条例现在还适用于英国普通法和美国公司法。④ 教会在当时对于罗马法与日耳曼法的团体观念造成了影响。

此外,教会法的团体人格观念对罗马法的观念有否定:公法人以外的团体,都需要国家政权确认人格;任何一个社团都得以对其成员进行立法与司法管辖;社团不仅可以由代表行事,也可以成员整体对外行动;社团的财产就是其成员的财产,如果社团没有其他地方偿债,便可向成员征税。这四点明显的不同,是受到日耳曼总有制度集体与个人"不即不离"的人格关系影响。⑤

可见,教会团体财产制并非由一种或一个法人财产权来实现的,其是不同层次的法人联合,即在教堂、修道院、教区等宗教单位,以及上升到中

---

① 虞政平:《股东有限责任——现代公司法律之基石》,北京:法律出版社,2001年,第50页。
② [美]伯尔曼:《法律与革命——西方法律传统的形成》,贺卫方等译,北京:中国大百科全书出版社,1993年,第262页。
③ [美]伯尔曼:《法律与革命——西方法律传统的形成》,贺卫方等译,北京:中国大百科全书出版社,1993年,第264页。
④ [美]伯尔曼:《法律与革命——西方法律传统的形成》,贺卫方等译,北京:中国大百科全书出版社,1993年,第260—263页。
⑤ 张力:《法人独立财产制研究:从历史考察到功能解析》,北京:法律出版社,2008年,第68页。

央教皇国,在这两个层次之上,进行抽象把握。教会法对待教会组织,在法人类型的选择上吸入了日耳曼法的观念,也与罗马法的观念发生了融合,随着教会规模的逐渐扩大,罗马的团体机关功能也就被教会所借鉴。

总之,在团体观念上,罗马法、日耳曼法以及教会法都发挥了各自的功用。从团体这一角度看,若没有团体人格的支撑,团体成员的财产关系只能看作是共有法律关系。那么,在进行交易的时候,不管是共同共有还是按份共有,一般要每一成员共同参与,否则就要用代理制度才能解决交易问题。这实际上增加了交易的手续和成本。由此,每次团体行动需要为做出指示所累。所以说,团体的观念不仅是法律上的表现,在现实生活中,团体观念是能够切实发挥作用的。

(二)独立财产与有限责任

仅有团体的观念,离法人制度的创设完成还有距离。这一重任最后落到"独立财产"与"有限责任"之上。罗马法的团体人格,并非意味着成员能够置身事外,日耳曼法个人与团体也"不即不离",教会法将教会机关与虔诚信仰结合,维持财产符合交易的目的,这也使得团体机关得以突出。但完成法人财产制度最后的助推是公司制。

公司制产生前,很多商业组织对公司的发展和形成有影响。其一是行会。它是商人的垄断机构,一般按照总有团的模式建立。行会的出现,目的是保护脱离封建产权体系从事工商业活动的人。至15世纪,行会组织遍布欧洲。为了在行会竞争中脱颖而出,行会开始仿效城市,要求君主和教会给"特许状",依靠公权力将垄断经营权落到实处。当行会的经营范围延伸至海外贸易时,"特许管理公司"就产生了。①

特许状的内容,是以行会名义取得经营项目、时间、市场空间等。此后公司法人开始具备权利能力。再后来,公司可以自己的名义获得不动产和动产的所有权,这样,公司对外的财产责任与股东个人责任就发生了分离。② 至此,公司法人的人格塑造完成。

可见,法律授权确认起到了推波助澜的作用。萨维尼在建构法人概

---

① [美]汤普逊:《中世纪经济社会史》(下),北京:商务印书馆,1961年,第440页。
② 张力:《法人独立财产制研究:从历史考察到功能解析》,北京:法律出版社,2008年,第86页。

念时,认为团体人格的获得,本质就是它的财产能力获得承认,"财产就其本质而言,是个人权利的扩张,因此它是个人自由行为能力的确保和升华。将财产能力赋予法人可以同样达到将它赋予自然人一样的目标,而事实上对法人人格的承认的整个需要就是建立在这一目标之上的"。①

其二是康孟达。罗马法中合伙叫"索赛特",特点是每个合伙人对合伙债务承担无限责任。而康孟达的出现,则发生了的变化。康孟达组织是债权人为了规避教会法禁止高利贷的规定而成立的商业组织形式。由出资股东承担有限责任,实际上是借贷的债权人承担有限责任,与今天的股东有限责任有一定的联系,但是还很难等同,"不过是债权人为了保护自己规避法律的债权地位而主动选择的结果,所谓投资者有限责任的保护,徒有虚名而已"。② 这样,康孟达兼有组织体与非组织体的双重关系。组织体表现为形式上的合伙,非组织体体现为借贷之债。这种组织,对于借贷双方而言是合伙,对于第三人,像是贷款方一人在进行交易。借款投资者不被揭露,导致其承担"有限责任"。但是,当投资者众多时,经营人与公司实际所有人力量悬殊,也就是"公司所有权"与"经营权"发生了分离。

这一历史过程,说明了法人需要从两个方面来构造:一是公司的权利能力确认(拟制);二是公司财产独立与有限责任(实在)。

(三)反思:法人与有限责任是否必须关联

梳理了团体人格观念以及公司制的发展,易产生的直观感受是,法人制度与公司制密不可分,与财产独立、有限责任密不可分。但是,现代的股东有限责任最早确立是在1807年的《拿破仑商法典》中,这部法典首次确认了股份有限公司。在此前,法人制度已经存在。可见,法人与股东有限责任不能简单等同。

众所周知,法人的人格本质就是一种拟制,需要政府的许可,是为了达到特定目的而采用的法律技术。所以,考虑是否有必要赋予一个组织独立的人格,以便它参与民商活动,而不必仔细考察内部构成,诸如财产

---

① 蒋学跃:《法人制度法理研究》,北京:法律出版社,2007年,第146—147页。
② 虞政平:《股东有限责任——现代公司法律之基石》,北京:法律出版社,2001年,第60页。

是否独立、内部组织是否健全等。这些考虑,本质上是另外一个问题。①

我们知道,法人的价值在于简化法律关系,突破自然人的生理局限、"人格分裂"功能等。法人人格的确认,具有法律手段上的意义,是将本来适用于自然人的法律规范,类推适用于原本不能适用的领域,以达到特定目的。然而,有限责任仅是商事领域的一种重要的法律工具,它的功能和价值都是通过限制投资者的风险而鼓励投资。② 可以说,有限责任是分化风险以利集资的机制,这也成为其存在依据。

结合现实,在公司制确实损害了第三人利益时,大陆法系有"公司人格否认理论",英美法也有"刺穿公司面纱"之说。这虽然是股东有限责任的例外适用,但无不说明法人不过是一件"艺术作品"。股东的有限责任,实是法人成员的一项权利,但是它的取得必须满足一定的条件。当然,这个条件是形式上的一些要求,基本与法人有无资格没有直接关联。现实中,即使在具备法人资格的前提下,股东由于某些因素或者违法,也有可能承担无限责任。

一般来说,民法赋予的团体人格通常有两方面:第一方面,赋予团体人格后,将一个民事主体与其他民事主体的交易简化为单个的交易行为;第二方面,又沿用不同于外部的准则,来处理团体内部成员之间的关系。此时,对于团体成员来说,法律关系和交易关系并没有得到简化,但是对于交易的第三者来说,这一人格确立的功效却是显著的。③

我们在谈及法人时,不能忽略自然人,法人的一切最终是为自然人服务的。正如德国法学家所言:"法是为人而存在的,不是为工厂或为足球协会而存在,也不是为国家而存在的。但是,这不等于说,我们可以不需要法人就能够处理一切。相反,恰恰是在为人服务的宗旨下,需要有拥有自己的权利和义务、超越个人的组织。"④

从价值来看,法律承认人类有法律人格的立场与赋予法人人格的立

---

① 蒋学跃:《法人制度法理研究》,北京:法律出版社,2007年,第170页。
② 蒋学跃:《法人制度法理研究》,北京:法律出版社,2007年,第169页。
③ 蒋学跃:《法人制度法理研究》,北京:法律出版社,2007年,第150页。
④ [德]卡尔斯滕·斯秘特:《德国法人制度概要》,郑冲译,孙宪忠主编:《制定科学的民法典——中德民法典立法研讨会文集》,北京:法律出版社,2003年,第168页。

场不同,人类法律人格是基于人道主义观念,有伦理性,是人有受尊重权利的产物。法人的法律人格是一种法律技术机制,也可以说是一种模式。人们需要借此开展各种法律关系,以达到集体目的,这种技术手段是不含有伦理性的。

日本学者将法人形成契机归纳为实体性、价值性与技术性契机的理论,法人的构成要件当属实体性契机,而法律对于某种社会实在是否赋予人格所依据的基础则为价值性契机。法人构成要件是价值性契机的前提,只有具有了实体性的存在之后,法律才有进行判断的对象。① 但是,必须清楚,法人的构成要件不等于法人本身,构成要件只是法人形成的基本条件和材料。如果真要成为"法人",还要经过立法者基于特定价值观念产生的标准进行筛选、确认。

研究法人制度的学者蒋学跃说:"法人的构成要件是一国立法政策在成文法以及理论形态的表现,是人们对于法人的抽象价值、功能、内涵认识的具体化和理论化。同时,这也决定了法人的构成要件必然是人们在一个特定历史时期对于法人观念的反映,在不同的时代的不同立法政策背景下,法人的构成要件必然有不同的面貌。所以,法人的构成要件必然打上深深的立法政策的烙印。"②他的意思是,法人制度虽然是一种普适制度,但具体到实际中,又因各国具体社会事实不同而不同。

(四)"会"的某些法人特征

讨论完法人的形成及特征后,我们再回到本书研究的"会"。前文提到,休宁"祝圣会"这样的大型神会,以及批产设立的祀会,特别是发展至股分享有人众多的祀会组织,如郑振满先生提及之台湾苗栗汤氏"始祖尝",它们有"专职管理人员",财产所有人与经营人可能发生分离。如此这般,是否可以将它们看作法人?回答此问题,还是要从"团体人格观念"与"独立财产"的方向入手。

---

① [日]四宫和夫:《日本民法总则》,唐晖、钱孟珊译,台北:五南图书公司,1995年,第82页。
② 蒋学跃:《法人制度法理研究》,北京:法律出版社,2007年,第178页。

不可否认,"会"是有团体人格观念的。这一点,在讨论"会"的外部关系时已有描述。需要强调的是,大型的神会、祀会等会组织,由于财产的支撑,在形态上有记录财产的账本、账簿,以"户"的名义缴纳官方的钱粮,有"专职的管理人员",并积极参与民间活动,人们能够更强烈地感受到这一团体的存在。

另外,关于独立财产。"会"在发展的过程中,经过经营、接受捐献等,"会"的财产积累已经离会团体更近,"会"的份额观念渐渐疏远。以至于有些会组织在壮大后修改规约,要求"尝内名之裔孙,永不许拆散会份,当念祖先致意津敛之尝祀"。这种约定,赖以存在的理由是:祭祀产业,具有神圣性和公有性,分析则是不肖;支脉繁衍,人员众多,要求房支人等一致同意,难以分析。如果反向思考,正是因为有人想分析或者退出,才会出现如此的约定。所以,大型的会,财产并非真正独立于会团体,只是共同约定不可分析罢了。

事实上,现实中也是如此。我们在"祀会的析分"部分已经提到,很多祀会由于人员众多,经营和管理常常出现漏洞,会众并没有要求不能分产,反倒是用合同的方式进行析分。如黟县余氏咸丰元年(1851)双公祀会支丁分单所说:

> 立分单人双公祀会支丁定添等,原因昔年祖先立有成会,置租承祀有年。今有支丁向会内移借祀租变卖,恐后效尤,即祀会必败,祖宗馁。而今邀同公议,情愿托凭族房,眼同将祀租四股公分,各为管业收租。其钱粮各股照租推纳,其祖宗时节祭祀,各股支丁祭拜其庵前坟茔。祖坟三棺,系定俊已业,安葬以妥先灵,恐日后损坏,修理费用四股公派,毋得推诿。其祖宗容像,归定俊已屋挂,亦归收贮四家,各家祭拜。其必沅所领会内田价洋钿叁拾陆圆,向会众情说作贴寻业路费,日后俱无异言。倘沅支日后兴隆,复邀四股立会,公同保祖承祀,是公众实所切望。其会簿公同批销,仍存定俊支下收存。无事不得向伊家抄看。自分之后,俱不得节外生枝,声情异说。如有等情,准述分会缘由鸣公理论。恐口无凭,立此分单一样四纸,各执一纸,永远为据。

计开会内所分租数列后(后略)①

双公祀会成立之初有四股,由于有支丁变卖祀租,祀会会众担心长此以往,祀会落败,不仅起不到祭祖保祖之效,最后产业全无,反失祖宗祭礼,以馁祖宗。于是大家商议,四股公分,各为管业收租。分法上,钱粮各股照所分之租推纳;祖宗祭祀,各股支丁祭拜自己庵前坟茔,此应该是本支近祖;祖宗容像,也是各支认各祖,分藏各家祭拜。对于不能分的祖坟三棺以及共同祖宗祭祀,四股公派。此外,必沉也即定俊支,多分了"叁拾陆圆",说是为寻祖业作为路费,也可能是作为保存祖坟、账簿等的补贴。

如此看来,即使"会"发展到一定程度,其财产也并非"完全独立",享有份额的房支仍旧可以协商一致,进行析分。而且如双公祀会的分会理由所说,分会不一定是不肖,分也是为了产业明晰管业,不至于因为"公有"的程度明显,而有人变卖,反而使得祭祀目的达不到。

那么,是不是因为"独立财产"的标准达不到,我们就认为大型的会组织不具有"法人"的特征？笔者以为,不能完全依照现在的"法人"标准去衡量和认定大型的"会"组织。

其一,现在的法人制度已经是通过法律改造后的制度,有限责任是法律赋予的产物,独立财产又是有限责任的前提。所以,"会"如果经过法人制度的改造,亦可以转变为法人。

其二,既然能够认定"会"是传统的"合伙",在此不考虑连带责任问题,又合伙与法人在实际生活中主要是经营模式上存在差异,并且各国立法在是否将合伙看待为法人的问题上意见不一。财产较为稳定、有专职管理阶层的大型"会"组织可以看作法人。

三、两点思考

(一) 对"会"牟利的思考

即使认识了"会"不同阶段所具备的特征和性质,也不能简单地将

---

① 《清咸丰元年十一月双公祀会支丁定添等立分单》,刘伯山主编:《徽州文书》第 1 辑第 5 册,桂林:广西师范大学出版社,2005 年,第 462 页。

"会"定义为合伙或者法人。很重要的一个原因是,现代合伙制度区分民事和商事,法人制度区分营利法人与非营利法人(公益法人)。"会"组织虽是为某共同事业而成立,但也以参与经营谋取利益为目标。

我们研究的神会、祀会、路桥会、文会等,从其应对的公共秩序来看,都带有公益性质,解决的是个人以外"公领域"的事务。但这些"会"在利用会产应对公共秩序的同时,也会通过聚餐、分胙的方式,将部分利益返给会众。如果按照现代公益法人的定义,公益法人的财产收益不可以在出资人之间进行"分红"。这些"会"组织难以单纯地看作是为了公益。

笔者认为,不可利用民事合伙、商事合伙衡量"会"组织,也不可利用现代营利法人、非营利法人或者社团法人、财团法人的分法去对应各种"会"组织。"会"组织只是从个人走向集体最初的方式,有团体的特征,有财产的集合,也就有合伙或者法人的形态,但仍与现代法律制度有差别。现代的合伙以及法人制度,是经过了法律技术调整之后的产物,也是适应当前市场经济形态的制度。

比如,营利法人是双向性的财产权构造;在外部层面,作为法技术拟制物的法人享有完全的独立财产权;在内部层面,作为自然人真实存在的股东享有股权。与之相反,非营利法人的法人财产来自无偿的捐赠,捐赠人不能通过转让财产所有权来换取股权。因此,非营利法人是一种单向性的财产权构造:法人对外享有法人财产权,但在法人内部却没有任何可以享有股权的自然人存在。总之,可以用一句话来概括非营利法人的财产权构造特征:非营利法人股权缺失。①

税兵的评述能够给我们启示,法人制度的类型、形态完善,是站在受益人的角度考虑的,营利法人有利于自然人,非营利法人有利于社会。在清代社会,尽管各种"会"突破了个体家庭,到了"公"领域,但这里的"公"并非不特定多数人的"公",而是相对于自身家庭的"公",范围只在"会"组织的成员之内。即便是路桥会,其首先考虑的还是自身以及子孙后代的出行。因此,"会"组织在成员之间分胙,乃是共同享有权利,并不会有

---

① 税兵:《非营利法人解释——民事主体理论的视角》,北京:法律出版社,2010年,第226页。

何不妥。

(二)对钱会的单独回应

钱会不是合伙,更不是法人,但钱会是通过合同成立的"会"。与其他"会"的相同点是它们都依靠合同,将多个个体连接起来;与其他"会"的区别是,由于财产的瞬间转移,钱会没有财产作为支撑,虚体性明显,在"会"运作完毕后,自行解体,组织形态松散。

由于钱会的这些表征,我们可否将钱会排除在"会"习惯之外?笔者认为,"会"习惯的核心是"合同"。合同的合意可以将不同的个体进行集结,以完成单个个体不可能完成的事业。钱会,即是通过集合个体,将分散的资金进行聚集,达到满足人们借贷的目的。神会是为了祭祀神明,祀会是为了祭祀共同祖先,路桥会是为了修桥修路,等等。这些事业,很难以一己之力完成,必须依靠团体的力量才能做到。至于"会"的稳定会产,则是"会"为了特定目的而添加的。在没有神会、祀会、路桥会之时,人们依旧可以通过临时集资来完成祭神、祭祖、修桥修路之事。

钱会通过合同约束,轮转获得资金,已经可以满足团体内个体的需要,可以认定为"会"。只不过这种"会",依旧停留在合同关系阶段。

小结:"会"的性质及可能的发展

"会"是合同的联合。所以,人们又将"会"称作"合会"。现在用"合会"单指"钱会",这是一种缩小范围的理解。各种"会"的运行与发展,建立在合同立会的基础之上。即使是分家、批产或者捐资设立的"会",它们的管理还是依靠合同,还是在会众的合意之间,运作模式与其他的"会"基本相同。

实际上,"会"是人们从个体走向团体的一种方式。神明信仰,需要集体的参与。物质层面,祭祀的仪式环节需要不同的人进行装扮;精神层面,通过群体同向的行动,感受到自我的存在与归属。祖宗崇拜,慎终追远,带有儒家伦理意味,血缘团体的扭结在于此;祭祖的仪式,牌位的放置,聚餐的礼节,无不展现着尊尊、亲亲的礼法秩序;桥道兴修,独木难支,是家外之"公",践行"义"理;兴文教,相互切磋,教学相长;资金通融,戚友有通财之义,经营有襄助之情,是以义而成"会",等等。个体步入社会,需要相互协作,结成团体是必然的选择。尽管在古代社会,个人包含在家庭团体之内,但家庭的团体"同居共财",伦理的束缚大于规则的约定。况且,社会的概念是外在于家庭的,家庭是传统社会的基本单位。

为了保持长续的团体活动,也为了减少个体的经济支出,会员们分别拿出定量的财产,集合成"共有"财产,存放在"会"名下。汇聚了财产的团体,可以用这些财产参与经济生活。团体财产是一个整体,在经济生活之中,是用"财产整体"在交易,这不同于会员的出资。即便会员有团体财产的权利,也转化成了抽象的份额(即"会股")。在团体财产营利后,团体财产的整体随之壮大。但若团体财产的权利享有人(会员)不增加,会员们自己运作(或者轮值)经营,此时的"会"团体呈现"合伙"的性质。

然而,多数的"会"是开放的,可以吸纳不同的人员加入。唯一有身份限制的祀会,也会因为分家、子孙繁衍而人数增加。其他的"会"也有这一现象,经常能看到"会"共股的情况。彼时的"会",由于人数众多,拥有会股的会员难以直接管理。就算是一直保持原始份额不增加的"会",也只能按房支来管理,管理人也可能转化为"代理人",在重大事情上,不享有直接决定权,需要房支内的小家庭共同商议。如此一来,管理模式上发生了变化,"会"财产的权利享有人与经营人可能发生分离,"专职管理人"出现。至此,"会"团体的财产由于经管方式的变化,更加独立。当然,这不是实际上的独立。我们可以把此阶段的"会"团体看做"法人团体"。

可见,"会"是一个流动的团体概念,其基础是合同。我们用图 7.1 来表达这一概念的发展情况:

图 7.1:个体结合成"会"及发展示意图

个体通过合同合意结合成"会","会"的目的不同,决定了运作模式的差别。有些"会"(如钱会)在完成了目的事业后,自行解散,则它们仍在合同阶段。有些"会"有稳定的财产,持续的时间长久,会员按照出资份额享有权利和义务,自我经管,它们可以定义为合伙的"会"。这类合伙的"会"如若继续发展,享有权利的会员持续增加,财产所有权与经营权发生分离,财产独立的程度则较高,此时它们可以被看作法人团体。但,要强调的是,即使如此,"会"还不是法人,因为它们自身还没有经过法人制度的技术改造。

第八章　本书结论

我们对五种会作了梳理与说明,可以看到各种"会"有自身的功能和作用,也有共同的特征。"会"的成立、运行、财产以及对内对外的关系,有一系列的规则,可以说,"会"本身是一种秩序。这种秩序,建立在原有的私有权利基础之上,同时受到国家秩序的影响。"会"的名目、功能不同,也反映了人们灵活地利用结"会"的方式对应不同的公共秩序。

当然,如若单看"会"的内涵与外延,势必忽视"会"与整个社会秩序的联系。这里,我们将"会"置于乡村秩序中,再讨论清代的"会"与乡村秩序的关系问题。尽管本书只写了五种"会",然而大量具有不同功能的会、社存在于清代乡村,是众所周知的,它们在组织结构、经管方式、内外权利义务关系等方面有着诸多的相似之处。以五种较为常见的"会"为例,大体可以说明乡村会社的特点,也可以勾连整个乡村秩序。

哈耶克在《法律、立法与自由》中这样描述秩序:"所谓秩序,我们将一以贯之地意指这样一种事态,其间,无数且各种各样的要素之间的相互关系是极为密切的,所以我们可以从我们对整体中的某个空间部分或者某个时间部分(some spatial or temporal part)所作的了解中学会对其余部分作出的正确预期,或者至少是学会作出颇有希望被证明为正确的预期。"①

这里的表述有些复杂,简言之,秩序是由一系列的规则构成,人们可

---

① [英]哈耶克:《法律、立法与自由》(第一卷),邓正来等译,北京:中国大百科全书出版社,2000年,第54页。

以通过这些规则,指导自身有序的行为。哈氏又将秩序按照生成缘由划为"自生自发的秩序"和"人造的秩序"。"自生自发的秩序",源自内部,自我生成;"人造的秩序",源于外部的秩序或安排,是一种建构或一种人为的秩序。① 前者是自发的,后者是自觉的。自生自发的社会规则或者习惯就是法律的原初形态,它们不是设计的结果,而是经历了无数人互动和博弈、不断试错、持续传播,最后以习惯或文化的形式沉淀下来。自觉地立法或者生发秩序,是人们理性的考察,是立法者对自发秩序认识和把握后,予以反映、修正、补充的理性建构。但是,这两种秩序时常是分不开的。

在哈耶克的眼里,自生自发的秩序是"源",建构的秩序是"桥",没有"源",哪能想出"桥"? 当然,"桥"该不该建、建得好不好,又是一回事情。即便是建构的秩序,放在"官治"与"自治"的环境里,也有不同的态势。官治的建构秩序,是以统治阶层意志为基础,利用行政权力由上至下予以控制;自治的建构秩序,是以民主协商合意为基础,让渡自我权利,形成团体权力,由下至上的调控。诚然,官治与自治没有绝对的分界,此消彼长。在自治涉及不到的区域,官治需要弥补;反之,官治过于强盛之处,自治就会消亡。

在此基础上,我们来看清代的乡村社会。给我们常有的印象是,清代的乡村,聚居着大小的家庭和家族。"家"是基本的社会单位,是同居共财的家属团体。"家"也是社会规范的逻辑起点,整个社会以"家"为中心,向外延伸,形成"差序伦理"秩序。家族,是家之外认同于某一祖先的亲属团体。在人们的潜意识里,"皇权不下县",只要缴纳了"皇粮国税",乡民则自给自治。家族则是这种自治场景中最主要的组织,维系着乡村秩序的运行。

这种认识可能过于粗泛,如果放在"编户齐名"的官治思想里,有再认识的余地。实际中,带有官方性质的乡约、保甲发挥着行政功能。它们在赋役征收、维护治安等方面起到积极的作用。另外,乡约还发挥着劝讲

---

① [英]哈耶克:《法律、立法与自由》(第一卷),邓正来等译,北京:中国大百科全书出版社,2000年,第55页。

教化的功能。可以说,官治的力量在教化、赋税、治安的层面持续作为,下达到了基层乡村。只是说,约保对于官方而言,主要功能是"维持稳定"和"赋役征收"。这也就意味着,民众大量的公共需求诸如神明信仰、祖先祭祀、交通、教育、金融,等等,都需要自我为之,自行应付。换言之,在约保职责以外,留有大量的空间给宗族以及社会组织进行自治。

尽管存在这些留出的空间,是由于官方的力不从心(比如教育、交通,因财政不足,官方难以主导),或者官方本应听民自便(比如信仰与祭祀、金融,只要不危及政权、扰乱秩序,官方不会干预),但也有一些会社组织,其成立目的是应对官方义务。比如祁门环砂程氏的"虚粮会",成立目的是应对绝户留下的税赋;①还有"社会",成立目的是应对里社祭祀;祀会,成立目的是应对门户钱粮,等等。可见,"会"是为了应对不同的公共秩序而成立,并且自在自为地处理着各种事务,这些都是一种自治。

这里,我们还需要对"自治"的概念作说明,以清楚传统的"自治"与现代自治的区别。严格说来,中国思想史上没有现代政治自治的系统学说。古代话语里,"自治"的意义一般有三:②

一是自行管理或处理。《史记·穰侯列传》载,秦昭王年少时,"宣太后自治,任魏冉为政"。太后自行处理王政,实是名不正、言不顺。这种意义进一步发展,在中国古代政治中,"自治"意味着摆脱君主或中央权力的控制。如《汉书·南粤传》"服岭以南,王自治之";《新唐书·北狄传·黑水靺鞨》"离为数十部,酋各自治"。这些都是形容地方政权或少数民族政权脱离中央控制,不服中央管辖,是中央集权国家防范之对象。

二是修养自身的德性。《史记·平津侯主父列传》中公孙弘上书云:"智、仁、勇,此三者天下之通德……知此三者,则知所以自治;知所以自治,然后知所以治人。天下未有不能自治而能治人者也,此百世不易之道也。"这种自治的意思是,从自身出发,达到一种身心修为的自在境界。

---

① 《清道光二十三年正月程祖荣公秩下经手人加称等立议合文约》,刘伯山主编:《徽州文书》第1辑第8册,桂林:广西师范大学出版社,2005年,第423页;《清光绪六年五月程祖荣公秩下程端基等立合文》,《徽州文书》第1辑第9册,第117页。

② 王建学:《地方自治观念在近代中国的嬗变——从政治意义上的自治到法律意义上的自治》,《厦门大学学报》2011年第3期;陈晓枫、陈子远、陈骁宇:《中国传统行政与自治关系辨析》,《武汉大学学报》2013年第4期。

三是自然安治。《三国志·魏书·毛玠传》中，曹操称赞毛玠曰："用人如此，使天下人自治，吾复何为哉！"此处的"自治"，表示一种自然安定的社会状态。①

中国古代的道家认为，"道"是世界的本源，"道"可以外显，有规律。作为管理者的君王，需要认识"道"。《老子》主张"我无为，而民自化；我好静，而民自正；我无事，而民自富；我无欲，而民自朴"。强调不要过多干预，无为而治。黄老学派将其进一步发展，《尹文子·大道上》曰："法用则反道，道用则无为而自治。"又《淮南子·诠言训》："君子修行而使善无名，布施而使仁无章，故士行善而不知善之所由来，民澹利而不知利之所由出。故无为而自治。"意即要循"道"而治，强调排除人的主观设计。当然，这种"自治"不过是"自理"而已。缺少法治保障和权利意义。②

宋明理学吸纳了这种自治思想，并使用儒家"内圣外王"的内核予以表达。明末清初的顾炎武评述地方政制为："自三代以下，人主之于民，赋敛之而已尔，役使之而已尔。凡所以为厚生正德之事，一切置之不理，而听民之所自为。于是乎教化之权，常不在上而在下。"③也就是说，州县以下，国家在赋役之外，听民自为。但是，教化之权下放在"民间"。可以说，传统的"自治"是一种民本的自为观念，在官而言是"放任"，在民而言是"自教养"。

罗志田先生对具有"自治精神"的中国古代社会，从"郡县制"与"礼下庶人"视角进行了分析，他认为，在秦汉至隋唐确立了郡县制的统治方式，但在县以下的基层社会，官力不足。大致从南宋始，"礼"渐渐融入民间社会。礼下庶人的一个重要转移，是"礼"的立意发生变化，确定其受众为普通多数人。宋儒关注生活的一面，是想拉近上下之隔，从基层社会具体的百姓生活入手。朱熹等礼下庶人的努力，伴随着一系列"治生"的措施，即"养以厚民生，教以齐民德"，这是有意识地构建一个非官方的在地民间社会。如若"厚生"与"正德"能够相辅相成，则物质基础既备，加上礼下庶人，意味着在地普通人与"天道"的直接衔接，非官方的民间自

---

① 夏征农主编：《辞海》，上海：上海辞书出版社，1999年，第5363页。
② 李刚、宋玉路：《道家"自治"话语论》，《人文杂志》2017年第7期。
③ （清）顾炎武：《顾亭林诗文集》，北京：中华书局，1983年，第108—109页。

治也就具有了自足的合道性。① 罗先生的这种认识很有启发性,在中央集权的体制之下,让"道"与乡土直接连接,借乡土之士化民成俗,凝聚社会,减轻了上层政治变动的影响,民间具有更多的自足之人。

鸦片战争后不久,西方现代政治自治思想传入,传统的"自治"观念开始得到重新诠释。一般认为,冯桂芬是提倡"地方自治"的第一人,其在《校邠庐抗议》中,主张乡董自治制、公举地方官吏,立论基础是"分权"。之后的郑观应,主张各地实行商务自治之策。再是陈炽、宋恕,他们都主张中西调和,采取乡董制与地方议院之设,且乡董由人民选举和罢免。还有陈虬和汤震,也主张地方议会,但未提及公举地方官员。② 此刻的"地方自治"思想还很初级,基本是分权与"养民",企图达到"上下不隔"。这与传统的"自治"观念有异曲同工之处。

清末,黄遵宪是地方自治的倡导者和尝试者,创立了从"自治其身"到"自治其乡"逐渐推进地方自治的模式。并在湖南兴办南学会和保卫局,希望孕育"民权"。其自治思想是先养成国民自治资格,再为自治其乡,最后实现自治。③ 学说上,个人权利和组织化进入了地方自治的范畴。如梁启超提出民权不在议院而在地方自治,"地方自治之力强者,则其民权必盛",并明确提出"地方自治团体"的概念。学者们也开始用"自治团体"和"公法人"等术语解释地方自治。至20世纪20年代,明确提出法律意义上的地方自治,如周成认为"地方团体有法律上之人格者,离乎国家而独立之谓也"。④

作为西方话语里的地方自治,在理论和实践中有英美和大陆两派:前者的立意在于人民将处理公共事务视为自己的权利,以人民为重心,本着人民自治,实行名誉制;后者以自由与分权为重心,本着团体自治的观念,

---

① 罗志田:《地方的近世史:"郡县空虚"时代的礼下庶人与乡里社会》,《近代史研究》2015年第5期。
② 汪太贤:《晚清国外地方自治思想输入考论》,《湘潭大学学报(哲学社会科学版)》2004年第5期;《近世中国地方自治主张的最初提出及其表达》,《西南民族大学学报(人文社科版)》2004年第5期。
③ 汪太贤:《黄遵宪:渐进主义的地方自治构想》,《南京工业大学学报(社会科学版)》2013年第4期。
④ 王建学:《地方自治观念在近代中国的嬗变——从政治意义上的自治到法律意义上的自治》,《厦门大学学报(哲学社会科学版)》2011年第3期。

可以自己的意思与目的在一定范围内自行处理地方公共事务。十九、二十世纪之交,二者逐渐合流。现代政治学意义上的自治,以自决权为先决条件,主张共同体由代表实行统治。因此,代表制、自决权、区域内重大事务管辖权等是自治的内核。强调一定区域内的自主管辖权和内部政治自主。

这些具体到自治的体系中,要求有:(1)地方自治之团体。有区域:必在一国之一定区域内进行;有人民:居住在一定区域内的住民,他们在地方自治中享有权利承担义务;有组织:实施地方自治的机体,一般是议政机关和执行机关;有自治权:立法权(不抵触宪法)、执行权(组织权、人事权、计划权)和财政权。(2)地方自治事务。大致分为固有事务和委任事务,固有事务指地方保安、财政、教育、卫生、救济、实业和公共工程;委任事务主要是中央和上级机关委托之事项。(3)自治监督。地方自治是一种垂直型分权设计。地方自治不能脱离主权国家,故国家与地方自治团体间有一种机制联系。自治监督一般采取:立法监督,由中央或上级机关制定一种地方政府组织法或通过授权法案行之;行政监督,即中央或地方自治团体的上级运用行政程序,监督地方自治事务的推行;司法监督,是对地方自治活动监督的最后一道防线,即地方自治团体与职员行使自治权的过程中因违反刑事、民事、行政等法规而被指控时,国家司法机关对其进行审理与裁判的活动。①

西方地方自治理论与实践站在"民权"(自主精神与民主权利)的根源之上,采用分权的理论设计。在地方事务上,民主制(民主选举)与代议制是这种制度的有效配合。而这些恰恰是中国传统社会所缺少的。

再来看清代乡村的图景,乡约、保甲采用规整的编排方式将乡村社会划为单元,乡约实行着教化,保甲催科治安,各地州县官也会因为实际需要,协调约保,将教化、赋役、治安等职能赋予约保。特别是约保并非民选,拿着州县官的牌照,似职役一般。如此,约保是州县官行政权力的延伸,其职能乃官治的范畴。但在教化、赋役、治安之外,官方听民自便,甚至很多人终身不进城、不面官,可谓官与民、国与民"相忘"于江湖。放眼

---

① 陈绍方:《地方自治的概念、流派与体系》,《求索》2005 年第 7 期。

望去,一派田野牧歌。晚年的梁启超回忆家乡广东新会县茶坑村"乡治",赞誉为:"此种乡自治,除纳钱粮外,几与地方官全无交涉(讼狱极少)。"①

那么,为何在有着"合于自治之精神"②的乡村社会,没有触发生成"地方自治",甚至清末民初力行"地方自治""乡村运动",却都没有成功。这里面有时势的因素,但传统自治观念和社会基础可能是最主要的原因。

以上关于自治和清代乡村的讨论,都是我思考"会"与乡村秩序的背景。笔者想通过会社组织的研究,探讨清代个体如何走向团体去对应公共秩序。这种公共秩序是自生自发的,是一种传统的"自治",但这些都构成当时的社会基础。这种社会基础并不是国家制度直接赋予,而是基层社会的自身孕育。基层社会以及乡村秩序,有家庭、家族、乡绅以及各种官方职役(乡约、保甲)的力量。这些力量发挥着不同的功能,"会"也可以与这些力量发生联系。比如,"会"是家庭的联合;"会"可以在家族之内,也可以跨越"家族"的限制;乡绅可以加入"会";乡约保甲可以与文会一起参与纠纷调解,"会"也可向乡约保交纳税赋。但这些都只是"会"活动的外在形式。

如果我们以公领域与私领域来划分的话,人们在家庭之内,是"私"领域,但走出家庭却是"公"领域。在公领域,如何协调各种财产关系、人身关系乃至社会关系,都需要个体与个体之间的意识协商,进而走向规则与秩序的确定。会社、家族都是公领域的团体表现,是自主的处理公务的集合,可以说是"自治"的;乡绅、乡约、保甲却更多是带有身份性或者政治性的"官治"意味,在一定层面上影响着自治。

这里,我将在前文各种"会"研究基础之上,思考"会"与乡村自治秩序之间的关系;辨析"会社自治"与"家族自治"的区别,说明"会社自治"在乡村秩序中的独特一面;引申出乡村秩序的基础以及清代社会的基本形态。这些可能的结论,是想从人们结成团体应对公共事务的行为方式,

---

① 梁启超:《中国文化史·社会组织篇》,《饮冰室合集》(专集之八十六),北京:中华书局,1989年,第60页。
② 范源廉:《〈考察山西地方自治制度辑要〉序》,欧阳哲生等编:《范源廉集》,长沙:湖南教育出版社,2010年,第447页。

去认识中国传统基层社会秩序的特点,间接地回答为何传统社会难以走向现代自治的原因。

一、自愿的结社立会有利于乡村秩序的生成

"会"是人户的自由联合。这种组织最大的优势是自主地通过合意去应对公共需求。又,"组织"经过长时间的交流和沟通,能够促使规则生成和沉淀。社会组织的共同体生活以基本的共识为基础,亦即"自愿性"显得尤为重要,是组织产生和发展的原则。会员的自愿性为组织的自治能力以及由自治达成秩序提供了可能性的基础。①

哈贝马斯的"沟通理性"认为,支配法律的理性是一个实践的概念,应当在人们的意志交往过程中获得。也就是,必须经过不同意志的相互磨合、商谈才能得以形成,"主体只有通过公共交往的活动才能揭示社会发展所需的共同价值和行动目标……这种创造活动不是任何个人和集团对既存真理的发现,而是在不同价值诉求之间的平等对话、相互融合中形成的"。②

如前所述,神会之间能够产生会际联动,过程中,各"会"间可以通过合同形式约定祭祀活动的秩序;并且由于各"会"间长期有序的互动沟通,某些村落产生了地区认同,常常以会社联合的形式应对公共事务,如联合颁布"禁约"维护治安。再如路桥会,它是完全脱离信仰和私人利益的组织。人们为了协调公共利益,形成文本性的各种管理规则或者习惯,甚至以将之公开的方式立碑刊发于众。这些以禁山约和部分团体规约为代表的民约,都是某个相对固定或封闭的群体为维护私人或私团体利益而订立的合同。又,清代的私人管业是一种习惯法,缺乏成文体系性的规范。当在物上存在私人产权关系时,所有单个管业人都会面临相同的选择,即自我限制部分处分权,以禁约或者团体规约联合的保护模式实现财产利益的最大化。这些"会",都在自生自发地生成秩序。类似的例子不再列举,但我们要明确是,以互益或者公益为目的的组织存在并活动,能

---

① 庞正:《法治秩序的社会之维》,《法律科学》2016年第1期。
② 王新生:《公民社会论》,南宁:广西人民出版社,2003年,第140页。

够创造出理性化、秩序化的公共生活场景。

根据哈贝马斯的商谈理论,社团组织在公共领域中通过意见磋商和交融,所达成的共识是具有合理性或可接受性的,"因为形成网络并被建制化的是这样一些交往形式,它们在理想的情况下确保所有有关的问题、主题和贡献都被提出来,并根据尽可能好的信息和理由在商谈和谈判中进行处理"。① 具体而言,多元的社会结构可以由不同的社会组织共同构成,它们可能因为社会公共性的事务联系到一起,就共同的问题发表意见或者采取行动。而在相互磋商和行动中,各种不同的观点可能会冲突,或者融通,但正是在这种交流和碰撞之间,解决方案和途径会逐渐清晰地表达出来。这一过程,实际上是考量和明确社会公共利益的阶段,一段达成共同结果的过程,结果就是有约束力的,人们也会普遍遵从。

我们研究的各种"会",对应着不同的乡村公共生活。它们在人们的运用中,已经形成一些"固有"的习惯或者规则,这些规则又进一步构成乡村自生自发的秩序,指导着人们的生活。如果按照传统的认识,这是一种"会社自治"。

二、"会社自治"与"家族自治"有别

这里,我们还要讨论"会社自治"与"家族自治"。只有清楚认识二者,才能将会社自治的作用清楚展现。

一般认为,家族自治是清代乡村的基本形态。但是,我们不能忽略"会社自治"。清代的乡村社会,尽管祠堂林立,宗族繁盛,然而并非每个家庭都处于大宗大族之中。即使家庭有大宗大族做依靠,由于家族权力处在有等差的宗法礼制之下,家族关系也有可能发生"固化",家族难以时刻满足每一个体的多元需求,这也就留出了个体家庭自主结社立会的空间。

个体的需求总是多元化的,这种需求在个体难以达成或者其他个体同样需要的情况下,就成为公共需求。拿人们的神明信仰来说,有的信仰

---

① [德]哈贝马斯:《在事实与规范之间:关于法律和民主法治国的商谈理论》,童世骏译,北京:生活·读书·新知三联书店,2003年,第208页。

汪公,有的信仰关公或者太子神,这也就有汪王会、关帝会或者太子神会;祖先祭祀也是,小宗族或者没有祠堂的宗族,几房人等通常是到祖墓处合祭。即便是有祠堂的宗族,自己的亲近祖先(高曾祖考),也是自己房支在祠堂祭祀了始祖或远祖后,再单独祭祀。桥道兴修、农田水利更是如此,有时一个宗族都难以承担,需联合更多的宗族或者个体予以完成。资金融通平凡常见,灵活及时、利率合适与否都决定着个体不同的需要。

因此我们看到,在宗族之内存在大量的会社。如郑振满先生提到的福建培田吴氏,它建立了各种慈善机构和社团组织,有"文昌社""孔圣会""修业社""惜字社""义仓""拯婴社""大和山道堂""培田公益社"之类;①还有刘淼先生提到的徽州祁门善和里程氏的各种族会。② 同时,这种会社由于可以自由结合,更容易蔓延到宗族之外,如徽州的大型神会休宁"祝圣会",箬岭的路会,婺源蚺城的桥会,以及各类钱会,等等。可见,结社立会的功能是通过组织自治自主地应对公共需求与秩序。深层次地看,这种功能的实现表现在以下方面:

第一,结社立会的基础是尊重合意和个体权利。"会"一般是合同合意设立,约定了各会户的权利与义务。立会合同如同会社章程,在会社的运行中约束着会户。即使是调整"会"的经管行为,也是通过合同的方式解决。这里的基础即是尊重合意和个人权利。如此,会社的成员才能同向使力,完成公共事务,满足公共需求。

第二,会员的行动可以自主与平权。"会"的成立是会户自主的选择,"会"无有宗法礼制的等级,处于平权的状态。所以,各会户才能根据自我需求去互相联合,寻求自身利益的最大化。但凡"会"有等级限制,会户也就不能完全自主,自身利益就有可能受到影响。

第三,可以分化固有权力。对于单个家庭而言,受固有权力的约束一方面是来自官方,一方面来自家族自身。乡村社会,官方权力除了收税与

---

① 郑振满:《清代闽西客家的乡族自治传统——〈培田吴氏族谱〉研究》,《学术月刊》2012年第4期。
② 刘淼:《清代祁门善和里程氏宗族的"会"组织》,《文物研究》第8辑,合肥:黄山书社,1993年;《中国传统社会的资产运作形态——关于徽州宗族"族会"的会产处置》,《中国社会经济史研究》2002年第2期。

治安之外,不再直接面对家庭。反倒是家族,在宗法礼制的原则下,敬宗收族,尊卑有别,形成族权,控制着家庭。家族相对于官方而言,是一种组织自治,但是,等差的礼制规则和单一的组织形态易造成权力固化,从而不利于单个家庭的利益最大化。相反,自主、平等地成立会社,可将弱势的单一个体组织起来,形成多元化的社会权力,分化固有的权力,弥补家族自治的不足。

总之,家族自治虽是清代乡村社会的一般形态,但我们不可忽视广泛的会社组织。以往常将会社组织置于家族自治之内一同看待,认为会社组织是家族自治的一部分。笔者认为,家族自治与会社组织自治有别。正是由于家族的血缘关系和等差礼制,家族才易形成一种固化的族权,进而达到控制族人的目的。家族具有单一的组织形式,不可涉及方方面面,难免出现运作"失灵",不利于族人的多元需求。会社组织是家族自治秩序失灵的必然产物,其成立基础是尊重合意和个人权利,会户间能够自主和平权,可以采取协商的机制形成合力,最终实现多元化的需求。可见,会社通过自主地组织自治,实现着更为广泛的社会自治,对应着各种公共秩序。

进一步而言,归根结底家族自治是建立在"差序格局"之上。费孝通先生对传统社会差序格局有过经典的概括,"我们社会中最重要的亲属关系就是这种丢石头形成同心圆波纹的性质",①这种差序格局反映在家族活动中,处处体现等差。然而,会社的成立和管理主要是通过合同,其合意性质自然明显,足以反映平权性质。

当然,要强调的是,无论是"家族自治"还是"会社自治",与现代意义上的自治不同,它们只是一种自生自发的原初状态。

三、"合同制"是清代乡村秩序建立的基础

在结社立会的过程中,我们看到了"合同"无处不在的身影。如果进一步思考它的作用,可以说,"合同制"是清代乡村秩序的根基。

---

① 费孝通:《乡土中国》,上海:上海人民出版社,2006年,第25页。

家庭走向社会,走向公共领域,需要有一定的制度规范。在民事、行政法规缺乏的基层乡村社会,合同制①成为一种习惯。经过人们长时间的运用,合同具有"法"的约束力量,它调节着家庭与财产的变动、商业合股、资金融通、相邻关系、纠纷处理、各种公共事务,涉及古代家庭生活的方方面面。

合同制是清代乡村秩序建立的基础,无论是个体的还是团体的活动,都依靠合同制予以完成。"会"组织是个体家庭依靠合同制应对公共秩序的一种建构。会社通过合同制的联合,可能涉及乡村生活不同领域,包含着多种公共利益。这些具有相近或共同行动目标和旨趣的会社组织通过一致的努力,可以使社会公益清晰化,"在参加这样的结社后不久,他们就会知道在这样一大群人中应当遵守什么秩序和采取什么步骤,才能使他们步调一致地和首尾一贯地奔向共同目标"。② 而在会社间不断的交互与交融中,规则以及习惯产生,最后在约定俗成中形成一种制度,乡村的秩序就会建立。

"会",只是一类合同联合体。其内部的所有关系,以及外部的所有行为,都在合同合意之上。这种合同联合体,由于在运作中时常需要合意来处理事务,所以表现出一种松散的结合样态。尽管有些"会"组织可能因为财产聚集和积累,展示出"法人"的特征,但无有法律的确认、改造或者保护,在一定程度上有破败或者分裂的可能,终究难以得到完全发展。假设按照现代法人制度将不同功能的"会""社"进行区分,则有些定义为社团法人,有些定义为财团法人,有些定义为"公法人"。当然,这种设定要根据社会实际,具体又要根据中国人的财产和身份观念来设计。虽是假设,但如果将"会"进行了法律确认和改造后,它就能够将个人的力量稳定性放大,参与到社会秩序中。

另一面,这种"会"组织的结合很少带有"政治性"。在广大乡村,具

---

① "合同制",是中国古代人们在无有成文法的公私生活领域,用来调整社会关系和财产关系的一种方式。其不同于现代民法中的合同。有关"合同制"可参见俞江《清代的合同》,桂林:广西师范大学出版社,2022 年;俞江、陈云朝:《论清代合同的类型——基于徽州合同文书的实证分析》,《法学》2014 年第 6 期。

② [法]托克维尔:《论美国的民主》,董果良译,北京:商务印书馆,1989 年,第 646—647 页。

有政治需求的是大量的"乡绅",他们是一批放弃仕途或者因丁忧、致事、罢黜返乡的官吏,不在朝廷而在江湖。但是,国家给予这批人优待,使之在身份上区别于普通百姓。国家还赋给他们一些职能,他们连接着州县官,为州县官所倚重,在乡里代表着"国家"推行教化,可谓"觉民行道"。这种"道"与国家坚守和维护的"礼"是一致的。乡绅的思想与中央集权国家一同让乡绅作为乡民的表率,如此,他们怎会有"异端"和"歧见"?可以说,民主推选的机制因为大量"乡绅"精英的缄默而无有发端的可能。

此外,我们要认识到合同制的弊端,这仍旧表现在自愿的合意之上。一方面,合意需要个体全体参加,在缺乏民主制和代议制的情形下,这也就决定了这种组织的活动范围有限,不可能大范围地使用合同来规范地区事务。另一方面,合意极其容易破裂,组织也就会松散。这即是我们常常看到的有些"会"在经过一段时间后,又需要通过合同来重新成立或者调整经营规范。

四、家户联合是清代乡村社会的基本形态

"家"是清代社会的基本主体单位。如金耀基先生所说:"在传统中国,家不只是一生殖的单元,并且还是一社会的、经济的、教育的、政治的,乃至宗教、娱乐的单元。它是维系整个社会凝结的基本力量。"①"户"是国家组织民众的法律单位,也就是国家承认的"家",具有政治意义。清代乡村一般称作"门户"。

"家"的这种社会样态,是中国历史长时间确认的结果。特别是商鞅变法后,"民有二男以上不分异者,倍其赋",这确立了以小家庭为单位的农民经济。随着生产能力的发展,小家庭的独立性愈来愈强,能够成为一个生产单位。大一统的秦汉为了获取赋税,继续推进编制户口,从法律上再次明确"家"的主体地位。此外,在郡县制下,君主皇权是想让郡县官代表"国家"面对每一个家庭。为了这一目的,君主在郡县之上不断变化

---

① 金耀基:《从传统到现代》,北京:中国人民大学出版社,1999年,第24页。

行政设置,唐代有"道",宋代有"路",元代有"省";在郡县之下,也意图有效控制家户,先是设置乡、里,甚至置乡官。又在隋朝废弃,并罢郡置州,以统县。与此同改的还有州郡的辟士之权,废九品中正采科举。如此,在人事的任免上,都由科举和吏部决定,这可视为又一种形式的"中央集权"。罗志田先生对此的评说是:"以州举里选和设乡官为表征的系列措施本是大一统朝廷与'地方'的妥协,用昔人的术语,亦即'郡县'对'封建'的妥协。"①官止于县,"地方官"不代表地方,代表"皇帝"直接面对家庭。

在没有乡官的州县之下,州县官为政只能依靠"役"民来帮助其完成行政事务。而在役民、使民的过程中,上下隔膜显现,上级社会的法律、礼俗难以影响到下级社会。宋儒们才推行"礼下庶人",将儒家重新诠释,与家庭之礼关联,让家庭也能在"礼"文化中得到重生,从此,上下社会处于一体的礼法秩序之中。然而,家庭的零散状态,在许多公共事务上难以维系。宗族开始有意识地创建各种不同的组织,希望周济族人,补国家行政能力之不足。之后的"祭田""学田"等制,也大多是为此目的而立。但是,对于小家庭而言,宗族仍旧是独立自主的单位。

对于宋以后的朝廷而言,县以下的空虚、治安和催征赋役仍然需要面对。王安石等人的变法派推出"保甲法",是想有效地帮助州县行政。但是,人力与财力不足,最后还是得依托民间,"乡约"等组织开始萌生。②

蒙古人入主中原后,将村社制在乡里施行,让里正与社首共同负责基层社会,本意是社长劝课农桑,里正催督征收。但在运行的过程中,里、社基本合流。③明代继续改造,实行里甲,企图用规整的划分来分解赋役,同时启用乡约推行教化。但是这种规整的赋役划分,却不能调和"人户"和"事产"的变动不居,导致明代土地与赋役制度的崩解。清代吸收了明代的教训,将赋役集中在"户"上,推行保甲,行使催科和治安,并继续推行乡约教化。也有一些地方,因时势需要,约保合一,或者形成隶属关系,

---

① 罗志田:《隋废乡官再思》,《社会科学研究》2015年第1期。
② 杨建宏:《〈吕氏乡约〉与宋代民间社会控制》,《湖南师范大学社会科学学报》2005年第5期。
③ 陈衍德:《元代农村基层组织与赋役制度》,《中国社会经济史研究》1995年第4期。

完成了基层官治的构建。构建起"赋役—治安—教化"治理的完善统一。

我们回顾历史,不论是宋以后的礼下庶人,还是元明清的基层行政转变,都是意图有效地将"国"与"家"联系起来,是想让中央的权力直接面对"家庭",达成真正的"中央集权"。所以,在清代的乡村社会,家庭是各种秩序的主体,至于我们看到的"家族""会社",都是家庭的联合。这种家庭的联合可能有各种"自治"的面相,甚至能灵活地应对公共秩序,但没有法律确认它们的法律地位(公法的或者私法的),它们也就不可能有效地进入政治生活,也难以出现地方自治的形态。这里可以说,家户的联合是清代乡村社会的基本形态,但是一个幼稚而又松散的形态。

最后,回到《结论》开头提及的自生自发的秩序和建构的秩序。笔者想说的是,自生自发的秩序是社会的本源,基本萌生自人们的物权、债权观念。建构的秩序是人们构想出来的,目的是规范自生自发秩序的不适。但是,建构的秩序若不依据自生自发的秩序,保障自下而上的权利,则难以行之有效。民国的乡村自治,为何被认为是"官办的自治"而最终失败?关键在于它脱离了自生自发的秩序,或者是过于站在自上而下的视角在看问题。

"在任何一个规模较大的群体中,人们之间的合作都始终是以自生自发的秩序和刻意建构的组织为基础的。毋庸置疑,对于诸多内容明确的任务来说,组织乃是促使我们进行有效合作的最有力量的手段,因为它能够使那种作为结果的秩序更符合我们的愿望。"①也就是说,人们建构组织最终的目的是保障自生自发的秩序。当然,如果我们要将"法人"制度用于社会组织,势必应该关注我们自身的社会组织传统和文化,不能一概用西方的法人制度或者类型来对应。若按照自己的传统观念设立组织,那么我们的法人或者法律制度则要确认各种结社组织的地位,保障结社人员的权利,如此才能培育基层市民社会。

法律秩序是自发秩序与自觉秩序的有机统一,在法律秩序的形成过程中,我们既要注重自觉性秩序的建构,更应该重视对自发性秩序的不断

---

① [英]哈耶克:《法律、立法与自由》(第一卷),邓正来等译,北京:中国大百科全书出版社,2000年,第67页。

吸纳。社会组织是由社会成员自愿组成,目的是实现互益或者公益,最终满足社会的多元化利益需求。这些组织能够使成员通过合意实现自律,协助国家管理,化解社会冲突,并推动秩序的形成。

  总之,社会自治需要放开诸多结社的限制,让人们自由地根据自己的需求进行结社立会。同时,作为公权力的政府要给基层社会留有自治的空间,根据人们自生自发的组织观念制定和设立相关法律,确认组织的地位和规则,吸纳自发性秩序中的优势;当然,也要约束组织自身就有的各种弊端。通过对古代"会"组织的研究,能够看到传统社会里广泛存在结社的形态和观念,它的好与不好,都是今天可以参看和思考的。

参考文献

（一）基本史料

契约文书：

[1]安徽省博物馆:《明清徽州社会经济资料丛编》第1集,北京:中国社会科学出版社,1988年。

[2]中国社会科学院历史研究所徽州文契整理组:《明清徽州社会经济资料丛编》第2辑,北京:中国社会科学出版社,1990年。

[3]王钰欣、周绍泉主编:《徽州千年契约文书》,石家庄:花山文艺出版社,1993年。

[4]田涛、[美]宋格文、郑秦编著:《田藏契约文书粹编（全3册）》,北京:中华书局,2001年。

[5]刘伯山主编:《徽州文书》第1辑,桂林:广西师范大学出版社,2005年。

[6]刘伯山主编:《徽州文书》第2辑,桂林:广西师范大学出版社,2006年。

[7]刘伯山主编:《徽州文书》第3辑,桂林:广西师范大学出版社,2009年。

[8]周向华编著:《安徽师范大学馆藏徽州文书》,合肥:安徽人民出版社,2009年。

[9]黄山学院:《中国徽州文书（民国编）》,北京:清华大学出版社,2010年。

［10］张介人编:《清代浙东契约文书辑选》,杭州:浙江大学出版社,2011年。

［11］刘伯山主编:《徽州文书》第4辑,桂林:广西师范大学出版社,2011年。

［12］张传玺:《中国历代契约粹编(全3册)》,北京:北京大学出版社,2014年。

［13］曹树基等编:《石仓契约》第3辑,杭州:浙江大学出版社,2014年。

［14］刘伯山主编:《徽州文书》第5辑,桂林:广西师范大学出版社,2015年。

地方志:

［15］弘治《徽州府志》,明弘治十五年。

［16］嘉靖《徽州府志》,明嘉靖四十五年。

［17］康熙《徽州府志》,清康熙三十八年。

［18］道光《徽州府志》,清道光十年。

［19］乾隆《歙县志》,清乾隆二十六年。

［20］道光《歙县志》,清道光八年。

［21］民国《歙县志》,民国二十六年。

［22］歙县地方志编纂委员会:《歙县志》,北京:中华书局,1995年。

［23］弘治《休宁县志》,明弘治四年。

［24］康熙《休宁县志》,清康熙三十二年。

［25］道光《休宁县志》,清道光三年。

［26］休宁县地方志编纂委员会:《休宁县志》,合肥:安徽教育出版社,1990年。

［27］嘉庆《绩溪县志》,清嘉庆十五年。

［28］绩溪县地方志编纂委员会:《绩溪县志》,合肥:黄山书社,1998年。

［29］嘉庆《黟县志》,清嘉庆十七年。

［30］同治《黟县三志》,清同治十年。

[31]民国《黟县四志》,民国十二年。

[32]同治《祁门县志》,清同治十二年。

[33]光绪《婺源县志》,清光绪九年。

一般史料:

[34]国家图书馆善本金石组编:《明清石刻文献全编(全3册)》,北京:北京图书馆出版社,2003年。

[35]张正明、科大卫主编:《明清山西碑刻资料选》,太原:山西人民出版社,2005年。

[36]张正明、科大卫、王勇红主编:《明清山西碑刻资料选(续一)》,太原:山西古籍出版社,2007年。

[37]张正明、科大卫、王勇红主编:《明清山西碑刻资料选(续二)》,太原:山西经济出版社,2009年。

[38]卞利编著:《明清徽州族规家法选编》,合肥:黄山书社,2014年。

[39](明)傅岩:《歙纪》,陈春秀等校点,合肥:黄山书社,2007年。

[40](清)吴宏:《纸上经纶》,康熙六十年吴氏自刻本。

[41](清)廖腾煃:《海阳纪略》。

[42](清)刘汝骥:《陶甓公牍》。

[43](清)董钟琪、吉符、汪廷璋、退之:《婺源乡土志》,婺邑畅记公司发行,1908年。

[44](清)吴翟辑撰:《茗洲吴氏家典》,刘梦芙点校,合肥:黄山书社,2006年。

[45](清)赵吉士辑撰:《寄园寄所寄》,周晓光、刘道胜点校,合肥:黄山书社,2008年。

[46](清)素尔纳等纂修:《钦定学政全书校注》,霍有明、郭海文校注,武汉:武汉大学出版社,2009年。

[47](清)施璜编,吴瞻泰补:《紫阳书院志》,合肥:黄山书社,2010年。

[48]冯尔康主编:《清代宗族史料选辑(上中下)》,天津:天津古籍出版社,2014年。

[49]中国社会科学院历史研究所清史研究室编:《清史资料》第3辑,北京:中华书局,1982年。

[50]中国社会科学院历史研究所清史研究室编:《清史资料》第4辑,北京:中华书局,1983年。

[51]许承尧:《歙事闲谭》,李明回、彭超、张爱琴校点,合肥:黄山书社,2001年。

[52]周绍泉、赵亚光点校:《窦山公家议校注》,合肥:黄山书社,1993年。

[53]俞江、尹华蓉整理:《安徽宪政调查局编呈民事习惯及答案》,载李贵连主编:《近代法研究》第1辑,北京:北京大学出版社,2007年。

[54]《大清民律草案·民国民律草案》,杨立新点校,长春:吉林人民出版社,2002年。

[55]严中平等编:《中国近代经济史统计资料选辑》,北京:中国社会科学出版社,2012年。

[56]施沛生等编:《中国民事习惯大全》,上海:上海广益书局,1924年。

[57]前南京国民政府司法行政部:《民事习惯调查报告录》,北京:中国政法大学出版社,2000年。

[58]修订法律馆:《法律草案汇编》,版权不详,1926年。

[59]郭卫编:《大理院判决例全书》,台北:成文出版社,1972年。

[60]郭卫编:《大理院解释例全文》,台北:成文出版社,1972年。

[61]黄源盛纂辑:《大理院民事判例辑存》,台北:元照出版有限公司,2012年。

[62]郭卫编:《最高法院判例汇编》,上海:上海法学编译社,1933年。

[63]吴经熊:《中华民国六法判解理由汇编》,上海:会文堂新记书局,1947年。

[64]梅仲协、罗渊祥编:《六法解释判例汇编》,上海:昌明书屋,1947年。

[65]林纪东等主编:《新编六法参照法令判解全书》,台北:五南图书出版公司,1986年。

［66］华东军政委员会土地改革委员会编:《安徽省农村调查》,1952年编印。

［67］江苏省社会处:《社会法规汇编》,镇江:华美印书社,1937年。

［68］［美］卜凯:《芜湖一百零二农家之社会的及经济的调查》,徐澄译,金陵大学农林科农林丛刊,1928年。

［69］［美］卜凯:《河北盐山县一百五十农家之经济及社会调查》,孙文郁译,金陵大学农林科农林丛刊,1929年。

［70］李景汉:《北平郊外之乡村家庭》,北京:商务印书馆,1929年。

［71］李景汉:《定县社会概况调查》,上海:上海书店,1933年。

［72］陈国梁、卢明合编:《樟林社会概况调查》,国立中山大学社会学研究所,1936年。

［73］冯紫岗、刘端生:《南阳农村社会调查报告》,上海:黎明书店,1934年。

［74］杨汝南:《北平西郊六十四村社会概况调查》,国立北平大学农学院农业经济学系,1935年。

［75］实业部中国经济年鉴编纂委员会:《中国经济年鉴》,北京:商务印书馆,1935年。

［76］杨季华:《皖北农村社会经济实况》,安徽省立第二乡村师范学校,1933年。

［77］吴秉坤:《清至民国徽州民间借贷利率资料汇编及研究》,上海:上海交通大学出版社,2015年。

［78］胡朴安:《中华全国风俗志》,石家庄:河北人民出版社,1986年。

(二)中文著作

［79］吴景超:《社会组织》,上海:世界书局,1933年。

［80］［日］长野郎:《中国社会组织》,朱家清译,上海:上海光明书局,1930年。

［81］吴耀麟:《社会保险之理论与实际》,上海:大东书局,1932年。

［82］［俄］W.Totomiantz:《合作与其他社会运动》,王世颖译,南京:中

国合作学社,1930年。

[83]王宗培:《中国之合会》,南京:中国合作学社,1935年。

[84]杨西孟:《中国合会之研究》,上海:商务印书馆,1935年。

[85]李寅北:《农村社会合作经济概论》,南京:正中书局,1936年。

[86]郑厚博:《中国合作运动之研究:中国之合作运动》,杭州:农村经济月刊社,1936年。

[87]林和成:《中国农业金融》,上海:中华书局,1936年。

[88]吴志铎:《北通县第一区平民借贷状况研究》,燕京大学经济系,1935年。

[89]中央银行经济研究处编:《中国农业金融概要》,上海:商务印书馆,1936年。

[90]陈醉云:《农村经济概论》,上海:中华书局,1936年。

[91]寿勉成,郑厚博:《中国合作运动史》,南京:正中书局,1937年。

[92]尚秉和:《历代社会风俗事物考》,上海:上海书店出版社,1991年。

[93]乔启明:《中国农村社会经济学》,上海:商务印书馆,1945年。

[94]姚公振:《中国农业金融史》,上海:中华文化服务社,1947年。

[95]傅衣凌:《明清农村社会经济》,北京:生活·读书·新知三联书店,1961年。

[96]戴炎辉:《清代台湾之乡治》,台北:联经出版事业公司,1979年。

[97]萧铮:《萧铮回忆录:土地改革五十年》,中国地政研究所,1980年。

[98]曹竞辉:《合会制度之研究》,台北:联经出版事业公司,1980年。

[99]潘维和:《中国近代民法史》,台北:汉林出版社,1982年。

[100]俞伟超:《中国古代公社组织的考察——论先秦两汉的"单—僤—弹"》,北京:文物出版社,1988年。

[101]章有义:《近代徽州租佃关系案例研究》,北京:中国社会科学出版社,1988年。

[102]李志敏:《中国古代民法》,北京:法律出版社,1988年。

[103]詹玉荣编著:《中国农村金融史》,北京:北京农业大学出版社,

1991年。

[104]甘怀真:《唐代家庙礼制研究》,台北:台湾商务印书馆,1991年。

[105]俞荣根:《儒家法思想通论》(修订本),南宁:广西人民出版社,1992年。

[106]罗玉珍主编:《民事主体论》,北京:中国政法大学出版社,1992年。

[107]叶孝信主编:《中国民法史》,上海:上海人民出版社,1993年。

[108]周枏:《罗马法原论》,北京:商务印书馆,1994年。

[109]梁治平:《清代习惯法:社会与国家》,北京:中国政法大学出版社,1996年。

[110]姜旭朝:《中国民间金融研究》,济南:山东人民出版社,1996年。

[111]栾成显:《明代黄册研究》,北京:中国社会科学出版社,1998年。

[112]赵秀玲:《中国乡里制度》,北京:社会科学文献出版社,1998年。

[113]唐力行:《明清以来徽州区域社会经济研究》,合肥:安徽大学出版社,1999年。

[114]谢在全:《民法物权论》,北京:中国政法大学出版社,1999年。

[115][美]马若孟:《中国农民经济——河北和山东的农民发展》,南京:江苏人民出版社,1999年。

[116]秦晖:《政府与企业以外的现代化——中西公益事业史比较研究》,杭州:浙江人民出版社,1999年。

[117]张研:《清代社会的慢变量》,太原:山西人民出版社,2000年。

[118]吴宣德:《中国教育制度通史·明代》第4卷,济南:山东教育出版社,1999年。

[119]马镛:《中国教育制度通史·清代上》第5卷,济南:山东教育出版社,1999年。

[120]麻国庆:《家与中国社会结构》,北京:文物出版社,1999年。

[121]谢振民:《中华民国立法史》,北京:中国政法大学出版社,1999年。

[122]林耀华:《义序的宗族研究(附:拜祖)》,北京:生活·读书·新知三联书店,2000年。

[123]庄孔韶:《银翅:中国地方社会与文化变迁》,北京:生活·读书·新知三联书店,2000年。

[124]杨懋春:《一个中国村庄:山东台头》,张雄等译,南京:江苏人民出版社,2001年。

[125]毛亚敏:《公司法比较研究》,北京:中国法制出版社,2001年。

[126]虞政平:《股东有限责任:现代公司法律之基石》,北京:法律出版社,2001年。

[127]李德芳:《民国乡村自治问题研究》,北京:人民出版社,2001年。

[128]许烺光:《祖荫下:中国乡村的亲属、人格与社会流动》,王芃、徐隆德合译,台北:台湾南天书局有限公司,2001年。

[129]李贵连:《近代中国法制与法学》,北京:北京大学出版社,2002年。

[130]林诚二:《民法债编各论》,北京:中国人民大学出版社,2007年。

[131]黄山市徽州文化研究院编:《徽州文化研究》第1辑,合肥:黄山书社,2002年。

[132]萧放:《岁时——传统中国民众的时间生活》,北京:中华书局,2002年。

[133]李宜琛:《日耳曼法概说》,北京:中国政法大学出版社,2003年。

[134]尹田:《民事主体理论与立法研究》,北京:法律出版社,2003年。

[135]李金铮:《民国乡村借贷关系研究》,北京:人民出版社,2003年。

[136]郑振满、陈春声主编:《民间信仰与社会空间》,福州:福建人民

出版社,2003年。

[137]王日根:《明清民间社会的秩序》,长沙:岳麓书社,2003年。

[138]邱聪智:《新订债法各论》,台北:元照出版有限公司,2002年。

[139]俞江:《近代中国民法学中的私权理论》,北京:北京大学出版社,2003年。

[140]瞿同祖:《中国法律与中国社会》,北京:中华书局,2003年。

[141]林美容:《妈祖信仰与汉人社会》,哈尔滨:黑龙江人民出版社,2003年。

[142]张研、毛立平:《19世纪中期中国家庭的社会经济透视》,北京:中国人民大学出版社,2003年。

[143]刘源:《商周祭祖礼研究》,北京:商务印书馆,2004年。

[144]卞利:《明清徽州社会研究》,合肥:安徽大学出版社,2004年。

[145]赵华富:《徽州宗族研究》,合肥:安徽大学出版社,2004年。

[146]何勤华、李秀清主编:《民国法学论文精萃·民商法律篇》,北京:法律出版社,2004年。

[147]郭建:《中国财产法史稿》,北京:中国政法大学出版社,2005年。

[148]李金铮:《近代中国乡村社会经济探微》,北京:人民出版社,2004年。

[149]黄山市徽州文化研究院编:《徽州文化研究》第2辑,合肥:安徽人民出版社,2004年。

[150]黄山市徽州文化研究院编:《徽州文化研究》第3辑,合肥:黄山书社,2004年。

[151]吴玉章:《社会团体的法律问题》,北京:社会科学文献出版社,2004年。

[152]杨联陞:《国史探微》,北京:新星出版社,2005年。

[153]牛铭实:《中国历代乡约》,北京:中国社会出版社,2005年。

[154]黄鉴晖:《中国钱庄史》,太原:山西经济出版社,2005年。

[155]张思:《近代华北村落共同体的变迁——农耕结合习惯的历史人类学考察》,北京:商务印书馆,2005年。

[156] 王伯琦:《近代法律思潮与中国固有文化》,北京:清华大学出版社,2005年。

[157] 冯尔康:《18世纪以来中国家族的现代转向》,上海:上海人民出版社,2005年。

[158] 李秀清:《日耳曼法研究》,北京:商务印书馆,2005年。

[159] 李琳琦:《徽州教育》,合肥:安徽人民出版社,2005年。

[160] (美)明恩溥:《中国乡村生活》,陈午晴、唐军译,北京:中华书局,2006年。

[161] 赵克生:《明朝嘉靖时期国家祭礼改制》,北京:社会科学文献出版社,2006年。

[162] 费孝通:《江村经济》,上海:上海人民出版社,2006年。

[163] 余新忠:《中国家庭史·第四卷·明清时期》,广州:广东人民出版社,2007年。

[164] 刘秋根:《中国古代合伙制初探》,北京:人民出版社,2007年。

[165] 全汉昇:《中国行会制度史》,天津:百花文艺出版社,2007年。

[166] 蒋学跃:《法人制度法理研究》,北京:法律出版社,2007年。

[167] 杨立新:《共有权理论与适用》,北京:法律出版社,2007年。

[168] 杜正贞:《村社传统与明清士绅:山西泽州乡土社会的制度变迁》,上海:上海辞书出版社,2007年。

[169] 刘培峰:《结社自由及其限制》,北京:社会科学文献出版社,2007年。

[170] 张佩国:《财产关系与乡村法秩序》,上海:学林出版社,2007年。

[171] 蒲慕州:《追寻一己之福:中国古代的信仰世界》,上海:上海古籍出版社,2007年。

[172] 张力:《法人独立财产制研究:从历史考察到功能解析》,北京:法律出版社,2008年。

[173] 梁方仲:《明代赋役制度》,北京:中华书局,2008年。

[174] 黄海妍:《在城市与乡村之间:清代以来广州合族祠研究》,北京:生活·读书·新知三联书店,2008年。

［175］俞江:《近代中国的法律与学术》,北京:北京大学出版社,2008年。

［176］张研:《17—19世纪中国的人口与生存环境》,合肥:黄山书社,2008年。

［177］董建辉:《明清乡约:理论演进与实践发展》,厦门:厦门大学出版社,2008年。

［178］程维荣:《中国近代宗族制度》,上海:学林出版社,2008年。

［179］邱澎生:《当法律遇上经济:明清中国的商业法律》,台北:台湾五南图书出版股份有限公司,2008年。

［180］高其才:《中国习惯法论》,北京:中国法制出版社,2008年。

［181］冯尔康:《中国宗族史》,上海:上海人民出版社,2009年。

［182］孟宪实:《敦煌民间结社研究》,北京:北京大学出版社,2009年。

［183］王守恩:《诸神与众生:清代、民国山西太谷的民间信仰与乡村社会》,北京:中国社会科学出版社,2009年。

［184］罗彤华:《唐代民间借贷之研究》,北京:北京大学出版社,2009年。

［185］郑振满:《乡族与国家:多元视野中的闽台传统社会》,北京:生活·读书·新知三联书店,2009年。

［186］郑振满:《明清福建家族组织与社会变迁》,北京:中国人民大学出版社,2009年。

［187］麻国庆:《永远的家:传统惯性与社会结合》,北京:北京大学出版社,2009年。

［188］黄珍德:《官办自治:1929—1934年中山模范县的训政》,北京:文物出版社,2009年。

［189］郭道晖:《社会权力与公民社会》,南京:译林出版社,2009年。

［190］俞如先:《清至民国闽西乡村民间借贷研究》,天津:天津古籍出版社,2010年。

［191］瞿同祖:《中国法律与中国社会》,北京:商务印书馆,2010年。

［192］金耀基:《从传统到现代》,北京:法律出版社,2010年。

[193]谭景玉:《宋代乡村组织研究》,济南:山东大学出版社,2010年。

[194]刘志伟:《在国家与社会之间——明清广东地区里甲赋役制度与乡村社会》,北京:中国人民大学出版社,2010年。

[195]魏光奇:《有法与无法:清代的州县制度及其运作》,北京:商务印书馆,2010年。

[196]郭剑平:《社团组织与法律秩序研究》,北京:法律出版社,2010年。

[197]税兵:《非营利法人解释:民事主体理论的视角》,北京:法律出版社,2010年。

[198]丁山:《中国古代宗教与神话考》,上海:上海书店出版社,2011年。

[199]吴正芳:《徽州传统村落社会——白杨源》,上海:复旦大学出版社,2011年。

[200]王玉亮:《英国中世纪晚期乡村共同体研究》,北京:人民出版社,2011年。

[201]贺喜:《亦神亦祖:粤西南信仰构建的社会史》,北京:生活·读书·新知三联书店,2011年。

[202]王春梅:《民事主体的历史嬗变与当代建构》,北京:人民出版社,2011年。

[203]阳雪雅:《连带责任研究》,北京:人民出版社,2011年。

[204]熊正文:《中国历代利息问题考》,北京:北京大学出版社,2012年。

[205]冯兴元、李莉莉、何广文:《钱会》,北京:经济科学出版社,2012年。

[206]张光直:《美术、神话与祭祀》,北京:生活·读书·新知三联书店,2013年。

[207]许骥:《徽州传统村落社会——许村》,上海:复旦大学出版社,2013年。

[208]陈瑞:《明清徽州宗族与乡村社会控制》,合肥:安徽大学出版

社,2013年。

[209] 胡岩:《财团法人之研究》,北京:中国政法大学出版社,2013年。

[210] 郑启福:《民间合会的法律规制研究》,北京:法律出版社,2013年。

[211] 冯尔康:《中国古代的宗族和祠堂》,北京:商务印书馆,2013年。

[212] 王文书:《宋代借贷业研究》,石家庄:河北大学出版社,2014年。

[213] 赵华富:《徽州宗族调查研究》,北京:人民出版社,2014年。

[214] 商衍鎏:《清代科举考试述录》,北京:故宫出版社,2014年。

[215] 刘笃才、祖伟:《民间规约与中国古代法律秩序》,北京:社会科学文献出版社,2014年。

[216] 王汎森:《权力的毛细管作用:清代的思想、学术与心态》,北京:北京大学出版社,2015年。

[217] 张静:《法团主义》,北京:东方出版社,2015年。

(三)译著

[218] [俄]克鲁泡特金:《互助论》,李平沤译,北京:商务印书馆,1963年。

[219] [英] J.S.密尔:《代议制政府》,汪瑄译,北京:商务印书馆,1982年。

[220] [法]托克维尔:《论美国的民主》,董良果译,北京:商务印书馆,1989年。

[221] [美] R.科斯,A.阿尔钦,D.诺斯:《财产权利与制度变迁——产权学派与新制度学派译文集》,上海:上海三联书店,1991年。

[222] [美]昂格尔:《现代社会中的法律》,吴玉章、周汉华译,北京:中国政法大学出版社,1994年。

[223] [法]埃米尔·迪尔凯姆:《自杀论》,冯韵文译,北京:商务印书

馆,1996年。

[224][英]弗里德利·冯·哈耶克:《自由秩序原理》,邓正来译,北京:生活·读书·新知三联书店,1997年。

[225][英]弗里德利·冯·哈耶克:《法律、立法与自由》,邓正来等译,北京:中国大百科全书出版社,2000年。

[226][法]埃米尔·涂尔干:《社会分工论》,渠敬东译,北京:生活·读书·新知三联书店,2000年。

[227][德]柯武刚、史漫飞:《制度经济学:社会秩序与公共政策》,韩朝华译,北京:商务印书馆,2000年。

[228][美]莱斯特·M.萨拉蒙等著:《全球公民社会:非营利部门视界》,贾西津等译,北京:社会科学文献出版社,2002年。

[229][法]卢梭:《社会契约论》,何兆武译,北京:商务印书馆,2003年。

[230][日]土肥武雄:《合伙股东责任之研究》,李培皋、叶致中译,北京:中国政法大学出版社,2004年。

[231][英]阿米·古特曼等著:《结社:理论与实践》,吴玉章等译,北京:生活·读书·新知三联书店,2006年。

[232][法]克洛德·列维-斯特劳斯:《结构人类学》,张祖建译,北京:中国人民大学出版社,2006年。

[233][美]J.K.施赖奥克:《近代中国人的宗教信仰——安庆的寺庙及其崇拜》,程曦译,合肥:安徽大学出版社,2008年。

[234][英]安东尼·吉登斯:《社会学》(第五版),李康译,北京:北京大学出版社,2009年。

[235]科大卫:《皇帝和祖宗:华南的国家与宗族》,卜永坚译,南京:江苏人民出版社,2009年。

[236][美]J.M.英格:《宗教的科学研究》,金泽等译,北京:中国社会科学出版社,2009年。

[237][德]马克斯·韦伯:《中世纪商业合伙史》,陶永新译,上海:东方出版中心,2010年。

[238][日]守屋美都雄:《中国古代的家族与国家》,钱杭、杨晓芬译,

上海:上海古籍出版社,2010年。

[239][德]格茨·怀克,克里斯蒂娜·温德比西勒:《德国公司法》,殷盛译,北京:法律出版社,2010年。

[240][瑞士]皮亚杰:《结构主义》,倪连生、王琳译,北京:商务印书馆,2011年。

[241][法]爱弥尔·涂尔干:《宗教生活的基本形式》,渠敬东、汲喆译,北京:商务印书馆,2011年。

[242][日]吾妻重二:《朱熹〈家礼〉实证研究》,吴震、郭海良等译,上海:华东师范大学出版社,2012年。

[243][奥]阿尔弗雷德·舒茨:《社会世界的意义构成》,游淙祺译,北京:商务印书馆,2012年。

[244][法]列维-斯特劳斯:《图腾制度》,渠敬东译,北京:商务印书馆,2012年。

[245][法]爱弥尔·涂尔干、马塞尔·莫斯:《原始分类》,汲喆译,北京:商务印书馆,2012年。

[246][美]保罗·萨缪尔森、威廉·诺德豪斯:《经济学》(第十九版),萧琛等译,北京:商务印书馆,2012年。

[247][德]尼古拉斯·卢曼:《法社会学》,宾凯、赵春燕译,上海:上海人民出版社,2013年。

[248][德]哈里·韦斯特曼:《德国民法基本概念》,张定军等译,北京:中国人民大学出版社,2014年。

[249][英]奈杰尔·福尔曼、道格拉斯·鲍德温:《英国政治通论》,苏淑民译,北京:中国社会科学出版社,2015年。

(四)论文

[250]大理院解释:《合伙员之责任与习惯》,《法律评论》1926年第4卷第8期。

[251]楼明远:《合伙债务之研究》,《法律评论》1926年第4卷第15期。

[252]《湖北省之债权习惯:邀集钱会》,《法律评论》1927年第4卷第40期。

[253]江绍原:《民学与合作研究》,《民俗周刊》1930年第15期。

[254]韩德章:《浙西农村之借贷制度》,《社会科学杂志》1932年第3卷第2期。

[255]乔启明:《安徽宿县原有乡村组织之概况》,《实业统计》1933年第2卷第5期。

[256]高向杲:《河北省农业金融概况》,《中央银行月报》1935年第4卷第2号。

[257]朱轶士:《从合会之优点说到信用合作》,《农行月刊》1936年第3卷第6期。

[258]季君勉:《如皋县盐垦区三百户农家初步调查报告》,《农业推广》1936年第12期。

[259]郑槐:《我国目下之乡村借贷情形》,《农林新报》1936年第13卷第16期。

[260]单强:《民国时期江南农村信贷市场之特征》,《中国经济史研究》1995年第2期。

[261]邵鸿:《明清江西农村社区中的会——以乐安县流坑村为例》,《中国社会经济史研究》1997年第1期。

[262]葛庆华:《徽州文会初探》,《江淮论坛》1997年第4期。

[263][日]涩谷裕子:《明清徽州农村的"会"组织》,《'95国际徽学学术讨论会论文集》,合肥:安徽大学出版社,1997年。

[264]徐秀丽:《民国时期的乡村建设运动》,《安徽史学》2006年第4期。

[265]王沛郁:《民国时期山西的"合会"档案》,《山西档案》2006年第2期。

[266]史五一,杜敏:《徽州文会个案研究——以民国〈呈坎潨川文会簿〉为中心》,《安徽师范大学学报(人文社会科学版)》2007年第6期。

[267]胡中生:《徽州的族会与宗族建设》,《徽学》2008年第5卷。

[268]胡中生:《古徽州活跃的民间金融组织——钱会》,《中国金融》

2008年第5期。

[269]黄辉:《论美国乡村自治法律制度——以〈纽约乡村法〉为例》,《当代法学》2009年第1期。

[270]史五一:《徽州桥会个案研究——以〈纪事会册〉为中心》,《徽学》2010年第6卷。

[271]宾长初:《清代徽州钱会的计量分析——基于〈徽州文书〉第二辑所收会书的考察》,《中国社会经济史研究》2011年第4期。

[272]马寅集、张孝进、樊嘉禄:《徽杭古道路会研究》,《黄山学院学报》2012年第4期。

[273]郑振满:《清代闽西客家的乡族自治传统——〈培田吴氏族谱〉研究》,《学术月刊》2012年第4期。

[274]徐勇:《中国家户制传统与农村发展道路——以俄国、印度的村社传统为参照》,《中国社会科学》2013年第8期。

[275]俞荣根:《梁启超的"乡治"论及其启示——兼论"茶坑"应成为"乡治"文化名片》,《五邑大学学报(社会科学版)》2014年第1期。

[276]俞江、陈云朝:《论清代合同的类型——基于徽州合同文书的实证分析》,《法学》2014年第6期。

[277]罗志田:《地方的近世史:"郡县空虚"时代的礼下庶人与乡里社会》,《近代史研究》2015年第5期。

后 记

　　这本书在我的博士论文基础上修改而成,为了记录一个经历阶段,除了章节顺序、字词句等做了部分调整外,并未做太大的改动。肯定有诸多不足,还请大家原谅。

　　2008年秋天,我到喻家山求学,拜在恩师俞江教授门下,这也是我人生的幸运,帮我打开了另外的世界。从2009年春天开始,俞老师带领我们进行"徽州文书"的整理,才知老师一直在收集这些散落的"民间古籍"。这也是我第一次接触到它们,手捧沾满尘灰的文字,仿佛跨越了时空。

　　这些文书中,有约四百件集资打会的钱会会书,它们激起了我的兴趣。因为在老家黄陂农村,也有人在进行类似的"集资",叫投标做会,不过得会方式有些差异。这些在清代民国的凑钱方式,为什么会延续到今天,又为什么在得会方式上有所改变?并且,这种徽州的习惯,为什么会在我们黄陂存在?这些疑问是让我想研究"会"的缘起。

　　后来在抄录"徽州合同文书"的过程中,我又发现了题头为"立某某会"的合同,有祭神、祀祖、筑路修桥的各种功能;还有一种"文会",从事着基层教育活动。这也让我思考,为什么它们都叫"会"?我猜想,这只能说明"会"作为一种组织的名称,已经深入人心。但是,它们之间又有多少区别和联系,却是需要去发现和回答的。

　　经研究,我发现"会"的成立基础是合同,也说明契约关系是人与人结合的根本,而这里的契约是同向关系,即"合而同之"。人们为了从事共同事业的共同目的,成立组织,进而产生意识扭结,达成共识。然而,要想组织稳定,不至于衰败、解散,独立的财产才是重要的保障。我也看到,各种"会"都是通过经营的方式,累积和扩大自身的财产。所以,共同目的性、人的结合、财产稳定是组织成立和发展的必要因素。

但是,组织到底"人"是根本,还是"财产"是根本?钱会似乎可以用来回答这个问题,没有稳定财产的钱会,在"开会"后,便不复存在,合同关系随即解除。即使是在钱会的运行阶段,各会友间也只是在履行债权债务关系。所以,稳定的财产是组织得以存在的前提。

"会"在近代法律改革以后,便消失在国家制度的视野里,近代的民法并未正面回应"会"这一传统习惯。我又想,如果"会"发生纠纷,该怎么办?司法官会将"会"如何认定?也就是,对传统结社进行现代法律制度的考量,核心问题是如何看待个人组成的组织(团体)。

而我们知道,近代民法对待这种个人与个人结合形成的组织,只有"法人"与"合伙"两种制度。"个人"重在"个"字,是以个体为特征而存在的人。"法人"是拟制的"个人",并非零散个人组成的"集体"(实体)。以"个人"为核心构建的民法体系,其意义是在高扬近代启蒙思想关于"人"的独立地位。在近代西方,人脱离神权和王权而独立,特别是人在哲学上被看做唯一目的,也就是常说的"人是主体"。设立"法人",是因为在"自然人"之外,还有其它的社会单位,它们是个人的结合,目的是为多数"个人"服务。民法为了在逻辑上涵括这些社会单位,不得不在"自然人"和"法人"之上,去进行思考和构造,于是乎产生了一个上位概念,即"主体"的概念。

人是主体,法人也是主体,人又是唯一?主体到底是"人",还是有其它?似乎很矛盾。但不要忘了,在法人概念出现前,人与人结合的组织便已存在,将财产用于特定目的,这在生活中屡见不鲜。罗马法及教会法为了更好地处理这类关系,才在法律中予以对待。直到德国历史法学派的出现,从以往的制度中提炼出了一个概念,便是"法人"。可以说,法人是现代民法伟大的创造物,并非生活中就有。虽然我们的近代法律改革,未回应传统的结社立会,但人类社会进行组织结合是具有共通性的,对中国传统"会"的研究,可以用来认识和解释人与人结合的组织习惯如何上升为国家法律的问题。

遗憾的是,由于写作博士论文的时候,还未思考清楚这一问题,所以在本书中,我只是做了前面的工作,讨论了不同类型"会"的规则、联系与区别,以及是否可以用法人、合伙等制度来认识传统的"会"。至于民国时期司法实践中如何解决"会"的纠纷,传统习惯与现代法律之间的冲突与融合等问题,将另书讨论。

以上是我写作本书的问题意识和思考,再次感谢授业恩师俞江教授的指导。

还要感谢求学路上给我指导、提携和帮助的各位老师,他们是:李贵连教授、陈景良教授、黄源盛教授、饶传平教授、李卫东教授、陈晓枫教授、李力教授、侯欣一教授、李秀清教授、闫晓君教授、王志强教授、李启成教授、胡震教授、孙家红研究员、韩涛教授、陈新宇教授、聂鑫教授、周子良教授、段晓彦教授、王沛教授、李栋教授、刘晓林教授等。

也要感谢曾经陪伴我读书和整理文书的师兄弟姐妹,他们是:陈云朝、张勇、张亚飞、刘鄂、陈颖、胡沙松、韩军、余娜如、刘陈皓、边琪、程晶、董佳佳、杨凌燕、胡飞、丁亚兰、张静、姚启文、纪力瑷、夏桂梅等。还要感谢正在讨论问题和并肩奋斗的诸君,他们是:罗鑫、蒋楠楠、严新宇、王天一、王小康、王若尧、蒋业群、郑进、余超、杨丽娟、李江、刘浩然、张心怡、杨凡健、梅傲寒等。感谢师兄何永红教授,很多问题的思考得益于师兄的启发。

最后,要感谢为这本书顺利出版辛勤付出的诸友,他们是:陈坤、桑子涵、刘翼舟、刘昱君、周雨琪、于艳欣、吴云宏、雷诗雨、何昭信等。

感谢责任编辑肖承清老师,他的认真和负责,是我学习的榜样。

感谢我的父母,是你们的包容,让我坚持走到了现在。

童 旭
2022 年 11 月于南湖